KB042384

# CPND
## 생태계와
## 콘텐츠 융복합

최창현

박영사

이 저서는 2013년 정부(교육부)의 재원으로 한국연구재단의 지원을 받아 수행된 연구임 (NRF-2013S1A6A4017687)

# 머리말 Preface

이 책은 C–P–N–D 생태계와 복잡계 관점에서 본 C–P–N–D 생태계, 산업환경 변화와 콘텐츠의 개념, 선진각국의 콘텐츠 산업담당 기관 사례, 미디어 콘텐츠 환경과 복잡계이론, 미디어 콘텐츠 융합사례, 그리고 바람직한 미디어 콘텐츠 산업 육성을 위한 융합정책의 방향 등을 포괄적으로 다루고 있다.

어느 한 국가의 국력(national power)을 말할 때 군사적 제국주의(military imperialism) 시대에는 군사력이, 경제적 제국주의(economic imperialism) 시대에는 경제력이 중요한 요인이었다. 문화 제국주의(cultural imperialism) 시대에는 문화력(cultural power)이 주요한 요인이라 할 수 있다.

여러 가지 국력의 구성요소 중 문화력은 국제화, 개방화된 시대에 아주 중요한 국력의 요소이다. 지난 세기가 국가주도의 성장전략 시대였다면 이제는 부가가치가 큰 창조산업(creative industries), 즉 문화를 바탕으로 한 창조적 성장전략 시대이다. 또한 한류 등의 문화력이 세계의 여러 사람들에게 영향을 미치는 일국의 매력도라고 할 수 있다.

문화는 보이는 것보다 보이지 않는 부분이 더욱 강하다. 이는 J. Nye가 정의한 21세기 소프트 파워인 '유혹하는 힘'과 같은 의미이다. 문화는 그 국가와 그 국민이 갖는 '매력'이고 그것이 곧 국가의 브랜드 파워가 될 것이다.

문화 콘텐츠와 같은 소프트파워는 한국의 국격을 높일 수 있는 첩경이다. 주요 국가들은 이미 국경을 넘나드는 문화 전쟁에 돌입했다. 프랑스에서는 인구 수만큼 영화나 미술, 문학 작품이 쏟아져 나온다는 말이 있을 정도다. 우리의 문화투자는 빈약하기 짝이 없다. 재능이 있는 청년 문화인재도 그늘에서 풀이 죽어 있다. 지난 런던올림픽 개막식도 단순한 행사가 아니었다. 영국의 문화자산과 파워, 현대적 감각을 전 세계에 알린 대규모 문화발신이었다.

K-pop 사례는 정부, 시장 메커니즘과 시민으로 구성되는 거버넌스 체제에서 SM, YG 등의 시장 메커니즘과 K-pop에 열광하는 국민 때문에 성공한 사례이다. 여기서 정부의 역할은 적어도 초창기에는 미미했다. 따라서 정부만의 거버넌스에서 시장 메커니즘과 시민과의 협치를 통한 진정한 의미로의 거버넌스로 전환할 필요가 있다.

콘텐츠 산업이 신성장동력산업으로서 인식되면서 이에 대한 관심이 높아지고 있다. 콘텐츠 산업의 발전은 인터넷으로 유발된 정보통신혁명에 기인한다. 이제는 모바일 혁명이 대신하고 있다. 모바일 혁명을 가능케 한 것은 정보통신기술의 발전과 미디어 그리고 콘텐츠의 융합이다. 오늘날은 정보통신기기의 발전이 콘텐츠의 수요를 유발 하고 콘텐츠가 다시 미디어 발전을 이끌고 있다.

현재 콘텐츠 수요는 미디어 산업의 영역확장과 함께 사람들의 생활패턴 변화 등에 힘입어 폭발적으로 늘어나고 있다. 이미 스마트폰, 앱스토어, 3D 영화 등 새로운 통신기기와 콘텐츠 상품에서 보듯이 콘텐츠 시장규모는 전 세계적으로 계속 확대될 전망이다.

그러나 우리의 콘텐츠 산업 현실은 아직 취약하다. 콘텐츠 산업을 분석한 바에 따르면 아직 기대한 만큼 성과를 얻지 못하고 있다. 콘텐츠 산업이 오늘날 당면과제 인 일자리 창출에도 기여할 것으로 기대되고 있지만 아직까지는 고용유발효과가 크지 않다. 콘텐츠 산업의 경쟁력 제고가 더욱 절실한 이유가 여기에 있다.

이런 이유로 우리나라는 물론 세계 각국이 디지털 콘텐츠 산업 육성에 심혈을 기울 이고 있다. 오늘날 콘텐츠 산업은 다른 산업과 달리 극히 일부 선진국이 세계 시장을 지배하고 있다. OECD 국가 중에서도 미국, 영국, 프랑스, 일본 등이 주도하고 있다.

콘텐츠 산업에 대한 주요 국가의 지원정책이나 규제 나아가 시장 접근 정책을 보면 그 나라의 주어진 문화·역사성이 그대로 드러나 있다. 이를테면 미국은 기본적으로 시장을 중시하는 국가이기 때문에 정부가 직접 관여하기보다 지적재산권 보호 강화 등의 간접적인 지원을 하고 있다. 반면 정부 역할이 강한 프랑스의 경우는 문화예술 전반에 대한 국가주도를 반영하여 콘텐츠 산업에서도 국가의 영향력이 강하다.

정부-시민-시장, 중앙-지방, 그리고 정부부처 간의 기성 질서를 뛰어넘는 거버 넌스가 중요하다. 세계화 시대에는 중앙정부 단독으로 혹은 특정 부처 단독으로 국가의 장기적 방향과 결과를 선택·계획·의도할 수 없다.

최근 대두되고 있는 C-P-N-D ICT 생태계 거버넌스 개념이나 콘텐츠 생태계 등에 대한 논의는 정부부처 간의 부처 확장주의적 이전투구로 비쳐질 우려가 다분하다.

최근 많이 논의되고 있는 C-P-N-D ICT 생태계 거버넌스는 그대로 추진된다면 콘텐츠가 제대로 기능하지 못하는 소문자 cPND로 변질될 우려가 다분하다.

콘텐츠 산업(대문자 C)이 중요한 생태계(C-p-n-d)는 문화체육관광부의 주요 기능인 문화예술, 저작권, 문화기술 등을 매개로 하여 콘텐츠의 창조뿐만 아니라 유통체제까지도 포함하는 개념이며, 더 나아가 ICT생태계(c-P-N-D)를 포괄하는 개념이다. 이는 콘텐츠(대문자 C) 생태계의 범주 내에 ICT생태계(c-P-N-D)가 함께 포함되는 의미로서 통신, 방송 등 제 분야가 콘텐츠(C)를 중심으로 융합되고, 콘텐츠(C)를 중심으로 C-p-n-d가 결합되어 상호작용이 본격화되는 것이라 볼 수 있다. 이제는 정보기술력만으로는 고용 창출에 한계가 올 수도 있다. 앞으로는 P-N-D 부문의 정보기술력을 바탕으로 C, 즉 콘텐츠를 중심으로 하는 문화력이 융합되어야 시너지 효과를 발휘해 더 많은 고용 창출을 통한 국력 신장의 길로 갈 수 있을 것이다.

이 책이 출판되기까지 도움을 주신 많은 분들이 있었다. 이 책의 출판을 맡아주신 박영사의 안종만 회장님과 항상 꼼꼼하게 교정을 봐주신 배근하 선생님, 표지 디자인을 멋들어지게 만들어 주신 권효진 선생님, 그리고 항상 성실하게 꼼꼼하게 자료 정리와 이 책의 구성에 많은 도움을 준 홍진 선생님께 고마움을 전하고 싶다.

2017년 6월

최 창 현

# 차 례 Contents

CHAPTER 01 C-P-N-D 생태계

## CHAPTER 02 복잡계 관점에서 본 C-P-N-D ICCT 생태계

## CHAPTER 03 산업환경 변화와 콘텐츠의 개념

CHAPTER 04 콘텐츠 산업발전의 제약요인

## CHAPTER 05 선진각국의 콘텐츠 산업담당 기관 사례

## CHAPTER 06 미디어 콘텐츠 환경과 복잡계이론

CHAPTER **07** 미디어 콘텐츠 융합사례

CHAPTER **08** 바람직한 미디어 콘텐츠 산업 육성을 위한 융합정책의 방향

표 <sup></sup>차례

## 그림 차례

# C-P-N-D
# 생태계

CPND 생태계와 콘텐츠 융복합

# CHAPTER 01
# C-P-N-D 생태계

>>>

## 제1절 // C-P-N-D(Contents-Platform-Network-Device)란?

C-P-N-D란 콘텐츠(C), 플랫폼(P), 네트워크(N), 디바이스(D)를 의미하는 약자로 스마트 산업생태계를 구성하는 4가지 핵심 분야를 이야기한다. 2013년 신설된 미래창조과학부의 ICT전담조직에서 관련 정책기능을 총괄하게 되면서 C-P-N-D 생태계에 다시 주목하고 있다. 또한 ICT 환경변화에 따른 콘텐츠 생태계 조성방안 연구도 활발하게 이루어지고 있다.

C-P-N-D 구성요소로 CONTENTS는 사전적으로 내용물, 목차라는 의미로 일반적으로 콘텐츠를 칭하는 데 멀티미디어 콘텐츠, 디지털 콘텐츠, 인터넷 콘텐츠 등 혼동되어 사용되고 있다. 일반 텍스트정보, 비디오, 음악 등 멀티미디어 상품이나 서비스를 형성하는 지적 재산권을 콘텐츠라 정의할 수도 있다. 즉, 문자, 음성, 영상 등의 다양한 정보형태가 통합되어 생성·전달·처리되도록 하는 시스템 및 서비스에서 활용되어지는 정보서비스 내용물인 것이다. 인터넷이라는 열린 길을 통하여 전달되는 것은 바로 정보이므로, 정보의 질, 즉 콘텐츠의 질이 중요하다. 아무리 초고속인터넷, 정보고속도로를 구축했다 할지라도 그 내용과 수준에 대해선 다시 한 번 생각해 봐야 한다. 뉴미디어의 특징은 지금까지의 모든 미디어를 흡수하고 정보의 전달자와 수용자 개념이 진화하면서 새로운 형태의 콘텐츠 거래가 제시되고 있다. 따라서 정보화

시대의 콘텐츠는 단순히 내용물을 전달하는 데만 국한된 것이 아니라 동시에 상호작용함으로써 발생하는 거래에 관한 모든 것을 담고 있다고 볼 수 있다.[1]

■ 표 1-1 **콘텐츠 유형 부문 예시**

| | | |
|---|---|---|
| **(C)** **콘텐츠** **부문** | 엔씨소프트 | 국내 최대 온라인 게임업체, 리니지, 아이온, 길드워 등을 서비스하고 있음 |
| | 게임빌 | 휴대폰, 태블릿PC, PMP 등의 모바일 기기를 이용한 게임서비스를 제공하는 업체 |
| | SBS | 방송사업 및 문화서비스업, 광고사업 등을 영위 |
| | SM | TV프로그램 제작물을 공중파 방송 및 케이블 방송에 납품하는 외주 프로그램 제작업을 영위 |
| | YG 엔터테인먼트 | 음악 및 기타 오디오물 출판, 신인 아티스트의 육성 및 매니지먼트 등의 사업을 영위 |

출처: 다음 카페 앤트플러스.[2]

C-P-N-D의 구성요소 중 PLATFORM이란 ① 컴퓨터 시스템의 기본이 되는 특정 프로세서 모뎀과 하나의 컴퓨터 시스템을 바탕으로 하는 운영체제를 말한다. 예를 들면, MS-DOS상에서 동작하는 DOS가 플랫폼이며, MS-Windows상에서 작동하는 응용 소프트웨어에 있어서는 MS-Windows가 플랫폼이다. 또 어떤 소프트웨어가 제공하는 환경을 플랫폼이라고 하는 경우도 있다. MS-Windows가 제공하는 환경이 MS-Windows의 플랫폼이다.[3] ② 컴퓨터 시스템의 기반이 되는 하드웨어나 소프트웨어이다. 컴퓨터는 맨 아래층인 집적 회로(IC) 칩 수준의 하드웨어 층, 그 다음 층인 펌웨어와 운영 체계(OS) 층, 맨 위층인 응용 프로그램 층으로 구성되는 계층화된 장치인데, 이 장치의 맨 아래층만을 흔히 플랫폼이라고 한다. 그러나 응용 프로그램의 설계자들은 하드웨어와 소프트웨어를 모두 플랫폼이라고 한다. 그 이유는 하드웨어와

---

1 NEW 경제용어사전, 미래와경영연구소, 2006.4.7, 미래와경영.
2 http://cafe.naver.com/antplus/13964
3 [네이버 지식백과] (산업안전대사전, 2004.5.10, 도서출판 골드)

소프트웨어가 응용에 대한 지원을 제공하기 때문이다.[4] ③ 단상, 무대 따위의 의미가 바뀌어 컴퓨터 시스템의 기반이 되는 하드웨어 또는 소프트웨어이다. 응용 프로그램이 실행될 수 있는 기초를 이루는 컴퓨터 시스템을 의미한다. 예를 들면 메인프레임은 대규모 데이터베이스를 구축하기 위한 플랫폼이다. 또 MS-DOS나 윈도 ME, UNIX 등의 운영체계는 각종 응용 소프트웨어가 실행될 수 있는 플랫폼이 된다. 플랫폼이라는 용어는 이제 컴퓨터뿐 아니라 각종 게임이나 PDA 등에 이르기까지 기반 시스템을 가리키는 말로 폭넓게 쓰이고 있다. 하나의 플랫폼은 운영체계, 컴퓨터 시스템의 보조 프로그램, 그리고 마이크로프로세서, 논리연산을 수행하고 컴퓨터 내의 데이터 이동을 관장하는 마이크로 칩 등으로 구성된다. 과거 대부분의 응용 프로그램들은 특정 플랫폼에서만 운용되도록 개발돼 왔지만, 최근에는 개방형 인터페이스를 통해 일부 프로그램들이 다른 플랫폼에서도 운용될 수 있도록 설계되고 있다.[5] 컴퓨터의 경우, 마이크로소프트사의 Windows 운영체제나 유닉스 기반의 공개 운영체제인 리눅스(Linux)처럼 컴퓨터 시스템이 작동되도록 하는 기본 운영체제를 말한다.[6]

■ 표 1-2 플랫폼 유형 부문 예시

| (P) 플랫폼 부문 | 스카이라이프 | 국내 최대 온라인 게임업체, 리니지, 아이온, 길드워 등을 서비스하고 있음 |
|---|---|---|
| | NHN | 휴대폰, 태블릿PC, PMP 등의 모바일 기기를 이용한 게임서비스를 제공하는 업체 |

출처: 다음 카페 앤트플러스.[7]

C-P-N-D 구성요소 중 NETWORK란 넓은 뜻으로, 지리적으로 떨어져 있는 장치(전화기, 팩스, 컴퓨터, 단말기 등) 간에 정보를 교환할 수 있도록 이들 장치를 상호 접속하기 위

---

4 [네이버 지식백과] (IT용어사전, 한국정보통신기술협회)
5 [네이버 지식백과] (매일경제, 매경닷컴)
6 [네이버 지식백과] (시사상식사전, 박문각)
7 http://cafe.naver.com/antplus/13964

하여 사용되는 전기 통신 기기와 장치, 전송로의 결합을 의미한다. 전기통신기기와 장치에는 회선 다중화 장치, 교환기기, 송수신기기 등이 포함되고 전송로는 동선 케이블, 광섬유, 마이크로파 링크, 통신 위성 등 다양한 매체로 구성된다. 네트워크는 사용되는 단말장치 또는 서비스에 따라서 전신망, 전화망, 컴퓨터 통신망 등으로 발전해 왔으나 컴퓨터 처리와 통신의 결합으로 이들 간의 경계는 없어지고 종합 정보 통신망(ISDN)으로 발전하였으며, 컴퓨터는 컴퓨터실의 경계를 훨씬 벗어나게 되어 분산 컴퓨터 처리를 가능하게 하였다. 좁은 의미로, 컴퓨터 상호 간의 정보 교환과 정보 처리를 위한 데이터 통신망이다. 통신망 운영체계, 통신망 데이터베이스 등 네트워크 관련 용어는 대부분 컴퓨터 통신망과 관련하여 사용되는 용어이다. 네트워크의 규모에 따라 구내 정보 통신망(LAN), 도시권 통신망(MAN), 광역 통신망(WAN), 세계적 통신망 등으로 분류된다.[8]

■ 표 1-3 네트워크 유형 부문 예시

| (N) 네트워크 부문 | KT | 종합통신사업자로 국내 최대 유무선 네트워크를 보유하고 있으며 클라우드 서비스의 선도적 지위 |
|---|---|---|
| | SK텔레콤 | 국내 1위 통신사업자로 플랫폼 비즈니스로 사업확장을 본격화 |

출처: 다음 카페 앤트플러스.[9]

그 중 소셜 네트워크 서비스(Social Network Service, 이하 SNS)는 사용자 간의 자유로운 의사소통과 정보 공유, 그리고 인맥 확대 등을 통해 사회적 관계를 생성하고 강화시켜주는 온라인 플랫폼을 의미한다. SNS에서 가장 중요한 부분은 이 서비스를 통해 사회적 관계망을 생성, 유지, 강화, 확장시켜 나간다는 점이다. 이러한 관계망을 통해 정보가 공유되고 유통될 때 더욱 의미 있어질 수 있다. 오늘날 대부분의 SNS는 웹 기반의 서비스이며, 웹 이외에도 전자 우편이나 인스턴트 메신저를 통해 사용자들끼리

---

8 [네이버 지식백과] 네트워크[network, -階層] (IT용어사전, 한국정보통신기술협회)
9 http://cafe.naver.com/antplus/13964

서로 연락할 수 있는 수단을 제공하고 있다. SNS는 소셜 미디어와 동일한 개념으로 오용되는 경우가 많으나, 범주 상 블로그, 위키, UCC, 마이크로 블로그 등과 함께 소셜 미디어의 한 유형으로서 보는 것이 타당하다.

최근 들어 스마트폰 이용자의 증가와 무선인터넷 서비스의 확장과 더불어 SNS의 이용자 또한 급증하고 있다. 대한민국 내 SNS 시장을 주도하고 있는 페이스북(Face book)과 트위터(Twitter) 이용자 수는 이미 2011년에 1천만 명을 돌파했으며, 그 지속적인 증가 추세는 당분간 멈추지 않을 것으로 예상된다. SNS는 광범위하고 동시에 특정 성향의 집단으로 분류될 수 있는 서비스 이용자들을 데이터베이스에 의해 파악하고 관리할 수 있다는 점에서 마케팅 활용가치가 날로 부상하고 있다. 이 같은 장점을 통해 기업 입장에서는 저비용으로 표적집단에게 효율적으로 도달할 수 있는 맞춤형(customized) 마케팅을 집행할 수 있기 때문이다. SNS 업체 또한 SNS 페이지상의 광고 스페이스 판매와 소셜게임이나 아이템 판매 등을 통해 강력한 수익모델을 구축해 나가고 있어 향후 SNS 시장은 계속 성장해 나갈 것으로 전망된다. 한편, 대한민국에서는 우리말 다듬기에서 소셜 네트워크 서비스를 누리소통망이라는 용어로 지칭하였다. 일부 대한민국 언론 매체에서는 사회관계망 서비스로 지칭하기도 한다.[10]

■ 표 1-4 주요 소셜 네트워크 서비스

| 세계각국의 SNS | 트위터, 페이스북, 마이스페이스, 닷지볼, 라스트 FM, 유튜브, 플리커, 포스퀘어, 픽시브, 믹시, 구글+, 시나 웨이보, 링크드인, 핀터레스트, 인스타그램, 아메바 블로그 |
|---|---|
| 대한민국의 SNS | 미투데이, 스푼, 싸이월드, 요즘, 라이브리, 와글, 스타플, 카카오스토리 |

마지막으로 C-P-N-D의 DEVICE는 일반적으로 어떤 목적을 위해 설계된 기계나 장치를 의미하며, 주변장치라고도 한다. 컴퓨터 기술상 디바이스는 컴퓨터의 케이스나 하우징의 안팎에 있는 하드웨어의 일종으로, 컴퓨터에 어떠한 입력을 제공하거

10 [네이버 지식백과] 소셜 네트워크 서비스 (뉴스 미디어 역사, 2012, 커뮤니케이션북스)

나, 컴퓨터로부터 출력을 제공받거나 또는 둘 다를 수행할 수 있는 능력을 가진다. 각 종 컴퓨터 장치들에 대해 디바이스라는 용어는 키보드, 마우스, 디스플레이 모니터, 하드디스크 드라이브, CD-ROM 드라이브, 스피커, 마이크 등 다른 하드웨어 단위들 모두에 대해 두루 사용할 수 있다. 노트북과 같이 크기가 작은 컴퓨터에서의 디바이스란 컴퓨터의 디바이스가 아닌 부분과 함께 물리적으로 좀 더 많이 통합된 장치를 가리키는 경향이 있다.[11]

그림 1-1 C-P-N-D 구조도

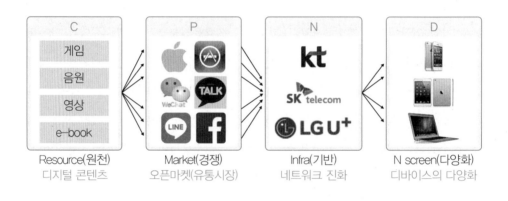

출처: KT, 유진투자증권, http://lucy7599.tistory.com/311

## 1 콘텐츠(Contents)의 유형

콘텐츠 산업은 한 나라의 사상과 정체성에 영향을 미치는 중요한 역할을 할 뿐만 아니라 기업과 국가의 이미지를 제고시키는 역할을 한다. 경쟁력을 가진 콘텐츠 산업은 기업의 경쟁력 향상뿐만 아니라 국가이미지를 강화시키고 나아가 연관 산업

11 [네이버 지식백과] 디바이스[device] (NEW 경제용어사전, 2006.4.7, 미래와경영)

과 상품의 이미지를 강화시킨다. TV드라마로 일기 시작한 한류가 중국과 일본을 넘어 동남아로 퍼져나가는 과정에서 이를 입증했다. 드라마에서 영화와 게임으로 확대되면서 나타난 한류의 열풍은 관광산업은 물론 화장품, 섬유제품, TV, 휴대폰 등 제조업의 상품판매에도 영향을 미쳤다. 콘텐츠 산업의 중요성이 강조되는 또 다른 이유이다.

분명 콘텐츠 산업은 21세기 성장 동력산업이다. 그동안 우리나라는 콘텐츠 산업 진흥을 위해서 많은 노력을 해왔다. 그러나 아직 세계시장에서 차지하는 비율은 그 노력에 비하여 미미하다. 2008년 말 우리나라의 콘텐츠 산업 시장규모는 344억 달러(세계 8위)로 세계시장점유율은 2.4%에 불과했다. 하지만 당시 기준 영화·게임·방송·음악을 비롯한 콘텐츠 산업의 시장규모는 1조 4086억 달러로 IT서비스 시장(8,198억 달러)이나 반도체 시장(2486억 달러)보다 훨씬 큰 규모였다.[12] 콘텐츠 산업의 중요성을 강조하는 이유가 여기에 있다. 2013년 말 콘텐츠 산업 매출은 약 90조 원 규모로 전년 대비 4.9% 성장했으며, 수출은 전년에 비해 10.6% 증가한 약 51억 달러 규모로 나타났다.[13] 이에 따라 콘텐츠 산업의 경쟁력은 그 양적 팽창과 더불어 질적 제고를 생각해야 할 시기이다.

현재 콘텐츠 수요는 미디어 산업의 영역확장과 함께 사람들의 생활패턴 변화 등에 힘입어 폭발적으로 늘어나고 있다. 이미 스마트폰, 앱스토어, 3D 영화 등 새로운 콘텐츠 상품에서 보듯이 콘텐츠 시장규모는 전 세계적으로 계속 확대될 전망이다. 오늘날은 가히 콘텐츠 산업의 혁명기이다. 기술과 기기 그리고 콘텐츠가 결합된 신제품이 시장을 선점하고 일자리와 이익을 창출하고 있다. 2009년과 2010년에 걸쳐서 새로운 흥행을 기록한 영화 '아바타'만 보더라도 3D 영상혁명으로 새로운 서비스 시장을 개척하면서 수요를 창출한 바 있다. 국내만 보더라도 총 1300만여 명의 관객 수와 누적

---

12 청와대 정책소식 vol.57(2010.5.3).

13 한국 콘텐츠산업 규모 90조, 2014년 7% 성장한 97조 예상
   http://news.sportsseoul.com/read/economy/1287110.htm

매출액 1,200억 원을 기록하여 영화사상 최고의 흥행실적을 올렸다. 이렇듯 첨단기술과 결합한 콘텐츠가 새로운 수요를 유발하고 있다. 그러나 아직 한국이 세계 시장을 주도하는 정도의 선점과 질적 성장을 이루고 있는지는 의문이다. 이런 측면에서 우리나라 콘텐츠 산업은 아직 빈약한 측면이 있다.

콘텐츠 산업이 신성장 동력산업으로 알려지면서 타 산업에 비해 크게 성장한 것으로 알려져 있지만 실제 10대 문화산업의 성장추이를 보면 기대보다 훨씬 미치지 못했다.[14] 오히려 둔화되고 있음을 보여주고 있다. 매출액을 보면 GDP 대비 2004년 6.05%에서 2008년에는 5.74%로 낮아지는 등 꾸준한 성장에도 문제가 있어왔다. 금액은 늘어났어도 경제 전체에서 차지하는 비중은 떨어진 것이다. 수출 역시 부진을 면치 못하고 있다. GDP 대비 수출액은 2004년 0.37%에서 2008년 0.45%로 미약하나마 꾸준히 늘어나고 있지만 수입액과 비교하면 오히려 2008년도에는 수입(2,889,170천 달러)이 수출(1,990,374천 달러)보다 1.45배에 달하는 무역역조 현상을 보였다. 고용 역시 다소 부진했다. GDP 대비 고용현황을 보면 2004년 3.10%에서 2008년에는 2.74%로 낮아졌다. 콘텐츠 산업이 고용유발이 높은 산업상의 특성을 고려하면 고용유발효과는 극히 낮았다. 그러나 이러한 현황은 2010년을 기점으로 점차 긍정적으로 고용유발효과와 수출 증대에 기여하고 있다. 특히 게임과 같은 분야는 2012년까지 매출 측면이나 고용 측면 모두에서 최고점에 다다른 후 현상 유지를 하는 양상을 보인다. 그러나 출판 및 영화, 만화, 애니메이션 부문은 수출액이 2011년보다 다음해 하락하는 모습을 보이고 있다는 점도 눈여겨봐야 할 것이다.

2014년도 기준 국내 콘텐츠 산업 매출액은 전년 대비 4.1% 증가한 94조 9,472억 원으로 집계되었다. 대내외 경기 둔화에도 불구하고 콘텐츠 산업 매출액은 지난 5년간('10~'14) 연평균 6.7%씩 꾸준히 성장하였는데, 이는 2014년도 국내 경제성장률이

---

**14** 문화산업에 문화상품이 포함된 개념으로 쓰고 있음. 출판, 만화, 음악, 게임, 영화, 애니메이션, 방송, 광고, 캐릭터, 에듀테인먼트 등 국내문화산업 10개 분야별 총 매출액, 수출액, 고용 현황을 나타내는 것임.(자료: e-나라지표)

전년 대비 3.3% 증가했고, 5년간('10~'14) 연평균 3.0% 성장한 것과 비교할 때 주목할 만한 수치이다.

콘텐츠 매출액은 출판, 영화를 제외한 전 산업 부문에서 증가했으며 지식정보(9.2%), 캐릭터(9.0%) 부문 등에서 매출 규모가 크고 높은 증가율을 보여 국내산업 성장에 크게 기여한 것으로 나타났다.

매출액 규모는 출판산업이 20조 5,867억 원으로 가장 컸으며, 그 다음으로는 방송(15조 7,746억 원), 광고(13조 7,370억 원), 지식정보(11조 3,436억 원), 게임(9조 9,706억 원) 등의 순으로 나타났다.

2014년도 국내 콘텐츠 산업 수출액은 전년 대비 7.1% 증가한 52억 7,351만 달러로 나타났다. 수출액은 출판, 영화, 광고를 제외한 전 산업 부문에서 증가하였으며 음악(21.0%), 캐릭터(9.6%), 게임(9.5%) 부문 등에서 수출 규모가 크고 높은 증가율을 보였다. 또한 2014년도 수입액은 전년 대비 10.8% 감소한 12억 9,423만 달러로 무역수지는 39억 7,928만 달러의 흑자를 나타냈다.

수출액 규모는 게임산업이 29억 7,383만 달러로 가장 컸으며, 그 다음으로 캐릭터(4억 8,923만 달러), 지식정보(4억 7,965만 달러), 방송(3억 3,601만 달러), 음악(3억 3,565만 달러) 등의 순으로 나타났다. 한류의 영향으로 콘텐츠 산업 수출액은 5년간('10~'14) 연평균 13.4%씩 높은 성장률을 유지했다.

게임산업 수출액은 전체 수출액 52억 7,351만 달러 중 절반 이상의 비중(56.4%)을 차지하고 있으며, 연평균 16.7%씩 꾸준히 성장하여 2010년 16억 610만 달러에서 2014년 29억 7,383만 달러로 두 배 가까이 성장하였다.

2014년도 국내 콘텐츠 산업 종사자 수는 전년 대비 소폭 감소한 61만 6,459명으로 나타났고, 사업체 수는 10만 5,442개로 나타났다. 종사자 수는 출판, 만화, 게임, 영화, 방송, 광고 등에서 감소했으며 콘텐츠솔루션(9.5%), 지식정보(5.0%) 등에서는 높은 증가율을 보였다. 종사자 규모는 출판(19만 1,033명), 게임(8만 7,281명), 음악(7만 7,637명), 지식정보(7만 5,142명), 광고(4만 6,918명), 방송(4만 1,397명) 등의 순으로 나타났다.

■ 표 1-5 문화 및 콘텐츠 산업 현황 　　　　　　　　　　　　　(단위: 백 억, 천 달러, 명)

| | 2004 | | | 2006 | | | 2008 | | |
|---|---|---|---|---|---|---|---|---|---|
| | 매출액 | 수출액 | 고용현황 | 매출액 | 수출액 | 고용현황 | 매출액 | 수출액 | 고용현황 |
| 계 | 50.06 | 939,362 | 458,926 | 57.94 | 1,373,158 | 436,685 | 58.95 | 1,884,416 | 446,929 |
| (GDP대비, %) | 6.05 | 0.37 | 3.1 | 6.38 | 0.42 | 2.87 | 5.74 | 0.45 | 2.74 |
| 출판 | 18.92 | 182,181 | 225,086 | 19.88 | 184,867 | 218,377 | 21.05 | 260,010 | 210,084 |
| 만화 | 0.5 | 1,909 | 9,185 | 0.73 | 3,917 | 12,818 | 0.72 | 4,135 | 10,709 |
| 음악 | 2.13 | 34,218 | 66,870 | 2.4 | 16,666 | 65,431 | 2.6 | 16,468 | 75,648 |
| 게임 | 4.32 | 387,692 | 47,051 | 7.45 | 671,994 | 32,714 | 5.6 | 1,093,865 | 42,730 |
| 영화 | 3.02 | 58,285 | 31,898 | 3.68 | 24,515 | 25,769 | 2.95 | 21,037 | 19,908 |
| 애니메이션 | 0.27 | 61,765 | 3,600 | 0.29 | 66,834 | 3,412 | 0.4 | 80,583 | 3,924 |
| 방송(영상) | 7.77 | 70,306 | 30,530 | 9.72 | 133,917 | 29,308 | 10.96 | 160,120 | 29,669 |
| 광고 | 8.03 | 20,761 | 28,854 | 9.12 | 75,981 | 27,487 | 9.31 | 14,212 | 30,700 |
| 캐릭터 | 4.22 | 117,336 | 8,286 | 4.55 | 189,451 | 19,889 | 5.1 | 228,250 | 21,092 |
| 에듀테인먼트 | 0.88 | 4,909 | 7,566 | 0.12 | 5,016 | 1,480 | 0.24 | 5,736 | 2,465 |
| | 2011 | | | 2012 | | | 2014 | | |
| | 매출액 | 수출액 | 고용현황 | 매출액 | 수출액 | 고용현황 | 매출액 | 수출액 | 고용현황 |
| 계 | 82.97 | 4,302,012 | 604,730 | 87.27 | 4,611,505 | 611,437 | 94.94 | 5,273,519 | 616,459 |
| (GDP/%) | 6.7 | – | – | – | – | – | – | – | – |
| 출판 | 21.24 | 283,439 | 198,691 | 21.10 | 245,154 | 198,262 | 20.58 | 247,268 | 191,033 |
| 만화 | 0.75 | 17,213 | 10,358 | 0.76 | 17,105 | 10,161 | 0.85 | 25,562 | 10,066 |
| 음악 | 3.82 | 196,113 | 78,181 | 3.99 | 235,097 | 78,402 | 4.60 | 335,650 | 77,637 |
| 게임 | 8.8 | 2,378,078 | 95,015 | 9.75 | 2,638,916 | 95,051 | 9.97 | 2,973,834 | 87,281 |
| 영화 | 3.77 | 15,829 | 29,569 | 4.4 | 20,175 | 30,857 | 4.56 | 26,380 | 29,646 |
| 애니메이션 | 0.53 | 115,941 | 4,646 | 0.52 | 112,542 | 4,503 | 0.56 | 115,652 | 4,505 |
| 방송(영상) | 12.75 | 222,372 | 38,366 | 14.18 | 233,821 | 40,774 | 15.77 | 336,019 | 41,397 |
| 광고 | 12.17 | 102,224 | 34,647 | 12.48 | 97,492 | 36,424 | 13.73 | 76,407 | 46,918 |
| 캐릭터 | 7.21 | 392,266 | 26,418 | 7.52 | 416,454 | 26,897 | 9.05 | 489,234 | 29,039 |
| 지식정보 | 9.05 | 432,256 | 69,026 | 9.53 | 444,837 | 69,961 | 11.34 | 479,653 | 75,142 |
| 콘텐츠솔루션 | 2.87 | 146,281 | 19,813 | 3.03 | 149,912 | 20,145 | 3.89 | 167,860 | 23,795 |

출처: 문화체육관광부, [콘텐츠산업 통계조사, 2016.1.26. 문광부 발표, 2014년 기준 자료][15]

15 – 2006년부터 음악산업 매출액은 노래연습장, 음악공연업, 인터넷 음반 소매업, 음반 도매업, 인터넷/모바일 음악콘텐츠 제작 및 제공업(cp) 매출액 포함
　　– 영화산업 매출액은 애니메이션 극장 매출액 제외
　　– 애니메이션 산업은 2006년부터 애니메이션 극장 매출액 및 방송사 수출액 포함(2005년에는 서울지역 관객 수, 2006년부터 전국 관객 수)
　　– 방송산업 매출액은 2008년부터 방송사업 수익만을 포함하였으므로 이전 년도와 직접 비교 무리
　　– 2005년은 캐릭터상품 도소매업 매출이 제외되었으나, 2006년부터 이를 포함. 캐릭터 유통업에 인터넷 쇼핑몰, 편의점, 재래시장, 인터넷/모바일/게임콘텐츠(아바타 등), 불법복제 관련 매출액 및 종사자 제외
　　– 2009년 기준 조사 시 DC산업과 통합이 이루어져 에듀테인먼트 산업을 포함한 지식정보산업으로 변경하고, 콘텐츠솔루션 산업을 추가시킴

그럼에도 불구하고 우리는 문화산업에서 희망을 본다. 10대 문화콘텐츠 산업 중에서 2004년과 2008년을 비교했을 때 매출액이 감소한 분야는 영화와 에듀테인먼트 두 개에 불과하다. 2009년부터는 지식정보산업에 가상세계 및 가상현실업을 포함한, 콘텐츠 솔루션 산업에 컴퓨터 그래픽스(CG) 제작업이 포함되어 이 산업의 장르가 점차 다양해지는 현상을 보이고 있다. 대부분의 분야는 현재까지 꾸준하게 매출액이 늘어나는 추세이다. 수출에 있어서도 음악, 영화, 광고의 수출액이 떨어졌지만 나머지 분야는 조금이라도 늘어났다. 특히 게임과 방송 캐릭터 산업은 현재까지 수출 경쟁력을 보이고 있다. 이 중에서도 게임 산업은 무려 2.8배나 신장되어 성장을 계속하고 있고, 캐릭터 역시 2배 가까이 수출실적을 높여오고 있다. 이미 온라인 게임은 규모와 기술면에서 세계 시장의 선도대열에 끼어 있다. 애니메이션 역시 잠재적 능력을 갖고 있다. 국산 토종 캐릭터인 '뽀로로'는 세계 90여 개국에 수출돼 4,000여억 원을 벌어들였다. 이렇듯 전체적으로 보면 우리나라의 콘텐츠 산업은 답보상태를 보이고 있지만 개별 분야에 들어가면 경쟁력을 갖추면서 성장도 이루어져 가고 있음을 볼 수 있다. 콘텐츠 산업의 주요 분야별로 보면 우리나라 콘텐츠 산업의 현 주소를 보다 정확하게 파악할 수 있다. 문화콘텐츠 산업 시장규모의 시뮬레이션 전망결과를 보면 다음과 같다.

## 1) 음악

우리나라 대중가요는 경쟁력을 갖고 있다. 한국의 대중가요가 일본[16]과 미국[17]에서도 인기를 얻고 있다. 요즘의 젊은이들은 팝송이나 외국노래를 듣기보다 우리나라

---

- 2009년부터 지식정보산업에 가상세계 및 가상현실업 포함, 콘텐츠솔루션 산업에 컴퓨터 그래픽(CG)제작업 포함
16 '동방신기'의 노래가 2009년 10월, '라이브투어 DVD'의 오리콘 차트 1위, 2010년 3월에는 'Video Clip Collection' 역시 판매순위에서 1위를 했다.
17 '원더걸스'의 노래가 빌보드 2009년 결산 싱글음반(오프라인) 판매순위 1위를 기록했다.

의 대중가요를 주로 듣는다. 선호가 분명한 젊은이들의 감성에 우리의 음악이 부응하고 있다는 점에서 그만큼 질적으로 성장했다고 볼 수 있다. 그만큼 경쟁력을 갖고 있음을 의미한다.

정보통신기술이 발전하면서 그동안 시장을 주도하던 음반 산업은 퇴조하고 디지털 음악시장이 이끌어가는 추세를 보이고 있다. 음악산업백서(2007)를 보면 2006년도 음반시장은 848억 원에 불과한 데 비하여 디지털 음악시장은 3,562억 원으로 4.2배나 큰 시장을 형성하고 있다. 이런 추세는 지속적으로 더욱 확대되고 있다. 2008년도 음반 산업이 811억 원에 머무른 데 비하여 디지털음악시장은 5,264억 원에 이르고 있다. 무려 6.5배 차이로 격차가 확대됐다. 따라서 콘텐츠 산업으로서의 주목할 분야는 디지털 음악이다.

디지털 음악 산업은 음악파일을 스트리밍(실시간청취서비스)하거나 다운로드받아 감상할 수 있는 각종 디바이스(휴대폰, MP3P, PMP 등)의 발달에 따라서 성장하고 있다. 디지털 음악은 정보통신 시대에 부응한 산업으로서 움직이면서 심지어 공부하면서도 들을 수 있다. 언제나 어디서나 음악을 들을 수 있으므로 급속한 성장을 이루어 가고 있다. 21세기에 들어와 성장한 디지털 음악 산업의 규모추이를 봐도 이를 증명한다. 2001년에 911억 원이던 시장규모가 2008년에는 5,284억 원으로 5.8배나 성장했다.

음악공연산업도 콘텐츠가 핵심역할을 한다. 음악공연산업은 기획, 제작, 공연, 유통에 이르기까지 관련 분야를 총칭하는 개념이다. 따라서 그 범위 역시 연극, 무용, 뮤지컬, 음악회, 콘서트 등 다양한 형태를 포괄한다. 공연산업은 경기 부침에 관계없이 꾸준히 성장하고 있다. 이는 소득의 증가에 따라서 음악을 비롯한 예술 공연에 대한 향수권이 증대한 결과로 분석된다. 음악공연 장르별 매출규모는 2000년대는 뮤지컬 시장이 압도적이다. 2008년만 보더라도 뮤지컬시장이 1,428억 원을 기록한 데 비하여 대중음악콘서트는 392억 원, 클래식 공연은 367억 원에 그쳤다. 뮤지컬이 이렇게 인기를 얻은 이유는 오페라와 달리 음악과 대사가 관객들에게 비교적 이해하기 쉽고 재미가 있었기 때문이다.

다음의 표를 보면 2005년부터 현재까지 음악 산업의 수입액 대비 수출액은 매년 증가하는 추세이며 2012년부터는 k-pop의 수출 경로의 다양화 모색과 콘텐츠의 기하급수적인 수적 증가로 그 격차가 크게 증가하고 있다.

■ 표 1-6 음악 산업 수출 및 수입액 현황 (단위: 천 달러)

| 구분 | 2005 | 2006 | 2007 | 2008 | 2010 | 2011 | 2012 | 2013 | 2014 |
|---|---|---|---|---|---|---|---|---|---|
| 수출액 | 22,278 | 16,666 | 13,885 | 16,468 | 83,262 | 196,113 | 235,097 | 277,328 | 335,650 |
| 수입액 | 8,306 | 8,347 | 4,230 | 11,484 | 10,337 | 12,541 | 12,993 | 12,961 | 12,896 |

출처: 문화체육관광부. 2009-2015년 콘텐츠 산업백서.

음악 산업의 발전은 질적 성장에 따른 경쟁력 확보에 달려있다. 앞으로 음악 산업은 이종 장르와 다양한 형태로 결합하면서 발전할 것이다. 음악 산업의 융·복합현상이 가속화 되는 상황에서 이 트렌드를 어떻게 적극적으로 활용하느냐가 향후 음악 산업의 성패를 좌우할 것이다. 성장 동인으로서 역할을 제대로 하려면 우선 현안 과제부터 적극적으로 해소하는 노력이 요구된다.

음악 산업에서 제기되고 있는 현안 과제를 보면 3가지이다. 증대되는 수출에 더불어 증대되는 불법복제의 문제, 음원 사용료 배분을 둘러싼 갈등 그리고 업체들의 수직결합 등으로 나타나는 경쟁심화이다. 불법복제는 음악 산업뿐만 아니라 콘텐츠 산업 전체의 문제이기도 하다. 불법복제에 따른 공통적인 문제는 시장위축에 따른 채산성악화이다. 이는 창작의욕을 떨어뜨리는 것으로 콘텐츠 산업의 근간을 위협하는 행위이다. 음악의 불법복제는 더욱 심하다. 지속적인 감시는 물론 불법복제 근절을 위한 국민 의식운동이 요구된다. 이런 노력을 통하여 제작-유통-소비자의 선순환 구조를 이루어야만 음악 산업은 물론 콘텐츠 산업의 발전을 도모할 수 있다. 불법복제 근절이 중요한 과제라는 인식하에 문화체육관광부도 음악시장 질서를 바로 잡기 위해 2009년 저작권법을 개정하여 저작권의 적극적 보호에 나서고 있다.

음원사용료 배분 문제는 불공정성 개선의 시각에서 접근해야 한다. 이것은 곧 윤리적인 문제이기도 하다. 원 권리자의 구제에 초점을 맞추는 한편 배분에 있어서도 공정한 기준이 마련되어야 한다. 수직계열화 문제는 시장의 변동과 경쟁력 제고차원에서 검토되어야 한다. 이 점은 시장기능에 초점을 맞추어 접근하는 것이 바람직하다. 다만 이 과정에서 자본의 지나친 횡포가 있어서는 안된다. 이런 균형의 노력과 시장의 질서가 세워질 때 음악 산업의 발전을 기대할 수 있을 것이다.

## 2) 영화

영화산업은 자본산업이면서 노동집약산업이다. 영화는 제작 초기단계부터 상영에 이르기까지 많은 인력과 자금이 소요된다. 그래서 규모의 경제가 필요하다. 영화사들은 영화 한 편 만드는 데 많은 투자금액이 소요되기 때문에 위험분산차원에서 배급사와 다양한 콘텐츠 산업으로 다각화하여 제작한다. 이 과정에서 다양한 콘텐츠 수요가 유발된다. 영화는 또한 문학·미술·미술·음악·연극·의상 등 예술의 전 분야가 종합적으로 적용되는 장르이다. 소요되는 콘텐츠가 다양하다는 점에서 영화를 종합예술이라고 부르는 이유다. 따라서 영화산업의 발전은 전체 예술의 발전과 궤를 같이 한다. 오늘날 문화예술발전에는 개인의 창의성 못지않게 IT산업의 발전이 중요한 역할을 한다. 3D 영상제작도 IT산업이 발전했기 때문에 가능해졌다.

영화산업은 다른 콘텐츠 산업과 달리 라이프사이클이 매우 짧은 특성을 갖고 있다. 인기 영화를 제외하면 대부분 몇 주에 극장상영이 끝난다. 1~2주도 못가는 경우도 많다. 물론 좋은 영화는 장기간 개봉하고 이는 다시 DVD로 상품화 된다. DVD로 재생산하는 비용은 크지 않기 때문에 수요가 많을수록 한계비용은 0에 가까워진다. 그러나 이런 상업적 성과를 이루는 영화는 많지 않으나 흥행에 성공하는 경우에는 다른 어느 상품보다 비교하기 어려울 정도로 수익률이 높다. 위험이 큰 대신 수익도 크다.

영화의 고객은 영화평이나 관객들의 구전효과에 영향을 많이 받는 또 다른 특징을 갖고 있다. 좋은 영화라고 하더라도 영화 상영기간에 해외 대작과 겹치게 되면 흥행이 떨어지기도 한다. 그래서 영화산업은 투자수익이 불확실한 분야이다. 요즘에는 상영관 확보가 또 다른 과제로 제기되고 있다.

한 편의 영화가 만들어지기까지에는 다양한 시도가 이루어진다. 특히 성공한 영화는 남이 하지 않은 방법을 찾아서 이를 상용화 한다. 영화의 성공에는 고객의 마음, 시장을 읽는 힘도 중요하지만 탄탄한 내용의 콘텐츠가 더욱 중요하다. 영화 아바타가 그러하다. 영화 아바타의 성공은 콘텐츠와 3D 기술이 만들어낸 결과이다. 콘텐츠가 영화의 성공을 이끄는 핵심 역할을 한 것이다. 좋은 콘텐츠는 성공의 핵심이다. 이렇듯 좋은 영화는 콘텐츠와 관련 기술 그리고 관객이 만든다. 이런 것들이 상호 조화를 이루지 못하면 영화산업은 발전할 수 없다.

한국의 영화산업은 아직 자본규모면에서 열악하다. 주인공을 제외한 현장 스태프 인력이나 출연진들에 대한 대우와 근로환경 또한 열악하다. 수익은 늘지 않는데 마케팅 비용은 해마다 늘어나고 있기 때문이다. 배급사의 독과점화 영향력도 영화산업의 발전을 저해하는 요인이다. 이런 문제들이 한국의 영화산업발전을 저해하는 요인으로 지적되고 있다. 이런 영향 탓인지 최근 한국영화는 고전을 면치 못하고 있다. 그러나 이런 어려움에서도 강인한 근성을 보이는 것이 또한 영화산업이다.

2013년 전체 영화산업 매출은 1조 8,839억 원으로 사상 최고 액수를 기록했다. 이는 극장 매출의 증가 그리고 부가시장 및 해외 수출의 회복세에 따른 결과이다. 2013년 극장 입장권 매출액은 역대 최대 액수인 1조 5,512억 원으로 2012년 대비 6.6% 증가했고, 관객 수 역시 2012년 대비 약 9.5% 증가한 2억 1,332만 명에 달해 역대 최다를 기록했다. 이에 따라 인구 1인당 연간 평균 관람횟수는 세계 최고 수준인 4.25회에 달하였다. 관객 수와 매출액 모두 역대 최고이다. 2008년에 비해 총 관객 수는 41.4%(1억 5,083만 명 → 2억 1332만 명) 증가했다.

극장 총 매출은 58.4%(9,794억 원 → 1조 5,512억 원) 증가한 수치이다. 특히나 2013년 한국영화 관객 수는 2008년도 6,355만 명에 비해 100.3%나 증가한 1억 2,727만 명을 기록하였다. 해외 수출도 호조를 보였다. '설국열차 효과'와 중국 대작영화 기술서비스

수주 덕에 완성작 수출과 기술서비스 수출액도 전년 대비 각각 83.7%, 26.8% 늘어 해외수출액 전체는 2012년 대비 57.2% 증가한 5천 9백만 달러(약 651억 원)였다. 그리고 부가시장도 IPTV매출 증가에 따라 2012년 대비 24% 증가한 2,676억 원에 달했다.

2014년 극장 총 관객 수 증가율은 전년 9.5%에서 2014년 0.8%를 기록하며 큰 폭으로 하락하였으나, 증가세는 유지되어 2년 연속 관객 수가 2억 명을 넘어섰다. 인구 1인당 연간 평균 관람 횟수는 세계 최고 수준인 4.19회에 달하였다. 한국영화 총 관객 수는 1억 770만 명(관객 점유율 50.1%)으로 3년 연속 1억 명을 넘어섰고, 외국영화 총 관객 수는 1억 736만 명(관객 점유율 49.9%)으로 처음으로 1억 명을 돌파했다.

이러한 국내시장, 해외시장의 매출증가에 힘입어 한국영화 투자수익률은 2012년 13.3%에 이어 2013년에는 14.1%의 흑자를 기록함으로써, 한국 영화 산업은 양적, 질적 성장을 이루어가다 2014년에는 0.3%로 급격히 투자수익률이 떨어져 버리고 있음을 볼 수 있다.

■ 표 1-7 **연도별 한국 영화산업 주요 통계지표**  (2005-2014년, 단위: 만 명, %)

| 구분 | | 2005년 | 2006년 | 2007년 | 2008년 | 2009년 | 2010년 | 2011년 | 2012년 | 2013년 | 2014년 |
|---|---|---|---|---|---|---|---|---|---|---|---|
| 관객수 | 총관객 수 | 14,552 | 15,341 | 15,878 | 15,083 | 15,696 | 14,918 | 15,972 | 19,489 | 21,335 | 21,506 |
| | 증감률 | 7.7 | 5.4 | 3.5 | △5.0 | 4.1 | △5.0 | 7.1 | 22.0 | 9.5 | 0.8 |
| | 한국영화 | 8,544 | 9,791 | 7,939 | 6,355 | 7,641 | 6,940 | 8,287 | 11,461 | 12,729 | 10,770 |
| | 증감률 | 6.5 | 14.6 | △18.9 | △20.0 | 20.2 | △9.2 | 19.4 | 38.3 | 11.1 | △15.4 |
| | 점유율 | 58.7 | 63.8 | 50.0 | 42.1 | 48.7 | 46.5 | 51.9 | 58.8 | 59.7 | 50.1 |
| | 외국영화 | 6,008 | 5,550 | 7,939 | 8,728 | 8,055 | 7,978 | 7,685 | 8,028 | 8,606 | 10,736 |
| | 증감률 | 9.3 | △7.6 | 43.0 | 9.9 | △7.7 | △1.0 | △3.7 | 4.5 | 7.2 | 24.8 |
| | 점유율 | 41.3 | 36.2 | 50.0 | 57.9 | 51.3 | 53.5 | 48.1 | 41.2 | 40.3 | 49.9 |
| 개봉편수(편) | 한국영화 | 83 | 108 | 112 | 108 | 118 | 140 | 150 | 175 | 183 | 217 |
| | 외국영화 | 215 | 237 | 281 | 272 | 243 | 286 | 289 | 456 | 722 | 878 |
| 전국 스크린 수(개) | | 1,648 | 1,880 | 1,975 | 2,004 | 2,055 | 2,003 | 1,974 | 2,081 | 2,184 | 2,281 |
| 1인당 관람 횟수(회) | | 2.98 | 3.13 | 3.22 | 3.04 | 3.15 | 2.92 | 3.15 | 3.83 | 4.17 | 4.19 |
| 한국영화 투자수익률 | | 7.9 | △24.5 | △40.5 | △43.5 | △13.1 | △11.0 | △14.7 | 13.3 | 14.1 | 0.3 |

출처: 영화진흥위원회(2014), 「2014 한국 영화산업 결산」.

이처럼 〈표 1-7〉에서 볼 수 있듯이 국내 영화산업이 점차 어려워지고 있는 상황이지만 경쟁력을 갖추려는 노력도 이어지고 있다. 이런 징후는 곳곳에서 나타나고 있다.

미국을 제외하면 자국영화 산업의 점유율이 제일 높다. 2000년대 들어와서 OECD 국가의 자국영화 점유율은 미국을 제외하면 50% 이상을 유지한 나라는 세계에서 우리나라밖에 없다.[18] 다만 일본이 2008년에 자국 시장 점유율이 59.5%에 달했을 뿐이다. 자국문화에 대한 자긍심이 높은 프랑스도 자국영화 점유율이 30~40% 수준이다. 이 비율은 유럽 지역의 타 국가들에 비해 높지만 우리나라 수준에는 미치지 못하고 있다. OECD 국가를 포함한 자국영화 점유율을 보면 살펴보면 좀 더 구체적으로 알 수 있다. 2009년 국가별 자국영화 점유율[19]을 보면 1위가 인도(92%), 미국(91.9%), 3위 일본(56.9%), 4위 중국(56.6%), 5위 터키(50.9%), 6위 한국(47.1%), 7위 태국(37.5%), 8위 프랑스(35.6%), 9위 스웨덴(32.7%) 10위 독일(27.4%) 순이다. 개도국의 시장개방정도를 고려하면 인도와 중국이나 터키 등은 큰 의미를 갖지 못한다. OECD 국가를 대상으로 보면 미국의 선두는 여전하고 다만 일본의 부상이 돋보인다. 2010년도의 우리나라의 자국영화 점유율은 46.5%로서 전년 대비 9.6%나 감소했다. 그러나 이 정도의 감소는 좋은 영화가 출시되면 곧 회복될 수 있기 때문에 큰 의미를 갖지 못한다. 실제 2010년 10월의 자국영화 점유율은 60.4%까지 올라간 바 있다.

2014년 미국의 자국영화 점유율은 95.0%를 기록하며, 2013년 94.6% 대비 0.4% 상승하였다. 이는 최근 5년간 가장 높은 시장 점유율이자 최근 10년간 90% 이하로 자국영화 점유율이 하락한 적이 없음을 의미한다. 이를 통해 외국영화가 북미 시장에 진출하기 어렵다는 사실을 알 수 있다. 2014년 북미 영화산업 총 극장 관객 수는 12억 6천만 명으로 지난 20년간 최저치를 기록, 전년대비 6% 감소하고 극장매출 역시 103억 달러를 기록하여 전년대비 5% 이상 감소하였다. 이는 시장을 리드할 만한 작품이

---

18 높은 자국영화점유율을 보이고 있지만 그 이면을 보면 지난 10년간 흥행 상위 10대 영화가 관객의 50% 이상을 점유하고 있다는 한계가 있다.

19 한국영화 12월호, 영화진흥위원회.

적었고 영화관입장권 가격 인상(영화관입장권 평균가격: 8.17달러)이 주요 원인으로 분석된다.

2012년 일본 자국영화 점유율은 65.7%로 최근 10년간 가장 높은 수치를 보여주었으나 2013년에는 60.6%로 약 5% 감소한 데 이어 2014년 58.3%로 추가 감소하였다. 2014년 일본 영화시장의 주요 이슈로는 〈겨울왕국〉의 흥행, 소비세 증세로 인한 영화관람료 인상, 일본영화의 강세, 유통업체 영화계 진출 등이 있다. 특히 유통업체 이온과 대표적인 편의점 기업인 로손이 기존 극장체인을 인수하거나 주식을 매입하는 방식을 통해 엔터테인먼트 업계에 진출한 것은 추후 업계 판도변화를 예고하고 있다.

2014년 영국은 극장매출은 전년대비 2.3%, 관객수는 4.8% 하락하였고 〈호빗: 다섯 군대 전투〉 외에 눈에 띄는 흥행작이 없었다. 그러나 영국 독립영화의 선전으로 인해 영국영화의 시장 점유율은 역대 최고인 26.0%를 기록하였다. 영국 애니메이션 〈패딩턴〉, 〈인비트위너스 무비 2〉 등이 크게 흥행하여 영국 독립영화의 시장 점유율이 미국 스튜디오가 제작한 영국영화의 시장 점유율보다 높았다. 한편, 부가시장의 경우, 온라인비디오시장의 성장세가 두드러져 30.0% 이상 성장하였다.

2014년 프랑스의 자국영화 점유율은 44.0%로 영화제작투자가 전년대비 20.2%나 감소하고 제작편수 역시 감소했음에도 불구하고 자국영화의 대흥행이 이어졌다. 〈컬러풀웨딩즈〉, 〈벨리에가족〉 등의 프랑스 영화가 크게 흥행하며 관객수 2억 9백만 명을 기록, 관객수 신기록 수립에 근접하였다. 또한 유니프랑스(UniFrance)에 따르면, 뤽베송 감독의 영화 〈루시〉가 해외에서 1억 1,100만 명의 관객을 동원하고 총 80편의 프랑스 영화가 해외에 개봉되는 등 해외시장에서 꾸준히 선전하고 있다.

2014년도 중국은 전년대비 극장시장 36.2% 성장(총 극장수 5,813개/스크린수 24,317개)에 이어 총관객수는 35.6% 증가한 8.3억 명을 기록하였다. 2014년 200억 대를 넘어선 극장매출 역시 300억 대의 문턱에 거의 다다른 296억 위안을 기록하였다. 이로써 중국은 극장시장 부문 세계 영화시장의 2인자로 미국을 추격중이다. 한편 바이두(百度), 알리바바, 텐센트(약칭 'BAT') 등 인터넷기업이 영화의 투자 제작, 배급 마케팅, 상영 등 전 부문에 걸쳐 전방위적으로 영화업에 진입하며 막강한 영향력을 드러내기 시작하고 있다.

인도영화시장은 발리우드가 발달하여 할리우드 영화를 포함한 외국영화가 크게 영향력을 미치지 못하고 있는 국가이다. 2014년도 인도의 자국영화 점유율은 91%로, 미국 다음으로 자국영화 점유율이 높은 시장으로 집계되고 있다. 덧붙여 인도중앙영화진흥청은 2012년 이후부터 연간 1,600편 이상, 2014년 2,068편의 자국영화가 제작되어 전 세계에서 영화를 가장 많이 생산하는 국가로 지목된다.

2014년 한국의 전체 영화산업 매출은 극장매출, 디지털온라인시장, 해외수출 등 전 분야 매출이 증가하며 영화산업 매출 사상 처음으로 2조 원대를 돌파하였다. 2014년도 한국영화 관객수는 3년 연속 1억 명 달성에 성공하였으나 2013년 대비 소폭 감소하여 한국영화 점유율은 50.2%를 기록하였다. 한편 미국영화 관객 점유율은 전년 대비 약 10%p 증가한 45.3%로 한국과 미국이 전체 영화관객의 95.5%를 차지하며 관객편중현상이 지속되고 있다.

그림 1-2 주요 영화산업국가의 자국영화 점유율 현황

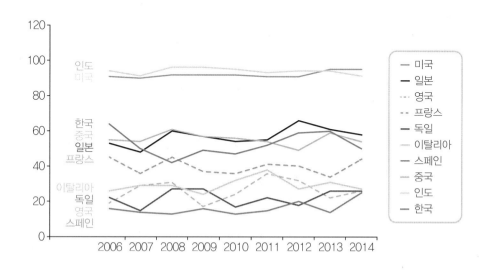

출처: e-나라지표, http://index.go.kr/smart/chart_view.jsp?idx_cd=2444&bbs=INDX_001&clas_div=C&rootKey=6.48.0

지금 우리나라의 영화산업은 TV드라마가 함께 아시아 시장을 선도할 뿐만 아니라 아시아를 넘어서 전 세계로 시장을 넓혀나가고 있다. 영상기술에서도 우리나라는 이제 어느 정도 경쟁력을 갖추어 가고 있다. 영화사에 새로운 이정표를 세운 입체영화 '아바타'의 성공요인에는 우리나라의 3D기술도 있다. 우리나라의 영화 콘텐츠기업들은 아직 영세성을 벗어나지 못하지만 2차원(2D) 영화를 3D 영화로 바꾸는 기술은 경쟁력을 갖고 있다. 고용창출에 기여하는 효과도 점점 늘어나고 있다.[20]

■ 표 1-8 주요국별 자국영화 점유율 (단위: %)

| | 2007 | 2008 | 2009 | 2010 | 2011 | 2012 | 2013 | 2014 |
|---|---|---|---|---|---|---|---|---|
| 미국 | 90 | 92 | 92 | 92 | 91 | 91 | 95 | 95 |
| 일본 | 48 | 60 | 57 | 54 | 55 | 66 | 61 | 58 |
| 영국 | 29 | 31 | 17 | 24 | 36 | 32 | 22 | 26 |
| 프랑스 | 36 | 45 | 37 | 36 | 41 | 40 | 34 | 44 |
| 독일 | 15 | 27 | 27 | 17 | 22 | 18 | 26 | 26 |
| 이탈리아 | 29 | 29 | 24 | 32 | 38 | 27 | 31 | 27 |
| 스페인 | 14 | 13 | 16 | 13 | 15 | 20 | 14 | 25 |
| 중국 | 54 | 61 | 57 | 56 | 54 | 49 | 59 | 54 |
| 인도 | 91 | 96 | 96 | 95 | 93 | 94 | 94 | 91 |
| 한국 | 50 | 42 | 49 | 47 | 52 | 59 | 60 | 50 |

출처: e-나라지표, http://index.go.kr/smart/chart_view.jsp?idx_cd=2444&bbs=INDX_001&clas_div=C&rootKey=6.48.0

그러나 우리나라 영화산업의 해외 수출은 아직 활발하지 못하다. 수출비중 역시 아주 미미하다. 2009년을 보면 12억 75백만 달러로 세계시장의 1.5%를 점유하고 있다. 우리나라의 제조업 수출에 비하면 아직 걸음마 단계에 불과하다. 아직 세계시장에서 우리 영화산업의 경쟁력은 열위에 있다. 문제는 이런 변화가 앞으로도 상당 기간

---

20 "일자리는 이렇게 늘리는 겁니다"(동아일보 사설, 2010.4.21)

지속될 것이라는 데 있다. 2014년 전망을 보면 수출액은 15억 9200만 달러로 다소 늘어났지만 시장 점유율은 2009년과 같다. 이는 한국 영화산업의 경쟁력 강화를 위한 노력이 보다 절실함을 시사한다.

### 3) 게임

게임 산업은 우리나라의 콘텐츠 산업을 선도하고 있다. 온라인 게임 산업은 세계적인 경쟁력을 갖고 있다. 게임 산업은 게임을 구현하는 방법에 따라서 아케이드 게임, 비디오 게임, 온라인 게임, 모바일 게임 등으로 구분된다. 또한 장르에 따라서 구분하기도 한다. 대표적 장르는 RPG(Role Playing Game)로 캐릭터 육성게임이라고 부른다. 특히 네트워크를 통해서 다중이 즐기는 MMORPG(Massive Multiple Online Role Playing Game)는 우리나라 온라인 게임의 대표적 장르이다.

게임 산업의 성장과정을 보면 부침은 있지만 나름대로 성장과정을 보이고 있다. 2002년에 3조 4026억 원의 시장규모가 2005년에 8조 6798억 원까지 커졌지만 2006년, 2007년에 연거푸 전년대비 14.2%와 30.9%의 마이너스 성장을 보였다. 2007년 국내게임시장 규모는 5조 1436억 원까지 떨어졌다. 이후 회복세를 보이면서 2008년에는 전년대비 9.0%의 성장률을 기록하며 플러스 성장으로 돌아섰고, 2009년에는 17%의 성장률을 보이면서 6조 5806억 원으로 회복되고, 2014년에는 9조 9706억 원을 기록하고 있다.

2009년도에 성장을 이끈 분야는 온라인 게임이다. 온라인 게임 매출규모는 3조 7,087억 원을 달성하여 전체 시장점유율 56.4%를 기록했다. 게임 유통 및 소비업체를 포함한 국내 전체 게임시장에서 개별 플랫폼이 50% 이상을 차지한 것은 처음이다. PC방과 아케이드게임장을 제외한 플랫폼 단위의 게임시장만 놓고 볼 때에는 온라인 게임의 시장점유율이 81.1%에 달한다. 앞으로도 국내 온라인 게임은 안정된 인프라를 토대로 한 내수시장을 선도함은 물론 세계시장에서도 선전할 것으로 전망된다.

■ 그림 1-3 국내 게임시장 전체규모 및 성장률 추이(2003-2014년)　　　　(단위: 억 원)

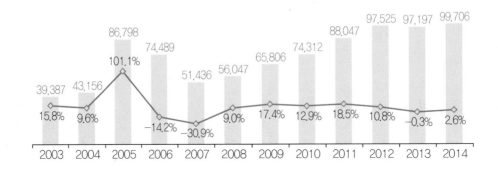

출처: 문화체육관광부·한국콘텐츠진흥원 대한민국 게임백서, 2015.

　　한국콘텐츠진흥원의 2015 게임백서 자료에 따르면 분야별 성장률에서도 양극화 현상이 두드러졌다. 모바일게임, 온라인게임, 그리고 비디오게임이 상승 성장했는데, 모바일게임은 25.2%의 높은 성장세를 이어갔다. 온라인게임은 1.7%에 그쳤지만 −19.6%에 달했던 전년도의 하락 성장세를 반전시키는 데 성공했다. 가장 큰 성장률을 기록한 플랫폼은 비디오게임으로 전년 대비 70.7% 성장하였다. 이 세 분야를 제외한 나머지 시장에서는 높은 수준의 하락 성장이 나타났다. 아케이드게임의 경우 −35.9%, PC게임은 −11.3%에 이르는 하락세를 기록했고, 유통 분야에서도 20%대 이상의 하락 성장률을 보였다(PC방 −26.1%, 아케이드게임장 −36.6%).

　　2013년과 2014년의 분야별 성장률을 비교해 보면 온라인게임과 모바일게임, 비디오게임을 제외한 시장들에서 급격한 점유율 축소를 목격할 수 있다. 특히 모바일게임이 시장 비중을 확대한 만큼 여타 분야의 비중이 축소된 모습을 볼 수 있다. 모바일게임이 전년에는 시장의 23.9%를 점유했던 반면 2014년에는 비중을 5.3% 확대해 전체 시장의 3분의 1(29.2%) 가까이 차지하는 수준이 되었다. 모바일게임과 70.7%의 성장률에 힘입어 2014년에 시장 비중(1.6%)을 확대한 비디오게임을 제외하면 모든 분야에서 점유율 축소가 나타났다. 온라인게임의 경우 점유율이 55.6%로 줄었고(−0.5%),

아케이드게임장은 0.4%(–0.3%)로, 아케이드게임은 0.3%(–0.2%)로, PC게임은 0.3%(–0.1%)로 점유율이 축소되었다. 특히 큰 폭의 시장 축소가 나타난 분야는 PC방으로 전년의 17.1%에서 2014년에는 12.3%로 점유율이 감소했다.

2015년 국내 게임시장은 2014년보다 6.1% 성장하여 10조 5,788억 원의 시장규모를 기록할 것으로 전망된다. 온라인게임이 전년보다 상승 폭을 일정정도 확대하고 모바일게임이 여전히 큰 폭의 성장세를 이어감으로써 전체 시장의 성장을 견인할 것으로 보인다. 2016년과 2017년의 전체 게임시장은 온라인게임이 소폭의 성장세를 유지하고, 모바일게임의 성장세가 둔화되는 가운데 평균 4.3%의 성장률을 이어가며 11조원 대 규모의 시장을 형성해 나갈 것으로 예측된다.

2015년 온라인게임 시장은 2014년 대비 2.6% 성장한 5조 6,847억 원의 매출을 창출하며 가장 비중이 큰 플랫폼으로서의 입지를 고수할 전망이다. 온라인게임은 2015년 하반기부터 2017년 사이에 대작들이 출시되면서 상승 성장을 이어갈 것으로 보이나, 그 성장 폭은 시장을 반전시킬 만큼 크지는 않을 전망이다. 2016년, 2017년

■ 표 1–9 국내 게임시장의 규모와 향후 전망  (단위: 억 원)

| | 2011 | 2012 | 2013 | | 2014 | | 2015(E) | | 2016(E) | |
|---|---|---|---|---|---|---|---|---|---|---|
| | 매출액 | 매출액 | 매출액 | 성장률 | 매출액 | 성장률 | 매출액 | 성장률 | 매출액 | 성장률 |
| 온라인게임 | 62368 | 67839 | 54,523 | –19.6% | 55,425 | 1.7% | 56,847 | 2.6% | 58,141 | 2.3% |
| 모바일게임 | 4235 | 8009 | 23,277 | 190.0% | 29,136 | 25.2% | 35,916 | 23.3% | 39,708 | 10.6% |
| 비디오게임 | 2684 | 1608 | 936 | –41.8% | 1,598 | 70.7% | 1,758 | 10.0% | 1,706 | –3.0% |
| PC게임 | 96 | 680 | 380 | –44.1% | 337 | –11.3% | 394 | 16.9% | 530 | 34.5% |
| 아케이드게임 | 736 | 791 | 825 | 4.3% | 528 | –35.9% | 450 | –14.8% | 439 | –2.4% |
| PC방 | 17163 | 17932 | 16,618 | –7.3% | 12,277 | –26.1% | 10,029 | –18.3% | 9,429 | –6.0% |
| 아케이드게임장 | 763 | 665 | 639 | –3.9% | 405 | –36.6% | 394 | –2.7% | 384 | –2.5% |
| 합 계 | 88,047 | 97,525 | 97,198 | –0.3% | 99,706 | 2.58% | 105,788 | 6.1% | 110,337 | 4.3% |

출처: 문화체육관광부·한국콘텐츠진흥원. 대한민국 게임백서. 2015.

모두 2% 안팎의 저조한 성장률로 인해 6조 원대 진입은 어려울 것으로 보인다.

2015년 모바일 게임시장은 지속적으로 대작 게임이 출시되고, 아직은 장르적으로 도 발전중인 상태이므로 여전히 높은 성장을 이어갈 것으로 보인다. 따라서 전년보다 23.3% 성장한 3조 5,916억 원의 시장을 형성할 것으로 예측된다. 그러나 2016년부 터는 성장률이 10% 대로 내려앉으며 성장 속도는 많이 둔화될 것으로 보인다.

수출입 추이변화를 보면 우리나라의 게임 산업은 수출이 수입을 앞서고 있다. 이 런 현상은 2003년부터 역전되기 시작하여 2009년 수출액은 12억 4000달러로 수입 액 3억 3200달러로 4.6배나 많다. 2013년 수출액은 27억천 달러로 수입액 1억 7200달러로 무려 16배 정도 많다. 이런 추세는 시간이 갈수록 더욱 확대될 전망이다. 이는 곧 우리나라의 게임 산업 경쟁력을 갖고 있기 때문이다.

표 1-10 국내 게임 산업의 수출입 추이와 전망 (단위: 천 달러)

| 구분 | | 2005 | 2006 | 2007 | 2008 | 2009 | 2010 | 2011 | 2012 | 2013 |
|---|---|---|---|---|---|---|---|---|---|---|
| 수출 | 수출액 | 564,660 | 671,994 | 781,004 | 1,093,865 | 1,240,856 | 1,606,102 | 2,378,078 | 2,638,916 | 2,715,400 |
| | 증감률 | 45.6% | 19.0% | 16.2% | 40.1% | 13.4% | 29.4% | 48.1% | 11.0% | 2.9% |
| 수입 | 수입액 | 232,923 | 207,556 | 389,549 | 386,920 | 332,250 | 242,532 | 204,986 | 179,135 | 172,229 |
| | 증감률 | 13.6% | -10.9% | 87.7% | -0.67% | -14.1% | -27% | -15.5% | -12.6% | -3.9% |

출처: 문화체육관광부·한국콘텐츠진흥원. 2014 콘텐츠산업 통계조사.

이상에서 알 수 있는 바와 같이 우리나라의 게임 산업은 온라인게임이 주도하고 있다. 이런 현상은 국내시장 점유율이나 플랫폼별 수출입 구조에서 그대로 나타나고 있다. 수출도 온라인게임이 압도적이다. 다만 수입부문에서는 비디오게임이 제일 높 다. 세계시장을 보면 아직도 비디오게임 시장이 게임 산업을 주도하고 있다.

세계 게임시장에서 한국이 차지하는 비중을 살펴보면, 우선 온라인게임은 세계시 장에서 19.1%를 점유하며 중국에 이어 세계 2위 자리를 유지했다. 이는 21.3%의 점 유율을 보였던 2013년에 비하면 세계시장에서의 비중이 2.2% 포인트 감소한 것이다.

그러나 2013년에는 세계 온라인게임 시장의 절반 이상(53.2%)을 점유했던 중국의 점유율도 50% 이하(49.0%)로 낮아지면서 중국과의 격차는 전년에 비해 오히려 축소되었다.

한편, 한국 모바일게임 시장의 세계 시장에서의 점유율은 온라인게임 시장과는 반대로 증가하는 모습을 보였다. 전년의 점유율 11.6%보다 2.7% 포인트 증가한 14.3%를 기록하며 2013년과 마찬가지로 일본에 이어 세계 2위의 자리를 고수했다. 그러나 2013년에는 전년의 세계 시장 점유율 5.1%의 두 배가 넘는 시장 비중을 확보했던 것에 비추어 보면 성장 폭이 많이 꺾였다고 볼 수 있다.

2013년과 마찬가지로 2014년에도 여타 게임 플랫폼의 세계 게임시장에서의 비중은 매우 낮은 수준을 보였다. 유일하게 PC게임이 세계 시장 점유율 0.6%로 비디오게임(0.3%)과 아케이드게임(0.3%)에 비해 강세를 보였다.

■ 표 1-11 **2015년 국내 게임시장의 세계 시장에서의 비중**  (매출액 기준)(단위: 백만 달러)

| 구분 | 온라인게임 | 비디오게임 | 모바일게임 | PC게임 | 아케이드게임 | 전체 |
|------|-----------|-----------|-----------|--------|-------------|------|
| 세계 게임시장 | 27,582 | 45,177 | 19,343 | 5,438 | 25,899 | 123,455 |
| 국내 게임시장 | 5,262 | 152 | 2,76604 | 32 | 89 | 8,301 |
| 점유율 | 19.1% | 0.3% | 14.3% | 0.6% | 0.3% | 6.7% |

출처: 문화체육관광부·한국콘텐츠진흥원, 대한민국 게임백서, 2015.

게임 산업의 경쟁력은 바로 콘텐츠에 달려있다. 온라인 게임에서 경쟁력이 있다는 것은 콘텐츠 경쟁력이 있다는 것을 의미한다. 지속적으로 경쟁력을 유지해나가려면 수요에 맞는 콘텐츠 창출과 적극적인 마케팅이 중요하다. 최근 우리나라의 게임업체는 세계인들이 즐겨하는 스포츠 게임 개발에 나서고 있다. 게임업체가 직접 구단(야구)을 만들고 대회 스폰서에 나서고 있다. 이렇듯 시장개척의 적극성을 보이고 있다. 이와 함께 중요한 것은 게임 산업의 경쟁력은 적시성과 재미이다. IT산업과 미디어발전 그리고 미디어 통신기기의 발전에 부응한 콘텐츠를 적시에 내놓아야 경쟁력을 가질 수 있다.

### 4) 애니메이션

애니메이션 산업은 콘텐츠 산업 분야에서도 성장이 기대되는 분야이다. 하지만 방송과 극장 의존도가 높은 콘텐츠 산업이라는 측면에서 제약도 있다. 따라서 방송사와의 협력이 중요하다. 그럼에도 불구하고 국내 애니메이션 산업은 성장이 기대되는 산업이다. 산학협동은 물론 국내외 기업과의 공동제작도 다른 어느 콘텐츠 산업보다 활발한 분야이기 때문이다. 이런 노력에 힘입어 초창기에 하청기지에 머물렀던 애니메이션 산업이 이제는 고부가가치를 창출하는 창작산업으로 변신하면서 그 위상을 다져나가고 있다.

하청에서 창작으로 이전되는 과정을 보면 눈부시다. 2000년 중반만 해도 하청과 창작의 매출규모가 엇비슷했다. 그러던 것이 2000년 후반부터는 창작제작 비중이 41.6%인 1,684억 원의 매출액을 올린 데 비하여 하청제작은 33.4%인 1,354억 원에 머물렀다.

〈표 1-12〉에서 알 수 있는 바와 같이 애니메이션산업의 성장추이를 보면 애니메이션산업의 업체당 평균매출액은 11억 7,600만 원이며, 1인당 평균매출액은 8,900만 원으로 나타났다. 중분류별로 보면, 애니메이션 제작업의 업체당 평균매출액은 12억 9,600만 원이며, 1인당 평균매출액은 8,800만 원으로 나타났다. 애니메이션 유통 및 배급업의 업체당 평균매출액은 5억 2,400만원이며, 1인당 평균매출액은 1억 4,400만 원으로 나타났다. 그리고 온라인 애니메이션 유통업의 업체당 평균매출액은 5억 5,800만 원이며, 1인당 평균매출액은 7,800만원으로 나타났다.

애니메이션산업이 이렇게 경쟁력을 높여가고 있는 것은 다양한 요인에 기인하지만 무엇보다도 우수한 인력에 힘입은 바 크다. 특히 디자인, 연출력, 제작기술역량 분야에서 경쟁력이 높아지면서 이것이 전체 애니메이션 산업 경쟁력 향상의 동인으로 작용하고 있다. 3D 제작기술의 발전이 그러하다. 더욱이 온라인 애니메이션 유통업이 인터넷과 모바일 모두를 채널로 연계하기 때문에 그 성장 속도와 크기를 긍정적인 방

■ 표 1-12 애니메이션 산업 매출액 현황 (단위: 백 만원)

| 중분류 | 소분류 | 2011년 | 2012년 | 2013년 | 비중(%) | 전년대비 증감률(%) | 연평균 증감률(%) |
|---|---|---|---|---|---|---|---|
| 애니메이션 제작업 | 애니메이션 창작 제작업 | 240,186 | 256,631 | 257,800 | 49.5 | 0.5 | 3.6 |
| | 애니메이션 하청 제작업 | 110,180 | 106,636 | 107,331 | 20.6 | 0.7 | △1.3 |
| | 온라인(인터넷/모바일) 애니메이션 제작 | 6,789 | 7,236 | 8,092 | 1.6 | 11.8 | 9.2 |
| | 소계 | 357,155 | 370,503 | 373,223 | 71.3 | 0.7 | 2.2 |
| 애니메이션 유통 및 배급업 | 애니메이션 유통, 배급 및 홍보업 | 18,230 | 19,616 | 19,388 | 3.7 | △1.2 | 3.1 |
| | 극장 매출액 | 146,783 | 123,047 | 118,277 | 22.7 | △3.9 | △10.2 |
| | 방송사 수출액 | 130 | 50 | 140 | – | 180.0 | 3.8 |
| | 소계 | 165,143 | 142,713 | 137,805 | 26.5 | △3.4 | △8.7 |
| 온라인 애니메이션 유통업 | 온라인 애니메이션 서비스업 (인터넷/모바일) | 6,253 | 7,789 | 9,482 | 1.8 | 21.7 | 23.1 |
| 합계 | | 528,551 | 521,005 | 520,510 | 100.0 | △0.1 | △0.8 |

출처: 문화체육관광부, 2013년 콘텐츠 산업 통계, 2013.

향으로 예상할 수 있겠다. 온라인 애니메이션 분야는 작년대비 증감율이 2010년 이래로 가장 큰 폭인 24.6배에 달하고 있는 것을 이것을 예증한다.

경쟁력 향상은 수출로 이어지고 있다. 최근 3D로 만들어진 애니메이션은 품질과 완성도가 높아지면서 해외진출이 늘어나고 있다. 창작 애니메이션을 중심으로 성장해온 해외 수출액은 2011년 이후 정체상태에 있었다. 해외 공동제작이 꾸준히 이루어지고, 동남아시아 등으로 공동제작 국가의 다변화도 꾀하였으나, 이러한 추세가 수출액 변화로는 나타나지 않았다. 이는 공동제작에 있어서 해외 공동제작국에서의 매출은 해외 파트너에게 발생하는 사업구조에 기인하는 것으로 보인다.

또한 해외에서 발생하는 부가가치는 수익 지분의 형태로 추후에 한국 기업에 배분되기 때문에, 애니메이션 수출액만으로는 해외시장에서 창출하는 다양한 창구로부터의 수익을 반영하지 못한다는 점에서 한국 애니메이션 산업의 해외 진출이 정체상태에 있다고 판단하기는 어렵지만, 보다 적극적인 해외 진출 활성화 및 수익 창출 극대화 전략이 필요해 보인다.

2013년 애니메이션 산업의 수출액은 1억 985만 달러로 전년대비 2.4% 감소했으며, 2011년부터 2013년까지 연평균 2.7% 감소했다. 수입액은 657만 달러로 전년대비 5.0% 증가, 연평균 2.4% 감소했다.

표 1-13 애니메이션 산업 수출입 현황  (단위: 천 달러)

| 구분 | 2011년 | 2012년 | 2013년 | 전년대비 증감률(%) | 연평균 증감률(%) |
|---|---|---|---|---|---|
| 수출액 | 115,941 | 112,542 | 109,845 | -2.4 | -2.7 |
| 수입액 | 6,896 | 6,261 | 6,571 | +5.0 | -2.4 |
| 수출입 차액 | 109,045 | 106,281 | 103,274 | -2.8 | -2.7 |

출처: 문화체육관광부, 콘텐츠 산업 통계, 2014.

여타 콘텐츠 산업이 그러하지만 특히 애니메이션 산업의 타 산업 연관효과가 높다. 따라서 애니메이션 산업은 단순히 애니메이션에 머무는 것이 아니라 출판, 게임, 드라마, 에듀테인먼트, 공연 등으로 접목·확대되면서 계속 수익을 창출한다. 또한 이런 현상이 연관분야와 연계된 복합적 콘텐츠 수요를 유발하고 있다. 특히 방송과 통신이 융합된 뉴미디어 환경에서 새로운 콘텐츠 수요가 유발되면서 더욱더 성장이 기대되고 있다. 그럼에도 불구하고 협소한 내수시장 때문에 규모의 경제를 실현하기가 어렵다. 애니메이션 정책은 바로 이런 성장을 저해하는 분야에 초점을 맞추어 정책을 개발하고 실행해야 한다. 이런 측면에서 문화체육관광부의 전문펀드 결성 및 운영지원, 기술개발 및 창작인프라 조성, 우수 전문 인력양성, 해외진출 확대 및 협력강화 애니메이션 지원 정책은 결실이 기대되는 정책이다.

## 5) 캐릭터

캐릭터 산업의 특징은 어린이가 주 수요자라는 점이다. 그래서 주 소비자가 제한적이라는 한계를 가지고 있다. 최근 캐릭터 시장침체도 이런 현상을 반영하고 있다. 이는 캐릭터 소비가 많은 선진국의 출산율을 반영한 어린이 인구수의 감소에다 경기의 장기 침체로 소비수요가 줄어들었기 때문이다. 이런 어려움을 극복하기 위하여 어린이에 머물렀던 소비층을 청소년과 그 이상의 연령층으로 넓히려는 노력을 하고 있다. 다양한 산업과 연계해서 문화와 감성을 무기로 아이들뿐만 아니라 어른들까지 공략하고 있다. 국가나 사회적 행사는 물론 개인의 생일 등 기념일을 이벤트로 활용하려는 마케팅과 타 사업자와의 제휴 등이 그런 노력의 하나이다.

캐릭터 산업은 콘텐츠 산업의 특성인 원소스-멀티유즈의 대표적인 산업이다. 실제 국산 토종 캐릭터인 '뽀로로'는 세계 90여 개 국가에 수출되어 4,000억 원을 벌어들인 바 있다. 일본의 산리오사가 개발한 '헬로키티'는 40여 개 국가의 기업에 라이센스를 제공하면서 이를 연관시킨 상품만 2만여 개가 넘고 이를 이용한 테마파크까지 만들어지면서 막대한 로열티를 받아내고 있다. 미국의 디즈니사는 '미키마우스'로 연간 60억 달러를 벌어들이고 있다. 우리나라 캐릭터 산업은 외국의 성공한 캐릭터 상품의 시장점유율과 파급효과에 있어서 아직 격차가 있지만 지속적으로 선도국과 경쟁하면서 경쟁력을 확보하여 가고 있다.

최근 캐릭터 산업의 변화를 보면 타 산업 콘텐츠와 융·복합화 하는 경향을 보이면서 캐릭터 상품이 다양화되는 경향을 보이고 있다. 토종 캐릭터 '뿌까'가 패션과 결합하여 새로운 시장판로를 개척했다. 디지털 기기와의 융합도 활발하게 이루어지고 있다. MP3와 USB메모리에 마시마로, 뿌까, 깜부 등이 콘텐츠로 제공되었다.

한편 캐릭터 산업의 규모를 보면 아직 안정적인 시장을 형성하지 못하고 있다. 캐릭터 개발 및 라이선스 시장규모는 2005년 2,770억 원에서 2008년 3,444억 원으로 커졌지만 2007년과 비교하면 오히려 0.2% 감소한 규모이다. 그러나 캐릭터 개발 및 라이선스 총 매출액에서 가장 중요한 원천인 '라이선스'는 2006년 725억 원 → 2007년 1,033억 원 → 2008년 1,251억 원으로 매년 증가세를 보이고 있다.

2013년 캐릭터 산업 업종별 연도별 매출액 현황에 의하면 캐릭터 개발 및 라이선스업 매출액은 2012년 대비 11.1% 증가하였으며, 2011년에서 2013년 기준으로 연평균 10.5% 증가해 다른 업종에 비해 상대적으로 다소 크게 증가한 것으로 나타났다.

소분류별로 보면, 캐릭터 상품 제조업 매출액이 3조 4,296억 원으로 전체 매출액의 41.3%를 차지하여 가장 큰 비중을 보였다. 캐릭터 개발 및 라이선스업 매출액은 6,744억 원으로 8.1%를 차지하여 가장 낮은 비중을 보였다. 연도별로 보면, 캐릭터 제작업은 2011년 3조 5,679억 원에서 2012년에 3조 7,009억 원, 2013년에 4조 1,040억 원으로 꾸준히 증가해 왔으며, 연평균 7.2% 증가한 수치이다.

■ 표 1-14 캐릭터 산업의 규모                                                           (단위: 억 원)

| 구분 | 2005 | 2006 | 2007 | 2008 | 2010 | 2011 | 2012 | 2013 |
|---|---|---|---|---|---|---|---|---|
| 캐릭터개발 및 라이선스업 | 2,770 | 3,068 | 3,453 | 3,444 | 4,632 | 5,522 | 6,070 | 6,743 |
| 캐릭터 상품 제조업 | 17,988 | 20,433 | 22,448 | 22,675 | 25,685 | 30,157 | 30,938 | 34,296 |
| 소계 | 20,758 | 23,501 | 25,901 | 26,119 | 30,317 | 35,679 | 37,008 | 41,040 |

출처: 문화체육관광부, 콘텐츠 산업 통계, 2014.

캐릭터 산업은 국내시장에서의 활성화도 중요하지만 그 성패는 해외진출에 있다. 국내시장규모가 작기 때문이다. 그래서 해외시장을 개척하고 수출에 많은 노력을 기울여야 한다. 캐릭터 수출액은 2005년 이후 지속적인 성장세를 보이면서 2008년 수출액은 약 2억 1,100만 달러에 이르고 있다. 로열티 수입액도 미흡하지만 증가세를 보이고 있다. 이런 실적에도 불구하고 세계시장에서 우리나라의 캐릭터 산업은 아직 뚜렷한 경쟁력 우위를 확보하지는 못하고 있다. 수출입 추이에서도 이런 현상을 보여주고 있다. 2005년부터 2008년 사이 수출입을 보면 2005년은 흑자를 그리고 2006년과 2007년은 적자를 그리고 2008년에 다시 흑자를 기록했다. 그러나 두 캐릭터 산업 모두 2008년을 제외하고는 꾸준히 10% 수준의 성장을 보이고 있다.

수출액은 2011년 3억 9,227만 달러에서 2012년 4억 1,645만 달러, 2013년 4억 4,622만 달러로 꾸준히 증가했다. 그러나 수입액은 2011년 1억 8,256만 달러, 2012년 1억 7,943만 달러, 2013년 1억 7,165만 달러로 지속적으로 감소한 것으로 나타났다.

국가별 수출입을 보면(2008년 기준) 북미로의 수출이 7,441만 달러로 전체 수출액의 32.6%를 차지하고 있으며 유럽 5,044만 달러(22.1%), 중국은 3,834만 달러(16.8%), 동남아 2,077만 달러(9.1%), 일본 1,278만 달러(5.6%), 기타 3,149만 달러(13.8%) 순으로 나타났다.

수입을 기준으로 보면 총수입액은 1억 9,867만 달러로, 전년 대비 11.8% 감소했다. 국가별로 보면 중국이 7,569만 달러로 총수입액의 38.1%를 차지하였으며, 동남아 4,291만 달러(21.6%), 북미 2,841만 달러(14.3%), 일본 2,026만 달러(10.2%), 유럽 337만 달러(1.7%), 기타 2,801만 달러(14.1%) 순이었다. 중국이 1위를 차지한 것은 비교적 낮은 인건비에 바탕한 가격경쟁력의 우위에 기인한 것으로 보인다.

■ 표 1-15 캐릭터 수출입 현황 (단위: 천 달러, %)

| 년도 | 2005 | 2006 | 2007 | 2008 | 2010 | 2012 | 2013 |
|---|---|---|---|---|---|---|---|
| 수출 | 163,666 | 189,451 | 202,889 | 228,250 | 276,328 | 416,454 | 446,219 |
| 수입 | 123,434 | 211,909 | 225,259 | 198,679 | 190,456 | 179,430 | 171,649 |
| 수지차액 | 40,232 | △22,458 | △22,370 | 29,571 | 85,872 | 237,024 | 274,570 |

출처: 한국산업콘텐츠진흥원, 2014콘텐츠산업백서, 2014.

우리나라의 캐릭터 산업은 아이템별로는 성공한 사례가 나타나고 있지만 세계 시장에서의 경쟁력을 확보하기에는 아직 가야할 길이 멀다. 따라서 경쟁력 확보를 위한 산학협력은 물론 기업과 정부의 협력도 중요하다. 정부의 정책방향은 경쟁력 제고에 초점을 맞추어야 한다. 이런 방향에서 문화체육관광부는 2003년부터 2007년까지 추진했던 캐릭터산업진흥 5개년 계획의 성과를 바탕으로 2013년 세계 5대 강국달성을 비전으로 내세운 '캐릭터산업 중기계획(2009~2013)'을 세워 실행하고 있다. 4대 사업으로 글로벌스타 발굴 및 인프라 구축, 라이선싱비즈니스 활성화, 캐릭터상품 유통구조 개선 그리고 글로벌 경쟁력 강화에 두고 있다. 이런 목표가 달성되려면 민관과의 호흡일치가 중요하다. 정부의 지원도 중요하지만 기업들의 자발적인 경쟁력 의지가 무엇보다 중요하다.


### 6) 만화

우리나라 만화산업은 지금 변화의 시기를 맞고 있다. 그동안 출판 만화가 주도하던 시장에서 출판 만화와 웹툰이 시장을 공유하면서 상호 윈-윈 모델을 만들어 가고 있다. 웹과 만화가 서로 접목하면서 새로운 시장을 창출하고 콘텐츠 산업으로서의 위치를 다져가고 있다. 시간이 가면서 출판만화산업에서 웹툰이 주도하는 만화시장으로 변해갈 것으로 전망된다.

우리나라의 웹툰은 만화 강국인 일본에서도 부러워할 정도이다. 계속적으로 콘텐츠가 생성되고 독자들이 늘어나기 때문이다. 이런 성과를 가져오게 된 데에는 창작열기를 불러일으킨 환경적 요인이 크다. 우선 인터넷의 활성화와 함께 스마트 폰 등 모바일 기기의 확대를 들 수 있다. 언제 어디서나 볼 수 있는 모바일 통신기기의 발전이 웹툰의 수요자를 증가시킨 가장 큰 요인이다. 가격 경쟁력에서도 웹툰이 만화에 비해 우위를 보이고 있다. 출판문화는 사서 읽어야 하지만 웹툰은 아직 무료이기 때문이다.

그러나 중요한 것은 웹툰의 창작열기이다. 창작열기를 유발한 것은 작가들이 규제나 제한을 상대적으로 덜 받기 때문이다. 비교적 자유롭게 자신의 작품을 인터넷이나 통신기기에 올릴 수 있다. 시장에서 작가의 작품이 평가받으면서 자연스럽게 인기작가가 등장하고 있다. 물론 부작용도 있다. 시장기능이 작동한다고 하나 아직 질까지 평가하지를 못한다. 그러다 보니 작가들이 지나치게 조회 수를 의식한 나머지 윤리적인 문제까지 제기될 정도로 질이 떨어지는 경우가 나타나고 있다. 또한 여유를 갖지 못하고 창작활동을 하다 보니 "캐릭터나 대사 중심의 작품이 많아진 반면 장기적 기획에 따른 서사적 내용이 부족해졌다"는 지적[21]도 나오고 있다.

부분적인 부작용에도 불구하고 웹툰이 인기를 얻는 이유는 기존 만화 독자층이 청소년들이라는 점도 작용하고 있다. 이들은 뉴미디어에 대한 수용성이 높은 세대인 영상 세대이고 모바일 세대이다. 웹툰은 바로 이런 시대의 특성을 담고 있다. 특히 스크롤해서 읽을 수 있는 영상적 입체감은 이들을 더욱 웹툰으로 끌어들이는 역할을 한다.

스크롤을 해서 읽는 우리나라의 웹툰은 만화 강국인 일본이나 미국에서도 보기 힘들다. 일본 기자[22]는 "스크롤을 해서 웹툰을 읽다 보면 '전자종이연극'을 보는 듯하다" "웹툰을 연재하는 '다음'의 경우 페이지뷰가 주당 1억 5000만 회에 이른다."는 등의 내용을 자국 신문에 소개하기도 했다. 스크롤을 해서 보는 웹툰은 수평으로 보던 만화와는 입체감에서 비교가 되지 않는다. 이렇듯 웹툰은 출판만화에서는 느낄 수 없는 입체감을 준다. 이는 기존 출판만화에서는 할 수 없는 차별성을 갖고 있다.

웹툰은 만화산업의 새로운 패러다임을 바꿔 놓음은 물론 경쟁력까지 갖추고 있다. '스크롤 만화'는 영화의 스토리보드 같은 형식이기 때문에 영화로 옮기기에도 쉽다. 실제 영화 '이끼'는 웹툰이 원작이다. '이끼'뿐만 아니라 '탐나는 도다', '열혈장사꾼', '식객' 등이 만화원작을 바탕으로 영화, 공연, 드라마로 만들어졌다.

모든 것이 그러하지만 산업의 발전과정에서는 명과 암이 존재한다. 웹툰의 성장의 이면에는 출판만화의 퇴조라는 어둠이 있다. 밝은 면은 계속 발전시키고 어두운 면은 개선시키는 노력이 필요하다.

---

21 동아일보-로비에서. 日도 놀라워하는 한국 웹툰의 인기, 출판만화 시장은 언제쯤 볕들까. 2011.2.11)

22 2011.2.7, 일본 아사히신문의 월요일자 특집면 '글로브'에 '일본을 공격하는 한국'이라는 제목의 기사가 실렸다(출처: 동아일보-로비에서. 2011.2.11)

만화산업이 퇴조하는 이유는 다양하다. 컴퓨터 그래픽 기술 발전 및 온라인 유통망 확대 등으로 인해 웹툰으로 독자가 이동한 것이 큰 이유이다. 또한 게임, 애니메이션 등 타 디지털 문화콘텐츠 산업부문의 콘텐츠 이용비용이 상대적으로 빠르게 하락함으로써 독자들이 이쪽으로 이동했기 때문이다. 이러다 보니 신작 만화를 소개하고 신인 만화가들의 등용문 역할을 해 온 만화잡지가 잇따라 폐간되고, 단행본 만화 매출 역시 감소세를 면치 못하게 된 것이다.

여기에 만화산업의 수출도 다른 콘텐츠 산업에 비하여 아직 열악하다. 수입액이 수출액보다 많다. 이를 개선하기 위하여 많은 노력을 펼치고 있지만 아직 수입이 수출보다 많은 무역구조를 보이고 있다. 그러나 해외 진출 노력의 결실도 보이고 있다. 2009년 만화산업백서에 따르면 2008년에 '프리즈너6', '격류혈', '죽음이 둘을 갈라놓을 때까지', '프로트 미션: 도그 라이프', '바가' 등이 일본 만화잡지에 연재되었으며, '고스트 페이스', '맥시멈 라이드(Maximum Ride)'가 미국에서 출간 또는 연재되는 등 국내 작가의 글로벌진출 성공사례가 증가하고 있다. 이런 해외진출에 힘입어 2005년 이후 국내 만화의 해외 수출은 지속적으로 증가하여 2008년에는 수출액 413.5만 달러를 기록하였다. 2013년 만화산업의 수출액은 2,098만 달러로 전년대비 22.7% 증가했으며, 2011년에서 2013년까지 연평균 10.4% 증가한 것으로 나타났다. 2013년 만화산업의 수입액은 708만 달러로 전년대비 33.9% 증가했으며, 2011년에서 2013년까지 연평균 33.6% 증가한 것으로 나타났다.

2013년 만화산업 수출액의 증가는 세계 시장에서 독자성과 우수성을 인정받고 있는 어린이학습만화와 한국형 디지털만화라고 할 수 있는 웹툰의 영향이 컸다. 이미 수년 째 세계 시장에서 호평을 받으면서 브랜드화 된 어린이학습만화 시리즈가 수출시장을 선도하며 유사 학습만화의 해외 진출 폭을 넓혔고 인터넷 해외 사용자를 중심으로 확산된 웹툰 붐이 한국만화 전반에 대한 관심을 증폭 시킨 것도 한 이유가 됐다.

만화산업 수입액은 국내 만화시장의 디지털 전환기에 따른 만화출판시장 위축, 웹툰의 수입만화 소비대체 효과, 국내만화산업의 수출액 상승 등의 영향으로 과거에 비취 비중이 낮아졌다. 특히 2010년 이후 한국만화의 수출액이 수입액을 역전하는 현상이 유지되어 왔다. 2013년에도 수출액이 수입액보다 높은 현상은 유지되고 있으나 만화산업 전반의 매출 상승과 시장 안정화의 영향은 만화 수입액도 큰 폭으로 상승하게 만들었다.

■ 표 1-16 만화산업 수출입 규모　　　　　　　　　　　　　　　　　　　(단위: 천 달러)

| 구분 | 2007 | 2008 | 2010 | 2011 | 2012 | 2013 | 전년대비 증감률 |
|---|---|---|---|---|---|---|---|
| 수출액 | 3,990 | 4,140 | 8,153 | 17,213 | 17,105 | 20,982 | 22.7% |
| 수입액 | 5,900 | 5,940 | 5,281 | 3,968 | 5,286 | 7,078 | 33.9% |

출처: 한국산업콘텐츠진흥원, 2009만화산업백서, 2010. 문화체육관광부(2013), 2013콘텐츠산업 통계조사.

　한편 지역별 수출입 현황을 보면 바람직한 변화가 감지되고 있다. 특히 눈길을 끄는 것은 수출지역이 아프리카까지 확대됨으로써 지역 다변화가 이루어진 점이다. 2008년 기준 만화산업 수출액이 가장 많은 지역은 유럽으로 162.3만 달러의 수출액을 기록하였으며, 05년부터 연평균 98.2%씩 기록적인 증가율을 보이고 있다. 반면 수입은 변함없이 일본으로부터의 수입액이 제일 크다. 2008년에는 일본이 543만 달러로 전체 수입액의 91.5%를 차지하고 있다.

　최근에는 일본 편향의 수입만화 의존도에도 변화가 감지되고 있다. 우리나라 어린이 학습만화가 일본시장에 진출하여 성공을 거두고 있다. 학습만화 '서바이벌' 시리즈가 일본 시장에서 누적 판매부수 500만부를 돌파했다.[23] 2008년 일본시장에 진출한 이후 2년만의 쾌거이다. 중국, 대만, 태국 등 동남아시아를 포함하면 700만부에 이른다. 만화 종주국이라고 할 수 있는 일본시장에서도 우리나라 만화가 시장을 확대하고 있다. 어린이 학습만화 'why시리즈'는 23개국에서 150만부가 팔려나갔다. 학습만화

---

23 중앙일보. 만화 한류⋯ 종주국 일본도 뚫었다. 2011.2.28: 8면.

가 해외시장에서 성공한 것은 기획 단계부터 글로벌 시장을 염두에 두고 추진했기 때문이다. 그보다 더 중요한 성공한 이면에서 한국의 교육열이 이런 학습만화의 창작을 유발한 것이다. 에듀테인먼트 중심의 콘텐츠 개발에서 우리나라 만화산업의 새 희망을 찾을 수 있다.

2013년 국내 만화산업의 지역별 수출액 현황을 보면, 일본에 677만 달러(32.2%)를 수출해 가장 많은 수출이 이뤄진 것으로 조사됐고, 그 다음으로 유럽에 643만 달러(30.7%), 동남아에 369만 달러(17.6%), 북미에 283만 달러(13.5%), 그리고 중국에 99만 달러(4.7%)를 수출한 것으로 조사됐다. 2013년 국내 만화산업의 수출액은 전년대비 22.7% 증가했으며, 2011년부터 2013년까지 연평균 10.4%의 수출액이 증가했다.

2013년 국내 만화산업의 수출액은 전 지역에 걸쳐 전년대비 큰 폭으로 증가했다. 특히, 유럽 수출액은 전년대비 23.7%, 일본은 22.9%, 북미는 20.1% 증가했다. 유럽 수출액이 지속 상승하고 있는 것은 한국만화계와 유럽만화계가 유대관계를 지속하고 있는 것에서 그 원인을 찾을 수 있다. 특히, 2013년은 한국만화가 유럽에 소개된 지 10주년이 되는 해로 앙굴렘국제만화페스티벌에 한국만화특별관이 설치되는 등 유럽의 주요 마켓에 정부 지원 수출상담회장이 열렸던 것도 한 이유가 됐다.

■ 표 1-17 지역별 수출입 현황 (단위: 천 달러, %)

| 구분 | 중국 | 일본 | 동남아 | 북미 | 유럽 | 기타 | 총계 |
|---|---|---|---|---|---|---|---|
| 수출액 | 986 | 6766 | 3694 | 2826 | 6434 | 276 | 20982 |
| 수입액 | 118 | 6388 | – | 348 | 105 | 118 | 7077 |

출처: 한국산업콘텐츠진흥원, 2015만화산업백서, 2015.

이제는 웹툰과 출판만화가 서로 공존하여 국내외 시장에서 경쟁력을 높이는 방법을 찾아야 한다. 서로의 장점을 융복합해야 한다. 출판만화는 내용이 탄탄한 서사적 만화로 차별화해야 한다. 또한 웹툰에도 출판만화작가들이 적극적으로 참여해서 질도 높이고 재미도 배가시키는 웹툰을 만들어내야 한다. 반대로 인기를 얻고 있는 웹툰을 만화로 출판하는 전략도 강구해야 한다. 사람들은 자기가 재미있게 본 것은 다시 보고자 한다. 이런 심리를 이용하여 인기 있는 웹툰을 만화로 출판하는 것을 전략적으로 검토할 필요성이 있다. 지금까지는 웹툰을 무료로 제공하는 경우가 많았지만 구성이 탄탄하고 연재가 이어질 경우 유료로 전환하는 추세이다. 이제는 출판만화와 선의의 경쟁을 할 수 있다. 이제는 만화와 웹툰, 웹툰과 만화가 서로 윈-윈 전략을 강구하여야 한다. 양자 간의 역할뿐만 아니라 영화와 연극, 드라마와 뮤지컬로 연결하는 노력도 펼쳐야 한다.

정부의 정책지원도 콘텐츠 산업 전체의 발전시각에서 다루어야 한다. 현재에도 중장기 계획에 따라 세계적인 지원과 함께 우수 기획만화발굴과 원작만화 활용확대 등의 정책을 펼치고 있지만 만화산업의 시대변화를 반영한 세심한 집행이 따라야 한다. 특히 만화의 최대 독자층이었던 청소년들이 웹툰으로 이동하는 시대적 추세를 점검하여 웹툰과 출판만화 나아가 콘텐츠 산업 전체가 서로 윈-윈하는 전략이 더욱더 필요한 시기이다.

## 2 플랫폼(Platform), 네트워크(Network), 그리고 기기(Device)

### 1) 플랫폼(Platform)

플랫폼의 사전적 정의는 정거장으로 통용된다. 현실세계의 정거장과의 공통점은 사람이 특정한 장소로 가기 위해 반드시 도착해야 하며 도착한 사람을 태우기 위한 운송수단이 존재한다는 점이다. 다시 말해 플랫폼은 사람과 운송수단이 만나는 접점, 또는 사람과 운송수단을 매개하는 매개지점 구실을 한다.

플랫폼을 개념적, 이론적 토대에서 접근하면 컴포넌트와 룰의 합집합이라고 할 수 있다. 여기서 컴포넌트는 단말기, 단말을 작동시키는 OS, 각종 소프트웨어나 하드웨어 기술 등 플랫폼을 구성하기 위해 기반이 되는 벽돌과 서까래를 의미한다. 이렇게 플랫폼을 구성하기 위해 최소한의 컴포넌트를 초기에 제안 또는 개발하여 규칙을 구성한 플랫포머와 이 컴포넌트를 재사용 또는 응용해서 활용함으로써 새로운 이해관계자들이 부가가치를 창출할 수 있게 하기 위한 일정한 규칙과 프로세스를 의미한다. 이 규칙에 적극 참여하여 초기 플랫폼 공급자와 이해관계를 형성하며 시장의 파이를 키우는 사업자를 플랫폼 후원자라고 일컫는다. 최근 페이스북이 인스타그램을 인수하고, 나스닥 상장에 성공한 이후 불거져 나오고 있는 림 및 오페라 브라우저의 인수설 등은 모두 플랫폼의 정의와 플랫폼의 확장이라는 관점에서 해석할 수 있다.

플랫폼에 대한 이론적 정의와 토대를 가장 설득력 있게 연구한 학자로 3명을 꼽을 수 있다. 바로 토마스 아이스만(Thomas R. Eisenmann), 제프리 파커(Geoffrey Parker), 마셜 반 알슈타인(Marshell Van Alstyne) 교수들이다. 이들은 근 10년 동안 다양한 형태로 협업하면서 공동의 논문을 다수 발표해 왔는데 그 중에서도 플랫폼에 대해 가장 심도 있게 다룬 논문이 2008년 공동 발표한 Opening Platform: How, When and Why?이다. 이들의 주장에 따르면, 플랫폼이라 함은 사용자 간 트랜잭션에 필요한 컴포넌트와 룰/규칙의 합집합으로 규정된다.

컴포넌트란 하드웨어, 소프트웨어, 서비스 모듈을 포함하며, 룰은 네트워크 참여자를 조율하거나 조정하는 규칙을 의미한다. 플랫폼의 정의에서 중요한 것은 플랫폼 그 자체보다는 플랫폼 공급자와 후원자가 만들어내는 매개 플랫폼 네트워크이다. 플랫폼이 성공하기 위해서는 진화를 해야 하는데, 그 진화의 방향이 매개된 플랫폼 네트워크로 진화했을 때 진정한 가치가 발현된다. 이를 위해 표준, 정보교환의 약속된 장치(protocol), 사용자의 행위와 경험을 지원하는 정책, 네트워크에 참여하는 이해관계자의 권리와 책임을 포괄하는 유기적인 네트워크로 정의하고 있다.

플랫폼의 정의와 개념을 기반으로 실제 ITC 시장에서 가장 빈번하고 활발하며 격렬하게 경쟁을 벌이고 있는 애플과 구글 간의 플랫폼을 둘러싼 경쟁구도를 설명해 보고자 한다. 플랫폼을 컴포넌트와 룰의 합집합이라고 언급했듯, 플랫폼 공급자로서 애플과 구글은 그들이 가진 OS를 중심으로 브라우저같은 소프트웨어의 다른 컴포넌트들이나 모바일 CPU같은 하드웨어 컴포넌트 그리고 물리적인 서버 환경 등의 컴포넌트를 경쟁적으로 자체적인 내재화 또는 M&A를 통해 확보하고 있다. 컴포넌트는 시장에서 사용자가 요구하는 것에 따라 지속적인 진화를 해야 하는데, 이들 2개 기업의 공통점은 컴포넌트의 경쟁력을 주로 M&A를 통해 획득하고 있다는 점이다. 여기서 플랫폼의 공급자의 주된 역할은 당연히 애플과 구글 그 자신들이다. 이렇게 컴포넌트가 갖춰지면 본격적으로 룰의 정비작업이 시작된다. 이때 중요한 것이 바로 플랫폼 후원자들이다. 이들은 공급자들이 제공하는 핵심 컴포넌트의 재활용/재사용을 통해 시장의 파이를 키워나가는 후원자들이다. 플랫폼 공급자는 플랫폼 후원자들과 함께 시장의 파이를 공동으로 키우고 시장지배 세력으로서 기득권을 형성하여 시장을 과점하는 데 역점을 둔다. 시장지배력은 바로 플랫폼 공급자와 플랫폼 후원자들이 유기적으로 만들어내는 결과물이라고 할 수 있다.

구글과 애플의 핵심 컴포넌트를 살펴보면 그 세부 구성요인에 있어 별반 차이가 나지 않는다. 그러나 룰의 세팅이라는 측면에서 보면 확연한 차이점이 있다. 애플은 플랫폼 공급자로서 해야 할 역할 뿐만 아니라 완벽하게 플랫폼 스폰서의 역할도 자처한다. 애플에게 시장지배력이란 그들 스스로 모든 것을 처음부터 기획하고 만들어내고 유통해서 수익을 창출해내는 1인 과점을 의미한다. 따라서 룰은 완벽하게 수직계

그림 1-4 플랫폼기반 네트워크 개방성 비교

| | Linux | Windows | Macintosh | iPhone |
|---|---|---|---|---|
| *Demand-Side User* (End User) | Open | Open | Open | Open |
| *Supply-Side User* (Application Developer) | Open | Open | Open | Closed |
| *Platform Provider* (Hardware/OS Bundle) | Open | Open | Closed | Closed |
| *Platform Sponsor* (Design & IP Rights Owner) | Open | Closed | Closed | Closed |

출처: Eisenmann 외, 2008, Opening Platform: How, When and Why?

열화하여 관리된다. 이를 수직적 룰 타입이라 한다. 모든 규칙은 애플에 의해서만 통제되며 그 누구도 애플의 말을 거스를 수 없다. 우리가 애플을 완벽한 폐쇄형 생태계 시스템이라고 부르는 배경에는 바로 이러한 룰의 작동에 있다.

반면 구글은 어떤가? 애플과 플랫폼 경쟁에서 이기기 위해 아주 다른 룰을 설정하여 시장지배력을 확보하고 있다. 애플과 같은 룰을 만들었다면 과연 후발주자였던 구글이 현재의 시장지배력을 확보할 수 있었을까? 구글은 애플과 철저히 반대로 움직이는 룰을 개발하였다. 이른바 수평적으로 확장 가능한 룰을 만든 것이다. 플랫폼 공급자로서 안드로이드 OS에 대한 기득권만 유지하고, 나머지는 플랫폼 후원자들과 함께 시장의 파이를 키워나가는 룰을 결정한 것이다. 단기간에 구글이 애플과의 플랫폼 경쟁에서 나름의 선전을 펼칠 수 있었던 배경에는 바로 이러한 수평적 확장의 룰이 있었기 때문이다.

IT가 인터넷을 통해 실물경제와 융합되기 시작하면서 플랫폼의 융합 시대를 맞이하고 있다. 하나로 합쳐지는 것이 아닌 다양한 요소 플랫폼들이 만나서 진정한 가치를 만들어야 살아남을 수 있는 시대다. 주변에서 쉽게 찾아볼 수 있는 소재로 플랫폼 전략을 살펴보자. 오사카에 있는 한 맞선 클럽의 비즈니스 모델은 매우 단순하다. 만남을 원하는 남녀에게 근사한 장소를 제공하고 쌍방으로부터 참가 모집을 받으면 이 비즈니스는 성립된다. 남성에게는 연간 1만 엔 정도의 회비와, 참가할 때마다 2천 엔 정도의 참가비를 청구하지만 여성은 무료다. 다시 말해 맞선클럽이란, 남성과 여성이라는, 서로의 흥미를 자극하는 두 그룹이 관계를 형성할 수 있도록 '장'을 제공하고 이와 더불어 '장'에서 쌍방이 직·간접적으로 교류할 수 있도록 돕는 비즈니스 모델이다. 이처럼 복수의 그룹을 연결하여 부가가치를 창출하는 것이 플랫폼 전략의 본질이다. 아주 단순하지만 이것이 바로 플랫폼의 기본 구조다. 플랫폼의 기능을 5가지[24]로 정리할 수 있다.

---

24 플랫폼을 말하다 v 1.5, 플랫폼전문가그룹(Platform Advisory Group) 지음, 2013, 클라우드북스. 정리.

① 연결 기능

싱글즈 바(남성, 여성), 증권거래소(매도자, 매수자), 옥션(판매자, 구매자), 상점가(점포, 고객)와 같이 복수 그룹의 교류를 촉진시키는 '장'을 제공하고 서로를 연결시킨다. 이 경우, 그룹과 그룹 사이에 흥미를 끌만한 요인이 존재해야 하며 플랫포머는 그룹을 위한 장소, 시스템, 결제, 문제 해결 등의 인프라를 제공한다. 가령 백화점을 예로 들자면, 다른 매장에 가려고 백화점에 왔던 고객이 당신의 매장에 들를 수도 있고 홍보나 광고도 백화점이라는 플랫폼이 알아서 해준다. 각 그룹이 단독으로 실시하는 것도 가능하지만 장이라는 존재를 통해 더욱 쉽게 관계를 맺을 수 있는 것이다.

▶ 그림 1-5 **플랫폼의 연결 기능**

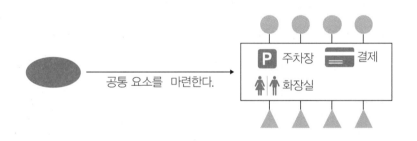

공동 요소를 마련한다.

P 주차장   결제
화장실

출처: 천채정 역(2011), 플랫폼 전략.

② 비용감소 기능

각 그룹이 개별적으로 처리할 경우 시간과 비용이 많이 드는 기능을 플랫폼이 대신 제공한다. 구체적으로는 신용카드 회사가 실시하고 있는 카드 발행 업무, 단말기 설치, 심사, 결제 업무 기능, 백화점이 담당하고 있는 화장실 설치, 주차장 운영, 고객 관리, 마케팅 등의 기능, 게임기 제조회사인 소니나 닌텐도가 실시하고 있는 복사 방지 기능, 소프트웨어 갱신 기능 등이다. 이러한 일들의 비용은 각 그룹(예를 들어 게임 소프트웨어 제작사)이 단독으로 실시하는 것보다 플랫포머가 전부 맡아서 하는 편이 훨씬 저렴하다.

### ③ 검색비용절감 기능(브랜딩, 고객모집 기능)

플랫폼이 제공하는 브랜드가 사용자에게 일종의 안심과 신뢰를 부여함으로써 서비스에 대한 일정 수준의 질을 보장하는 기능이다. 예를 들면 쇼핑이라면 ○○시장, 경매라면 야후옥션 등 '○○라면 ○○' 식으로 브랜드를 창조하면 각 점포나 개인이 개별적으로 홍보를 전개하는 것보다 훨씬 더 많은 사람이 그 플랫폼에 모이게 된다. 이는 플랫폼을 '이용하기 전'에 생기는 효과이며, 플랫폼에 참가하는 사용자와 점포 모두에게 생기는 효과여야 한다. 플랫폼이 만들어낸 신뢰나 브랜드는 거기에 참가하는 각 그룹에 큰 이점을 부여한다. 예를 들어 지방에 있는 소규모 달걀가게의 홈페이지에서 달걀을 사는 사람은 많지 않겠지만 라쿠텐시장이라는 믿을 만한 브랜드 속에 포함되어 있으면 어디 한번 사볼까 하고 생각하게 되기 때문이다. 결제와 관련된 인프라도 플랫포머가 제공하기 때문에 콘텐츠 제공자 역시 매일 정확한 수금이 가능하다는 안심과 편리함을 누릴 수 있다. 그 결과 사용자가 늘어나기 때문에 콘텐츠 공급자가 늘어나며, 좋은 콘텐츠가 많다는 안심감 때문에 사용자가 더 늘어나는 선순환이 시작된다.

**그림 1-6 플랫폼의 브랜딩 기능**

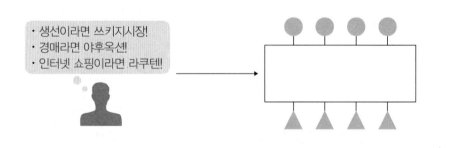

출처: 천채정 역(2011), 플랫폼 전략.

### ④ 커뮤니티 형성에 의한 네트워크 효과

바이러스처럼 입소문이 퍼진다는 의미의 바이럴 효과에 의해 참가 그룹 간에 신뢰의 분위기가 형성되고 정보의 상호 교류가 일어나며 플랫폼에 대한 '애착'이 늘어나게 된다. 이는 좋은 상품을 가족이나 친구, 이웃에게 권하게 되는 일종의 '빨래터 효과'로, 기존의 오프라인에도 존재하던 것이다. 옥션 사이트를 보면 상품을 낙찰 받은 후 구매자가 판매자에 대해 '좋다', '나쁘다' 등의 평가를 하도록 되어 있는데 이것이 입소문 형성 기능을 더욱 강화시키는 역할을 한다. 만약 구매자가 좋은 판매자라고 평가했다면 그 구매자는 더 많은 사람에게 그 플랫폼을 알릴 것이고, 이후에도 그 사이트를 이용할 것이다. 즉, 플랫폼의 네트워크 효과를 높일 뿐 아니라 플랫폼에 대한 애착도 높이기 때문에 다른 경쟁 플랫폼으로 이동하는 것을 망설이게 된다.

■ 그림 1-7 플랫폼의 네트워크 효과

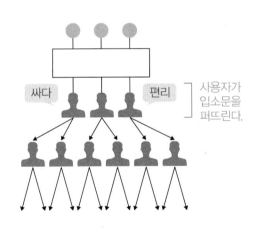

출처: 천채정 역(2011), 플랫폼 전략.

⑤ 삼각프리즘 기능

삼각프리즘 기능이란 빛의 반사 방향을 바꾸는 프리즘처럼 언뜻 보면 직접적인 상호작용이 일어나지 않은 것 같은 두 개 이상의 그룹을 연결해 주는 기능이다. 예를 들어 잡지나 텔레비전, 신문 등은 광고주와 구독자라는 두 개의 그룹을 연결하기 위해 제 3의 그룹, 즉 구독자가 원하는 기사나 프로그램을 제작하여 미디어라는 플랫폼을

**▪ 그림 1-8 플랫폼의 삼각프리즘 기능**

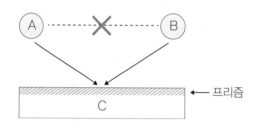

출처: 천채정 역(2011), 플랫폼 전략.

만들고 있다.

플랫폼은 새로운 개념이 아니다. 시장, 증권거래소, 백화점, 잡지 등에서도 오래 전부터 취해왔던 전략이다. 그런데 왜 지금 플랫폼 전략적 사고가 주목을 받고 있는 걸까. 거기에는 다음과 같은 4가지 이유가 있다. 첫째는, 급속도로 발전하는 기술이다. 기술혁신의 속도가 과거에 비해 눈에 띄게 빨라졌기 때문에 하나의 기업에서 모든 서비스를 제공하기보다는 기술력을 갖춘 기업과 제휴를 하는 편이 더 효율적이며 신속하게 대응할 수 있다. 둘째는 고객 요구의 다양화이다. 고객의 요구가 점점 다양해지고 있는 가운데, 한 회사의 능력만으로 그 다양한 요구에 응한다는 것은 결코 쉬운 일이 아니다. 고객의 다양한 요구에 신속히 대응할 수 있는 기업만이 살아남는 가혹한 경쟁 환경 속에서는 다른 회사의 힘을 현명하게 활용하는 사고방식이 부각되고 있다. 셋째로, IT발전으로 인한 네트워크 효과의 신속하면서도 광범위한 확대가 있다. 플랫폼이 진화하는데 네트워크 효과, 즉 입소문의 확대가 중요하다. 인터넷의 보급, 정액제, 요금 인하, 브로드밴드에 의한 쌍방향 커뮤니케이션의 확대, 서버 비용 감소, 그리고 디지털 가전제품 등으로 인해 거래 비용이 현저하게 줄어들면서 네트워크 효과의 작용과 영향력이 확대되었다.

넷째로, 디지털 컨버전스의 진화를 들 수 있다. 디지털 컨버전스란 음악이나 영상 콘텐츠, 컴퓨터, 가전, 소프트웨어 등 산업의 경계가 무너지고 새로운 산업으로 다시

'수렴(convergence)'되는 것을 의미한다. 특히, 디지털 기술이나 통신기술의 발달로, 전화, 방송, 통신, 출판 등 지금까지는 '출구'형태로 분류되어왔던 산업이 일단 무너진 후 전혀 새로운 미디어로 통합되는 '미디어 수렴'을 의미한다. 디지털화가 진행됨에 따라, 휴대전화, PC, PDA, 가정용 게임기, TV, 서버, 통신, 방송, 음악 산업, 신문, 잡지, 서적에 이르는 거의 모든 분야에서 제품 하나의 기능보다는 콘텐츠가 저작권 보호를 받으며 네트워크, 소프트웨어, 하드웨어의 흐름을 얼마나 잘 타고 흘러 다닐 수 있는가가 더 중요해지고 있다. 하드웨어라는 제품도 중요하지만 그보다는 오히려 그것을 관리하는 '눈에 보이지 않는' 소프트웨어, 즉 OS(운영체제)를 포함한 플랫폼 전체에 의존하기 시작한 것이다. 컴퓨터 회사인 애플이 지금까지는 아무런 상관도 없었던 음악 사업에서 성공을 거둔 것도 '퀵타임'이라는 저작권 관리 기능을 갖춘 소프트웨어 기술을 가지고 있었기 때문이다. 이제 콘텐츠는 기기에 상관없이 전 세계로 전파될 것이다. 애플은 컴퓨터 회사라기보다는 음악파일 공급업자, 음악 재생 휴대 단말기 제조사라는 분류에 속하게 되었다. 이러한 움직임은 아마존이나 구글의 전자책 단말기 발매로 더욱 가속화될 것이다.[25]

## 2) 네트워크(Network)

한국은 2014년 기준 초고속 통신망 보급에서 전 세계 1위를 차지하는 영예를 얻었다. 네트워크는 위에서 언급한 바와 같이 전기 통신 기기와 그 장치에는 회선 다중화 장치, 교환기기, 송수신기기 등이 포함되고 전송로는 동선 케이블, 광섬유, 마이크로파 링크, 통신 위성 등 다양한 매체로 구성된다. 네트워크는 사용되는 단말 장치 또는 서비스에 따라서 전신망, 전화망, 컴퓨터 통신망 등으로 발전해 왔으나 컴퓨터 처리와 통신의 결합으로 이들 간의 경계는 없어지고 종합 정보 통신망(ISDN)으로 발전하

---

25 플랫폼 전략: 장을 가진 자가 미래의 부를 지배한다, 히라노 아쓰시 칼, 안드레이 학주 지음, 천재성 옮김, 최병삼 감수, 2010, 더숲.

그림 1-9 초고속 인터넷 공급 상위 10국(2014년)

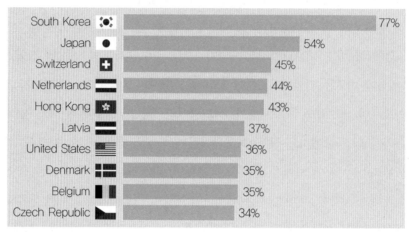

출처: http://www.statista.com/chart/2405/high-speed-internet-penetration/

였으며, 컴퓨터는 컴퓨터실의 경계를 훨씬 벗어나게 되어 분산 컴퓨터 처리를 가능하게 하였다. 좁은 의미에서의 네트워크는 컴퓨터 상호 간의 정보 교환과 정보 처리를 위한 데이터 통신망을 의미한다. 통신망 운영 체계, 통신망 데이터베이스 등 네트워크 관련 용어는 대부분 컴퓨터 통신망과 관련하여 사용되는 용어이다. 네트워크의 규모에 따라 구내 정보 통신망(LAN), 도시권 통신망(MAN), 광역 통신망(WAN), 세계적 통신망 등으로 분류된다.[26] 일반적으로 네트워크는 사회과학 전반에 널리 이용되는 용어로서 정보, 자원, 에너지, 그리고 권력 등의 이동을 위한 부분 혹은 행위자 사이의 관계를 의미한다.

　최근 무선 네트워크와 이동통신 네트워크를 통해 모바일 디바이스를 이용한 많은 서비스가 생겨나고 있다. 페이스북, 트위터와 같은 SNS가 폭발적인 성장세를 기록하

---

26 출처: IT용어사전, 한국정보통신기술협회.

며 소비자들 사이에서 인기를 누리고 있다. 소비자들은 기존의 사회적 네트워크를 유지하거나 새로운 네트워크를 형성하는데 페이스북이나 트위터와 같은 SNS에서 적극적으로 활용한다. 무선 네트워크 환경에서의 서비스는 유선 네트워크 환경에서의 서비스보다 무선 네트워크 환경의 특성 때문에 강한 보안이 요구되는 반면 모바일 디바이스 자원의 제약과 무선 네트워크의 환경적 제약을 갖고 있다. 네트워크가 웹을 기반으로 하여 진화해온 과정을 살펴봄으로써 네트워크에 대한 이해를 높일 수 있을 것이라 기대한다. 웹서비스 진화과정은 다음과 같이 세 시대로 나눌 수 있다.

① 웹1.0 시대

웹1.0 시대, 즉 1990년 9대 인터넷이 등장하면서 우리는 하이퍼텍스트 위주의 웹 환경에서 인터넷을 이용하였다. 텍스트와 링크가 주된 형태였고 음악이나 동영상 등의 멀티미디어의 사용은 극도로 제한되어 있었다. 웹사이트에서는 웹사이트 운영자가 보여주는 것 이외에는 접할 수 없었고 동적인 데이터를 제공하는 서비스도 없었다. 그렇기 때문에 방문자들의 참가를 통해 자료를 수집하는 일도 없었다. 컴퓨터가 아직 느렸고 하드디스크의 저장 공간도 충분치 않았으며 네트워크의 대역폭도 작았으므로 동영상이나 플래시같이 현란한 웹사이트는 리소스를 낭비하는 것으로 여겨졌다.

② 웹2.0 시대

2000년도 초에 들어오면서 네트워크가 확장되고 웹이 폭발적으로 성장하면서 웹 사용의 새로운 패러다임이 나오기 시작했다. 웹 사용자들은 소극적인 상태에서 적극적인 웹 콘텐츠의 작성자로 거듭나기 시작했고 블로그를 운영하고 동영상을 올리며 커뮤니티를 만드는 등 그들만의 콘텐츠를 만들어 내기 시작했다. 이렇게 웹2.0의 시대가 시작되었다. 웹2.0이란 개방성 서비스구조를 기반으로 사용자의 참여를 통해 핵심가치를 창출하는 인터넷 서비스를 말하며, "정보의 개방을 통해 인터넷 사용자들 간의 정보공유와 참여를 이끌어내고, 이를 통해 정보의 가치를 지속적으로 증대시키는 것을 목표로 하는 일련의 움직임"으로 정의할 수 있다. 웹2.0이란 용어는 2004년

IT관련 컨퍼런스에서 오라일리(O'Reilly)사와 미디어라이브(Media Live)사 간에 아이디어를 협의하는 과정에서 그 개념이 처음 도출되었는데, 오라일리사의 데일 도허티(Dale Douhgerty) 부사장이 웹의 전환점을 표현하는 적정한 단어로서 '웹2.0'을 제안하게 되면서 세상에 널리 알려지게 되었다. 웹2.0의 첫 번째 특징은 개방성(openness)이다. 웹2.0의 특징을 가지고 있는 웹사이트에서는 어떤 누구도 데이터를 독점하지 않고 인터넷 환경에서 모든 사람들이 데이터를 사용할 수 있는 플랫폼을 제공한다. 따라서 웹사이트에 업로드되어 있거나 서비스되는 모든 데이터를 모든 이용자가 자신의 편의에 따라 자유롭게 활용이 가능하다. 두 번째 특징은 전방위적 연결을 향상시킨다는 점이다. 생태계형 웹에서는 사용자와 정보는 타 요소들과 연결되지 못하면 생존이 불가능하다. 따라서 정보와 정보 간의 연결성 및 사용자와 사용자 간의 사회적 연결성이 자연스럽게 강화될 수밖에 없는 것이다. 세 번째 특징은 참여지향성 및 상호작용성이다. 새로운 유형의 정보가 이용자의 참여와 이용자 간 상호작용에 의해 생성되며, 이용자들이 직접 제작하는 콘텐츠와 이용자 집단의 능동적인 참여와 공유를 통해 새로운 가

■ 표 1-18 웹1.0과 웹2.0, 웹3.0의 비교(자료 EIC) DigiEco

| 구분 | 웹1.0 | 웹2.0 | 웹3.0 |
|---|---|---|---|
| 시기 | 1990~2000 | 2000~2010 | 2010~2020 |
| 키워드 | 접속(Access) | 참여와 공유 | 상황인식(Context) |
| 콘텐츠 이용행태 | 생산자가 이용자에게 일방적으로 콘텐츠 제공 → 이용자는 콘텐츠 소비자 | 이용자는 콘텐츠의 생산자이자 소비자이며 유통자 | 지능화된 웹이 이용자가 원하는 콘텐츠를 제공 → 개인별 맞춤 서비스 제공 |
| 검색 | 검색엔진 내부에만 가능 | 여러 사이트에 있는 자료의 개방(Open API) | 사용자 맞춤형 검색 |
| 정보 이용자 | 인간 | 인간 | 인간, 컴퓨터(기계) |
| 기반기술 | 브라우저, 웹 저장 | 브로드밴드, 서버 관리 | 시맨틱 기술, 클라우드 컴퓨팅, 상황인식 |
| 대응 단말 | PC | 주로 PC (모바일 단말 일부 포함) | PC, 모바일 단말, 시계와 같은 액세서리 등 다양 |

출처: 행자부 정부3.0과 EIC 자료를 수정보완함.

치를 창출하는 '집단지성'이 매우 중요한 특징이다.

웹1.0 시대에는 동영상이 업로드되는 일은 극히 드문 일이었고 사진과 mp3 파일의 교류가 시작되었다. mp3 파일은 '소리바다'나 '푸르나'와 같은 웹사이트에서 각각 가입자들이 보유한 mp3 파일을 오픈하여 교류할 수 있는 서비스를 제공하였다. 하지만 저작권문제와 미디어법에 의해 유료화 되었고 해당 사이트들의 이용률이 많이 줄어들었다. 결론적으로 보았을 때 웹1.0 환경에서는 아직 SNS가 본격적으로 제공되지 않았기 때문에 SNS유형 중에 가장 초기 형태인 소셜 네트워킹 형태로만 국한되어 있었다.

③ 웹3.0 시대

웹2.0 시대는 인터넷을 통해 사회문화와 경제뿐 아니라 정치, 인간관계까지도 일일이 영향을 받고 있으며 다양한 현상을 경험하고, 사회변화를 거치고 있으나 문제는 이런 현상을 통해 우리가 공유하는 정보는 기하급수적으로 늘어나고, 네트워크는 복잡해지고 있다는 것이다. 원하는 정보를 찾겠다면서 구글의 20번째 페이지까지 검색해 본 경우가 종종 있을 것이다. 바로 여기에 웹2.0의 한계가 있다. 정보가 점점 더 방대해지고 파편화되어 통합적인 시각을 갖고 현상을 관찰하기가 쉽지 않아졌다. 과거 산업사회에서 정보사회로 진화하는 것이 "지식의 정보화"와 공유를 통해서였다면, 다가오는 지식사회에서는 넘쳐나는 "정보를 지식화"하는 것이 중요해진다. 웹3.0이란 용어는 2006년 뉴욕 타임즈의 John Markoff 기자가 처음 사용한 이후 논쟁의 중심에 서게 되었다. 웹3.0은 웹 발전방향의 흐름을 지칭하는 것일 뿐 아직 명확히 개념화되어 있지는 않다. 다만 웹3.0을 선도하는 기술들의 특징을 보았을 때, '개인화'와 '지능화', '상황인식' 등으로 의견이 수렴되고 있어, 웹의 진화방향을 예측할 수 있다. 웹3.0이란 지능화된 웹이 시맨틱(semantic) 기술을 이용해서 상황인식을 통해 이용자에게 맞춤형 콘텐츠 및 서비스를 제공하는 것이기 때문이다. 즉, 웹3.0 시대에는 지능형 웹이 이용자가 원하는 정보, 직관적인 경험을 제공하게 된다.

정리해보면, 웹1.0은 1993년 인터넷이 상업화 된 초기를 지칭한다. 반면 웹2.0은 신경제 버블붕괴 이후 새롭고 차별적인 기술 진보와 이에 따른 사회·경제·문화의 변화를 지칭하는 것으로 사용된다. 그렇지만 웹2.0이 기존 웹1.0과 충돌하는 것은 아니며, 웹의 규칙성과 특성화에 천착한 개념이다. 따라서 웹2.0은 웹의 연속성과 진화로 해석해야 할 것이다. 연속성은 웹의 발전 과정에서 웹2.0의 특성에 천착한 개념이고, 진화는 웹1.0과 다른 참여와 개방, 공유의 모델이란 점에서 차이가 있다. 그러나 웹2.0은 커뮤니케이션 방식에서 참여와 열린 플랫폼(open platform)을 강조한다. 열린 플랫폼은 많은 시민들이 모여 상호작용을 할 수 있는 기반을 제공한다는 점에서 웹1.0과는 차별성을 보인다. 따라서 웹1.0이 인터넷 서비스사업자(ISP) 내지는 정해진 토론방, 포털 등 한정된 공간에서만 정보 소통이 가능했다면, 웹2.0은 시민들이 자발적으로 직접 정보를 생산하고 공유, 커뮤니케이션을 수행하는 것을 의미한다. 요컨대, 웹1.0이 엘리트 네트워크 중심이라면, 웹2.0은 열린 플랫폼에서 참여자들이 스스로 네트워크를 구성하며 정보를 공유하고 소통하는 것이 중심 개념이다. 정보사회 진화론에서는 웹2.0의 사용을 시민참여와 상호작용의 증가로 의사소통과 표현을 자유롭게 할 수 있는 기제로 인식한다. 이런 특징으로 인터넷 사용으로 인한 진화의 특징을 '참여적 웹(participative web)'이라고 할 수 있다. 이러한 참여적 웹은 2.0 방식에 의해 시민들 주도의 진화하는 커뮤니케이션 능력, 협력 그리고 콘텐츠를 유통하고 소비하는 권능(empowerment)이 강화되었음을 의미한다. 아울러 웹2.0의 소통 방식에서는 콘텐츠의 질적 변화도 주목된다. 대표적인 방법으로는 사용자 제작 콘텐츠 UCC(User Created Contents), 블로그(Blog), 온라인 백과사전 위키피디아(Wikipedia), 사진 공유 서비스 플리커(Flickr) 등이 있다. 이들의 공통점은 시민이 자발적으로 정보를 생산하고 공유하기 위한 자기표현 또는 자기표출적인 참여와 정보 소통을 한다는 점이다. 참여적 웹2.0의 소통 방식은 네트워크 구축 차원에서도 웹1.0과 달리 인터넷과 스마트폰, 문자메시지, 다음 및 네이버의 '카페'를 들 수 있다.

지금까지의 네트워크 발전 방향은 3GPP, 3GPP2 등 액세스 기술을 중심으로 각

액세스 기술별로 독립적으로 발전되어 왔으며 타 액세스망과의 접속 문제는 각 네트워크의 구조에 영향을 주지 않는 범위 내에서 제한된 범위로 단순 연동의 수준에서 이루어져 왔다. 이와 같은 이유로 각각의 네트워크들은 망 구성 시 구축비용의 중복성이 발생하고 망 자원을 효과적으로 이용하지 못하며 사용자에게는 액세스별로 별도의 식별자를 가져야 하는 문제점이 발생하고 있다. 2000년 초반까지 유무선 융합 기술은 상이한 네트워크 플랫폼을 통해 동일하거나 유사한 서비스를 전송하는 기술이나 이러한 서비스를 제공하는 단말기의 통합으로 정의되었다. 이러한 유무선 융합 기술은 독립적인 액세스 네트워크를 구성하고 이를 서비스 수준에서 통합하여 사용자에게 접속하고 있는 액세스 기술에 관계없이 같거나 유사한 품질의 서비스를 제공하는 것을 목적으로 하였다. 초기의 유무선 융합 기술은 다양한 액세스 기술을 통하여 음성 서비스를 제공하는 것을 목적으로 하였으며 주로 유선망 사업자를 중심으로 진행되었다.

이동통신의 발전에 따라 회선망의 유선 가입자들이 이동통신으로 이동하게 되었고, 이에 따라 유선망 사업자들이 이동전화 서비스 영역으로 서비스 영역을 확장함으로써 고객을 확보하고 전화 트래픽을 유지하고자 하는 요구가 있다. 무선 융합 기술은 유선통신 서비스와 무선통신 서비스를 기술적인 연결 없이 단순 통합형태의 요금 결합형 상품에서 시작하였다. 이후, 이동통신 단말에 무선랜 인터페이스를 추가하여 동일한 무선 단말로 실내에서는 무선랜을 통한 통신서비스를 제공하고 실외에서는 이동통신망을 이용한 통신서비스를 제공하는 Fixed Mobile Convergence(이하 FMC) 서비스로 발전하였다. FMC의 특징은 무선랜과 이동통신망 사이에 핸드오버 기능까지는 지원함으로써 이기종 간 무선액세스의 변경 시에도 끊김 없는 통화가 가능하다는 점이다. FMC의 대표적인 2.3GPP 유무선 연동 기술 이동통신망에서도 유무선 융합을 위한 이종 액세스 간 연동을 위한 표준화를 진행하고 있는데 3GPP에서는 3GPP 계열이 아닌 비3GPP망과의 이 기종 간 연동을 위한 표준화는 Release 6부터 무선랜망과의 연동을 위한 작업이 이루어져 왔으며 3G LTE망과 무선랜을 포함한 비 3GPP와의 핸드오버에 대한 작업이 Release 8부터 이루어져 왔다. 3GPP에서는 다른 무선 접속망과의 연동 시 다른 접속망이 신뢰성이 있는가의 여부에 따라 다른 연동구조를 가진다. 신뢰성이 있는 망이란 사용자가 서비스 접속 시 제공되는 네트워크 접속 보안, 무선 접속망들의 유선 구간에서의 네트워크 도메인 보안, 비 3GPP 액세스 망 내에서의 비 3GPP 도메인 보안, 사용자와 운용자 간 응용 프로그램 간의 응용 도메인 보안 및 이동 단말 내부에서 이루어지는 사용자 도메인 보안이 보장되는 망으로 정의할 수 있지만, 일반적으로 망운용자들의 결정에 따라서 신뢰성이 있는지에 대한 여부가 분류되기도 한다. 일반적으로 무선랜은 신뢰성이 없는 망으로 분류하며 3GPP는 무선랜과의 접속을 위하여 PDG(Packet Data Gateway)혹은 ePDG(evolved Packet Data Gateway)를 두어 신뢰성을 보장하도록 한다. 무선랜 직접 IP 접근 방식인 경우 무선랜망에서 인증을 제외한 새로운 기능이 요구되지 않지만 무선랜 3GPP IP 접근인 경우 3GPP 망의 자원을 이용하고 3GPP의 서비스에 접근하기 위해 새로운 망 요소와 기능들이 요구된다.

무선랜 3GPP와 BBF 연동 기술 3GPP와 브로드밴드 포럼(BBF: Broadband Forum)은 유무선 융합을 위해 2010년 워크숍 후 유무선 융합을 위해 요구사항, 구조, 보안 및 운영 보전에 대한 정의를 위해 3GPP에서 작업을 표준작업으로 수행하였다. 표준화 작업으로 나온 시스템 구조는 BBF 액세스와의 연동을 위한 구조로 기본 연결, 이동성, 인증, 권한 검증, 서비스 품질, IP 플로 이동성, 데이터 오프로딩과 융합에 대한 부분을 정의하고 있다. 현재 2020년에 등장 예정인 5G에 대한 서비스와 시스템에 대한 요구사항에 대한 연구가 시작되는 단계에서 5G 코어망에 대해 다양한 요구 사항이 나올 수 있지만 5G는 셀룰러 기반의 새로운 무선 전송 기술과 다양한 무선 전송 액세스를 수용하여 사용자에게 1Gbps급의 서비스를 제공하는 것을 목표로 하고 있다.

초기의 유무선 융합 기술은 유선통신 서비스와 무선통신 서비스들 사이에 시장을 점유하기 위해 유무선 액세스와 관계없이 같은 종류의 서비스를 제공하는 것을 목적으로 발전하였지만 이중 모드의 단말에 대한 요구사항과 통신 인프라의 부족 등으로 인하여 많은 시장을 차지하지는 못했다. 스마트폰의 등장으로 인하여 이동단말은 다양한 인터페이스를 지원하고 있고 데이터 트래픽의 급격한 증가로 인하여 유무선 융합 기술에 대한 요구가 증가하고 있다. 4세대 이후에 등장하는 5세대 네트워크는 폭발적으로 증가하는 이동 데이터 트래픽을 수용하고 다양한 미래 서비스를 수용해야 할 것이다. 가용한 통신 주파수 대역은 이미 포화 상태에 도달하는 등 단일한 전송 기술만을 적용하여 폭발적으로 증가하는 데이터 트래픽을 수용하는 방식보다는 다양한 유·무선전송 기술을 기반으로 효과적으로 다양한 유무선 자원을 제어하고 비용, 서비스 종류 혹은 이동 특성 등 상황에 따라 최적의 전송 기술을 적용함으로써 제한된 유무선 자원을 효율적으로 이용하는 기술이 필요하다. 미래 네트워크 기술은 다양한 액세스를 수용하고 다양한 서비스를 제공하기 위하여 유무선 융합의 지능화된 네트워크 기술로 발전되어야 할 것이다.

### 3) 기기(Device)

스마트폰이 도입된 2009년 이후 우리나라의 미디어 이용환경은 급격하게 변하고 있다. 그 이전에는 TV와 모바일 폰, 그리고 PC라는 세 개의 중심적 미디어가 각각 방송과 인터넷, 그리고 통신을 삼분하는 구도였다고 할 수 있다. TV는 뉴스와 드라마, 그리고 다양한 오락 프로그램을 장악하고 있었고, 모바일 폰은 유선전화를 대체하면서 통신을 담당하고 있었다. PC는 초고속인터넷의 등장을 계기로 단순한 독립형 컴퓨터에서 벗어나 검색과 커뮤니티, 블로그 등 정보유통의 메카로 자리 잡았다. 물론 인터넷이 제한적으로 모바일에 적용됨에 따라 모바일 폰이 정보유통의 일부를 담당하였지만 그 범위와 깊이는 매우 제한적이었다.

하지만, 스마트폰의 도입으로 이러한 삼분할 구도는 크게 변화하기 시작했다. 개인성과 이동성을 토대로 컴퓨팅 파워와 인터넷을 겸비한 스마트폰이 방송과 정보의 유통 등 기존의 TV와 PC의 서비스 영역에 전방위적으로 침투하였기 때문이다. 이전에도 이처럼 전통적인 미디어의 영역을 넘나드는 서비스는 존재했다. PC를 중심으로 음악과 TV드라마, 영화 등의 방송 프로그램이 유통되고, 이메일과 트위터, 페이스북, 메신저와 같은 통신적 기능이 이루어져 왔다. 하지만, 스마트폰은 그러한 디바이스 단위의 기능분화를 급격하게 해체하기 시작한 것이다. 이제 더 이상 디바이스 중심의 서비스·콘텐츠 유통구조만을 관찰함으로써 방송통신의 변화방향을 예측하기가 어려워지게 되었다. 예컨대, 프로그램의 시청점유율을 측정하는 경우 TV에 의한 시청조사만으로는 전체의 모습을 파악하기 힘들다는 것이다. 뿐만 아니라 통신의 경우도 유선전화나 모바일 폰만으로 한 사회의 신 패턴을 파악하기 어려운 상황이다. 정보의 유통도 포탈이나 커뮤니티 등 데스크탑 컴퓨터에 의한 정보접근과 유통만으로는 설명이되지 않는다. 나아가, 스마트 디바이스의 확산에 따라 기존에 독립적으로 이용되던 단말기 간 서비스나 콘텐츠의 동시이용, 교차이용 및 연동이용이 확대되고 있으며, 이러한 융합이용에 대한 수요가 단말기 간 융합을 촉발하고 있다.

▶ 그림 1-10 디바이스 간 융합

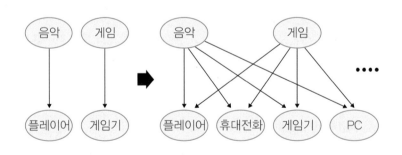

스마트폰과 스마트패드 등 새로이 부각되는 단말기의 환경이 이용자의 미디어 이용행태, 특히 서로 다른 디바이스 간의 융합적 이용행태가 빈번한 상황이다. 오늘날의 매체환경은 방송과 통신의 융합과 다양한 디바이스의 발달로 인해 급속하게 변화하고 있다. 다매체 다채널로 수많은 콘텐츠가 제공된 데 이어 이것을 플랫폼에 상관없이 시간, 장소에 구애받지 않고 이용할 수 있게 되었다. 즉, 다양한 콘텐츠와 디바이스가 서로 상호작용하며 연계되고 있는 것이다. 이에 따라 수용자의 미디어 이용 시간이 증가하고, 콘텐츠의 이용범위가 넓어지며 능동적인 형태를 띠게 되었다. 또 여러 개의 매체를 동시에 이용하는 미디어 동시이용(simultaneous media consumption)도 보편화되고 있다. 매체의 동시소비 현상을 연구한 필로타 등(Pilotta & Schultz, 2006)의 연구에 의하면, 조사대상의 40~65%가 매체를 동시적으로 소비하고 있었으며, 그중 온라인과 라디오, 온라인과 텔레비전의 동시 이용이 가장 많은 것으로 나타났다. 동시 이용이 많아졌다고 하는 것은 미디어 이용량이 많아졌다는 것을 의미한다고 할 수 있다.

스마트 환경의 도래로 인해 디바이스 간 호환성과 연계성이 훨씬 높아지고, 이로 인해 콘텐츠와 서비스의 이용방식도 달라질 것으로 예상된다. 나아가 이러한 변화는 스마트패드의 확산 및 스마트TV의 등장으로 한층 가속화될 것으로 예측된다. PC와 스마트폰, 스마트패드 그리고 스마트TV로 이어지는 중심적 미디어의 디지털화는 지금까지 미디어별로 전개되어온 서비스와 콘텐츠의 경쟁구도를 멀티디바이스 또는 크로스디바이스 경쟁구도로 전환시킬 것이기 때문이다. 멀티 플랫폼 환경에서 미디어와 디바이스에 대한 접근성이 높아짐에 따라 수용자의 미디어 이용은 능동적으로 변화하고 있다. 콘텐츠가 미디어를 넘나들게 되면서 이용자들은 하나의 콘텐츠를 여러 미디어에서 이용 가능하게 된 것이다(이재현, 2006). 수용자는 다양한 미디어를 다양한 방식으로 소비한다. 이제는 수용자가 어떠한 디바이스를 선택하느냐와 관계없이 통합된 플랫폼 환경에서 동일하게 이용할 수 있게 되었다. 그리고 수용자들은 여러 디바이스를 복합적으로 소유하며 이용하고 있고, 여러 콘텐츠를 동시에 소비하고 있다. 그리고 콘텐츠의 공유 또한 증대되었다. 멀티 플랫폼에서는 여러 사람이 콘텐츠에 접근하기 용이하기 때문에 콘텐츠를 개별적으로 소비하는 동시에 집단적으로 공유하기도 한다. 클라우드를 통해 공유된 미디어나 문서에 여러 디바이스로 접근하고 이것들은 실시간으로 업데이트 된다. 또 특정 프로그램을 시청하면서 SNS를 이용하기도 한다. 이로써 물리적 거리를 극복하고 콘텐츠를 동시에 소비하면서 사교, 친목 활동을 유지하고 있다.

이제는 지하철에서 각자의 스마트패드와 스마트폰에 몰두하는 모습을 쉽게 찾아볼 수 있다. 멀티 플랫폼 환경에서 수용자들은 사적 공간을 넘어서 공적 공간에서도 콘텐츠를 소비하게 되어 공적 공간을 사유화한다. 이처럼 이동성 증가에 따른 틈새시간의 미디어 이용이 멀티 플랫폼 환경에서 뚜렷하게 대비되는 특성이다. 그러나 이렇게 매체와 디바이스가 다양해짐에 따라 수용자가 어떠한 디바이스로 어떠한 매체를 소비하는지에 대한 예측은 더욱 어려워졌다. 이는 수용자가 사용하는 주요 디바이스와 미디어에 따라 매우 달라지기 때문이다. 그리고 다양한 콘텐츠 중 수용자가 원하는 콘텐츠를 찾아내고 소비하게 하는 서비스 구현이 이슈이다. 융합미디어 환경에서 이재현(2006)은 여러 미디어 플랫폼을 넘나들며 여러 플랫폼의 콘텐츠를 동시적, 비동시적으로 관여하는 독특한 미디어 이용행위를 "멀티플랫포밍(multiplatforming)"이라고 정의하였다. 김예란(2005)도 멀티플랫폼을 "단지 미디어의 수적 차원을 의미할 뿐만 아니라 주어진 단수 혹은 복수의 미디어 플랫폼에서 구성되는 인터페이스의 다양한 효과까지 포함"하는 것으로 정의하였다. 이는 제한적으로 하나의 미디어만을 이용하는 것이 아니라 다른 미디어를 복합적으로 이용하면서 상호작용하는 것이다. 교차이용의 영문 용어는 cross-platform이다. 플랫폼을 넘나드는 콘텐츠의 동시적 또는 비동시적 이용을 크로스 플랫폼으로 정의하는데, 이와 관련된 연구로는 N 스크린 관련 연구들을 들 수 있다. 도와 에노크(Doe and Enoch, 2008)는 다매체환경에서 이용자의 미디어 이용 행태를 파악하기 위해서는 매체별 접근이 아니라 모든 매체를 포괄하는 크로스 플랫폼적 접근이 필요하다고 주장하였다. ESPN을 통해 스포츠 프로그램을 시청하는 이용자를 대상으로 크로스 플랫폼 이용행태를 분석한 결과, 스포츠 프로그램을 열성적으로 시청하는 이용자가 TV, 인터넷, 모바일, 라디오 인쇄매체 등 더 많은 매체를 넘나들면서 이용을 하고 있음을 밝혀냈다.

멀티 디바이스를 이용하는 시대가 도래하였지만 모든 디바이스가 선택받고 중요한 것은 아니다. 전문가 조사에서도 향후 5년 뒤 융합이용 서비스가 본격화된다면 중심이 될 디바이스로 스마트폰(53%)과 스마트패드(40%)를 꼽았다. 스마트패드는 TV와

PC의 장점을 겸비하면서 N 스크린 등 미디어 소비에 최적화된 단말기라는 점을 강조하였다. 향후 3~5년을 내다보았을 때 스마트패드가 핵심적인 중심적 미디어로 자리잡을 가능성은 매우 크다. 이러한 추세는 디바이스 간 융합이용에 대한 수요가 더욱 더 커질 것이라는 전망으로 연결된다. 뿐만 아니라 이메일과 검색을 제외하고는 거의 15%를 넘는 3개의 디바이스를 동시에 사용하는 집단과 4개의 디바이스를 동시에 사용하는 집단의 교차이용 경험율 차이, 그리고 15%를 넘는 연계이용 인지도의 차이 등을 감안할 때, 스마트패드의 증가에 따라 융합이용이 확대될 가능성은 거의 명확하다고 하겠다. 본 분야의 전문가 대다수는(79%) 교차이용과 연계이용 중 향후 5년간 가장 더 크게 성장할 유형으로 교차이용 서비스를 꼽았다. 그 이유는 연계이용은 간헐적이고 협업모델이 전제되어야 하기 때문에 확장에 한계가 있기 때문이다. 교차이용으로 분류된 스토리지, 콘텐츠, 네트워크, 서비스의 4가지 대분류 중 서비스(44%)와 콘텐츠(37.5%)를 가장 중요하다고 보았다. 국내 멀티디바이스 융합서비스 시장의 성장에 이어 가장 주요한 위치를 차지할 서비스로는 N 스크린(40%), 클라우드(33%), SNS(20%) 등의 순으로 응답하였다.

스마트폰, 태블릿 PC, 스마트 TV 등 새로운 디지털 디바이스들이 속속들이 등장하고 있다. 그리고 이것들이 사회에 확산되는 속도는 점점 더 빨라지고 있다. 스마트폰을 비롯하여 태블릿 PC, 스마트 TV 등 스마트 기기는 본격적인 성장세를 보이고 있다. 실제로 디스플레이서치, 가트너 등 주요 시장조사기관의 전망치를 보면 향후 3년간 스마트폰은 연평균 35%, 태블릿 PC는 연평균 80%, 스마트 TV는 연평균 32%의 성장이 예상되고 있다. 기존의 휴대폰이 음성통화에 주로 초점을 맞췄다면 스마트폰은 음성통화는 물론 인터넷, 이메일, 음악, 동영상, 게임, 위치정보 확인 등 매우 다양한 기능을 가지고 있기 때문에 이용자들이 다양한 이용 동기를 가지고 실생활의 모든 영역에서 스마트폰을 이용하고 있다. 스마트TV의 대표적 기업은 구글과 애플이다. 구글은 2010년 5월에 플랫폼을 소개하고 모델을 공개하였다. 구글 TV는 구글이 검색 서비스로써 최강자의 위치에 있는 만큼 검색에 관한 다양한 콘텐츠가 강점이다.

그리고 3-Screen(PC, 모바일, TV) 구현을 통한 안드로이드 기반 디바이스 간의 음악, 동영상, 애플리케이션, 웹-콘텐츠 간 끊김 없는 연동 등을 특징으로 한다. 한편 애플역시 3-Screen 제공으로 iPhone, iPad 등의 디바이스 간 연동을 주요전략으로 내세웠다. 그리고 애플만의 아이튠즈, 앱스토어에 방대한 콘텐츠가 있기 때문에 이를 iTV에 활용했다. 실제로 애플은 AirVideo를 통한 디바이스 간 콘텐츠 연결을 실현하고 있다. 이와 함께 아이패드, 갤럭시탭 등 태블릿 PC의 확산도 스마트 디바이스 확장에 한몫하고 있다. 미국의 시장조사업체인 IHS아이서플라이는 2011년 전체 태블릿PC 판매대수가 5,890만 대로 추산되며 아이패드는 4,420만 대가 팔리며 2013년까지 태블릿 PC 시장을 주도할 것이라고 보았다. 태블릿 PC는 노트북보다 휴대성은 뛰어나면서 성능도 뒤지지 않기 때문에 각종 업무에도 활용되는 등 전문가의 예상을 뛰어넘는 성장세를 보이고 있는 것이다. 또한 태블릿 PC는 모든 기능을 하나로 통합하는 올인원(all-in-one) 특징을 갖기 때문에, e-리더, 게임기기, 미디어 플레이어 등 기타 소비자 가전을 잠식할 것으로 예상되고 있다. 실제로 2010년 닐슨의 보고서에 따르면 태블릿 PC를 쓰는 사용자들의 30%는 PC, 노트북, MP3플레이어 등을 거의 사용하지 않는 것으로 나타났다. 포레스터 리서치에 따르면 2013년에는 태블릿이 데스크톱 PC를 제치고 노트북에 이어 두 번째로 많이 사용되는 PC가 될 전망이다. 최근의 이러한 디바이스를 살펴보면 모든 매체를 수렴하는 통합적 미디어의 성격을 가지고 있음을 알 수 있다. 이에 따라 수용자들이 통합적 미디어를 소유하며 다방면의 콘텐츠를 소비하고자 하는 수요가 높아지고 있다. 이러한 수요에 맞추어 N 스크린 서비스, 클라우드 서비스 등 여러 디바이스를 융합하는 서비스가 등장했다. 과거처럼 단편적으로 콘텐츠가 제공되는 것이 아니라 하나의 콘텐츠를 여러 디바이스에서 상호작용하며 공유하고 수용자가 원하는 콘텐츠를 소비할 수 있게 한다.

최근에는 가상공간에서 이루어지는 상황을 로봇을 연동하여 현재의 상황으로 연결하는 연구가 다각적으로 진행되고 있다. 닌텐도사의 wii 시스템은 리모트무빙 시스템을 이용하여 현실 생활에 적용하고, 흥미를 증가시켰다. 또한 실제 운동과 가상현실과 적용하여 현실의 결과를 가상에 반영하면서, 생활 건강 향상에 기여하기도 했다. 닌텐도사의 wii 시스템은 실제 공간에서 발생하는 내용들을 가상공간에 접목 시킨 경우이다.

최근 한 연구논문에서 제안한 시스템은 가상공간을 실제공간에서 미니어처로 보여주는 시스템을 스마트 디바이스와 결합하여 발전 시켰다. 스마트 디바이스와 로봇 유닛은 블루투스로 연결하여 스마트 디바이스의 카메라로부터 전송된 영상을 분석한 결과에 따른 구동 명령을 로봇 유닛에 보낸다. 스마트 디바이스와 PC는 서버에 네트워크로 연결되어 있으며 로봇 유닛은 PC와 블루투스로 연결되어 로봇 하드웨어 구조를 보여 준다. 스마트 디바이스가 활성화 되면서 스마트 디바이스를 이용한 다양한 게임이 만들어졌다. 스마트 디바이스는 다양한 특성을 가지고 있다. 카메라와 마이크가 장착되어 있으며, 자이로 센서와 GPS 센서가 장착되어 있다. 로봇에 필요한 중요 센서와 부품들이 스마트 디바이스에 장착되어 있다. 스마트 디바이스에 구동장치, 즉 로봇의 팔과 다리를 결합한다면 인지 로봇으로 전환이 가능하다. 스마트 디바이스를 이용하게 되면 로봇 유닛은 단순히 팔과 이동 장치만 필요하게 된다. 또한 스마트 디바이스의 어플리케이션 프로그램을 이용하여 인지와 판단을 결합할 수가 있다.

과거에는 수용자가 특정한 네트워크로 제공된 콘텐츠 내에서만 콘텐츠를 소비할 수 있었지만, 현재는 여러 네트워크를 통해 콘텐츠가 공유되기 때문에 수용자가 원하는 서비스를 취사선택할 수 있다. 즉, 콘텐츠를 전송해주는 것을 특정 디바이스에서 기다릴 필요 없이 네트워크에서 자유롭게 떠다니는 콘텐츠를 찾아 소비한다. 이러한 멀티플랫폼으로 인해 기존 미디어와 뉴미디어가 통합되는 양상을 보이고 있다. 전통적인 미디어로 대표되는 신문을 다른 플랫폼인 스마트폰에 다운로드하여 소비하는 것이 그 대표적인 예이다. 이로써 다양한 콘텐츠에 접근할 수 있는 방식과 가능성이 확대되었다. 그래서 현재 콘텐츠 비즈니스는 다양한 콘텐츠가 혼재하며 소비되고 있다. 멀티플랫폼 제공에서 중요한 것은 각 플랫폼들이 그 특성에 맞게 콘텐츠를 구현할 수 있어야 하고 수용자에게 동일한 이용경험을 제공해야 한다는 것이다. 즉, 스마트폰과 스마트패드의 동영상 화질에는 차이가 없어야 한다는 의미이다. 각 플랫폼에서 콘텐츠를 동일한 조건에서 소비할 수 있도록 해야 수용자의 이용경험이 축적될 수 있다. 현재 수많은 플랫폼이 존재하기 때문에 아직 일원화된 서비스를 제공하기에는 한계가 있다. 한편 멀티플랫포밍과 유사한 개념으로 크로스 미디어(crossmedia) 이용이라는 개념이 제시되기도 하는데, 에노치와 존슨(Enoch & Johnson, 2010)은 특정 수용자가 미디어 스크린을 넘나들며 이용하는 행위를 크로스 미디어 이용으로 정의하고 있다. 이 두 개념이 시사하는 바는 융합미디어 시대에는 콘텐츠 이용이 단일 매체가 아닌 다양한 매체를 넘나들며 이루어진다는 것이다. 즉, 수용자가 자신의 선호와 편리에 따라 매체의 종류에 상관없이 콘텐츠를 자유롭게 이용하는 행위가 보편화될 것이라는 것이다. 이는 콘텐츠와 미디어 시장의 근본적인 변화를 의미한다. 최세경(2011)은 미디어에 따라 분리되어 있던 콘텐츠 시장의 경계가 사라지고 이들이 서로 교차 경쟁해야 하는 환경에 직면했다고 했다.

그러나 이렇게 매체와 디바이스가 다양해짐에 따라 수용자가 어떠한 디바이스로 어떠한 매체를 소비하는지에 대한 예측은 더욱 어려워졌다. 이는 수용자가 사용하는 주요 디바이스와 미디어에 따라 매우 달라지기 때문이다. 다양한 콘텐츠 중 수용자가 원하는 콘텐츠를 찾아내고 소비하게 하는 서비스 구현이 이슈이다.

N 스크린은 PC, 태블릿 PC, 스마트폰, TV 등 다양한 디바이스에서 하나의 콘텐츠를 끊김 없이 이용할 수 있도록 하는 서비스를 의미한다. 한 예로 집에서 TV로 구입한 콘텐츠를 밖에 나가서 스마트폰으로 동일하게 이용할 수 있는 것이 있다. 그리고 스마트폰으로 업로드한 동영상을 태블릿 PC로 보는 것도 이에 해당한다. N 스크린을 통해 사진, 음악, 동영상 등의 멀티미디어 콘텐츠를 다양한 기기에서 연동하여 자유롭게 즐길 수 있다. 최세경(2010)은 N 스크린을 수용자가 접근하고자 하는 콘텐츠를 중심으로 플랫폼과 단말기가 교차하거나 연계될 수 있는 '연결성(connectivity)'과 하나의 콘텐츠를 여러 플랫폼과 단말기에서 공유될 수 있도록 해주는 '이동성(portability)' 그리고 개별 단말기의 서비스와 기능을 통합하여 확장시켜 주는 '통합성(integration)'으로

■ 그림 1-11 1-Screen, 3-Screen, N-Screen의 개념도

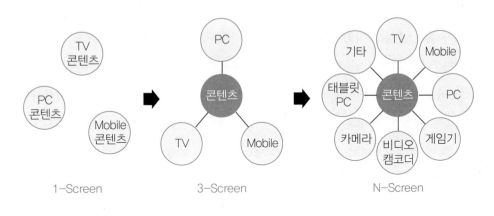

출처: 최진우, 정동훈, 최진원, 지성우(2010).

정의했다. 송민정(2010)에 따르면, 동일한 OS 운영 플랫폼을 사용하는 스마트폰이나 태블릿 PC 등 타 단말기와의 콘텐츠 동기화로 심리스한(seamless) N 스크린 제공이 가능해지고 있다고 한다.

미디어 간 상호 연계적 이용이 증가되고 있다. 단순히 시간을 절약하기 위해서 뿐만 아니라, 하나의 미디어를 사용하는 가운데 그것을 보완하기 위해 동시이용에 대한 수요가 발생하는 경우이다. TV를 보다가 시청내용과 관련된 검색을 하거나, 인터넷 기사를 보다가 SNS를 이용하는 경우 등이 그 예이다. 구글의 조사에 의하면 미국 스마트폰 이용자의 72%가 다른 미디어를 이용하는 중에 스마트폰을 동시에 이용하는 것으로 나타났다. 이중 가장 높은 동시이용 대상은 음악청취(44%)였고, 그 다음에 TV(33%), 인터넷(29%), 게임(27%), 종이미디어(22%) 등으로 나타났다(Google, IPSOS OTX MediaCT, 2011).

전문가들은 향후 5년 뒤 융합이용 서비스가 본격화된다면 Key가 될 것으로 전망하는 디바이스를 스마트폰과 스마트패드로 보았다. 먼저 전문가들이 스마트폰을 key 디바이스로 선택한 것은 always on, always wearable, always manageable의 관

점에서 스마트폰의 영향력이 가장 크다는 이유에서다. 스마트폰은 휴대가 간편하기 때문에 늘 접속할 수 있는 디바이스라는 것이다. 그리고 개인화된 디바이스로써 교체 주기가 짧은 특성상 상위 버전으로 전환이 가장 용이하다는 점도 놓쳐서는 안 될 부분이다. 다른 디바이스들은 옵션으로 이용해야 하는 것이지만 기존 피처폰이 단종되고 스마트폰만 시장에서 공급되는 시기가 오면 스마트폰은 더욱 빠른 속도로 확산될 것이라고 예측한 것이다. 따라서 향후 모든 서비스와 콘텐츠는 스마트폰을 중심으로 재편될 것이라는 의견이 가장 지배적이었다.

멀티디바이스 융합이용을 활성화하기 위해서는 우선 콘텐츠 저작권 이슈에 있어 콘텐츠의 '보호'와 '활용'이라는 상반된 가치 사이에서 균형 잡힌 제도의 마련이 필요하다 할 수 있다. 콘텐츠 저작권 이슈와 관련하여 정부의 역할은 콘텐츠에 대한 규제의 예측성을 제고하고 불법적 이용환경을 개선함으로써 관련 사업자들이 적극적이고 능동적으로 시장에 참여할 수 있는 환경조성에 있다고 할 것이다. 둘째, 멀티디바이스 융합이용 환경 하에서는 거의 모든 단말기가 인터넷과의 연결성(connectivity)을 확보하게 되는데 이는 필연적으로 엄청난 트래픽을 발생시키게 된다. 여러 단말기에서 웹 콘텐츠를 이용하게 되고, 다양한 콘텐츠를 여러 단말기에 전송하거나 공유하면서 추가적인 트래픽이 발생하게 된다. 더구나 SNS가 연계되면서 수많은 콘텐츠가 단말기 간 차원에서 뿐만 아니라 지인들 간의 차원에서 공유되고 그와 관련된 부가적인 커뮤니케이션이 활성화되면서 트래픽을 기하급수적으로 증가시키게 될 것으로 전문가들은 내다봤다. 결국 멀티디바이스 융합이용이 확산될수록 망 중립성에 대한 이슈는 더욱 부각될 수밖에 없다는 것이다.

## 제2절 / C-P-N-D ICCT(Internet, Communications, Contents, Technology) 생태계란?

### 1 국내 ICT 산업현황 및 관련 정책의 변화 추이

#### 1) 국내 ICT 산업현황

기술발전과 융합의 진전으로 ICT산업의 참여자들이 다양한 비즈니스 모델을 창출하며 새로운 경쟁구도를 형성하고 있으며, 기업과 국가는 미래 성장 동력을 확보하기 위해 타 부문과의 융합, 인수합병, 특허 분쟁 등을 통한 경쟁력을 확보하고 있다. C-P-N-D 내부의 신산업, 서비스는 물론, 이를 넘어서 자동차, 조선, 의료, 교육 등 다방면에 ICT부문과 타 부문 간의 융합이 진행 중이며, 이러한 현상은 ICT생태계를 지속적으로 확산시키고 있다. 인터넷을 장악하기 위한 거대 ICT플랫폼 제공자 간의 경쟁, 빅데이터, 온라인 광고, 사물지능통신, 근거리무선통신, 소셜커머스, 주문형 비디오 등 새로운 비즈니스가 등장하고 선·후진국 간의 발전정도에 따라 기술격차가 심화되고 있다. 인터넷상에서 가능한 모든 서비스를 일괄 제공할 수 있는 자가 인터넷의 지배자가 되는 시장 환경이 조성되면서 이러한 환경을 자체적으로 구축하기 위하여 플랫폼 기업 간 다양한 인수합병, 제휴, 특허 분쟁이 일어나고 있다. 글로벌 기업들은 급변하는 기술 및 산업 환경에 대응하기 위해 고유의 전통적인 서비스 영역에 얽매이지 않고 수익모델을 찾아 움직이고 있으며 이에 따라 애플, 구글과 같은 기업을 중심으로 다양한 인수합병 사례가 급증하고 있다. 애플과 삼성 간의 특허 분쟁은 2011년 6월을 시작으로 2012년 7월 기준 9개국에서 50여 건의 소송이 진행되고 있다. 이러한 ICT산업 참여자들에게 경쟁시장은 다양한 기회를 창출하고 있으며 이로 인해 주요 국가들을 중심으로 ICT산업이 빠른 성장세를 보이고 있다. 2011년 전 세계 ICT시장 규모는 6.8% 증가하면서 빠른 성장세를 유지하고 있다. 그러나 IT분야 마켓 리서치 기관인 Gartner의 2015년 4분기 전망에 따르면 5.8% 감소하고 있다는 어두운 전망이다.

■ 표 1-19 **국내외 ICT산업 성장률** (단위: %)

| 지역 | '03 | '04 | '05 | '06 | '07 | '08 | '09 | '10 | '11 | '14 | '15 |
|------|-----|-----|-----|-----|-----|-----|-----|-----|-----|-----|-----|
| 세계 | 8.6 | 11.4 | 6.1 | 5.9 | 11.3 | 6.6 | −4.8 | 5.8 | 6.8 | 1.5 | −5.8 |
| 한국 | 13.7 | 17.1 | 11.7 | 12.6 | 8.7 | 6.8 | 3.9 | 13.7 | 12.0 | 2.6 | 3.9 |

출처: IT분야 마켓 리서치 기관인 Gartner, 2015년 4분기 전망
산통부 2016.1.26. 보도자료
http://www.kidd.co.kr/news/183819
http://media.daum.net/digital/mobile/newsview?newsid=20151231173516782

OECD는 2009년 글로벌 경기 침체기에도 IT서비스 부문의 경우 제조업보다 빠른 회복세를 보였다고 평가하고 있다. ICT가 기업 비용 절감 및 경영 효율화 방안으로 주목받으면서 기업 수요가 창출되었다는 점과 통신 서비스가 가계 필수 서비스로 인식되면서 이에 대한 지출이 유발된 점을 원인으로 지목하고 있다. 전 세계 ICT 지출액은 2012년 기준 4조 4,060억 달러에 달할 것으로 추정되며 부문별로는 통신장비 및 서비스가 2조 5,720억 달러, 컴퓨터 서비스가 9,100억 달러, 컴퓨터 하드웨어가 5,390억 달러, 소프트웨어가 3,850억 달러를 차지할 것으로 예상하고 있다. 단, 연도별 성장률에서는 컴퓨터 단말 가격 인하로 하드웨어보다 소프트웨어가 높은 성장률을 보일 것으로 예상되며, 통신부문의 경우 서비스 및 단말 모두 기술 발달과 개도국 도입 확산에 힘입어 7.6%의 높은 성장률을 기록할 것으로 추정한다.

국내에서도 급변하는 시장 환경에 대응하면서 ICT산업 성장을 위해 기업 및 정부에서 다양한 노력을 하고 있다. ICT관련 기업 및 정부의 노력으로 한국의 ICT산업이 GDP에서 차지하는 비중은 2003년에 7.1%에서 매년 꾸준히 성장하여 2012년에는 약 12%로 2배 가까이 증가한다. 또한 세계 인터넷 시장 점유율은 6위이며, GDP 대비 인터넷 경제 비중은 3위를 차지했다.

## 2) 국내 ICT 산업정책의 변화와 경쟁력 약화

ICT산업 관련 부처는 1994년부터 현재까지 조직체계가 아래와 같이 변화되어 왔다. 1994년 12월 24일 ICT산업을 통한 경제성장을 목표로 정보통신 관련 행정을 주관하는 정보통신부가 출범하였다. 체신부, 과학기술처, 상공부 등에서 관장하던 정보통신 업무를 1994년 12월 정부조직개편을 통해 정보통신부로 이관하였다. 정보통신부는 2008년 정부조직개편 이전까지 정보통신 주관부서로 ICT정책 수립 및 집행을 담당해왔다. 2008년 2월 새 정부 출범과 함께 (구)정부통신부의 기능이 방송통신위원회, 지식경제부, 행정안전부 등으로 분산·이관되었다. 방송통신 서비스와 규제 등의 부문은 방송통신위원회, 정보통신 연구개발 및 산업부문은 지식경제부와 방송통신위원회, 정보화 부문은 행정안전부, 디지털콘텐츠 기술개발 및 유통 부분은 문화체육관광부로 이관되었다.

우리나라 ICT 정책은 각종 기본계획과 종합계획을 바탕으로 정보화, ICT R&D 및 상용화, 네트워크 인프라 구축, 신성장동력 발굴, 융합과 녹색화 등으로 꾸준히 발전해왔다. ICT진흥정책은 80년대를 시작으로 본격화 되었으며 효율적인 ICT 정책 수립 및 집행을 위해 1993년 정보통신진흥기금을 설치하고, 1995년 정보화 촉진기본법을 제정하는 등 제도적 노력이 병행되었다. 2000년대 들어서는 IT839 정책과 IT기술/시장 환경 변화와 정책 우선순위를 반영하여 U0839 전략을 수립함으로 세계 최초, 세계 최고의 ICT인프라 및 제품을 만들어 내었다. 세계 최초 DMB 상용서비스, WiBro 상용서비스를 개시하였다. 현재 ICT 정책은 과거 ICT 인프라 고도화 중심에서 ICT융합을 통한 경제·사회·문화의 강화로 중심의 축을 옮겨 다양한 분야에서 ICT활용을 통한 성과 확산에 관심을 집중하고 있다.

그러나 글로벌 기업들의 빠른 성장세에 힘입은 주요국들의 ICT산업 성장세와 달리 한국의 경우 ICT산업이 국가 성장에 핵심 영역으로 자리매김하였으나 성장뿐만 아니라 수출도 둔화되고 있는 상황이다. 2008년부터 2011년까지 한국의 ICT산업 실질

성장률은 9.1%로 2003년에서 2007년 평균 성장률 12.8% 대비 −3.7%p 하락하여 성장속도가 약 30% 감소하였다. 그 결과 GDP에서 차지하는 비중도 하락하였으며, GDP 성장 기여도도 1.2%p에서 0.8%p로 감소하였다.

또한 2008년 이후 한국의 ICT관련 국제지수 순위가 하락하면서 ICT 산업의 국제경쟁력 추락에 대한 우려가 증대하였다. ITU.UN지수에서는 1위를 유지했으나, WEF.IMD.EIU 등 민간기관지수 5개는 10위권 밖의 하위권이 되었으며 전반적으로 ICT 인프라, 활용도, 인적자본 측면에서 좋은 평가를 받는 반면 기업환경, 법, 제도 환경, 정부정책 등에서 낮은 평가를 받았다. 특히, 대부분이 정량적인 지표들로 구성된 지수보다 설문조사에 의한 정성적인 개별지표들로 구성된 지수에서 경쟁력이 낮게 측정되었으며 국내 ICT 산업의 경쟁력 추락은 콘텐츠 중심의 스마트 생태계에 대한 선제적 대응이 미흡한 것에 기인하였다.

## 2 ICT 생태계의 등장 배경과 개념

생태계(ecosystem)는 1935년 탠슬리(A. G. Tansley)에 의해 개념이 만들어진 후 다양한 분야에서 인간 사회를 분석하는 틀로 사용해왔다. 전체 시스템을 이루는 여러 개체 또는 조직 간의 상호작용 그리고 시스템을 형성하는 환경과 조직 간의 상호작용에 주목하는 개념인 생태계란 원래 생물학 용어로 자연환경과 생물이 서로 영향을 주고받으면서 함께 생존해 나가는 자연계의 질서를 상징한다. 생태계는 수많은 개체들로 이루어져 있으며 이들 개체들은 독립적으로 존재하지 않고 다양한 상호작용을 주고받음으로써 그 결과 전혀 예상치 못했던 현상이나 질서가 출현하고 이러한 것이 되먹임(feedback)되면서 각 개체에게 또 다시 영향을 미치는 구조를 의미한다.

생태계의 개념은 상호관계성, 자기조절 및 순환생산성, 생태 구조 및 특성의 표현성, 보존 및 위험에 대한 대체성 등의 특성을 갖고 있다(류준호, 윤승금, 2010). 생태계를 구성하는 각 개체는 상호작용하고 공존하는데 이들은 환경 속에서 자기조절을 통해 발전하며, 그 생태가 갖고 있는 특성을 드러내며 위험에 대응한다는 것이다. 즉, 생태계의 핵심가치는 공존, 균형, 지속성이며, 이러한 가치가 지속되기 위해서는 생태계를 구성하는 각 주체들의 선순환구조 형성이 매우 중요하다. 이후로도 생태계의 개념은 로스차일드(Rothschild, 1990)에 의해 경제학에 적용되기 시작했으며, 무어(Moore, 1996)는 이를 기업의 경영 활동에 접목시켜 '상호작용하는 조직이나 개념들에 기반을 둔 경제공동체'라는 비즈니스 생태계(business system)를 제시했다. 즉, 고객, 생산자, 경쟁자, 이해관계가 참여하는 공동체로서 혁신적인 과정에 영향을 미치는 핵심 종(keystone species)과 같은 기업이 비즈니스 발전을 이끈다는 것을 강조한 것이다. 비즈니스 생태계는 동일한 비즈니스를 영위하는 다양한 공동체가 참여하는 산업으로 대체될 수 있으며, 상호작용, 분산된 의사결정구조, 자기조직화라는 세 가지 특성을 갖고 있다.

ICT 생태계의 등장은 유럽연합(EU)이 디지털 환경에서 소프트웨어 중소기업(SME)을 활성화시키기 위한 환경으로 제시한 '디지털 비즈니스 생태계(Digital Business Ecosystem, DBE)'에 토대를 두고 있다(Nachira, 2002). DBE는 인터넷 기반의 기술을 채택함으로써 사회경제적 발전을 이끄는 공진(co-evolution)의 환경을 지칭하며, 혁신(innovation), 개방성(openness) 그리고 창조적 파괴(creative destruction)를 강조하는 DBE는 애플이 2007년에 아이폰을 출시하여 개방형 구조의 모바일 비즈니스 생태계를 조성하고 성공을 거두자 국내에서 ICT 생태계 개념으로 발전했다. 이러한 강조점들은 복잡계가 설명하는 주요 개념들이며 생태계의 선순환적인 구조를 모색하기 위한 주요한 기반이 된다.

기존 모바일 생태계는 통신사업자가 무선인터넷 서비스를 제공하는데 필요한 플랫폼(미들웨어)을 지정해주면, 휴대폰에 이를 탑재하고 모뎀, CPU 등 하드웨어와 잘 연동되도록 묶어서 하나의 완제품을 생산하는 구조다. 동시에 유무선 통신사업자가 자신이 운영하는 서비스 플랫폼에서 어떤 콘텐츠와 서비스를 제공할 것인지를 결정하는 폐쇄적 구조를 의미하기도 한다.

애플은 아이폰 전용 OS(operation system)를 만들고 외부 개발자들로 하여금 다양한 콘텐츠와 애플리케이션을 만들어서 앱스토어에 올리는 개방형 구조를 창출했다. 유무선 통신사의 서비스플랫폼을 거치지 않더라도 외부 개발자와 협력하여 다양한 콘텐츠를 제공하는 새로운 생태계를 조성한 것이다. 애플이 아이폰 중심의 새로운 비즈니스 생태계를 형성시켜 성공함에 따라 하드웨어·소프트웨어·콘텐츠가 연계되어 서로 공진할 수 있는 비즈니스 환경을 조성하는 것이 ICT산업의 핵심 경쟁력으로 주목을 받고 있다. 즉, 콘텐츠(C), 플랫폼(P), 네트워크(N), 디바이스(D)로 구분되는 가치사슬(value chain) 전 영역이 서로 유기적으로 연결된 비즈니스 생태계를 ICT 생태계로 지칭하면서, ICT산업 활성화를 위한 핵심 조건으로 인식한 것이다.

종합하면, ICT 생태계는 C-P-N-D라는 가치사슬의 존재를 전제로 하는 비즈니스 생태계이다. 융합으로 가치사슬이 수평구조화 현상을 거치면서 각 가치사슬 단계에서만 경쟁하는 것이 아니라 가치사슬 간에 경쟁하는 비즈니스 구조로 재편되는 과정에서 탄생한 개념이라고 할 수 있다. C, P, N, D 각 부문의 혁신을 통해 타부문의 혁신과 상호의존성이 강화되는 것은 융합의 진전으로 수직적 가치사슬이 해체되었기 때문이다. 이로 인해 기업은 경쟁에서 우위를 차지하기 위해 각 가치사슬 부문 간의 수평적 협력을 유도하는 혁신이 중요해진다. 이러한 ICT 생태계는 콘텐츠 생산자와 소비자 간의 중개과정을 통합하여 비즈니스 성공가능성을 높이는 서비스 플랫폼을 중시하고 있으며, 양질의 콘텐츠 서비스를 제공할 수 있는 유무선 브로드밴드망의 고도화 및 스마트 단말기의 혁신적 개발을 강조한다(최계영, 2012; 황준호, 2012).

## 3 ICT 생태계 가치사슬의 한계

ICT 생태계 논의는 각 참여자들의 협력과 경쟁이라는 개념을 도입함으로써 생태계 자체의 성장 가능성은 확장시켰으나, 앞서 살펴본 것처럼 C-P-N-D 가치사슬에 이론적 토대를 두고 있기 때문에 산업 생태계 논의가 중시하는 선순환 구조의 형성 및 지속적인 성장을 위한 핵심요소에 주목하지 못하는 근본적인 한계를 내포한다. 그 한계를 구조, 범위, 관점에 따라 정리하면 다음과 같다.

## 1) 가치사슬 구조의 한계

ICT생태계 논의는 각 참여자들의 협력과 경쟁이라는 개념을 도입함으로써 생태계 자체의 성장 가능성은 확장시켰으나, 그 구조는 여전히 각 주체의 일방적인 연계에 기반하고 있으며, 강조하고 있는 핵심가치도 총량적 경제적 가치 극대화여서 기존 C-P-N-D 가치사슬 구조의 문제점을 그대로 내포하고 있다. ICT 생태계에서도 제품과 서비스에 새로운 부가가치 또는 비즈니스 모델을 창출하는 주체의 성장을 강조하고 있기 때문에 경제적 잣대에 의해 생태계 참여자들의 중요성이 판단될 수 있다. 또한 가치의 분배 등 각 주체들의 지속성장을 위해 고려되어야 하는 부분들도 총량적인 가치를 강조하는 ICT생태계에서는 분석이 제한된다. 콘텐츠 산업은 제작 및 창작된 콘텐츠가 출판되어 유통되고 소비되는 전형적인 과정을 거치는 특성을 지니고 있으며, 콘텐츠의 내용과 전달 미디어의 특성에 따라 각 단계의 주체들의 규모, 형태 및 숫자는 다양한 모습을 보인다. 전달 미디어가 온라인이거나 전용관을 통한 서비스일 경우 유통관련 기업들이 독점적인 지위를 가진 소수의 대기업이다. 오프라인 상으로 전달되는 콘텐츠의 경우 유통업체는 숫자가 많고 영세하며 소상공인적인 성격을 가진다. 가치사슬 구조에서 전달 미디어의 온·오프라인에 관계없이 기획/제작업체들이 생산한 문화콘텐츠는 유통단계를 거쳐 소비자에게 전달되는 것이 일반적이다. 콘텐츠 제작업체가 콘텐츠를 직접 전달하는 경우는 예전부터 존재해 왔으며 인터넷의 발달로 직접 전달의 가능성은 증가하고 있으나 그 비중은 미미하다. 가치사슬 구조에서 창작, 제작, 유통, 소비로 이어지는 과정 속에 게이트 키퍼의 역할이 크게 작용하고 있다. 즉, 가치사슬 구조에서는 창작된 콘텐츠들이 게이트 키퍼들의 선택을 받아야만 소비자에게 전달될 기회를 확보할 수 있으며, 이로 인해 창작에서 소비로 이어지는 정상적 흐름이 왜곡되고 제한되었다. 게이트 키퍼는 콘텐츠가 소비자에게 전달되는 통로 역할로 인식될 수 있으나 문제는 단순한 연결 통로를 넘어 그들이 선택한 창작물 또는 제작물만이 소비자에게 보여 질 수 있다는 선별자의 역할을 수행하고 있기 때문이다. 가치사슬 관점에서 콘텐츠 산업 구조는 창작, 생산, 유통, 소비의 단계로 흐름이 형성되어 있지만 사실 자본력을 확보한 유통부문이 제작을 통해 창작을 컨트롤하고 그들의 컨트롤 하에 창작 그리고 제작된 콘텐츠만이 소비될 가능성을 확보하게 되는 것이 현실이다.

생태계적 관점에서 콘텐츠 산업이 선순환 구조를 형성하기 위해서는 생태계 내의 생산자로부터 소비자에 이르기까지 원활한 흐름 확보가 중요하다. 이러한 흐름을 보장하기 위해서는 제작사나 자본을 가진 유통사에 의해 창작물들이 선별되는 것이 아니라 생산자들의 독자성이 보장된 가운데 소비자들이 자유롭게 창작물을 선택할 수 있는 여건이 보장되는 구조가 형성되어야 한다. 결론적으로 게이트 키퍼 역할을 강조하는 가치사슬 구조를 기반으로 한 생태계에서는 현재 콘텐츠 산업이 직면하고 있는 내부 문제뿐만 아니라 생태계 내 다양한 주체 간의 관계에서 나타나고 있는 문제들을 해결하기 어렵다. 영세한 기업 규모, 열악한 창작 환경, 저작권 및 공정거래 문제 등 콘텐츠 산업의 특수성에 의해 나타나고 있는 문제점들이 그것이다. 특히 저작권 관련 문제는 콘텐츠 산업 기반 자체를 약화시켜 기업 성장은 물론, 산업 발전을 저해하는 요소임에도 불구하고 콘텐츠에 대한 저작권이 창작자가 아닌 이를 유통하는 주체에 의해 좌우되면서 나타난다. 창작자와 소비자 사이에서 나타나는 저작권의 보호와 이용 활성화가 모두 존재하며 저작권 보호 측면은 근본적으로 창작자와 유통부문의 문제라고 할 수 있다. 즉, 문제를 넘어 창작자와 유통주체 간의 문제가 나타나고 있으나 C-P-N-D 구조에서는 콘텐츠 자체의 가치보다는 그것과 연계되어 창출되는 부가수익에 집중하고 있기 때문에 이러한 문제점을 논하는 것은 제한된다.[27]

---

27 옥성수, 2009; 류준호·윤승금, 2010.

## 2) 가치사슬 범위의 한계

가치사슬 접근은 제품이 생산된 이후 소비자에게 공급되는 과정에서 부가가치가 창출되는 비즈니스 단계를 주목하기 때문에 유통 측면에서 시장 참여자 간의 상호 작용은 설명할 수 있으나, 제품이 생산되는 과정 그리고 소비자가 비즈니스에 참여하는 행위에 대한 논의는 경시될 수 있다. 가치사슬 구조에서는 상품이 제작되어 있거나 지속적으로 만들어 질 것이라는 것을 전제하고 상품에 대한 유통 소비에 대해 분석하기 때문에 유통과정은 설명할 수 있으나, 생산과정과 소비과정 또는 소비에서 생산으로 이어지는 부분에 대한 논의는 제한된다. 가치사슬은 생산에서 소비까지의 프로세스를 의미하는데 그 중심에는 유통이 존재하고 있으며 생산 이전과 소비 이후는 고려하지 않는다. 가치사슬 관점의 ICT 생태계는 콘텐츠가 창작되고 상품화되며 최종적으로 서비스로 제공되는 과정을 단순하게 처리하기 때문에 콘텐츠의 경쟁력을 높이는 인적 자본과 기술적 혁신 등이 생태계와 연관하는 문제를 포착하는 데 한계로 작용한다.

이로 인해 콘텐츠 생산의 핵심요소인 창작자원, 문화예술 등 문화적 요소에 대한 논의가 소외 될 수 있다. 또한 기술 발전과 연결의 강화로 인해 나타나고 있는 프로슈머의 등장, 집단지성의 확장 등 생산과 소비가 직접적으로 이어지면서 새로운 가치를 창출하는 영역에 대한 논의는 제한되었다. 특히 C-P-N-D 구조의 경쟁력은 양질의 콘텐츠를 기반하고 있으나, 콘텐츠 창작에 대한 분석은 제한되었다. 실제로 C-P-N-D 구조가 경쟁력을 확보하기 위해서는 양질의 콘텐츠가 지속적으로 수급되어야 하며 이러한 콘텐츠를 확보하기 위해서는 콘텐츠가 창출되는 여러 가지 과정과 요소들을 고려해야 한다. 그러나 가치사슬 구조는 각 주체들의 연결에서 발생하는 비즈니스 모델과 부가가치 창출을 기반하고 있기 때문에 C-P-N-D 각 주체들의 특징이나 핵심요소, 그리고 독자적으로 창출하는 가치 등에 대한 분석은 제한된다. 또한 구조가 정보통신에 접목된 온라인을 통해 유통되는 콘텐츠 부문에 집중되어 있어 전체 콘텐츠 산업을 설명하기에는 제한된다. 디지털을 기반으로 한 C-P-N-D 구조에서는 콘텐츠의 유통이 온라인상에서 이루어지기 때문에 콘텐츠를 모으고 분배하는 유통플랫폼의 역할을 핵심적으로 언급할 수 있으나, 오프라인 상에서 유통이 이루어지는 구조나, 창작자가 직접 소비자에게 콘텐츠를 전달하는 모습들을 분석하는 것은 제한된다.

결론적으로 C-P-N-D 구조에서는 생산부문과 소비부문뿐만 아니라 유통부문을 기반하지 않는 연계고리를 분석하는 것이 제한된다. 융합화의 진전으로 시장참여자들이 다양한 연계고리를 형성하고 있는 동시에 연계고리의 구조도 일방향 단순 구조가 아닌 양방향 복합 구조로 변하고 있다. 이러한 연결고리를 창출하기 위해서는 각 주체의 성장이 전제되어야 함에도 불구하고 생산주체와 소비 주체의 핵심요소 등을 고려하는 것은 제한된다. 기존 C-P-N-D의 일방향적인 구조에서는 생태계 내 다양한 주체들 간의 연계성뿐만 아니라 선순환적 구조를 설명하는 것이 제한되며, 각 주체들이 어떻게 가치를 창출하는지, 어떻게 성장하는지에 대한 것은 설명하기 어렵다.

가치사슬 관점의 ICT 생태계는 콘텐츠가 창작되고 상품화되며 최종적으로 서비스로 제공되는 과정을 단순하게 처리하기 때문에 콘텐츠의 경쟁력을 높이는 인적 자본과 기술적 혁신 등이 생태계와 연관하는 문제를 포착하는 데 한계로 작용한다. 가치사슬은 소비자가 콘텐츠를 소비하는 단계를 배제하기 때문에 상호작용성의 증가로 나타나고 있는 소비자의 참여, 공유 등의 행위가 생태계 전반에 미치는 영향력에 대한 논의는 제한된다.

또한 ICT 생태계는 인터넷 기반으로 하는 네트워크, 플랫폼, 디바이스에서 자유롭게 유통·소비되는 콘텐츠 비즈니스에만 집중하기 때문에 개별 콘텐츠 장르 산업이 갖는 특성을 고려하지 못하는 구조적 한계를 갖고 있다. 출판, 만화, 애니메이션, 영화, 방송 프로그램은 인터넷 기반으로 유통이 이루어지기도 하나, 각각 장르는 서점, 극장, 채널 등 별도의 유통망을 갖고 있으며 그것이 비즈니스에 미치는 영향력도 상당히 큰 특성을 지닌다. 종합하면, ICT 생태계는 유무선 통신서비스, 데이터서비스, 인터넷접속 서비스 등과 관련하여 시장 참여자 간의 상호작용을 이해하는데 적합하나,

이를 통해 소비자에게 제공되는 콘텐츠 서비스와 관련된 다양한 시장 참여자 간의 상호작용을 이해하는 것은 접근 자체가 제한되어 있다.

### 3) 가치사슬 관점의 한계

가치사슬이란 용어는 포터가 처음으로 소개한 것으로 가치사슬은 본래 단일 기업, 특히 제조업 기업의 생산활동을 구분하기 위해 제안되었으나, 이후 경영 분야에서 널리 사용되면서 전체 산업구조를 나타내는 의미로도 확장되어 사용되었다. 포터는 개별 활동의 집합으로서 한 기업이 생산을 위해 하는 모든 활동의 연결 구조를 가치사슬로 정의하였으며 가치사슬은 비용효율성의 달성을 목적으로 하는 개별 기업의 활동을 설명하는 도구에서 다양한 기업이 참여하는 산업 전체의 생산관계를 설명하기 위한 개념으로 발전하였다. 가치사슬 개념은 착상으로부터 생산의 중간단계를 거쳐 최종소비자에게 배급과 사용 후 최종처리까지 제품과 서비스를 발생시키는데 요구되는 전체 활동 범위를 나타낸다. 예를 들어, 디자인과 상품 개발의 경우 아이디어의 수집, 소비환경분석, 상품기획 등과 같이 디자인 및 상품개발과 관련된 다양한 세부 활동들의 묶음을 연결고리라 하고, 이러한 연결고리들의 흐름을 가치사슬이라고 한다.

C-P-N-D 중심의 ICT 생태계 논의는 글로벌 경쟁력이 떨어지는 유통 부문의 경쟁력을 강화하면 콘텐츠 산업도 동반 발전할 수 있다는 논리에서 출발했다. 그러나 플랫폼의 유통이 활성화된다고 하여 콘텐츠 산업이 반드시 성장하는 것은 아니다.

현재 국내 플랫폼 또는 네트워크 분야는 콘텐츠 분야보다 시장규모가 월등히 크고 국제 경쟁력을 확보하고 있음에도 콘텐츠 산업의 발전을 오히려 저해하는 요인으로 지적된다. 콘텐츠 산업이 아날로그에서 디지털로 전환되면서 플랫폼과 네트워크 사업자의 시장지배력은 커지고, 그로 인해 콘텐츠 창작가에게 돌아가는 수익은 오히려 줄어드는 구조적 문제가 심화되고 있다.

C-P-N-D 가치사슬을 하나로 묶어 정책을 추진하는 것이 반드시 콘텐츠 비즈니

스에서 협력과 공정한 거래를 보장하지 않는다. 최근 IT기업이 '플랫폼−단말기−콘텐츠' 연계 비즈니스를 추진하는 이유는 콘텐츠의 가치를 극대화하기보다 소비자를 자사가 형성한 비즈니스 생태계(가치사슬 영역)에 묶어두기 위한 전략에 근거하고 있다. 바람직한 생태계는 모든 시장참여자들이 발전할 수 있는 환경이지, 특정한 가치사슬 또는 시장참여자를 중심으로 다른 시장참여자들이 종속되거나 비즈니스 수단으로 활용되는 것은 아니다. 즉, 플랫폼, 네트워크의 발전, IT기술의 활용이 콘텐츠 산업의 발전에 필요하지만 더 중요한 것은 다양한 콘텐츠를 생산하여 공급함으로써 콘텐츠 가치를 극대화하는 환경을 구축하는 것이다.

## 4 C-P-N-D 기반에 따른 ICCT생태계의 도입

최근 C−P−N−D 가치사슬의 ICT 생태계를 언급하면서 콘텐츠까지 포함한 ICT 전담부처의 신설 필요성이 제기되고 있다. 하지만 콘텐츠 산업이 ICT 생태계에 포함될 때 나타날 수 있는 여러 가지 효과에 대한 구체적인 분석과 진단은 미흡한 실정이다. 이에 따라 ICT 생태계가 지향하는 바가 무엇이며, 그것이 현재 콘텐츠 산업 생태계와 충분히 조화될 수 있는가를 검토하고, 이를 토대로 콘텐츠 산업 생태계 형성과 효과적인 정책 거버넌스 구축방안을 제시하고자 한다.

ICT 생태계는 시장참여자 간의 상호작용에 주목하는 생태계 개념을 가져와 기업의 복잡한 활동을 체계적으로 이해하기 위해 도입된 가치사슬 구조를 적용한 것이다. ICT 생태계는 기업의 복잡한 활동을 몇 가지의 가치창출 단계로 설명한 가치사슬 간의 상호작용만을 주로 다루고 있다. 즉, 수직적 가치사슬에서 수평적 가치사슬로 전환되면서 증가하고 있는 가치사슬 간 협력 비즈니스가 ICT 생태계의 핵심이라고 주장하는 것이다.

ICT산업에 생태계 개념을 접목시킨 논의는 과거 정보통신산업의 성장과정에서 산업 기반환경의 중요성과 다양한 시장 참여자들의 관계를 설명하기 위해 시작되었으나, ICT 생태계라는 용어가 일반화되어 사용된 것은 애플이 2007년 아이폰을 출시한 이후 개방형 생태계, 모바일 생태계라는 용어가 본격적으로 시장에서 거론되었던 시기부터라고 할 수 있다. 아이폰 이전의 휴대폰 제조업체들은, 통신사업자가 무선인터넷 서비스를 제공하는데 필요한 플랫폼을 지정해주면, 휴대폰에 이를 탑재하고 모뎀, CPU 등 하드웨어와 잘 연동되도록 묶어서 하나의 완제품으로 만들면 되었으며, 이에 플랫폼이나 콘텐츠에 대해서는 전혀 관여하지 않았다. 즉, 유무선 방송통신사업자가 자신이 운영하는 서비스 플랫폼에서 어떤 콘텐츠와 서비스를 제공할 것인지를 결정하였기 때문에 콘텐츠와 디바이스의 연계는 제한적이었다. 그러나 애플이 아이폰을 기반한 OS를 만들고, 앱스토어라는 장터를 구축함으로써 개발자들이 창작/개발한 다양

그림 1-12 CPND 생태계 변화

| | 전통적 모바일 산업 | 변화 요인 | 새로운 모바일 산업 |
|---|---|---|---|
| 정의 | 이동(Mobile) 간 음성 및 데이터 통신 제공과 관련된 셀룰러 네트워크 기반의 서비스 및 기술 제공 산업 | | 이동(Mobile & Nomadic) 간 음성 및 데이터 통신 제공과 관련된 이종 통신 네트워크 기반의 서비스 및 기술 제공 산업 |
| 단말 | · 휴대폰 | ■ 오픈 플랫폼 기반의 스마트폰의 확산<br>■ Network Enabled Device의 증가 | · 휴대폰<br>· 스마트폰<br>· MID(Mobile Internet Device)<br>· Tablet PC |
| 플랫폼 | · 이통사에 의한 서비스 플랫폼(WAP게이트웨이) 장악 | ■ 서비스/콘텐츠 유통 플랫폼 제공주체의 다변화 | · 써드파티(Apple, Google)에 의한 서비스 플랫폼 개방 |
| 네트워크 | · 셀룰러 네트워크(3G-) | ■ Wi-Fi/FM, 클라우드, 4G(WiMax/LTE) 도입을 위한 대용량 데이터 인프라 구축 필요 | · 셀룰러 네트워크(3G+)<br>· Wi-Fi<br>· Mobile WiMAX<br>· PAN(Personal Area Network) |
| 서비스 | · 음성통화<br>· 문자메시지<br>· 제한적 인터넷 이용 (이통사 WAP 페이지 경유) | ■ 애플리케이션 제작 환경 개방(오픈 API)<br>■ 서비스 유통 환경 개방 | · 음성통화<br>· 문자메시지<br>· 자유로운 인터넷 이용<br>· Non-cellular 기반의 음성통화(M VoIP) 및 문자 메시지(카카오톡 등) |

출처: Infides 자료 재구성 인터넷사이트 참조.

한 콘텐츠와 애플리케이션을 자유롭게 소비자에게 전달할 수 있게 되었다. 애플이 이 처럼 외부 개발자와 협력하여 다양한 콘텐츠를 제공한 것이 아이폰의 가장 중요한 성 공요인으로 지적되면서 하드웨어, 소프트웨어. 콘텐츠가 연계된 생태계를 구축하는 것이 ICT 산업의 핵심 경쟁력으로 나타났다. 이로써 아이폰 등장 이전에는 시장참여 자들이 각각 전문영역을 담당하며 경쟁하는 폐쇄적인 경쟁구도였으나, 그 이후에는 콘텐츠, 플랫폼, 네트워크, 디바이스를 연계한 가치사슬 전반을 아우르는 전체 구조 간의 경쟁, 즉 '생태계' 간의 경쟁으로 바뀌었다.

ICT산업에서의 생태계는 콘텐츠-플랫폼-네트워크-디바이스라는 가치사슬의 존 재를 전제로 하고 있다. 즉, 기존 가치사슬을 구성하는 주체들이 서로 협력하고 경쟁 하면서 다양한 관계를 형성함에 따라 생태계가 구축된다고 할 수 있다. C, P, N, D 각 부문의 혁신이 다른 부분과 상호의존성이 강화되는 것은 최근 ICT 산업의 특징으 로, 이는 혁신을 지속적으로 창출하기 위해서 다른 부분과의 수평적 협력이 중요하다 는 것을 의미한다.28 가치사슬을 구성하는 기업들은 서로 협력하여 ICT 산업을 발전 시키는 것이 자신의 이익에 합치되므로 각 부문과의 상호 관계성이 촉진될 수밖에 없 지만, ICT 산업 전체의 발전을 위해서는 협력할 유인이 있는 각 가치사슬의 구성요소 들도 생태계 내에서 주도권을 가지고 경쟁하게 된다. 과거 모바일 생태계에서는 생태 계 주도권을 네트워크 기업이 쥐고 있었다면, 현재는 소프트웨어 플랫폼, 즉 운영체제 기업, 서비스 플랫폼 기업이 주도권을 쥐고 있다. ICT 생태계는 시장 참여자들의 협 력과 경쟁을 효율적으로 촉진함으로써 혁신을 창출하는 환경이라고 정의할 수 있다.

이런 c(small c)-P-N-D ICT 생태계를 모두 전담하는 독임제 부처보다는 C(large C)-P-N-D ICCT(Information, Communication, Contents Technology) 생태계를 총괄하는 부처가 필요하다. 만일 ICCT 생태계를 총괄하는 부처로 통폐합되지 않을 바에는 디지털 콘

---

28 c-p-n-d의 구조를 c-p-n-t, 즉 device 대신 terminal(종착지)로 표현하여 사용하는 경우 도 있으나, 콘텐츠의 최종 종착점이 디바이스인 것을 고려한다면 두 용어는 결국 같은 의미 를 함축한다고 볼 수 있다.

텐츠 영역은 현행대로 문화부에서 맡는 것이 바람직하다.

콘텐츠 산업 생태계 조성·강화안의 장점은 다음과 같다. 첫째, 콘텐츠 산업 생태계 조성으로 인해 콘텐츠(C), 플랫폼(P), 네트워크(N), 디바이스(D)를 하나의 문화콘텐츠 생태계로 통합·관리할 수 있어 콘텐츠가 성장할 수 있는 생태계 기반환경이 조성될 수 있다. 방송통신 융합현상이 심화됨에 따라 방송과 통신의 구분 및 네트워크-서비스의 수직적 결합을 전제로 한 현행 법체계는 콘텐츠 진흥의 공백 및 중복문제를 발생시킨다. 이를 위해 현행 법체계 개편과 더불어 개별 기관의 진흥기금을 통합·조정해야 한다.

문화예술분야, 저작권, 문화기술 등의 콘텐츠 창조업무와 방송통신위원회의 콘텐츠 제공사업인 유통업무 등이 상호 연계되어 새로운 콘텐츠 제작 지원 및 활성화, 이를 연계한 유통단계의 간소화 등의 정책효과가 발생할 것이다. 이는 콘텐츠 창작과 유통체제를 일원화할 수 있는 계기가 되며, 콘텐츠 경쟁력의 원천과 핵심 속성(창작자, 창조성)을 기반으로 하는 콘텐츠 창작자가 방송통신사업 제공자를 통해 적재적소에 방송통신 콘텐츠를 제공할 수 있는 유통구조가 조성될 수 있다. 둘째, 이질화되고 분권화된 대중사회로의 사회구조 변화는 그에 상응하는 정보, 지식, 경험들을 다양하게 창조하고 공급하는 새로운 문화콘텐츠 생태계를 요구하고 있다. 이는 기존 ICT 생태계가 강조하는 인터넷 중심의 플랫폼(P) 부문이 아니라 다양한 문화콘텐츠(C)의 창작을 요구하는 것이며 이를 충족시킬 수 있다. 셋째, 방송통신위원회의 방송통신콘텐츠 및 방송통신사업은 일원화된 정책체계를 확립시키고, 방송통신산업 진흥정책의 활성화에 기여할 것이다. 특히 문화콘텐츠를 매개로 하는 기존 방송사업, 인터넷멀티미디어 방송사업, 전기통신사업 분야의 고품질 콘텐츠 장르 개발에도 기여할 것이다. 활발한 콘텐츠(C)의 제작과 유통은 플랫폼(P), 네트워크(N), 디바이스(D) 부분 등에 연쇄 파급효과를 가져오며 이는 콘텐츠의 해외수출을 강화시키는 기회로 작용할 것이다. 콘텐츠 산업 생태계(C-p-n-d)는 콘텐츠 핵심인 창작이 순수예술과 함께 어우러진 문화적 감수성에서 발현되고 이를 토대로 방송통신산업의 경쟁력으로 이어질 것이며, 그 핵심기저인 문화콘텐츠(CC)가 그 역할을 수행할 것이다. 넷째, 문화미디어부로 개편될 경우 콘텐츠 산업 총괄부처로서의 콘텐츠의 생태계(창작과 유통) 조성과 유지기능을 최대로 살릴 수 있으며, 문화예술, 저작권, 문화기술을 매개로 하여 ICT 생태계의 조성과 발전에도 기여할 것이다. 따라서 문화체육관광부가 문화 콘텐츠(CC), 콘텐츠 플랫폼(CP), 콘텐츠 네트워크(CN), 콘텐츠 디바이스(CD) 분야에서 정책조정과 정책 주도권을 행사할 수 있을 것으로 보인다.

콘텐츠 산업 생태계 조성·강화안의 단점은 다음과 같다. 문화체육관광부로의 방송통신정책의 이관·통합은 정치권과 부처 간 이기주의에 의해 갈등이 발생할 가능성이 높다. 또한 문화체육관광부 주도의 콘텐츠 산업 생태계 조성·강화안은 ICT 생태계를 포함하는 포괄적인 정책 범주로서 타 부처의 고유업무 영역인 플랫폼(P), 네트워크(N), 디바이스(D) 등과 업무 중복의 가능성이 매우 높다. 그리고 ICT 고유 업무의 축소에 대한 타 부처 간의 연대 협력으로 인해 갈등이 증폭될 것으로 보인다. 문화체육관광부의 방송통신사업은 지식경제부의 정보통신 산업육성정책, 행정안전부의 정보문화, 정보보호 등과 맞물리면서 콘텐츠 전반 영역에서 갈등이 발생할 가능성이 높다. 또한, 방송통신정책의 업무 영역과 기능을 어느 정도로 할 것인지가 매우 중요한데, 문화체육관광부와 방송통신위원회 간의 합의점 도출은 매우 어려울 것이다. 문화체육관광부의 콘텐츠사업, 방송통신콘텐츠 진흥사업, 방송통신사업 등과 방송통신위원회의 방송통신 관련 정책 간의 조정과정에서 어려움이 예상된다.

# 복잡계 관점에서 본 C-P-N-D ICCT 생태계

CPND 생태계와 콘텐츠 행복함

# 복잡계 관점에서 본
# C-P-N-D ICCT 생태계

## 제1절 / 복잡계 이론과 특성

복잡계 과학에서 이야기하는 복잡계란 노벨물리학상 수상자인 머레이 겔먼 교수
에 의하면 "복잡계는 그 특징이 구성요소들을 이해하는 것만으로는 완벽히 설명이 되

▶■ 그림 2-1 CPND 가치사슬 모형: 융합과 공진화

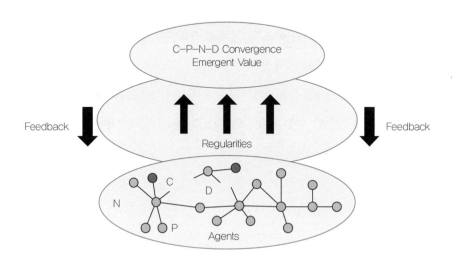

출처: Choi, ChangHyeon(2010), C-P-N-D Ecological System & ICCT, The Society of Digital Policy & Management International Conference.

지 않는 시스템이다. 그 요소들의 상호작용을 통해 얽혀있는 많은 부분, 개체, 행위자들로 구성되어 있다."라고 설명한다. 산타페 연구소의 경제학과 교수 브라이언 아써는 "복잡계란 무수한 요소가 상호 간섭해서 어떤 패턴을 형성하거나, 예상 외의 성질을 나타내서나, 각 패턴이 각 요소 자체에 되먹임 되는 시스템이다. 복잡계는 시간의 흐름에 따라 끊임없이 진화하고 펼쳐지는 과정에 있는 시스템이다."라고 정의내리고 있다. 예일대 심리학과 제롬 신져 교수는 "복잡계란 상호작용하는 수많은 행위자를 가지고 있어 그들의 행동을 종합적으로 이해해야만 하는 시스템이다. 이러한 종합적인 행동은 비선형적이어서 개별요소들의 행동을 단순히 합하여서는 유도해 낼 수 없다."라고 말한 바 있다. 이를 정리하자면 복잡계(complex system)란 수많은 구성요소들의 상호작용을 통해 구성요소 하나하나의 특성과는 사뭇 다른 새로운 현상과 질서가 나타나는 시스템을 말한다(최창현, 2010a; 2010b; 2005; 2000; 1999).

간단히 말해서 복잡계 이론은 아무리 복잡한 체제라도 단순한 규칙에 의해 지배된다는 것이다. 예를 들어 하늘을 나는 새나 바다 속의 물고기를 생각해 보면 이들은 매우 복잡한 행태를 보이면서 이동하지만 절대로 서로 충돌하지 않는 것과 같은 이치다.

새의 이동을 예로 들어보면, 컴퓨터로 그들의 단순한 세 가지 규칙(1. 앞에 가는 새가 리더, 2. 일정한 거리유지 3. 일정한 속도유지)만을 프로그램하고 모의실험 한 결과, 새무리가 서로 충돌하지 않으면서 모든 장애물을 피해 날아가는 것으로 입증되었다. 이러한 모의실험과 자연계의 현상이 시사하는 바는 사회체제가 복잡하기는 하지만 우리가 고안한 관리 원칙이 너무 많고 복잡하지 않은가 하는 의문들이 복잡계라는 학문의 시작이라고 할 수 있다.

## 1 공진화(Coevolution)

공진화(coevolution)는 상호 의존적인 종들이 서로 영향을 주면서 함께 진화하는 것을 말한다. A라는 종의 변화가 B라는 종의 생존 환경을 만들고, 다시 B의 변화가 A의 생존 조건이 되는 연속적인 과정이다(Moore, 1996; 12). 생존 환경이 곧 생존 조건이 된다. 예를 들면 사자가 약한 얼룩말을 잡아먹기에 얼룩말은 더 빨라지고, 빨라진 얼룩말을 잡아먹기 위해 사자가 더 빨라지는 식으로 진화하는 것이 공진화의 개념이다.

먹이사슬이 공진화를 설명하기 가장 좋은 예다. 피터스와 워터맨은 지속적으로 이윤을 많이 내고 혁신적인 제품과 기술 발전을 해온 보잉, 듀퐁, 코닥, 아타리 그리고 아봉과 같은 우량 기업의 관리에서 나타나는 공통된 특질을 규명하고 우량 기업이 되기 위해 이러한 특질을 다른 조직도 갖추어야 한다고 했다. 그러나 5년이 지나지 않아 우량 기업으로 선정된 조직 중 3분의 2가 우량 기업으로 간주되지 않았다. 예를 들어 IBM은 우량 기업으로 선정되었으나 몇 년 후 죽은 기업으로 판단되었다. 하지만 1980년대 후반 다시 한 번 우량 기업으로 컴백한다. 더 경쟁력 있는 창조적 경쟁자가 나타나서 게임의 규칙을 바꿔버릴 경우 환경에 과도하게 적응된 기업은 마치 급격한 기후 변화에 직면한 적응 동물처럼 빨리 환경의 변화에 반응할 수도 없다.

과거에 조직 성공의 요인이던 것이 조직 실패의 원인이 되기도 하고, 동물처럼 기업도 사멸할 수 있다. 텍사스 인스트루먼트라는 회사는 제품을 다른 회사보다 싸고 빨리 만들어서 성공했다. 초기에는 반도체의 산업표준을 정하고 혁신적인 제품흐름을 주도했으나 점차 가격 인하에 집착하여 유행에 뒤떨어진 싸구려 제품만을 고객에게 제공하고 만다. 좀 더 정교한 반도체 칩을 개발하지 못함으로써 경쟁자에게 밀리고 말았다. 결국 신제품을 개발할 필요성을 간과한 채 가격에 의해서만 물건을 팔려고 한 것이다. IT의 초기 성공 원인이었던 것이 조직이 쇠락하는 원인이 되고 만 것이다. 낡은 지도에 따라 행동했고 조직의 장점에 안주했으며, 안정적인 평형 상태에 집착했기 때문이다.

공진화 이론은 개체의 돌연변이가 환경에 의해 선택된다는 적자생존의 논리를 벗어나서, 실제의 진화는 개체가 전체를 진화시키고 전체가 개체를 진화시키는 상호 진화의 과정이었음을 보여 준다. 공진화는 하위 체제의 구성 요소들이 공진화를 통해 만들어내는 질서는 상위 체제의 자기조직화 과정이라고 볼 수 있다. 체제 내의 한 요소가 다른 요소에게 미치는 영향이 순환고리가 되어 자신에게 돌아오는 순환적인 특성은 결국 '자기인과성(self-causality)'으로 일컬어진다. 예컨대 꿀벌의 사회는 식물 체계, 곤충, 동물, 인간 사회와도 구조적으로 연결되어 있다. 그리고 이러한 연결은 인간의 인식 수준에서만 분리되어 있을 뿐이다. 모든 체제는 다른 체제와 구조적 연결을 통해 자기조직화되며, 이때 공진화 메커니즘이 작용한다. 다음은 공진화를 좀 더 이해하기 위해 생물학, 특히 진화생물학과 조직 관리의 유사점을 알아보겠다.

　　다윈이 제창한 진화론을 간단하게 정리해보면 다음과 같은 5단계로 구분할 수 있다. 출발점은 1. 생물은 일반적으로 새끼를 많이 낳는다는 사실이다. 다음은 2. 수가 많기 때문에 그들 사이에는 격심한 생존경쟁이 일어난다. 그러나 3. 변이를 수반하는 것이 있어서, 그 변이는 생존경쟁에 유리하게 작용하는 경우가 있다. 그 결과 4. 유리한 변이를 일으킨 변종은 살아남을 가능성은 극히 적지만 진화의 가능성은 높아진다. 5. 이러한 과정이 오랫동안 반복되어 몇 백 몇 천 세대 계속된 결과, 그 변종은 드디어 해당 종 내에서 다수파가 될 것이다. 이것이 바로 새로운 종의 탄생, 즉 종의 진화다.

### 2 창발성(Emergence)

　　창발이란 시스템의 각 부분들의 성질만을 이해해서는 예측하기 어려운 성질이 시스템 전체의 수준에서 나타나는 현상을 말한다. 예를 들면, 개미나 꿀벌의 집단이 보여주는 놀라운 사회적인 질서는 이들을 한 마리씩 떼어 놓고 관찰할 때에는 유추해내기 어렵다. 마찬가지로 금융시장의 복잡한 메커니즘이나 인터넷상의 사이버 공간에서 벌어지는 놀라운 현상들은 거래인 한 사람, 네티즌 한 사람씩을 따로 떼어놓고 본다면 이해하기 어려운 현상이며 이를 '창발'이라고 한다. 다시 말해서 유기체의 창발성이란 복잡한 과정이 예측되지도 않고 누적되지도 않는 결과로 나타나는 것을 말하며, 창발적 성질이란 존재하는 것을 벗기는 것이 아니라, 그때까지 존재하지 않던 것이 새로 튀어나오는 과정을 강조하는 것이다. 새로운 관계가 계속 돌출하면서 전체 체계가 다양하고, 풍부하고, 복잡하게 진화하는 것으로 이해할 수도 있다. 그리고 이는 경영과 경제 현상을 기계론적인 인식에서 유기체적인 인식으로 보도록 전환하는 계기를 제공하게 되는 것이다.

세상은 여러 층이 존재하는 위계 구조로 되어 있기 때문에 각 단계에서 일어나는 창발적인 형상을 그보다 한 단계 낮은 단계로 환원하여 설명할 수는 없다. 그에 따라서 생물학에서 이야기하는 집단 선택이나 사회과학에서 이야기하는 집단 지식도 그보다 낮은 단계로 환원하지 않고 설명되어야 한다는 생물학자 마이어와 머피의 이야기를 인용해보면, 〈어떤 체계를 구성하고 있는 부분들을 조립하면 새로운 성질이 탄생하는데, 새로운 성질은 부분에 대한 지식으로는 전혀 예측할 수 없는 성질을 갖는다. (중략) 이렇게 탄생한 전체는 과거 그보다 한 단계 높은 단계의 한 부분이 되고, 동시에 그보다 낮은 단계에 있는 부분들에 영향을 미친다.〉 〈현대 생물학의 핵심은 보다 단순한 부분들로 환원될 수 없는 새로운 현상이 복잡한 것에서 출현한다는 점에 있다. (중략) 생물계의 위계 구조는 우리의 위계 구조와 중요한 특질을 공유하는데, 한 단계 높은 수준은 그보다 낮은 단계에 있는 부분들의 성질에 영향을 미친다.〉 예측할 수 없는 성질과 생물계의 낮은 단계에 있는 부분들의 성질에 영향을 미친다는 것은 예측 불가능성에도 불구하고 자기조직화적 진화 과정을 통하여 새로운 질서, 즉 분산 구조로 도약해 나갈 수 있다고 하는데 이를 자기조직화라고 한다. 자기조직화 관점에서 보면, 질서는 외생적 혹은 내생적인 요인에 의해서가 아니라 자생적으로 생긴다. 중앙 집권적 지시보다는 상호 조정과 자기 규제에서 질서가 창출되며, 위에서 아래로가 아니라 아래에서 위로의 방식으로 형성된다. 질서란 개별 요소들의 집합이 아니라 개체가 소유하지 않던 특성을 갖게 됨을 의미한다. 자율적인 행위자들의 행동은 분권적 방식으로 결합하기 때문에 분산적 혹은 분권적이라고 기술된다.

그래서 창발성은 자기조직화가 체제 외부에서 강요될 수 없으며, 체제 내에서 기능하는 내재적인 것이다. 조직은 체제의 구성 요소로 짜 맞춰지는 것이 아니라, 구성 요소의 상호작용에 의해 만들어지는 것이다. 국지적인 규칙에 따라 활동하는 국지적 단위 혹은 행위자들은 상호작용에 의해 체제의 조직을 만들어 낸다고 할 수 있다. 이러한 현상을 표현하기 위한 다른 용어는 '혼돈에서 질서', '창발적 특질', '자생적 질서', '전체적 일관성' 등이 있다.

복잡체제의 창발적 특질은 거시적인 체제 수준에서만 구분할 수 있다. 이는 미시적인 구성요소 수준에서는 구분할 수 없다. 일반적으로 이는 집단의 특질이기 때문에 낮은 수준에서 개인적인 요소들에 대한 지식만 가지고는 높은 수준에서 창발적으로 발생하는 전반적인 유형이나 구조를 추론해낼 수 없다. 복잡성 과학의 관점에서는 경제나 조직 현상을 역사에 의존하고(경로 의존적), 유기적이고 지속적으로 진화하는 복잡체제로 본다. 사회 현상은 유기적으로 계속 진화하고 있다. 실제로 조직 현상은 구성 요소들의 아주 복잡한 상호관계를 통해 새로운 현상을 만들어내기도 한다. 이런 일들을 계산적 합리성만으로는 설명할 수가 없다. 그리고 이런 복잡성은 지속적으로 재생산되고 있다. 이런 과정에는 우연성이 개입하고, 이것은 다시 새로운 진화와 시발점이 되기도 한다.

웨이크의 조직화에 대한 진화론적 근거는 생태학적 변이, 조작, 선택(도태), 유지 등 네 가지 기본적인 단계를 포함한다. 이 견해는 다윈주의를 생존 전략에 적용 시키고 있으나, 그것만으로는 조직의 자기 혁신성을 설명할 수 없다. 생물의 경우를 보더라도 경쟁 전략만으로 생존하지는 않는다. 대체 어떠한 구조가 생존을 유지해 나가는가 하는 의문에 대한 해답으로 '자기조직화'라는 이론이 주목을 받았다. 자기조직화란 조직이 조직 그 자체를 만들어 간다는 진화 과정에 초점을 맞춘 이론이다. 외부의 강한 무엇인가를 조직에 적용시켜서 강화되는 것이 아니라, 조직이 자기의 특질을 파악하고, 그 특질을 활용하여 조직을 성장시킨다. 단편적인 정보에서 고차원적인 정보를 창출하는 자발적인 작용이 있다. 자기조직화 과정을 보면, 생명 조직이란 '동요'와 같은 불안정성과 불확실성을 유효하게 활용하여 질서를 수립한다는 것을 알 수 있다. 질서를 수립하는데 평범한 무질서를 활용하는 것이다. 모순적인 면이 있긴 하지만 그야말로 자율적인 정보 생성의 방법을 이용하여 전통적 조직이론에서 강조하는 계획적 조직 설계와 조직 변화 관점에서 탈피하여 자기조직화를 촉진하고, 미래를 예측하는 대신 창조하는 것이다.

서구의 오래된 전통적 조직 관점인 분할적·기계론적 배경에서는 한국적 경영이 성공하기 어렵다. 조직의 타성은 자꾸만 옛것으로 회귀하려 한다. 근본적인 사고의 전환이 필요하지만 현실에서는 예측하고 분석하며 잘 짜인 계획과 규칙을 강조한다. 이러한 현상의 원인은 고전적 조직이론의 철학에서 제공하는 기계론적인 관점을 고수하는 데서 연유된다고 하겠다. 반면에 동양 사상은 많은 부분에서 복잡성 이론과 유사점을 발견할 수 있지만, 필요성만큼 많이 연계되지 못하고 있는 실정이다. 다만 연구 내용을 전달하는 차원에서 부분적으로 인용되거나 언급되는 정도이다. 동양 사상은 이원론을 배격하며, 전일주의에 입각하여 직관적 방법으로 다(多)에서 일(一)을 보려 하고, 전일주의적 입장에서 공진화를 설명하며, 자연의 질서인 도는 끊임없는 변화의 순환성을 강조한다. 특히 도의 순환 양식은 음양의 원리에 따라 역동적인 상호작용에 의해 생겨나기 때문에, 대칭적 순환 운동은 동적 프로세스이며 생태학적 관점이고, 전체주의적 자기조직화 세계관으로 볼 수 있는 것이다. 따라서 도가에서는 자연 속의 모든 변화를 음양의 역동적인 상호작용의 결과로 보았기에 분석적, 대립적, 역설적 대립이 아닌 모든 패러독스들의 내재적 통일을 강조할 수 있다. 뉴턴의 고전역학 체계는 그 기본 가정이 평형 상태의 유지와 복원이다. 다윈의 진화론은 경쟁을 통한 자연 선택 과정을 주장한다. 그러나 복잡성 과학에서 사회체제는 복잡하고 비선형적이며 동태적 유기체의 성격을 갖고 있으므로 분석적이고 환원론적인 전통적인 과학적 방법론으로는 설명할 수 없다고 보고, 문제들을 전일주의 입장에서 이해해보려고 시도한다. 따라서 생존하고 번성하는 창조적인 조직은 순환 과정을 중시하고, 이러한 상호 보완적 순환 과정을 긍정 피드백과 부정 피드백의 자기조직화적 과정으로 보는 것이다.

카프라는 이것이 서양의 기계론적 세계관, 원리 접근법과는 상반되는 사상으로 인식하고, 사물의 모든 이름은 단지 관념일 뿐이며, 언어의 거부는 자연에 대한 선입관을 배제하고 자연의 객관성을 있는 그대로 확보해주는 것으로 이해한다. 도가에서는 추론적 지식보다 직관적인 지혜에 관심을 기울이는데, 이것은 추론적 사유 세계의 한계와 상대성 논리를 인식한 결과로 볼 수 있다. 도가에서 깨달은 가장 중요한 통찰 중의 하나는 변용과 변화가 자연의 본질적인 모습이라는 것이다.

변화의 역동성 없이는 새로운 질서나 창조를 기대할 수는 없다. 모든 만물은 변하는 것이고 고정되어 존재하는 것은 없다. 단순한 행위자들이 수많은 방식으로 상호작용하는 복잡적응체제는 자발적으로 질서를 형성하는 자기조직화의 능력을 갖고 이는 비선형적인 혼돈 상태에서 질서를 만든다. 조직이 창조적 파괴를 통해 새로운 질서로 발전해 나가려고 할 때 성장과 쇠퇴의 두 경로 중 어느 것을 택할지는 예측이 불가능하다. 이러한 예측 불가능성에도 불구하고 변화의 역동성을 통해 조직의 새로운 성질이 개발되어 새 질서로 도약할 수 있는 것이다.

만물의 역동적 변화에 대하여 그리스의 철학자 헤라클리투스는 항구성과 변화성이라는 두 특징을 모두 구현하면서 우주는 부단한 유동의 상태에 있다고 주장했고, 런던 대학의 이론물리학자 데이비드 봄은 우주를 끊임없이 유동적이면서도 나뉘지 않은 전체로 이해하게 해주는 독특한 이론을 개발했다. 그는 어떤 한 시점에서 우주의 상태는 보다 근본적인 실재를 반영한다고 주장하면서, 헤라클리투스와 같이 과정, 흐름, 변화를 가장 근본적인 것으로 간주했다. 그는 이 실재를 '내재적인 혹은 닫힌 질서'라 부르고, 그것을 우리의 주변 세계에서 창발되는 외재적인 혹은 '펼쳐진 질서'와 구별했다. 또 데이비드 봄은 후자가 전자의 내부에 존재하는 잠재력을 실현, 표출한다고 주장했다.

### 3 경로의존성(Path-Dependence)

어느 산업이나 기술, 품질에 특화하면 경험의 축적 때문에 그 반면에서 보다 강한 비교우위를 차지한다. 이와 같이 현재의 산업 구조와 기술의 발달은 과거에 경제가 걸어온 경로의 영향을 받는다. IBM과 매킨토시의 경쟁 사례를 보자. 더 많은 사람이 IBM 컴퓨터를 사면 더 많은 소프트웨어 회사들이 IBM 컴퓨터용 프로그램을 개발할 것이고, 더 많은 IBM용 소프트웨어가 개발되면 더 많은 사람들이 IBM용 컴퓨터를 찾는 것과 같다. 브라이언 아서는 VCR 시장에서 VHS 방식과 베타 방식의 기술전쟁에 있어서 이러한 파급 순환고리가 어떻게 작용하는지 설명하고 있다.

이는 무작위적인 사소한 사건들(행위자들의 미시적 상호작용)에 의존하여 예상치 못한 결과가 야기되는 것이다. 예측 가능한 평형 상태는 가정집의 자동 온도 조절장치 등과 같은 편차상쇄 순환고리과정에 의해 지배되는 단순한 체제에서만 발생한다. 평형 상태에서 벗어나 편차가 발생할 경우, 체제는 편차상쇄 순환고리에 의해 원래의 평형 상태로 회복되는 탄력성을 가지고 있다. 내부에 편차증폭 순환고리가 없을 경우, 체제의 편차상쇄 순환고리를 극복할 수 있을 정도로 강력한 외부의 힘에 의해서만 변화될 수 있다. 이 경우 사소한 동요는 결과에 영향을 미칠 수 없으며, 따라서 일련의 상이한 역사적 사건은 모두 한 가지의 유일한 평형 상태로 흐를 것이다. 이는 역사를 단지 불가피한 것을 전달하는 전달자로서 격하시키는 것이다(Arthur, 1987; p.127).

그러나 체제의 절대 다수는 스스로 변화할 수 있는 능력을 지니고 편차상쇄 순환고리와 편차증폭 순환고리의 과정을 결합시킬 줄 아는 복잡적응체제이기 때문에 이와는 매우 다른 행태를 지닌다. 결국 발생하는 결과는 경로 의존성의 개념에 따르면 이는 체제의 사소한 사건, 즉 초기 조건의 민감성에 달려 있다는 것이다. 다시 말해 무작위적인 사건, 행동, 조건들과 같은 사소한 사건에 달려 있다. 이것은 곧 자율적인 행위자들에 의한 지속적인 상호작용이다.

분기점에서 우연한 환경과 사소한 사건이 결합되면 실제 어떠한 결과가 창발적으로 발생될지를 결정짓는 중요한 요소가 될 수도 있다. 어떤 사소한 사건들은 체제를 한 방향으로 몰고 갈 수도 있고, 또 다른 사건들은 체제를 다른 방향으로 몰고 갈 수도 있다. 따라서 사소한 사건이 평균화되거나 돌이킬 수 없는 것이기 때문에 역사가 중요하다고 할 수 있다(Arthur, 1987). 모든 결과는 역사적 경로에 의존적이다.

공진화에서 보았던 예를 경로의존성에서도 적용할 수 있다. 다윈의 진화에 비판적인 이마니시는 사자와 얼룩말의 관계에 대하여 다음과 같이 설명한다. 사자가 얼룩말 무리를 습격하면 얼룩말은 필사적으로 도망치고 사자는 전력을 다해 쫓는다. 다윈식으로 말하면 발이 빠른 얼룩말은 잡히지 않고, 발이 느린 얼룩말이 먹힐 것이다. 그러나 사자에게 먹힌 얼룩말은 발이 느리고, 살아남은 얼룩말은 발이 빨랐다는 증거는 아무 데도 없다. 이마니시는 사자에게 잡힌 얼룩말을 단지 운이 나빴을 뿐이고, 살아남은 얼룩말은 운이 좋았을 뿐이라고 생각한다. 실제로 사자는 무리 중에서 발이 느린 얼룩말만을 골라 습격하는 것같이 보이지 않는다. 사자는 순발력이 좋으나 지구력은 없으므로 맨 처음 눈에 띈 목표를 향해 단숨에 습격한다. 목표로 삼은 얼룩말을 쫓을 때는 비록 늦게 도망치는 얼룩말이 뒤에 있어도 사자는 목표를 바꾸지 않는다. 사자는 끝까지 처음에 노린 얼룩말을 쫓는다. 이러한 사실에서 알 수 있듯이 사자 눈에 띈 얼룩말은 단순히 운이 나빴을 뿐이다. 이마니시는 '적자생존'이 아니라 '운 있는 자 생존'이라고 표현함으로써 자연도태와 적자생존에 의한 무방향인 진화를 비판한다 《진화론이 변하고 있다》(1992) 중에서).

## 4  비선형 순환고리(Nonlinear Feedback Loops)

Newton 관점에서는 선형성을 가정하기 때문에 초기 조건이 조금만 변한다면 그 결과치는 별 차이가 없다는 가정에 입각해 있으나, 혼돈적 관점에서 보면 미세한 초기조건의 민감성으로 인해, 또한 비선형성과 순환고리에 의해 조그만 초기조건의 차이가 걷잡을 수 없이 증폭되어 그 결과치에 엄청난 영향을 미칠 수도 있다는 것이다. 고등학교 기하학 시간을 상기해보면, 직선은 단순한 일차방정식($y = ax + b$)에 의해 만들어 진다. 기울기 a와 절편 b만 알면, 모든 학생이 직선을 그릴 수 있고, 만일 x의 특정한 값을 알면 y의 값을 예측할 수 있다. 선형성을 가정하는 뉴튼의 기계론적 관점에 의해 대부분의 현상이 과거 300년간 설명되어 왔다.

조직관리를 비롯한 모든 사회과학에 있어서도 자연과학의 지배적인 패러다임인 선형모형이 합리적 행동을 설명하기 위해 이용되었다. 이러한 선형 조직관리 모형은 관리자로 하여금 다음과 같은 여러 가지 조직현상을 당연한 것으로 받아들이도록 했다. 조직 내의 각 부서 간의 상호작용은 직선의 교차처럼 단순하다. 그러나 실제로는 순환고리적 상호작용으로 복잡한 양상을 띤다. 조직 내의 한 부서만을 이해하면, 이에 대한 지식을 바탕으로 여러 다른 부서의 지식을 더하기만 하면 조직 전체를 이해할 수 있다고 본다(y = a1x1 + a2x2 + b). 그러나 이러한 생각은 부가성 원리(additive principle)를 가정하는 경우에만 성립한다. 직선으로서의 조직에서는 가까운 미래건 먼 미래에 초점을 맞추건 상관이 없다. 그러나 초기 조건에의 민감성 때문에 조직이 불안정한 상태에 있을 경우 시간의 일시성이 중요할 수도 있다. 직선의 어느 한 점을 아무리 가까이에서 봐도 항상 똑같은 점을 보게 된다. 그러나 자기유사성을 특성으로 하는 쪽거리 조직은 가까이서 확대해 보면 유사한 듯 보이나, 결코 동일하지 않은 다양한 모습을 나타낸다.

한 변수에 있어서의 변화가 그 반대방향의 변화를 유발시키는 부정적 순환고리(negative feedback), 혹은 편차상쇄 순환고리의 과정은 체계의 안정성을 설명하는 데 극히 중요하다. 반면에 긍정적 순환고리(positive feedback), 혹은 편차증폭 순환고리(deviation-amplifying feedback)는 큰 변화가 더 큰 변화를 유발시키고 작은 변화는 더 작은 변화를 촉발시킴을 보여줌으로써 체계의 변동을 설명하는 데 유효한 것이다. 이 두 가지 순환고리 메커니즘은 왜 체계가 주어진 한 형태를 획득, 보존하려 하며 이 형태는 시간의 흐름에 따라 어떤 식으로 정교화되고 또 변환되어질 수 있는지를 설명해 줄 수가 있다.

사회체제는 확립된 규범으로부터의 이탈을 방지하고 기존 질서나 구조를 유지하는 다양한 순환고리 체제(feedback loop mechanism)를 가지고 있다. 체제가 안정적일 경우 일련의 규칙, 즉 법에 의해 체제가 지배된다. 체제가 안정상태에 있을 경우 결정론적인 예측이 어느 정도는 가능하다. 그러나 체제가 불안정한 상태에 있을 경우 사소한 정치적, 경제적, 사회적 혹은 문화적 변화가 편차증폭 순환고리에 의해 증폭되어 체제의 급작스런 변혁이 이루어지기도 한다. 사회체제는 군사적 정복 혹은 경제적 종속과 같은 외부 힘에 의한 영향 혹은 쿠데타 또는 사회적 운동과 같은 체제내적 힘의 영향을 받는다. 이러한 영향이 체제가 안정적 상태에 있을 때에는 체제의 편차상쇄 순환고리 혹은 항상성 유지 기능에 의해 흡수될 수 있으나 만일 체제가 불안정한 상태에 있을 경우에는, 즉 분기점에 다다를 경우에는 초기조건의 민감성, 즉 나비효과에 의해 증폭되어 사회체제에 큰 폭풍을 몰고 올 수도 있다. 만일 이러한 편차증폭 과정이 상당히 지속적일 경우에는 개혁이라고 할 수 있고, 만일 이러한 과정이 급작스러운 것이라면 혁명이라고 할 수 있을 것이다. 전통적으로 자연과학과 사회과학자들은 체제의 행태를 선형적인 관점에서 설명해 왔다. 물론 그들은 실제 관계가 비선형적이라는 사실을 알고 있지만 비선형관계는 다루기 힘들고, 그리고 이는 선형근사치를 사용하여 단순화 할 수 있다고 여겨져 왔다. 그러나 이러한 단순화가 과연 실제적으로 이용하고 인정할 만한 것인지 알아보기 위해서는 잠시 선형체제와 비선형체제 간의 차이점에 대해 생각해 볼 필요가 있다. 선형체제와 비선형체제 간의 차이점 첫째, 선형관계에 있어서 주어진 원인은 단지 하나의 결과만을 갖는다. 그러나 비선형관계에 있어서는 주어진 원인이나 행동은 여러 가지 다른 영향이나 결과를 초래할 수도 있다. 다시 말해 선형 방정식은 단지 하나의 해를 갖고 쉽게 해를 구할 수 있지만 비선형 방정식은 하나 이상의 해를 가지며 일반적으로 해를 구하는 방법이 존재하지 않는다. 둘째, 선형체제는 단순한 부가적 특질을 갖는다. 즉, 부분의 합이 곧 총합이라는 점에서 부가적 특질을 갖는다. 선형체제는 부분 구성요소로 쪼개어질 수 있고, 각 부분 구성요소를 연구하고 설명한 후 이를 다시 결합하면 전체에 대한 설명을 할 수 있다는 논리다. 비선형체제는 이러한 단순한 부가적 특질을 갖지 않는다. 부분의 합은 총합보다 크기 때문에 시너지 효과를 보인다. 따라서 부분으로 쪼개고 이를 다시 결합하는 환원주의자적인 방법에 의해 비선형체제를 완전히 이해할 수 없다. 그 대신에 전체로서의 체제가 나타내는 행태의 패턴을 이해하려면 전체적 혹은 체제적 접근법을 택해야만 한다. 이러한 차이점을 감안하면 다음과 같은 조건이 충족될 경우에만 비선형체제의 선형근사치가 용납될 수 있다. 시너지 효과가 비교적 중요하지 않아야 하며 이러한 최소한의 시너지와 단일한 원인이 초래할 결과의 범위를 설명할 수 있고 고려할 수 있는 방법이 고안되어야만 한다. 이렇게 하는 방법으로는 통계학의 확률이론을 사용하는 것이 일반적인 방법이다. 연구되는 체제의 모든 관계는 확률적 관계로 가정되고 이 관계에 도입된다. 이러한 오차는 관계의 미지정과 누락된 관계 그리고 체제에 대한 모든 무작위적인 충격을 대변하는 것으로 간주된다. 통계학의 이러한 이론은 다음과 같은 가정에 입각해 있다. 이러한 오차는 어떻게 분포되어 있으며 변량이 과학자들로 하여금 비선형관계에 대한 확률론적인 선형근사치를 추정할 수 있도록 해준다. 이러한 접근법은 만일 오차가 통계이론이 가정하는 바와 같이 분포되어 있을 경우에는 이상이 없으나 만일 변량이 한정적이거나 사소한 오차 혹은 체제의 사소한 노이지(noise)가 체제의 행태를 완전히 변경시키도록 증폭되지 않는다면 문제가 없다. 큰 무작위적 충격은 중대한 결과를 초래할 것이지만 감지할 수 없는 사소한 오차는 무시될 수 있다. 수세기 동안 자연과학과 사회과학자들은 그러한 가정을 해왔다. 앞서 언급한 혁명은 이러한 가정이 타당하지 않다는 발견에 있다. 비선형순환고리 체제는 초기조건에 고도로 민감한 반응을 보이는 것으로 이해되고 있으며 이는 사소한 오차 혹은 체제의 사소한 노이지가 체제의 행태에 엄청난 질적 변화를 일으키는 방향으로 증폭될 수 있다는 의미이다. 그러한 체제에 있어서 우리는 사소한 오차가 중요하지 않다고 가정할 수 없다. 오차는 통계이론이 가정하는 방식으로 분포되지 않으며 변량은 무한하기 때문에 표준적인 모수추정치 기법은 먹히지 않는다. 단일한 원인이 초래할 수 있는 결과의 범위는 엄청나게 클 수도 있다. 사실 원인과 결과 간의 관계는 상호작용의 복잡성 내에서 사라져 버린다. 그 결과 체제의 장기적인 미래는 본질적으로 예측불가능하다. 그러한 체제에 있어서 도쿄에서 날아다니는 한 마리의 나비가 뉴욕에서 허리케인, 즉 태풍을 유발시킬 수도 있으며 어느 누구도 허리케인의 원인이 나비라는 사실을 역 추적해낼 수 없을 것이다. 누구도 무슨 원인이 폭풍을 초래했는지 확실히 알 수 없다. 그러한 체제에 있어서 시너지 효과는 아주 중요한 문제가 된다. 우리는 행태를 인과관계적 환원주의적 방법보다는 체제적 전체론적 관점에서 이해해야만 한다. 복잡계에서의 비선형 순환체제는 편차증폭 순환고리와 편차상쇄 순환고리로 유도된다. 예를 들어, 가내 중앙난방 시스템은 편차상쇄 순환고리의 방식으로 통제된다. 적정 온도를 설정해 놓으면 감지기는 방의 실제 온도를 측정하여 적절 온도와의 차이를 대조한다. 만일 온도가 너무 낮으면 시스템을 작동시키고 온도가 너무 높으면 시스템을 중지시킴으로써 그 편차를 통제 시스템으로 전달한다. 이러한 순환고리는 본래의 편차를 차감하거나 상쇄하는 편차상쇄의 방식이다. 이러한 계획된 시스템은 편차상쇄 순환고리의 개념에 근거한다. 이는 의도된 산출물, 또는 운동의 의도된 방향을 계획적으로 설정한다. 그런 다음 산출물은 측정이 되고 실제적인 것과 의도한 것과의 차이를 확인하게 된다. 다음으로 실제적인 것과 의도한 것을 근사하게 하기 위해 시스템에 수정을 가함으로써 그 차이를 줄이려는 행동을 취하게 된다. 케인즈 경제학파는 관리도 반드시 이러해야 한다고 주장한다. 재정정책도 중앙난방 시스템에서 방의 온도를 설정하는 것과 같은 비슷한 방식으로 총수요에 영향을 줌으로써 경제 변동을 안정시키려고 한다. 편차증폭 순환고리는 편차상쇄와는 반대되는 개념이라고 할 수 있다. 순환고리는 두 개 사이의 차이를 줄이기 위한 방법으로 의도와 산출 사이의 불일치를 환류시키기보다는 점차적으로 그 차이를 넓힌다. 만일 편차증폭 순환고리를 실제 온도를 적절한 온도로 맞춰주는 가내 중앙난방 시스템에 적용한다면, 그 편차는 통제 시스템으로 전달될 것이다. 그런 다음 이것은 더 많은 열을 가하게 함으로써 실제 온도를 설정한 온도보다 더 높이 올라가게 할 것이다. 편차증폭 순환고리는 편차를 줄이기보다는 오히려 더 증폭 시킨다. 그러므로 편차상쇄 순환고리는 감폭되고 안정적인 것인 반면에 편차증폭 순환고리는 증폭되고 불안정적인 것이다. 경제적인 측면에서는, 이것을 현재 잘못 적용된 것이거나 또는 비슷한 결과를 가질 수 있는 순수한 수요 관리 정책으로 인식하고 있다. 그 결과 경제적 불안정성은 감소되기는커녕 증가되고 있다. 우리 사회에서는 편차증폭 순환고리가 경제와 업무 생활에 널리 퍼져 있다. 이는 자기강화 성장, 우세 효과, 연쇄 반응, 자기실현적인 예언, 그리고 악순환의 형태를 취할 수 있다.

## 제2절 // 복잡계 관점에서 본 C-P-N-D ICCT 생태계

### 1 C-P-N-D 공진화의 예

콘텐츠(C)를 중심으로 하는 콘텐츠 산업 생태계는 콘텐츠(C), 플랫폼(P), 네트워크(N), 디바이스(D)를 문화생태계로 묶고, 인적 창의성과 문화기술, 다양성, 문화적 축적이 요구되는 콘텐츠(C) 창작을 초점으로 하여 플랫폼(P), 네트워크(N), 디바이스(D) 등의 유통, 소비체제를 통합하는 방안이다. 따라서 C-p-n-d 중심의 콘텐츠 산업 생태계가 조성되어야만 플랫폼 경쟁시대에서 SW 및 ICT서비스 경쟁력은 강화될 수 있다.

콘텐츠 산업 생태계는 문화체육관광부의 주요 기능인 문화예술, 저작권, 문화기술 등을 매개로 하여 콘텐츠의 창조뿐만 아니라 유통체제까지도 포함하는 개념이며, 더 나아가 ICT 생태계를 포괄하는 개념이다. 이는 콘텐츠(C) 생태계의 범주 내에 ICT 생태계가 함께 포함되는 의미[1]로서 통신, 방송 등 제 분야가 콘텐츠(C)를 중심으로 융합되고, 콘텐츠(C)를 중심으로 C-p-n-d가 결합되어 상호작용이 본격화되는 것을 의미한다.

C-P-N-D ICCT 생태계는 상호 공진화한다. Contents가 Youtube 등의 Platform을 바꾸는 예를 들 수 있다. 싸이 '강남스타일'이 유튜브 3가지를 바꿨다.[2] 미국 매체 MNR이 가수 싸이의 메가 히트곡 '강남스타일'에 대해 "1년 만에 유튜브 문화 3가지를 영원히 바꿨다(3 Ways 'Gangnam Style' Has Changed YouTube Culture Forever In Only a Year)"고 평했다. MNR은 15일(현지시각) "1년 전 싸이의 '강남스타일'에 유튜브에 공개된 이후,

---

1 융합의 본격화 이전부터 정립되어 있던 가치사슬모델(c-P-N-D → C-p-n-d)이 변화하는 것이다.
2 마이데일리 2013.7.16, 싸이의 '강남스타일'이 유튜브 문화를 3가지 변화시켰다!
출처: http://media.daum.net/entertain/enews/view?cateid=1033&newsid=201307161 75513793&p=mydaily

▶ 그림 2-2 콘텐츠 산업 생태계

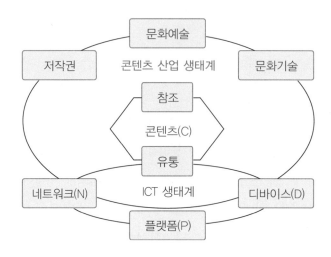

출처: 최창현(2012), 콘텐츠산업 생태계 구축을 위한 콘텐츠정책 진흥체제 개선방안 연구, 경기연구원, GRI 연구논총, 14, 3.

이는 유튜브에서 가장 많이 본 동영상이 됐을 뿐 아니라, 유튜브를 통해 세상을 바라보는 문화를 만들어 냈다. 또 '강남스타일' 덕분에 K팝은 전성기를 맞이했고, 주요 미디어 역시 유튜브와, 유튜브 스타에 대해 비중 있게 다루기 시작했다"고 보도했다.

'강남스타일'은 먼저 K팝의 전성기를 이끌었다. MNR은 "싸이는 '강남스타일'을 통해 전 세계적으로 자신의 영향력을 높였을 뿐 아니라, K팝을 세계 문화의 중심으로 견인했다. '강남스타일'이 신드롬을 일으킨 이후 지난해 유튜브 내 K팝 채널은 70억 건의 클릭수를 기록했다. 그 전에 비해 20억 건이 증가한 수치다"고 전했다.

두 번째로 싸이의 '강남스타일'은 주요 미디어가 유튜브와, 유튜브 스타에 대해 더 비중 있게 다루는 것에 일조했다. 신문은 "심지어 '굿 모닝 아프리카'는 유튜브 스타인 제나 마블스의 하루를 인터뷰하며 집중 조명했다. 또 메인 엔터테인먼트 회사들은 이 같은 콘텐츠 제작에 투자하길 원한다"고 설명했다.

세 번째는 유튜브가 음악차트에서 많은 비중을 차지하게 됐다는 것이다. 일례로 영미권 중요 음악사이트 빌보드는 지난 2월 말부터 싱글차트 순위 집계 시 방송사의 방송 횟수와 유료 스트리밍, 음원 판매를 합산했던 방식에서 유튜브 조회 수를 추가해 반영키로 했다. MNR은 "싸이는 '강남스타일'의 글로벌 히트에도 불구하고 마룬5에 밀려 번번히 2위를 해야 했다. 이에 빌보드는 유튜브 성적을 반영하기로 결정했다"고 덧붙였다. 미국 IT 매체 '더 버지(The Verge)'는 "'강남스타일'을 시작으로 유튜브의 케이팝이 전성기를 누렸다"고 평했다.

다음 그림에서 보여지듯이 싸이의 성공은 뮤직 비디오 강남스타일 등의 콘텐츠가 유튜브 등의 플랫폼을 통해 유통되어 시너지 효과를 극대화한 사례이다. 이해하기 쉬운 예를 들어보자. 만일 당신이 엄청 빠른 속도의 인터넷, 즉 네트워크를 가지고 있고, 1000만원 상당의 한정판 iPAD, 즉 디바이스를 가지고 있다고 하자. 하지만 이렇게 훌륭한 기기를 갖고 있더라도 좋은 콘텐츠가 없다면 별 효용이 없을 것이다.

■ 그림 2-3 싸이의 콘텐츠 공진화 사례

Psy의 MV Gangnam Style 등의 Contents

Internet Explorer 11

Internet 등의 Network

PC, Galaxy, iPhone 등의 Device

Youtube, Windows, Android, iOS 등의 Platform

출처: Choi, ChangHyeon(2010), C-P-N-D Ecological System & ICCT, The Society of Digital Policy & Management International Conference.

## 2 C-P-N-D 창발성의 예

수기로 적힌 소설이나 만화가 네트워크와 결합하면서 웹툰이라는 새로운 장르로서 창발적으로 부상했다. 웹툰은 2015년 국내시장의 3000억 규모를 차지할 것으로 예상되고 있다.[3] 2015년에는 국내 웹툰 시장 규모가 3천억 원에 육박할 것이라는 전망이 제기됐다. 22일 KT경제경영연구소의 최근 보고서에 따르면 작년 국내 만화 시장 규모는 7천 150억 원으로, 이 중 웹툰 시장은 14.0%인 1천억 원 규모인 것으로 추정된다. 보고서는 국내 웹툰 시장이 올해 1천 500억 원, 내년 2천 100억 원으로 성장한 뒤 2015년에는 2천 950억 원 규모로 커질 것으로 예상했다. 전체 만화시장 점유율은 올해 20.0%, 내년 26.6%, 2015년 35.6%가 될 전망이다. 연구소는 웹툰을 통한 광고 매출액의 증가, 2차 저작권료 수입과 유료 웹툰의 판매 등이 웹툰 시장의 성장을 견인할 것이라고 설명했다. 웹툰은 영화, 드라마, 게임 등 다양한 미디어의 원천 콘텐츠로 활용되고 있으며 최근에는 공공기관과 기업 등에서 브랜드 홍보와 캠페인으로 웹툰을 활용하고 웹툰 캐릭터를 마케팅에 이용하는 등 시장이 확대되는 추세다. 작년 영화화돼 개봉한 강풀 작가의 '26년'과 '이웃사람'이 각각 300만 명과 240만 명의 관객을 동원하며 흥행에 성공했고 'Hun' 작가의 '은밀하게 위대하게' 역시 최근 영화화돼 700만 명을 극장으로 불러들이는 등 웹툰 원작 영화의 성공 사례가 잇따르고 있다.[4]

올해 상반기 한국 영화 관객 중 웹툰 소재 영화 관객의 비율은 14.4%로 작년 4.7%에서 크게 늘었고 '신과 함께', '목욕의 신', '더 파이브', '트레이스', '다이어터', '살인자난감' 등 웹툰 10여 편의 영화화가 추진되고 있다. 웹툰 자체로, 혹은 영화화를 통해 해외 시장 진출도 활발하게 전개되고 있다. 하일권 작가의 '3단합체김창남'은

---

3 KT경제경영연구소 보고서…"웹툰이 만화시장 35% 차지할 것"
4 연합뉴스, 김병규 기자.

**그림 2-4 웹툰의 창발 사례**

영화화 된 첫 웹툰

탄탄한 스토리 흥행의 주역

출처: http://blog.naver.com/PostView.nhn?blogId=joyarmygirl&logNo=110171009718
       좀 더 상세한 자료는 다음 참조 http://ppss.kr/archives/61780

영국 영화제작사인 페브러리필름과 영화화 판권 계약을 체결했고 주호민 작가의 '신과 함께'는 일본에 리메이크 판권을 수출했다. '캐러멜' 작가의 '다이어터' 역시 대만, 태국, 베트남, 인도네시아 등 4개국에서 출판 계약을 맺었고 NHN은 네이버재팬을 통해 일본어로 번역된 한국 웹툰 60여 편을 현지에 서비스하고 있다. 보고서는 웹툰 플랫폼 중심으로 새로운 생태계가 구축됐다는 점에 특히 주목했다. 웹툰 작가과 플랫폼이 공생하면서 시장을 활성화하려는 노력이 다각도로 진행되고 있다는 것이다. 웹툰 플랫폼은 웹툰의 전송 권리만을 확보하고 타매체 유통, 2차 판권 권리는 작가에게 부여해 작가가 부가 수익을 창출할 수 있는 구조를 마련해 놓고 있다. 또 작가를 지원하기 위해 광고 비즈니스 모델을 도입하고 유료화나 해외 시장 진출, 스마트툰(스마트폰을 통한 웹툰) 같은 새로운 기획으로 시장 활성화에 나서고 있다. 네이버의 경우 콘텐츠 유료판매, 광고 모델, 파생 상품 등으로 구성된 '페이지 프로핏 셰어(PPS)' 프로그램을

121개 작품에 적용해 한 달 만에 매출액 6억 원을 달성했다. 보고서는 "웹툰 플랫폼은 전 세계 유례없는 한국 고유의 생태계 모델로 글로벌 미디어 시장에 새로운 콘텐츠를 공급하는 샘물과도 같은 역할을 하고 있다"며 "웹툰 생태계가 애플리케이션 생태계에 버금가는 거대한 창조경제 생태계로 거듭날 수 있다"고 설명했다.

이어 "포털 사이트 등의 플랫폼이 유저 유입을 위해 콘텐츠를 무료로 제공했다는 비난이 있기는 하지만 국내 웹툰 시장의 성장 배경에 웹툰 플랫폼의 기여가 있음을 부정할 수 없다"며 "웹툰을 플랫폼화해 하나의 생태계로 구축해 웹툰을 대중화시켰다는 점에서 높은 평가를 받을 만하다"고 강조했다.

또 다른 창발적인 콘텐츠 융복합 사례로는 K-Pop과 태권도의 결합이나, 국산 문화기술(CT)로 개발한 3D홀로그램으로 관객이 속을 만큼 실제 사람 같은 K-Pop 그룹의 공연 등을 포함해 무궁무진하다.

### 3 C-P-N-D 경로의존성의 예

디바이스로서의 스마트폰은 경로의존성으로 인해 처음 구매한 모델을 쉽게 변경하지 않는 경향을 보인다. 애플이 24일 세계 5개국에 출시한 아이폰4 구매자 가운데 77%는 기존 아이폰 사용자라는 조사결과가 나와 주목된다. 열성적인 유저를 기반으로 시장을 확대하는 애플 정책이 입증된 셈이다. 포춘 인터넷 판에 따르면, 시장 분석 기관 파이퍼 재프리(Piper Jaffray)의 애널리스트 게네 먼스터(Gene Munster)와 그의 팀은 아이폰이 샌프란시스코와 뉴욕 등 미국 주요 도시에서 아이폰4를 구매한 사람 608명을 상대로 설문조사를 했다. 이 조사 결과에 따르면 아이폰4 구매자의 77%가 기존 아이폰 사용자였다. 먼스터는 이 조사를 2008년부터 계속해왔는데, 아이폰 사용자의 신제품 재구매율은 2008년 38%, 2009년 56% 등으로 점점 높아졌다. 이번 조사에서는 또 아이폰4 구매자의 16%가 서비스 사업자를 AT&T로 옮긴 것으로 나타났다. 작년

28%에서 크게 줄어든 것이다. 또 32GB 제품 구매 비중이 54%였다. 지난해 43%보다 높아졌다. 특히 아이폰4 구매자 가운데 28%은 이미 아이패드를 갖고 있었다. 또 아이패드를 갖고 있지 않은 사람 가운데 39%는 향후 12개월 안에 사기를 희망하고 있는 것으로 이번 조사결과 나타났다. 한편 먼스터는 24일부터 3일간 지난 15일의 예약 판매분을 포함해서 약 100~150만 대의 아이폰4가 판매될 것으로 추정했다.[5]

아이폰은 2011년 재구매율 83%의 충성도를 기록하였다.[6] 마찬가지로 네트워크 서비스도 한 통신사를 이용한 고객은 부대비용의 발생과 새로운 서비스 업체를 조사하는 시간적 비용으로 인해 이동률이 높지 않았다. 스마트폰을 고를 때 어떤 기준을 두고 고를까? 막연히 신제품에 끌려 사는 경우도 있겠지만 대체로 'OO가 불편해'라고 느끼는 순간 다른 제품에 눈이 가게 마련이다.[7]

블로터닷넷과 오픈서베이가 조사한 '스마트폰 구입행태에 대한 설문조사' 결과에 따르면, 실제 스마트폰을 구입하는 데 큰 영향을 끼치는 요소는 저마다 다른 것으로 나타났다. 화면크기, 더 빠른 프로세서, 새 운영체제 등 어떤 한 가지에 쏠리지 않는다. 다만 가장 많은 이들이 기기 변경의 충동을 받는 건 역시 '성능'이었다. '느리고 답답해서 못 쓰겠다'는 쪽이 많았다. 하지만 OS 때문에 기기 변경을 마음먹는 비중도 8.2%로 적지 않다. 최근 스마트폰을 바꿀 때 운영체제를 바꾸는 경우는 얼마나 될까? 응답자의 70.5%는 새 스마트폰을 구입하면서 운영체제를 바꾸지 않고 안드로이드에서 안드로이드로, iOS에서 iOS로 기기만 바꿨다. 대체로 한 번 익숙해진 운영체제를 고집하는 것으로 볼 수 있다.

응답자 가운데는 역시 안드로이드를 쓰다가 또 다시 안드로이드를 구입하는 이들이 가장 많았다. 전체 응답자 가운데 56.1%로, 절반이 넘는다. 운영체제에 대한 충성도도 있겠지만 국내 시장이 갤럭시 시리즈를 비롯해 국산 제품의 시장 지배력이 유독

---

5 캘리포니아(미국), 이균성 특파원(gslee@inews24.com)

6 http://news.inews24.com/php/news_view.php?g_serial=500942&g_menu=020300

7 [스마트폰] ④ 10명 중 7명 "운영체제, 쓰던 그대로~", 최호섭, 2013.9.6.

높기 때문인 것으로 보인다. 스마트폰을 구입할 때 가장 중요하게 보는 요소로 '제조사'를 꼽은 이들이 20%가 넘고, 성능 다음으로 제조사를 많이 고려한다고 응답한 것과도 연결되는 대목이다.

과열되는 C-P-N-D 시장에서 스마트폰의 성장과 함께 모바일 애플리케이션 마켓 이용이 급증하고 있다. 2011년 9월 모바일 애플리케이션 수는 앱스토어 60억 개, 구글 안드로이드 마켓은 50억 개, SKT T스토어가 17억 개이다. 또한 애플리케이션 누적판매량은 앱스토어 181억 건, 안드로이드 마켓이 91억 건이고 T스토어가 4.8억 건에 달한다. 또한 스마트폰 애플리케이션 다운로드 수는 2009년에는 앱스토어가 66%를 차지하고 있고, 안드로이드 마켓은 14.3%이었으나 2016년에는 앱스토어의 애플리케이션 다운로드 수가 28%로 급격히 감소하는 반면에 안드로이드 마켓의 애플리케이션 다운로드 수는 53%로 급증할 것으로 예견되고 있다. 모바일 애플리케이션 마켓은 단말기, 애플리케이션 및 서비스를 결합하여 다소 패쇄적으로 운영하는 애플의 앱스토어와 구글의 안드로이드 OS를 채택한 다수의 개방형 모바일 애플리케이션 마켓이 경쟁을 하고 있다. 기업이 신규고객을 획득하는 비용이 기존 고객을 유지하는 비용의 5배를 초과하기 때문에 기업의 생존과 수익성 향상에 걸림돌이 될 수 있다고 한다.

유무선 인터넷 서비스 분야에서의 지속적 이용의도에 대한 선행연구에서 콘텐츠 풍부성, 브랜드 인지도, 이용자 습관 및 충성심을 지속적 이용의도의 주요 결정요인으로 제시하고 있다. 선행 연구에 근거해 볼 때 모바일 애플리케이션 마켓 이용자는 현재 이용하고 있는 서비스나 브랜드에 대한 애착을 형성하게 되면 모바일 애플리케이션 마켓의 브랜드와 장기적 관계를 유지할 것으로 본다. 이에 근거해 볼 때 이용자 충성도는 지속적 이용의도의 직접적인 선행 요인이 될 것이다. 이용자 충성심을 확보하고 유지하는데 중요한 역할을 하는 요인으로 이용자 습관, 브랜드 인지도 및 모바일 애플리케이션 풍부성이 도출되었다. 정보기술을 수용한 후 기술을 경험하면서 습득된 이용자 습관은 지속적 이용의도를 형성하는 데 중요한 역할을 하고, 나아가 이용자 충성심을 획득하고 유지하는 데 기여할 것으로 본다. 강력한 브랜드 인지도는 브랜드가 연상될 때마다 모든 사람들이 같은 것을 떠오르게 하여 습관적으로 서비스를 이용하게 하는 효과가 있다. 국내외 거대기업중심으로 브랜드 경쟁을 하고 있는 모바일 애플리케이션 마켓에서도 브랜드 인지도는 이용자 습관에 강력한 선행요인으로 작용할 것이다. 더불어 모바일 애플리케이션 마켓의 브랜드 인지도는 이용자 충성심을 확보하고 유지하는 데 결정적인 역할을 하고 있다.

특정 제품이나 서비스를 이용하는 이용자들은 브랜드 인지도가 낮은 브랜드에 비해 높은 브랜드의 정보를 더 쉽게 기억하고, 이전에 사용하거나 구매한 경험이 있는 브랜드에 대해 친숙함을 느끼며 긍정적인 반응을 나타낸다고 하였다. 특히 브랜드명은 브랜드를 대표하는 상징으로서 소비자들이 브랜드를 쉽게 떠올리거나 이미지를 형성하는 데 영향을 미치며, 브랜드에 대한 태도, 구매의도, 행동반응에도 영향을 미친다고 하였다. 강력한 브랜드 인지도는 소비자의 마음과 기억 속에 자리 잡고서, 그 브랜드가 언급되면 모든 사람들이 같은 것을 떠오르게 하여 습관적이고 반복적으로 서비스를 이용하게 하는 효과를 가져 올 것이다. 이는 높은 인지도를 가지고 있는 브랜드는 소비자들이 그 브랜드의 제품이나 서비스를 이용하는 것을 용이하게 하며, 저관여제품과 같이 이전에 사용하거나 경험을 통하여 일상적으로 이용하는 것이 습관이 되어 버리는 경우, 브랜드 인지도의 영향이 클 것으로 판단하였다. 위의 논거에 근거하여 모바일 애플리케이션 마켓의 브랜드 인지도가 이용자 습관에 유의한 영향을 미칠 것으로 판단하여 다음과 같은 가설을 설정한다.

브랜드 인지도가 이용자 충성도 형성에 중요한 역할을 한다. 모바일 게임시장에서 게임업체의 브랜드 인지도가 높을수록 이용자들은 만족을 느끼며 이는 모바일 게임 이용자의 충성도를 제고하여 이용자가 다른 기업으로 쉽게 이탈하지 않는다고 한 연구도 이루어지고 있다. Keller는 브랜드 인지도가 소비자의 구매의사 결정과정에서 중요한 역할을 한다고 주장하였으며, 브랜드 인지도의 상승은 충성도의 상승으로 이어지므로, 충성도를 높이기 위해서는 브랜드 인지도를 높이기 위한 노력이 선행되어야한다고 주장하였다.

Jasperson도 과거사용(Prior use), 습관(Habit), 그리고 기술의 특정기능 중심적 관점 (Feature-Centric View of Technology)을 지속적 이용의 주요 선행요인으로 제시하였다. 과거 사용은 실제로 사용자의 과거경험을 직접적으로 고려한다는 것을 의미하며, 습관은 반복적인 행위에 대하여 인지하고 판단하는 과정이 사라진 일상화된 행위라고 하였다. 정보기술의 지속적 사용의도에 관한 연구에서 사용자 습관이 지속적 사용의도에 영향을 미치는 중요한 요인임을 실증연구를 통해 제시되었으며, 스마트폰을 사용한 후에 형성된 사용습관은 사용자의 탐색적 사용과 충분한 활용을 통해 스마트폰의 지속적인 사용에 영향을 미치는 것으로 나타났다. 이는 정보기술 이용과정에 있어서 습관이 중요한 역할을 수행하고 있음을 알 수 있다.

이처럼 이용자 습관은 사용자의 미래 행위 의도를 예측하는 데 의미 있는 요인으로 작용할 것으로 판단되며 이용자들의 충성도 형성과 지속적 이용의도에 영향을 줄 것으로 본다. 위의 논거를 근거로 모바일 애플리케이션 마켓의 이용습관, 이용자 충성도 및 지속적 이용자들은 자신들이 이용하고 있는 서비스나 브랜드에 대한 애착을 형성하게 되면 기업이나 브랜드와의 장기적인 관계를 유지하고 발전시켜나간다. Jones & Sasser은 어떠한 제품이나 서비스에 대하여 만족한 사용자는 언제든지 다른 매력적인 대안을 선택할 수 있지만 감정적 애착을 형성한 사용자는 보다 나은 새로운 대안에 덜 민감하게 반응한다고 하였다. 스마트폰 서비스의 애착이 지속적 사용의도에 미치는 영향에 관한 연구에서 보면 사용자들이 느끼는 스마트폰 기기에 대한 애착과 감정적인 특별한 의미는 지속적 사용의도에 직접적인 영향을 준다. 모바일 휴대용 단말기의 지속적 이용에 있어서 사용자들이 느끼는 모바일 기기에 대한 애정 또는 애착은 지속적 사용의도 형성에 기여한다. 이처럼 이용자들이 느끼는 감정적 충성도는 기업의 서비스나 제품 또는 브랜드에 대한 애정 및 애착을 형성하게 되며, 타인에 대한 추천이나 구전의도와 같은 긍정적인 태도를 가지게 된다. 또한 이렇게 형성된 강한 충성도는 지속적 이용의도에 매우 강한 영향을 미치는 것으로 나타났다. 마찬가지로 모바일 애플리케이션 마켓을 이용하는 데 있어서 이용자들이 경험을 통해 형성된 감정적인 유대감은 모바일 애플리케이션 마켓에 대한 애착 및 긍정적인 태도를 형성하게 되고 이는 지속적 이용의도에 영향을 미칠 것으로 본다.

위의 논거에 근거하여 이용자 충성도와 이용자 습관은 이용자 충성도와 지속적 이용의도 형성에 중요한 역할을 하는 것으로 나타났다. 이는 모바일 애플리케이션 마켓 이용 후 반복적으로 방문하고 자연스럽게 이용하는 이용자 습관은 끊임없는 상호작용을 통해 긍정적인 태도와 정서적인 유대감으로 표현되는 강한 충성도를 형성하게 되는 것이다. 더 나아가 이용자 습관은 반복적인 의사결정 행위를 통해 경험이 축적되어 자동적으로 행동하는 것으로, 이는 적은 노력과 판단만으로도 효율적인 결과가 나타나 모바일 애플리케이션 마켓의 지속적 이용의도에도 긍정적인 영향을 미치는 것이라 할 수 있겠다.

넷째, 이용자 충성도는 지속적 이용의도와 매우 관련성이 높은 것으로 나타났다. 이는 모바일 애플리케이션 마켓에 대해 선호도가 높고, 정서적 유대감이 높은 이용자가 지속적으로 마켓을 이용하고자 하는 의도를 갖게 된다는 것을 의미한다.[8]

## 4 C-P-N-D 비선형 순환고리의 예

사람과 사람 간의 연결을 지원하는 기능을 가진 모바일 인스턴트 메신저(Mobile Instant Messenger: MIM)가 최근 온라인을 통한 인맥관리서비스인 SNS 기능을 추가하는 동시에 생태계를 형성하고 이러한 생태계의 경쟁력을 결정짓는 플랫폼의 역할까지 포괄하여 발전하고 있다. 즉, MIM 본래의 기능을 넘어서 플랫폼으로 진화하고 있는 상황이다.

---

8 모바일 애플리케이션 풍부성, 브랜드 인지도, 이용자 습관, 이용자 충성도 및 지속적 이용의도 간의 구조적 관계(The structural relationships of application richness, brand awareness, user habit, user loyalty, and continuance intention in mobile application market), 김관현, 김유정, 윤종수, 한국컴퓨터정보학회논문지, 18(3), 141–152, 1598–849X, 한국컴퓨터정보학회, 2013년.

특히 우리나라의 카카오가 이러한 플랫폼화의 대표적인 사례로 등장하고 있다.[9]

카카오는 2009년 말 아이폰 출시를 시작으로 모바일 인스턴트 메신저(Mobile Instant Messenger: MIM)인 카카오톡을 2010년 3월에 출시하였다. 카카오톡은 2011년 4월 1,000만 회원 수를 확보하였으며, 2011년 6월 3,000만 명, 2012년 6월 5,000만 명, 2012년 12월 7,000만 명, 2013년 7월에는 1억 명을 도달했다. 특히 최근 해외 가입자가 빠르게 증가하면서, 회원 수가 급격하게 증가되고 있는 것으로 분석되고 있다. 특히, 기존 이동통신사업자의 SMS와 PC 메신저의 역할을 약화시키면서, 이들의 경쟁재 또는 대체제로 등장하였다. 카카오톡은 스마트폰 이용자에게 인기 있는 모바일 애플리케이션이며, 대표적인 커뮤니케이션 수단으로 자리 잡고 있다.

중개부문은 게임이나 채팅플러스와 같이 타사의 모바일 앱을 카카오 플랫폼을 활용하여 이용자에게 중개하면서 얻은 수수료 매출이며, 광고부문은 플러스친구, 카카오플러스 등을 활용한 광고 관련 매출이다. 2012년 카카오의 사업영역별 매출 비중을 살펴보면 중개부문 67.5%, 광고부문 26.2%, 기타 6.3%이다. 기본적으로 카카오는 카카오톡이라는 MIM를 통해 충분한 가입자 확보한 후 이를 바탕으로 부가서비스 및 비즈니스 모델을 추가하고 있다. 카카오는 주로 모바일 영역에서 MIM인 카카오톡을 기본으로 서비스를 확대하고 있으나, 최근에는 PC기반의 웹으로 그 영역을 확장하고 있다. 카카오톡 PC 버전이 출시됨에 따라, 모바일 인스턴트 메신저인 카카오톡이 PC 기반의 웹 영역으로 확장을 시작하고 있다. 카카오톡은 초기에 단순히 텍스트 파일만을 주고받는 메신저 서비스였으나, 무료 메신저라는 점을 내세우면서 가입자 수를 빠르게 증가시켜 갔으며, 이를 바탕으로 자사 중심의 생태계 구축과 리더십 확보에 주력하고 있다. 이와 같이 카카오톡은 무료의 단문 메시지 서비스를 기본으로 하여 많은 이용자와 이용시간을 확보하였으며, 이를 기반으로 게임·콘텐츠 영역에서 카카오게임, 카카오페이지, 카카오스타일 등의 서비스를 제공하고 있다. 마케팅 영역에서 플

---

9 플랫폼으로 진화하는 카카오의 사례 분석과 시사점.

러스친구, 선물하기, 아이템스토어 등의 서비스를 제공하고 있으며, 소셜 영역에는 카카오톡, 카카오스토리, 카카오아지트 등을 통해 사업 영역을 확장시키고 있다. 특히 카카오링크를 통해서는 모바일 앱과 웹을 자유롭게 카카오톡으로 연동시킬 수 있도록 오픈 API(Application programming interface)를 구축해 공개하고 있다.

■ 그림 2-5 카카오의 비즈니스 플랫폼 구조

출처: Investor Relations, 2016.5.12, 2016년 1분기 실적발표.

결국 카카오는 카카오톡이라는 모바일 인스턴트 메신저를 가지고 가입자를 확보하고, 이러한 가입자 확보를 바탕으로 게임, 광고, 소셜 등의 비즈니스 모델을 추가하면서, 흑자전환뿐만 아니라 매출 등을 비선형적 편차증폭 순환고리를 통해 급격히 증가시켰다. 이러한 카카오의 사업구조는 가입자 수를 기반으로, 확보된 이용자의 접점을 비즈니스 모델로 확대 및 발전시키면서, 생태계를 형성하고 이러한 생태계의 리더십을 확보하는 모바일 플랫폼 사업구조와 일치하고 있다.

플랫폼의 구성에서 참여역할을 아래와 같이 나누어볼 수 있다. ① 수요측면의 플랫폼 이용자(End user), ② 공급측면에서 이용자(Application developer), ③ 플랫폼 공급자 (Hardware/OS bundle), ④ 플랫폼 스폰서(Design and IP right Owner) 등으로 구분할 수 있다. 그 리고 플랫폼 공급자와 플랫폼 스폰서가 구성하는 플랫폼 매개 네트워크(platform mediated network)의 구성요소(Component), 규칙(Rule), 아키텍쳐(Architecture), 생태계(Ecosystem) 등을 플 랫폼 이용자(공급측면에서 애플리케이션 개발자)들이 활용하여 수요측면의 이용자에게 애플리 케이션을 제공함으로써 부가가치를 창출하고 있는 구조로 설명할 수 있다. 예를 들어 ① 안드로이드 OS를 직접 개발하여 소유권을 보유하고 있는 구글(플랫폼 스폰서), ② 안드 로이드 OS를 스마트폰과 번들로 제공하는 삼성, LG, HTC(플랫폼 공급업체), ③ 안드로 이드 OS의 API · SDK(Service development kit)와 애플리케이션 마켓인 GooglePlay를 이 용하여 애플리케이션을 개발 및 제공하는 앱 개발기업(공급측면의 이용자: Supply side user), ④ 애플리케이션을 스마트폰에서 이용하는 최종소비자(수요측면의 이용자: Demand side user) 등으로 구분해 볼 수 있다. 이와 같은 플랫폼 매개 네트워크(platform mediated network)에서 거래(transaction)가 공급측면의 이용자와 수요측면의 이용자 사이에 발생하도록 기반을 제공하는 것을 플랫폼이라고 정의할 수 있다. 공급측면의 플랫폼 이용자는 플랫폼이 제공하는 서비스(API, SDK)를 활용하여 애플리케이션(플랫폼의 보완재)을 창출하면, 수요측면 의 이용자는 이렇게 생산된 애플리케이션을 플랫폼(애플리케이션 마켓)을 통해 구입 및 이 용한다. 이러한 구조에서 성공한 플랫폼이라 함은 상당한 규모의 거래가 이용자 사이 에서 발생되고, 이를 바탕으로 다양한 수익(플랫폼 라이선스, 유통 수수료, 광고 수수료 등)을 취득 하고 있는 경우라고 볼 수 있다. 카카오는 이러한 구조에서 플랫폼인 모바일 OS의 API와 SDK를 활용하여 애플리케이션인 카카오톡을 개발하고, 애플리케이션 마켓을 통해 개발된 카카오톡을 이용자에게 제공하는 애플리케이션 개발사였다. 비록 카카오 톡은 기존 애플리케이션 마켓인 AppStore, GooglePlay에서 다운받아 사용하는 애플 리케이션 중에 하나였지만, 카카오톡을 통해 많은 가입자를 확보할 수 있었다. 이러한 카카오톡이 임계치 이상의 고객기반을 확보할 수 있었던 배경은 다음과 같이 분석해 볼 수 있다. 일반적으로 플랫폼 경쟁에 있어 기존의 플랫폼이 일정수준의 가입자를 보유하고 있는 경우, 후발자가 독립적인 기술적 가치가 높은 플랫폼을 가지고 진입한다고 하더라도 고객기반 및 보완재의 가용성 측면에서 열세이기 때문에 기술가치, 고객기반, 보완재 가용성 등을 포함하는 전체 가치에서 새로운 플랫폼의 총체적인 가치는 기존의 플랫폼보다 현저하게 떨어질 수 있다. 하지만 카카오톡의 경우에는 기존 플랫폼의 보완재 성격을 보유하고 있어 기존 플랫폼의 고객기반을 이용하는 동시에, 기존 플랫폼과 직접적인 경쟁을 피할 수 있었다. 따라서 적당한 기술적 우위 및 차별화 기능의 구비만으로도 이용자에게 남다른 가치를 제공할 수 있었다. 무료로 이용이 가능하고, 스마트폰에 등록된 전화번호를 사용하며 그룹채팅이 가능한 카카오톡의 기술적인 특성은 초기에 가입자 확보를 가능하게 해주었다. 차별적인 기술적 특성과 더불어 무료이용이라는 적정한 인센티브를 제공하여 최종 소비자를 우선적으로 확보할 수 있었다.

카카오는 카카오톡을 통해 임계치 이상으로 확보된 고객기반 혹은 사용자기반을 바탕으로, 해당 플랫폼을 통하지 않더라도 새로운 경로를 통해 소비자와 거래할 수 있는 비즈니스 모델을 확보하기 시작하였다. 이는 기존에 플랫폼이 보완재가 보유하고 있는 일반기능(Common completement)을 플랫폼의 공통적인 새로운 계층(New layer)으로 흡수 및 통합하여 번들로 제공함으로써 플랫폼의 기능을 확장시켰던 예와는 반대되는 현상으로 분석될 수 있다. 카카오는 기존의 플랫폼이 가지고 있던 구성요소(카카오링크: 오픈 API 제공, 애플리케이션 마켓: 카카오 게임)를 성공적으로 모방 및 흡수함으로써 애플리케이션 개발자라는 보완재에서 대안적인 플랫폼으로의 지위를 강화하였다. 다음과의 인수합병도 강화된 네트워크 및 콘텐츠 강화로 이어져 카카오 택시나 네비게이션과 같은 전국민적 사업으로 이어졌다. 이와 같은 카카오의 플랫폼 사업추진 전략이, OS플랫폼을 보유하고 있지 못한 국내 기업들의 생태계의 발전 방향에 있어 하나의 대안으로서 보여진다.

## 1 문화와 콘텐츠 산업

문화는 시대의 트렌드를 만들어가기도 하고 따라가기도 한다. 사회가 복잡화되면 문화의 영역도 복잡해지고 영역도 넓어진다. 최근 콘텐츠 산업에서 나타나고 있는 3D 화나 스마트 폰의 출시로 유발된 모바일 문화가 그러하다. 이에 따라 문화의 분화현 상이 나타나고 분야별로 전문화가 이루어지고 있다. 오늘날 문화 영역의 확대와 전문 화는 주로 정보통신기술의 발전에 기인한 바 크다.

정보통신기술의 발전으로 시간과 공간을 뛰어 넘어 거리나 장소에 구애받지 않고 서로가 소통하는 사회가 되면서 문화의 영역도 넓어지고 있다. 자기 지역과 국가를 넘어서 세계인과 교류하고 소통하면서 문화의 글로벌화 현상이 가속화 되고 있다. 이런 추세는 문화의 보편화 현상으로 이어지고 있다. 문화의 보편화 과정에서도 한 나라의 문화에서 풍기는 독특함이나 차별화된 것까지 다른 문화권의 사람들에게까지 쉽게 체 화시킬 수는 없다. 그것은 살아온 방식과 환경이 다른 문화의 고유특성이 있기 때문 이다. 역설적으로 이런 현상이 다른 문화의 사람들에게는 호기심과 흥미를 유발하는 동인으로 작용한다. 여기에 재미(fun)를 가미시키면 사람들의 욕구를 자극하고 이것이 상품으로 개발되면서 가치를 지니게 된다. 이것이 바로 콘텐츠 산업이요, 상품이다.

오늘날 문화콘텐츠 산업이 각광 받고 있는 이유는 제조업과 차별성을 갖고 있기 때문이다. 일반적으로 제조업은 쓰면 쓸수록 자원이 사라지는 특징을 갖고 있지만 문 화는 일종의 지식서비스 산업으로서 사용하면 할수록 부가가치가 높아지는 특성을 갖 고 있다. 바로 이 특성이 콘텐츠 산업의 발흥을 유발하는 동기가 된다.

여기에 소비 증가가 다른 어느 산업보다 높다. N-Screen(클라우드 컴퓨팅 환경) 시대 가 되면서 다양한 유형의 콘텐츠 소비가 늘어나고 있다. 시장도 플랫폼 사업자의 공급자 중심에서 사용자 중심으로 변화하고 있다. 이런 변화가 콘텐츠 산업이 새로운 성장산업으로서 위상을 맞게 된 이유이다.

문화콘텐츠 산업이 새로운 성장산업으로서 주목받고 있는 또 다른 이유는 제조업과 달리 모방하기 힘든 데 있다. 문화는 한 사회에서 살아온 사람들이 성장과정에서 터득한 것이기 때문에 타문화의 사람들이 모방하기가 쉽지 않다. 타문화를 이해하고 즐길 수 있지만 이 문화를 자기화 하기는 쉽지 않다. 바로 이 점에서 콘텐츠 산업의 가치가 주어진다. 유념할 것은 재미가 있어야 타문화권의 사람들이 관심을 갖게 되고 상품으로서의 가치를 지닌다는 점이다. 문화의 독특함이 보편성을 유발하지 못하면 상품성으로서 가치를 가질 수 없다. 그래서 독특함을 갖되 함께 즐길 수 있는 보편성을 가져야 한다.

콘텐츠 산업에는 소재가 중요하고 이 소재를 우리는 전통문화유산에서 찾을 수 있다. 각국마다 보전해온 전통문화유산은 오래된 미래의 자산이고 오늘날 성장산업으로 각광받고 있는 콘텐츠 산업의 보고이다. 따라서 콘텐츠 산업은 주어진 역사나 전통 등 지난 날의 유산에 현대인들이 즐길 수 있는 재미를 담아야 한다. 과거와 오늘 그리고 미래에 올 문화를 예견하고 이를 접목하고 종합하여 재미를 가미시켜야 한다. 특히 중요한 것은 보편성이다. 이는 자기 고유의 전통문화에 재미가 가미되어 세계인들이 즐길 수 있는 콘텐츠여야 하고 이것이 정보통신기술과 접목되고 융합되어야 부가가치 높은 상품이 될 수 있다.

바로 이런 이유 때문에 선진 각국은 문화산업 특히 디지털콘텐츠 산업의 지원·육성에 노력을 기울이고 있다. 우리나라도 이런 취지에서 1999년에 '문화산업진흥기본법'을 제정하여 시행해오고 있다. 제도만 되어 있다고 해서 콘텐츠 산업이 진흥되는 것은 아니다. 제도의 취지에 부응한 집행이 따라야 한다.

나아가 현대의 생활상은 물론 미래에 대한 상상 그리고 전통과 문화유산에서 콘텐츠의 소재를 발굴하고 현대에 맞게 개발·활용하는 것이 중요하다. 오래된 문화재와 전승 이야기 등은 콘텐츠의 보고가 될 수 있다. 문제는 전통문화유산을 콘텐츠로 어떻게 활용하느냐이다. 다행히 문화체육관광부가 문화유산과 콘텐츠 산업을 관장하고 있기 때문에 전략을 어떻게 짜느냐에 따라서 시너지효과를 기대할 수 있다. 집행과정에서 유관기관과의 업무협력도 중요하다.

문화체육관광부가 앞장서서 타 기관과의 업무협조를 이끌어가는 선도적 역할을 해야 한다. 그 과정에서 중요한 것은 조직 간 업무의 명확한 인식이다. 업무구분이 명확하지 않은 경우가 있다. 이 경우에는 주관부처인 문화체육관광부의 리더십이 중요하다. 이런 의미에서 문화체육관광부가 타 부처 관련 업무를 살펴보는 것은 업무효율화를 위해서도 필요하다.

## 2 콘텐츠 산업의 중요성과 기관의 역할

기술이 시대를 바꾸고 있다. 오늘날 시대변혁을 이끈 동인은 기술의 발전이다. 콘텐츠 산업이 성장산업으로 새롭게 부상된 것 역시 정보통신산업의 기술개발에 힘입은 바 크다. 최근에는 콘텐츠 산업이 거꾸로 정보통신기술과 산업기술의 발전을 유발하고 있다. 이렇듯 정보통신기기 발전과 디지털 기기들이 소프트웨어와 접목되면서 기술개발이 가속화 되고 있다. 이 중에서도 문화가 담긴 콘텐츠와 통신과 미디어 기술이 접목되고 융·복합되면서 시대를 선도하고 있다.

속도와 경쟁의 시대에는 기술개발이 지체되거나 상품 출시가 조금만 늦어도 뒤쳐지는 세상이다. 이런 현상은 오늘날 비일비재하게 나타나고 있다. 실제 IT시장에서 상당기간 독주할 것 같던 마이크로소프트사가 어느새 애플에게 시장 선도 자리를 내주었다. 애플의 시가 총액이 마이크로소프트사를 추월한 것이다.[10] 애플이 아이폰에 이어 태블릿 PC 아이패드를 상용화 하면서 시장을 선도하고 넓혀 갔기 때문이다. 애

---

10 2010.5.27. 주요 언론보도 및 디지털 매체.

플은 인터넷 직거래 사이트인 아이튠즈[11]를 통해 세계 콘텐츠 장악에 나섰고 이것이 성공한 것이다. 통신 산업과 문화콘텐츠가 결합하여 융합(convergence)을 이루어 낸 결과이다. 바로 이 성공의 이면에는 소프트웨어의 원천인 문화가 자리 잡고 있다. 문화에 바탕한 콘텐츠와 첨단 디지털 기술의 접목이 오늘의 애플을 있게 한 것이다.

그래서 소프트웨어의 원천으로서 문화와 디지털 기술의 가치가 높아지고 있다. 이런 이유로 문화에 바탕한 디지털콘텐츠 산업이 각광을 받고 있다. 이렇듯 오늘날 문화산업과 문화상품은 순수한 문화예술차원을 넘어선다. 기술과 문화의 결합으로 새로운 문화산업과 수요를 계속 창출하고 있기 때문이다. 콘텐츠 산업이 바로 이런 역할을 담당하고 있다.

오늘날 문화산업은 이미 살펴본 바와 같이 전통적인 문화영역에 한정되지 않는다. 통신과 IT기술 그리고 문화가 융합된 정보문화가 새로운 수요를 창출하고 있다. 문화콘텐츠 산업은 정보화 시대, 디지털 시대 산업의 핵심으로 점점 그 영역을 넓혀가고 있다. 콘텐츠 산업의 비약적인 발전이 이를 말해주고 있다.

이 과정에서 눈여겨볼 것은 문화의 상호교류 현상이다. 과거와 현재, 국내외 문화가 상호 교류되면서 융합되고 있다. 콘텐츠에 전통문화가 담기는 한편 지역과 국가 간의 문화가 접목되면서 새로운 장르의 문화를 만들어 내고 있다. 국내뿐만 아니라 세계적으로도 문화의 융·복합현상이 나타나고 있다. 자기 고유의 문화에 다른 나라의 문화가 융합되기도 한다. 그 과정에서 문화의 융·복합현상이 나타나면서 새로운 문화가 창조되기도 한다. 이것이 또한 콘텐츠 산업의 새로운 소재가 되고 있다. 이제는 세계인이 같은 문화를 창출하고 함께 즐기고 있다. 콘텐츠 산업을 통해서 문화영역이 확대되고 있다.

문화영역의 확대는 개인들의 행복추구 방식에도 영향을 미치고 있다. 삶의 질 추구와 경제발전에 따른 사회의 질이 향상되면서 여가활용에 있어서도 중시하는 경향으로 변화하고 있다. 이렇듯 시민들의 문화상품 특히 문화콘텐츠에 대한 질적 수준향상 욕

---

11 1000만 곡이 넘는 음악과 동영상, 14만 건이 넘는 오락 등 응용 프로그램을 거래.

구가 문화영역을 더욱 확산시키고 이것이 다시 콘텐츠 시장의 수요 증대로 나타나고 있다. 이렇듯 오늘날에는 수요가 공급을 유발하고 새로운 산업을 창출한다. 새로운 산업은 고용을 유발한다. 고용이 새로운 시대적 과제로 등장하고 있는 상황에서 문화산업은 고부가가치 산업으로서의 역할뿐만 아니라 고용유발산업으로서의 위상이 높아지고 있다. 미디어와 플랫폼이 발전하면 할수록 새로운 콘텐츠 수요가 일어나고 시장은 계속 확대될 것이다. 이에 따라 문화산업과 나아가 콘텐츠 산업의 영역은 더욱 넓어지고 고용 또한 지속적으로 늘어날 것이다. 여기에서 중요한 것은 기업의 노력과 시장의 자정작용이지만 못지않은 것이 정부의 역할이다. 특히 문화를 배경으로 하는 콘텐츠 산업의 경쟁력 향상에는 정부의 정책이 중요하다. 그 이유는 문화정책과 콘텐츠 산업 정책은 물론 정보미디어환경 나아가 정보통신기기산업까지를 종합적으로 보는 시각이 필요하기 때문이다. 역으로 문화산업의 총아로 불리고 있는 콘텐츠 산업이 문화산업의 경쟁력을 좌우함은 물론 관련 산업의 발전을 이끄는 요소가 되기 때문이다.

이런 의미에서 문화와 콘텐츠 산업을 담당하는 부처인 '문화체육관광부'의 역할이 중요하다. 이런 점을 고려하여 현재 정부의 부처별 업무 중, 콘텐츠 산업을 포함한 문화정책 전반을 관장하고 있는 '문화체육관광부'를 중심으로 살펴보고 관련기관과의 유기적 업무 협력을 통한 콘텐츠 산업발전을 위한 지원기관으로서 정부의 역할을 다루고자 한다. 그 방향은 오래된 고유 전통문화를 미래의 자산으로 계승·발전시키면서 이를 콘텐츠 산업에 접목하고 연결하는 창의적이면서 자율이 숨쉬는 문화정책, 콘텐츠 산업정책이 되어야 한다.

## 3 문화력과 국가경쟁력

어느 한 국가의 국력(national power)을 말할 때 군사적 제국주의(military imperialism) 시대에는 군사력이, 경제적 제국주의(economic imperialism) 시대에는 경제력이 중요한 요인이었다. 이제 정보시대를 넘어 문화와 창조의 시대에는 문화력, 즉 cultural power가 주요한 요인이라 할 수 있다.

지난 20여 년이 ICT 중심의 성장전략 시대인 정보사회였다면 이제는 IT를 기반으로 부가가치가 큰 창조산업(creative industries), 즉 문화를 바탕으로 한 창조적 성장전략 시대인 창조사회라 할 수 있다. 또한 요즘 싸이나 K-Pop 등이 주도하고 있는 한류 등의 문화력이 외국에 있는 세계의 여러 사람들에게 영향을 미치는 한 나라의 매력도라 할 수 있다.

매년 예산안 발표에서 소외된 것이 문화 정책인 것 같다. 대선이면 으레 나오던 21세기 문화강국이니 하는 구호가 쏙 들어갔고, 경제민주화, 복지, 고용창출이라는 말만이 무성하다. 문화와 같은 소프트파워는 한국의 국가경쟁력, 국격, 그리고 국가 브랜드 이미지 등을 높일 수 있는 첩경이다.


## 1) 문화력

문화는 인간 상호 간의 소통의 핵심이자 인간의 삶의 질과 행복에 큰 영향을 끼치는 유무형의 환경이자 활동이다. 문화는 인간의 삶과 의식과 밀접한 관계를 형성하고 있다. 뿐만 아니라 문화는 복지, 지역교류, 평생교육, 국제외교, 산업 진흥의 필요조건으로서 우리 사회의 통합과 성장을 위한 중심 동력으로 부각되고 있다. 최근에는 문화의 중요성이 더욱 부각되고 있다. 왜냐하면 문화의 가치는 문화 창의성을 북돋고, 국민 모두가 문화를 누리는 문화 복지를 달성하며 각종 사회 갈등을 문화로 치유하여 경제·사회·일상의 가치 곳곳에 문화경쟁력을 만들어 이미지를 만들기 때문이다. 따라서 문화의 융성측면에서 문화력이란 문화산업·예술·관광·체육 등 문화 분야 역량이 향상되고, 문화 창작의 자유, 문화를 누리는 권리가 확대되며 문화콘텐츠의 성장 여건을 조성하는 개념의 포함은 물론 다른 사회 분야에 확산되고 발전에 기여하며, 문화의 인적·물적 자원이 창조적 국가성장의 중요한 동력으로 활용되는 것을 의미한다.

문화력은 국민호감도, 문화호감도, 문화산업(E&M) 경쟁력 지수, 체육 경쟁력 지수, 관광(T&T) 경쟁력 지수를 지표로 측정할 수 있다.

문화력과 연계하여 기 소르망(Guy Sorman, 2008)은 문화혁신을 통해 문화·관광·창조산업을 성장시키는 전략을 추진해야 목표치 수준의 성장을 이룰 수 있고, 앞으로는 문화경쟁력이 국가발전을 결정짓는 주요 변수로, '지식분야를 많이 소유한 국가도 연성권력(Soft Power) 관점에서 강대국이 될 것이다'고 주장하고 있다(J. Nye, 2010). 결국 문화는 그 국가와 그 국민이 갖는 '매력'이고 그것이 곧 국가의 브랜드 파워가 될 것이다. 문화력은 국가와 그 국민이 갖는 매력이고, 국가의 브랜드 파워이다. 또한 보이는 것보다 보이지 않는 부분에서 국가발전을 결정짓는 주요 변수이다.

국가 전략 측면에서 문화는 우리 사회의 통합과 성장을 위한 중심 동력이다. 사회가 갖는 문화경쟁력은 국가이미지를 표출한다는 점에서 우리는 아직 선진국에 비해 상대적으로 부족한 부분이 많다.

한국은 경제적 성공 이후 문화강국 달성이 국가적 미션인 만큼, 문화적 가치 확산의 필요성이 증대되고 있다. 아직 한국 문화 일반에 대한 열광이 전 지구적이라고 말하기에는 한계가 있지만, 과거에 비해 문화적 영향력이 커지고 글로벌한 수용자를 얻게 된 것은 부인할 수 없다.

우리는 몇 년 전까지만 해도 현실과 동떨어진 착시로 여겨졌던 문화력은 '잠재적' 한류를 계기로 '현재적' 한류로 점차 가시화되고 물질화되고 있다. 이는 경성국력으로서의 문화력이 국력 신장에 기여하고 있음을 보여준다.[12]

12 최창현(2014), 한국문화관광연구원, 2006, OECD 주요국가의 문화경쟁력 분석: PWC, Global Entertainment and Media Outlook: 2013~2017.
http://www.pwc.com/gx/en/global-entertainment-media-outlook/index.jhtml

## 2) 문화력 지표 개발

나이(Nye) 교수가 정의한 문화력은 '유혹하는 힘'과 같은 의미를 갖는다. 또한 보이는 것보다 보이지 않는 부분에서 국가발전을 결정짓는 주요변수이다. 문화력에서 관용은 매우 중요하다. 다른 종교나 다른 생활방식, 문화를 강력히 거부하지 않는 것이 관용이다. 관용은 우리의 강점을 도울 것이다. 특히, 한류의 성장발전을 살펴보면, 한류는 '겨울연가'가 일본에서 주목받고 이른바 욘사마 신드롬까지 이어지는 데는 몇 년간의 시간이 걸렸다. 하지만 제2의 한류를 이끌고 있는 K팝의 전파 속도는 거의 실시간이다. 국내에서 만들어지는 K팝의 뮤직비디오는 물론이고, 각종 쇼 프로그램의 동영상까지 실시간으로 지구 구석구석까지 운반하고 있다. 인터넷을 통해 소셜 네트워크서비스가 전 세계로 확대되면서 그 길을 따라서 한류 콘텐츠가 거의 실시간으로 세계로 뻗어가고 있다. 이렇게 K팝의 정체성을 가지면서도 세계적으로 움직이는 신한류에서 이제 국적개념은 그다지 중요한 것이 되지 않는다. 물론 K팝이 가진 가장 큰 영향력은 한류로서의 문화전파이지만, 실질적인 의미로서의 산업적 효과를 무시할 수 없다. 신한류 K팝은 지금 음악에서 문화로, 문화에서 산업으로 그 지형도를 넓히고 바꿔가고 있다. 이런 K팝의 변화는 달라진 매체와 그로 인한 문화의 변화라는 점에서 산업에 시사하는 바가 크다. 한국 영화산업도 성장일로에 있다. 한국 영화는 그 동안 꾸준히 글로벌 시장의 문을 두드리며 한국문화의 콘텐츠를 세계에 알려왔다. 2013년 한국이 선보인 영화, 방송 등 다양한 콘텐츠들이 해외무대에서 큰 성과를 거두며 세계적인 문화로 본격적인 발판을 마련했다. 뮤지컬 부문에서도 괄목할 만한 성과들이 있었다.

21세기 한국의 문화력은 국가차원의 전통문화의 발전이다. 한국은 현실적으로 강대국에 견줄만한 경성국력은 없더라도, 한국의 문화력을 통해 모자란 힘을 채울 수 있다. 전통문화의 진흥은 국가의 브랜드(정체성과 이미지)를 형성하는 핵심이다. 우리의 문화산업의 경제적 부가가치를 높이고 국격(國格) 제고의 주춧돌이 될 전통문화의 창조적 발전전략 마련이 필요한 시점이다. 경제적으로 성장할수록 문화, 특히 자국의 전통

문화를 부각하고 전통문화를 접목해 콘텐츠·관광 등 관련 산업 진흥 정책을 추진해야 한다. 세계 경제력 9위, IT강국인 한국은 경제적 성공 이후 문화강국 달성이 국가적 미션인 만큼, 문화의 근원인 전통문화 가치 확산의 필요성이 증대되고 있다.

문화력은 다른 사회 분야에 확산되고 발전에 기여하며, 문화의 인적·물적 자원이

■ 표 2-1 한국의 문화력 현황(2015년)

| 국가명 | 종합점수 및 순위 | | 해당 국가 국민호감도 | | 해당 국가 문화호감도 | | 문화산업 (E&M) 경쟁력 지수 | | 체육 경쟁력 지수 | | 관광(T&T) 경쟁력 지수 | |
|---|---|---|---|---|---|---|---|---|---|---|---|---|
| | 지수 | 순위 | 점수 | 순위 | 점수 | 순위 | 점수 | 순위 | 점수 | 순위 | 점수 | 순위 |
| ARGENTINA | 38.06 | 15 | 46.58 | 11 | 44.06 | 13 | 43.97 | 19 | 42.53 | 17 | 38.70 | 15 |
| AUSTRALIA | 46.90 | 9 | 62.89 | 2 | 48.48 | 11 | 46.48 | 11 | 47.02 | 10 | 57.89 | 7 |
| BRAZIL | 41.99 | 11 | 52.01 | 10 | 47.27 | 10 | 47.27 | 8 | 44.33 | 11 | 42.42 | 14 |
| CANADA | 47.52 | 8 | 65.30 | 1 | 47.41 | 12 | 47.41 | 7 | 42.83 | 15 | 59.87 | 6 |
| CHINA | 43.27 | 10 | 35.71 | 18 | 55.02 | 9 | 55.02 | 3 | 69.98 | 2 | 44.01 | 12 |
| FRANCE | 50.11 | 4 | 56.04 | 8 | 50.22 | 1 | 50.22 | 6 | 50.01 | 7 | 60.50 | 5 |
| GERMANY | 50.53 | 3 | 58.25 | 5 | 52.18 | 4 | 52.18 | 4 | 50.31 | 6 | 62.00 | 1 |
| INDIA | 37.50 | 16 | 44.16 | 13 | 45.56 | 14 | 45.56 | 14 | 42.08 | 18 | 37.49 | 18 |
| INDONESIA | 32.50 | 19 | 35.71 | 18 | 29.63 | 19 | 44.47 | 16 | 41.93 | 19 | 35.97 | 19 |
| Italy | 48.47 | 6 | 60.47 | 3 | 63.06 | 2 | 47.23 | 9 | 47.54 | 8 | 52.61 | 10 |
| Japan | 50.05 | 5 | 58.05 | 6 | 55.40 | 8 | 60.88 | 2 | 47.32 | 9 | 57.00 | 8 |
| Korea | 38.99 | 13 | 37.72 | 17 | 37.14 | 18 | 46.72 | 10 | 51.28 | 5 | 52.87 | 9 |
| Mexico | 38.91 | 14 | 45.77 | 12 | 42.59 | 15 | 44.99 | 15 | 42.68 | 16 | 44.14 | 11 |
| RUSSIA | 41.11 | 12 | 41.75 | 14 | 55.99 | 7 | 45.60 | 13 | 59.51 | 4 | 38.43 | 16 |
| SOUTH AFRICA | 35.28 | 18 | 39.13 | 15 | 37.58 | 17 | 44.19 | 17 | 44.03 | 13 | 37.91 | 17 |
| SPAIN | 48.17 | 7 | 58.05 | 6 | 57.47 | 6 | 45.71 | 12 | 44.33 | 11 | 61.89 | 2 |
| Turkey | 36.48 | 17 | 38.32 | 16 | 38.91 | 16 | 44.16 | 18 | 43.06 | 14 | 43.81 | 13 |
| United Kingdom | 51.38 | 2 | 58.86 | 4 | 60.26 | 3 | 50.68 | 5 | 63.25 | 3 | 61.81 | 3 |
| United States | 58.70 | 1 | 55.23 | 9 | 59.97 | 5 | 87.27 | 1 | 75.97 | 1 | 60.68 | 4 |

창조적 국가성장의 중요한 동력으로 활용된다. 따라서 국가적 문화이미지뿐만 아니라, 문화예술 해외시장 규모, 문화산업 경쟁력, 올림픽 메달집계, 관광분야 경쟁력, 문화발전전략들을 포함한다(Anholt, 2008). 이를 지표로 측정한다면, 국민호감도, 문화호감도, 문화산업(E&M) 경쟁력 지수, 체육 경쟁력 지수, 관광(T&T) 경쟁력 지수가 될 것이다. 여기에서는 문화산업(E&M) 경쟁력, 관광(T&T) 경쟁력에 중점을 두고 측정하였다.

조사대상 G20국 중(사우디 제외)에서는 미국 1위, 영국 2위, 일본 5위로 나타났다. 중국 10위, 이탈리아 6위, 프랑스 6위이고, 한국은 13위로 분석되었다. 한국의 경우는 문화산업에서 K-pop과 싸이 등 한류의 영향이 관광경쟁력을 높이는 선순환의 효과와 영향을 받은 것으로 보인다. 조사대상국의 순위의 변화도 지표 중 문화산업과 여행 및 관광경쟁력에서의 변동과 차이에 있어 영향을 준 것으로 나타나고 있음을 알 수 있다. 한국의 문화력은 13위로 G20 국가 평균에는 미달되었다. 왜냐하면 문화산업의 경우와 체육과 관광분야는 선전하는 것으로 나타났고, 최근 국가의 문화융성정책에 따라 관광 진흥 확대회의 개최로 관광 진흥법 마련, 콘텐츠산업 세계 5위 지표설정, 평창 동계올림픽 개최 등의 국내 여건으로 고려한다면 향후 상승세가 가속화 될 것으로 기대된다. 이를 토대로 하여 지속적인 연계 전략이 절실하며 상대적으로 취약한 부문인 국가 및 문화 호감도 분야에서 보다 전략적인 국가이미지 노력이 요구된다.

## 3) 국가경쟁력

국가경쟁력이란 좁은 의미로는 경제적 측면에서의 국가의 생산성 또는 국민 소득을 키울 능력과 잠재적인 성장 능력 등을 말한다. 좀 더 넓은 의미에서는 한 나라 국민들의 교육 수준, 경제력, 정치 구조 등 국가의 공공과 민간 부문을 모두 합한 경쟁력을 말한다.[13] 하지만 국가경쟁력에 대한 개념은 연구기관 및 학자들에 따라 다양하

---

13 한국행정학회 행정용어사전 '국가경쟁력', www://http. Kapa21.org.kr

게 정의되고 있다.

국가경쟁력 개념은 IMD(2009)에 따르면 '국가경쟁력이란 기업의 경쟁력을 지속가 능하게 해주는 환경을 창출하고 유지해나가는 국가의 능력', WEF(2008)에 따르면 '한 국가의 생산성 수준을 결정하는 제도, 정책 및 요소들의 집합체'라고 정의되고 있으며 경제수준을 중요한 요소로 다루고 있다. 하지만 기존의 국가경쟁력 개념이 기업하기 좋은 국가라는 시각에 국한되어 있으며 정부의 역할을 간과했다는 점을 지적하면서, "국가가 주어진 제약을 바탕으로 국내외 자원을 동원하여 사회적·경제적·문화적 조 건들을 향상시키고, 전체적으로는 그 사회의 질을 제고하여 미래의 바람직한 방향으 로 이끌어 내는 힘"으로 정의되는 국가경쟁력 개념이 제시된 바 있다. '제약'을 바탕 으로, 자원을 '동원'하여, 바람직한 방향으로 이끌어 내는 '힘'은 일종의 정부의 '능력' 을 의미하는 개념적 구성물(construct)이다. 즉, 어떤 나라의 특정 시점에서 일어난 국가 역량을 다른 나라의 그것과 비교하는 개념이다.[14]

WEF는 국가경쟁력을 한 국가의 생산성 수준을 결정짓는 요소(factors), 정책(policies), 기관(institutions)의 집합으로 이해할 수 있는 개념으로 규정하고, 한 국가가 이루어 낼 수 있는 경제적 번영의 수준은 국가경쟁력에 의해 결정된다고 주장한다(WEF, 2005: 3).

IMD(International Institute of Management Development)는 국가경쟁력을 경제이론의 한 분야 로 파악하면서 자국 내 기업이 더 많은 부가가치를 창조하고 국민들이 더 나은 경제 적 번영을 지속할 수 있는 환경을 조성 유지하는 국가의 능력으로 정의하면서 이러한 국가의 능력과 관련된 일련의 사실(facts)과 정책에 대한 분석에 초점을 두고 있다(IMD, 2005: 609). 국가경쟁력에 대한 연구를 보다 체계화한 Porter(1990: 6)는 국가수준의 경 쟁력에 대해 접근할 수 있는 유일한 개념은 생산성이라고 지적하고 국가의 가장 중요 한 목적은 국민들에게 높은 생활수준을 제공하고 이를 지속적으로 향상시키는 것이라 고 주장한다. 반면 IPS(The Institute for Industrial Policy Studies)는 국가경쟁력을 논의하는 과정

---

14 임도빈 외, 정부경쟁력의 국제비교: 구성지표와 평가, 한국비교정부학보, 제17권 제2호(2013. 8): 95-124.

에서는 단지 생산성의 절대값이 아니라 국제시장에서의 상대적 경쟁위치의 중요성을 강조하고 국가경쟁력은 국제시장에서 경쟁하는 유사한 경쟁력과 규모를 지닌 국가들 중에서 특정 국가가 차지하는 상대적 경쟁위치로 정의하고 있다(IPS, 2005: 69). 또한 안국신(2005: 314)은 국가경쟁력을 한 나라의 잠재성장률을 안정적으로 실현시켜 나가고 확충할 수 있는 국가의 능력으로 정의하고 있다.

이상의 논의들을 종합하면 국가경쟁력 개념은 연구초점과 범위를 어디에 두느냐에 따라 상이하게 정의되고 있고 Cohen(1994)이 언급한 바와 같이 국가경쟁력 개념은 여러 가지 변수를 동시에 고려해야 그 실체를 파악할 수 있는 다차원적인 개념으로 이해될 수 있다.

〈표 2-2〉는 국가경쟁력을 평가하는 기관들과 평가방법들을 예시해 두고 있다. IMD는 세계 경쟁력의 종합적인 평가를 위해 매년 5월 전 세계 61개 국가 및 권역의 세계 경쟁력지표(WCS; World Competitiveness Scoreboard)를 평가, 발표하고 있다. WEF는 매년 130여 개 나라를 대상으로 Global Competitiveness Report를 발표한다. 국제 경쟁력 지표(GCI; Global Competitiveness Index)는 거시환경, 공공부문, 기술의 3개 부문으로 나누며, 이는 다시 8개 항목으로 평가한다. 산업정책연구원과 국제경쟁력연구원은 IPS 국가경쟁력순위(NCR; National Competitiveness Rankings)를 발표한다. 지표로는 물적요소 및 인적요소 8개 부문의 23개 하위부문과 그 하위 275개 세부항목을 평가한다.

중국 사회과학원에서는 이미 1980년대 초부터 국가기관인 사회과학원이 중심이 되어 중국, 한국, 미국, 일본, 러시아, 인도 등 주요 국가들의 종합국력을 측정해 오고 있다. 경제성장률과 1인당 GDP(국내총생산), 상품 및 서비스 수출, 노동생산성 등을 자체 개발한 모형에 대입, 국가경쟁력 순위를 평가해 매번 그 조사 결과는 중국의 국무원을 비롯한 중국의 주요 국가 기구들의 중장기 국가발전 전략의 기초자료로 활용하고 있다.

WEF의 국제 경쟁력 지수(GCI)에서는 9개 지표들의 측정을 위해 다양한 자료를 활용하고 있다. 이러한 자료는 경성자료(1/3)와 설문자료(2/3)로 구성되어 있다. WEF는

표 2-2 주요 기관의 국가경쟁력

| 평가기관 국가경쟁력 | 주요 평가부문 | 평가국가 | 평가방법 |
|---|---|---|---|
| IMD(2013)<br>세계 경쟁력지표<br>(World Competitiveness<br>Scoreboard) | 경제성과<br>정부효율성<br>경영효율성<br>사회인프라 | 61개 국가 | 126개 통계자료와 113개 분야 설문자료를 분야별로 점수화 |
| WEF(2013)<br>국제 경쟁력 보고서<br>(Global Competitiveness<br>Report) | 거시환경<br>공공부문<br>기술부문 | 144개 국가 | 거시환경, 공공부문, 기술의 3개 부문으로 나누며, 이는 다시 8개 항목으로 평가 |
| IPS<br>(산업정책연구원, 2006)<br>IPS 국가경쟁력순위(Nationa<br>Competitiveness Rankings) | 물적요소(4개부문)<br>인적요소(4개부문) | 66개 국가 | 물적요소 및 인적요소 8개 부문의 23개 하위부문과 그 하위 275개 세부항목 평가 |
| CASS<br>(중국사회과학원, 2006)<br>종합국력(Comprehensive<br>National Power) | 경제성장률<br>수출<br>노동생산성<br>1인당GDP | 100개 국가 | 경제성장률과 1인당 GDP(국내총생산), 상품 및 서비스 수출, 노동생산성 등을 자체 개발한 모형에 대입, 국가경쟁력 순위를 평기 |

경성자료인 통계자료로 IMF, World Bank, UN, ITU, WHO 등 국제기구의 통계를 직접 수집 활용하고 있으며, 설문자료의 경우에는 각국의 파트너 기관이 WEF에서 정한 기준에 따라 선정한 기업의 CEO를 대상으로 설문조사를 실시하여 수집 활용하고 있다(WEF, 2006).

조사대상의 선정 기준으로 국가크기, 지표 및 변수의 적용범위 등을 고려하여 총 125개국을 선정하여 분석하였고 GCI 산출방법에 있어서 각 국의 경제발전단계에 따라 조사대상 125개 국가를 1인당 GDP 기준으로 기존요건주도형(factor-driven), 효율성주도형(efficiency-driven), 혁신주도형(innovation-driven)의 경제체제로 분류하여 단계별로 측정지표에 가중치를 차별화하여 산정하고 있다(WEF, 2006).

## 4) 문화력과 국가경쟁력의 관계

21세기 한국의 문화력은 국가발전의 근간이 된다. 한국은 현실적으로 강대국에 견줄만한 경성국력은 없더라도, 문화력을 통해 모자란 힘을 채울 수 있다. 전통문화의 진흥은 국가의 정체성과 이미지를 형성하는 국가브랜드의 핵심이다. 한국의 문화산업은 경제적 부가가치를 높이고 국격(國格) 제고의 주춧돌이 될 창조적 문화발전전략 마련이 필요한 시점이다. 이는 경제적으로 성장할수록 문화, 특히 자국의 전통문화를 부각하고 전통문화를 접목해 다른 사회 분야에 확산되고 발전에 기여하며, 문화의 인적·물적 자원이 창조적 국가성장의 중요한 동력으로 활용되기 때문이다.

문화력과 국가경쟁력의 관계를 분석한 결과 2015년도에는 0.75로 상당히 높은 상관관계를 보이고 있다. 2009년도에는 0.62로 역시 높은 상관관계를 보였다. 2020년도에도 최소한 0.05에서 0.80 정도를 보일 것으로 예측된다. 다시 말해 한 나라의 국가경쟁력 수준은 문화력 수준과 관계가 높다는 것이다. 따라서 문화산업 종사자 인력과 관광산업 종사자 인력의 양성이 국가경쟁력 향상에 도움을 줄 수 있을 것이다.

■ 표 2-3 문화력과 국가경쟁력의 관계(2015년)

| 국가명 | 문화력 순위 | 문화력 점수 | 문화력 '09 | 국가경쟁력 순위 | 국가경쟁력 점수 | 국가경쟁력 '09 |
|---|---|---|---|---|---|---|
| ARGENTINA | 15 | 38.06 | 48.58 | 19 | 3.79 | 3.87 |
| AUSTRALIA | 9 | 46.90 | 56.24 | 6 | 5.08 | 5.2 |
| BRAZIL | 11 | 41.99 | 51.26 | 16 | 4.34 | 4.13 |
| CANADA | 8 | 47.52 | 56.66 | 5 | 5.24 | 5.37 |
| CHINA | 10 | 43.27 | 68.32 | 9 | 4.89 | 4.7 |
| FRANCE | 4 | 50.11 | 58.53 | 6 | 5.08 | 5.22 |
| GERMANY | 3 | 50.53 | 62.46 | 2 | 5.49 | 5.46 |
| INDIA | 16 | 37.50 | 48.49 | 18 | 4.21 | 4.33 |
| INDONESIA | 19 | 32.50 | 43.53 | 10 | 4.57 | 4.25 |

| 국가명 | 문화력 순위 | 문화력 점수 | 문화력 '09 | 국가경쟁력 순위 | 국가경쟁력 점수 | 국가경쟁력 '09 |
|---|---|---|---|---|---|---|
| ITALY | 6 | 48.47 | 60.42 | 13 | 4.42 | 4.35 |
| JAPAN | 5 | 50.05 | 55.65 | 3 | 5.46 | 5.38 |
| South Korea | 13 | 38.99 | 49.84 | 8 | 4.96 | 5.28 |
| MEXICO | 14 | 38.91 | 48.61 | 17 | 4.27 | 4.23 |
| RUSSIA | 12 | 41.11 | 55.32 | 14 | 4.37 | 4.31 |
| SOUTH AFRICA | 18 | 35.28 | 45.63 | 15 | 4.35 | 4.41 |
| SPAIN | 7 | 48.17 | 55.95 | 11 | 4.55 | 4.72 |
| TURKEY | 17 | 36.48 | 46.51 | 12 | 4.46 | 4.15 |
| UNITED KINGDOM | 2 | 51.38 | 60.3 | 4 | 5.41 | 5.3 |
| UNITED STATES | 1 | 58.70 | 65.21 | 1 | 5.54 | 5.74 |

\* 국가경쟁력 지표로는 2014-2015와 2008-2009 WEF의 국제 경쟁력지수(GCI)를 사용함.
\* 문화력은 2009년과 2015년도 한반도선진화재단 국력연구 자료를 사용함.

# 산업환경 변화와
# 콘텐츠의 개념

CPND 생태계와 콘텐츠 융복합

# CHAPTER 03

>>> **산업환경 변화와 콘텐츠의 개념**

## 제1절 // 문화산업과 콘텐츠 산업의 개념

### 1 문화산업의 개념 및 특성

#### 1) 문화산업의 개념

'문화산업'은 문화상품의 생산, 유통, 소비와 관련된 산업이라는 사전적 의미이다. 문화산업은 문화와 경제, 기술이 융합하여 가는 과정에서 생성된 새로운 문화 현상이며, 개략적으로 문화의 산업화와 산업의 문화화를 지칭한다. 다양한 의미로 쓰이는 문화를 정리해 보면 일반적으로 지적, 정신적, 심미적인 것들의 추구에 관한 일반적 과정을 나타내는 데 사용된다. 주로 넓은 의미로 문화인류학에서 사용되는 정의로서 한 인간이나 시대 또는 집단의 특정 생활양식을 나타낸다. 가장 좁은 의미로는 지적인 작품이나 실천행위, 특히 예술적인 활동을 나타내는 데 사용되는 경우로 이때는 예술이라는 말과 거의 동의어로서 의미를 가지며, 이러한 문화에 경제적 부가가치를 창출하는 유·무형의 재화와 서비스 및 이들의 복합체를 접목하면, 문화상품이 된다. 유형의 문화인 전통문화유산 자연경관과 무형 문화인 영상스토리, 인물, 축제, 노래 등의 예술 개념으로부터 넓은 의미의 공동체적 삶의 질에 관련되는 문화공간(도서관, 박물관 영화관, 콘서트홀 등)과 도시기반 시설(공원, 근린 여가시설) 등으로 폭이 넓어지고 있다.

**그림 3-1 한국의 ICT 정책 및 관련 사업의 주요 흐름**

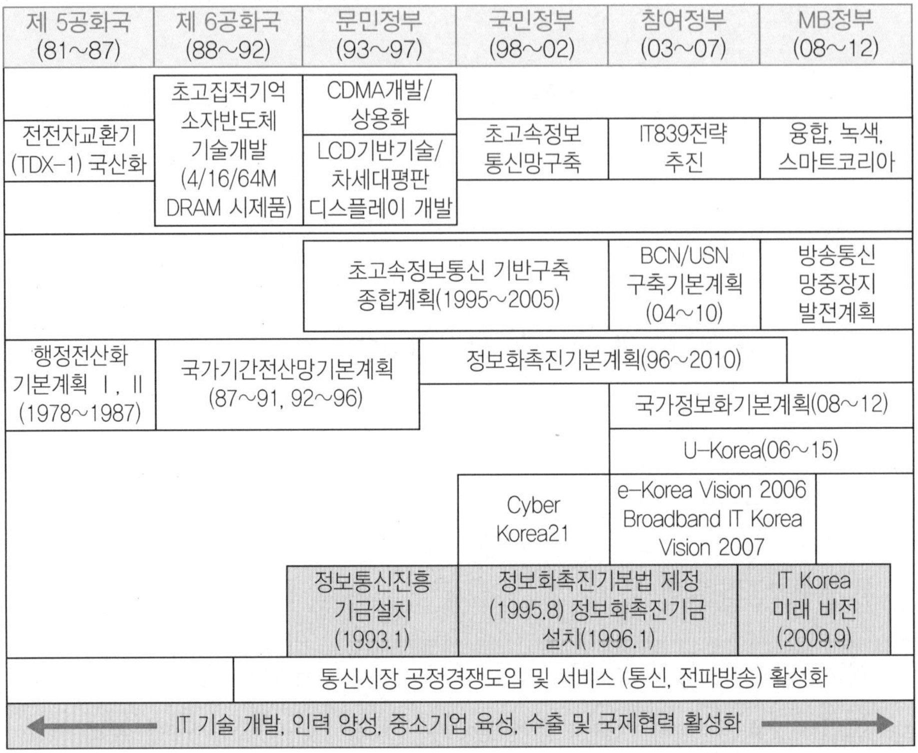

| 제 5공화국 (81~87) | 제 6공화국 (88~92) | 문민정부 (93~97) | 국민정부 (98~02) | 참여정부 (03~07) | MB정부 (08~12) |
|---|---|---|---|---|---|
| 전전자교환기 (TDX-1) 국산화 | 초고집적기억 소자반도체 기술개발 (4/16/64M DRAM 시제품) | CDMA개발/ 상용화 LCD기반기술/ 차세대평판 디스플레이 개발 | 초고속정보 통신망구축 | IT839전략 추진 | 융합, 녹색, 스마트코리아 |
| | | 초고속정보통신 기반구축 종합계획(1995~2005) | | BCN/USN 구축기본계획 (04~10) | 방송통신 망중장지 발전계획 |
| 행정전산화 기본계획 Ⅰ, Ⅱ (1978~1987) | 국가기간전산망기본계획 (87~91, 92~96) | 정보화촉진기본계획(96~2010) | | | |
| | | | | 국가정보화기본계획(08~12) | |
| | | | | U-Korea(06~15) | |
| | | | Cyber Korea21 | e-Korea Vision 2006 Broadband IT Korea Vision 2007 | |
| | 정보통신진흥 기금설치 (1993.1) | 정보화촉진기본법 제정 (1995.8) 정보화촉진기금 설치(1996.1) | | IT Korea 미래 비전 (2009.9) | |
| | 통신시장 공정경쟁도입 및 서비스 (통신, 전파방송) 활성화 | | | | |
| ← IT 기술 개발, 인력 양성, 중소기업 육성, 수출 및 국제협력 활성화 → | | | | | |

출처: 변화성(2011), IT정책 주요 추진 과정.

문화산업에 대한 명확한 개념 정의는 아직까지 학자들 간에 명확하게 규정되지 못하지만, 문화·예술을 소재로 상품화하여 대량생산과 대량소비가 가능한 산업이 문화산업이라는 데 커다란 이견이 없다. '문화산업(cultural industry)'이란 용어가 만들어진 것은 1940년대 중반, 흔히 비판이론이라고 불리는 실존주의자들인 프랑크푸르트 학파의 아도르노(Adorno T.)와 호르크하이머(Hork heimer M.)가 『계몽의 변증법』(1947)이라는 책의 한 장을 이와 같이 이름 붙인 데서 유래한다. 『'문화산업' 대중 기만으로서의 계몽』에서 문화의 대량생산과 대량 소비현상을 비판하기 위해 사용된 개념이다(김재범, 2005). 하나의 산업에 관한 범위는 국가 산업의 발전 정도와 기술 발전에 따라 달라질 수 있는데 문화산업이 대표적인 경우라고 할 수 있다. 1980년대까지만 해도 문화산업의 범위는 고작 출판, 인쇄, 신문, 방송, 영화, 박물관 정도에 머물고 있었으나, 그 후 광고, 문화관광 그리고 정보통신 기술의 급격한 발달에 힘입어 멀티미디어 콘텐츠 분야가 포함되고 있을 뿐만 아니라 그 중요성이 크게 높아졌다.

우리나라의 문화산업에 대한 개념은 1999년 2월 제정되고 2002년 1월 전문 개정된 '문화산업진흥기본법'에 구체적으로 명시되어 있다. 이 법에서는 문화산업을 '문화상품의 개발, 제작, 생산, 유통, 소비 등과 이와 관련된 서비스를 행하는 산업'이라고 정의하고, 문화상품은 '문화적 요소가 체화되어 경제적 부가가치를 창출하는 유, 무형의 재화(문화관련 콘텐츠 및 디지털문화 콘텐츠 포함)와 서비스 및 이들의 복합체'라고 규정하고 있다. 한편 문화예술진흥법에서는 '문화예술의 창작물 또는 문화예술용품을 산업의 수단에 의하여 제작, 공연, 전시, 판매하는 업'을 문화산업이라고 규정하고 있는데 이것은 문화산업진흥기본법에 비하여 문화예술의 창작 측면을 좀 더 강조한 것이며, 결국 문화산업이란 문화적 요소, 경제적 부가가치 창출, 생산과 유통과정 등을 속성으로 하는 산업 활동을 말한다. 한국의 경우 콘텐츠의 수준이 높아지면서 콘텐츠 주도형 비즈니스 모델이 정착되어가고 이를 위한 다양한 부가가치창출 서비스 전략이 시행되고 있다.

한국의 문화산업 중 1999년 중국에서 시작된 한류는 2000년 초까지는 한류 1기로서 한류 콘텐츠가 해외 소비자들에게 강한 인상을 주었던 시기로 평가되며, 2000년 초기부터 2000년대 중반은 한류 2기로서 한류 드라마가 크게 부각되었고, 한류 3기로 지칭되는 2000년대 후반부터 중국, 일본, 대만, 동남아시아, 중앙아시아, 아프리카, 미국, 유럽 등에서 음악(K-POP)이 한류를 주도하고 있다(KCCCA포커스, 2011). 한국 문화산업의 큰 특징인 원 소스 멀티 유즈(One Source Multi-Use)는 동아시아 국가의 문화산업계에 많은 영향을 미치고 있는데, 특히 한국의 연예기획사가 가진 스타 양성시스템 역시 동아시아 국가에게 신선한 충격을 주고 있다. 따라서 '문화가 경쟁력이다'라는 말처럼 문화산업의 경제효과는 제조업의 2배가 넘는 경제적 파생효과를 발생시키며 문화를 창조하는 창구 역할을 할 수 있다.

## 2) 문화산업의 특징

인간 생활에 편리함과 만족을 동시에 제공하는 문화산업은 단순한 제조 산업이 아닌 근본적으로 창조산업이며, 오직 제작자의 창조적인 작업과정 속에서 작품이 탄생되므로 창조산업으로서 문화콘텐츠 산업의 구조적 특징을 가진다. 따라서 문화산업은 제조업과 서비스업으로 확장된 횡단형 산업으로 문화산업은 시간 소비형 산업이 주를 이룬다. 문화산업의 발전은 시민들의 여가 시간 증대에 기인하며 가시적인 측정은 쉽지 않지만 문화 활동의 증대는 인적 자본의 효율 향상으로 국가 경제의 발전에 크게 기여한다. 문화산업은 다른 산업 분야와의 연계성이 높고 고용창출효과가 큰 산업이다. 문화산업의 발전은 해당 산업 자체의 성장으로 인한 직접적인 고용을 창출하는 효과뿐만 아니라 여타 산업의 문화화 등을 통하여 간접적인 고용 유발 효과도 기대된다. 문화산업은 기본적으로 지역사회 밀착형 산업이 많으므로 미술관, 박물관, 영화관, 체육관 등 문화관련 시설은 해당 지역 사회의 사랑방 역할을 하기 때문에 문화산업의 발전은 지역 사회 발전에 커다란 영향을 미친다.

또한 문화산업은 한 국가나 사회의 고유한 문화적 내용을 창조적인 기획력을 바탕으로 재창조해 내는 벤처산업으로 대표적인 고위험 고수익(high risk and high return) 산업이기도 하며, 문화산업의 가장 큰 특성은 문화산업이 창조산업과 벤처산업의 특성이 어우러진 독특한 산업적 특성을 지니고 있다는 점을 들 수 있다. 첫째, 제작자의 전문성과 창조성이 제품의 질과 가격을 결정한다는 점에서 창조적인 산업이며 대규모 투자설비가 진입장벽이 되는 다른 업종에 비해 경쟁을 통한 시장 활성화가 가능하다.

둘째, 문화산업은 최근에 들어서 멀티미디어 디스플레이의 수요를 유발하는 산업으로 성장하였다. 이미 대학에서 학문적 체계를 세워나가기 시작하고 있으며 인문학, IT, 미디어커뮤니케이션, 아트, 문화마케팅전략경영 등 5대 분야의 융합 창조학으로서 응용인문학, 복합학 등으로 불리며 문화콘텐츠학으로 성장 발전의 태동기에 있다. 그로 인해 정보통신 기술의 발달로 각 지역의 문화산업의 유통량이 지속적인 확대 추세를 보이고 있으며, 글로벌화 되어가는 특징을 가지고 있다.

셋째, 초기에 투자되는 비용이 막대하게 소요되지만 일단 생산된 상품을 추가 소비자를 위해 복제할 경우 최초 생산비용에 비해 추가비용이 거의 들지 않는다. 배포역시 가입자 수의 단위증가에 따른 추가비용이 거의 들지 않기 때문이다.

넷째, 문화산업은 고부가가치 산업이면서 지식집약적인 산업으로 규모의 경제 달성에 따라 소비자가 많아질수록 더 높은 부가가치를 창출하게 된다. 그리고 정보기술과 문화가 융합되어 창의력 및 기획력이 경쟁력을 좌우하는 지식 집약적인 산업으로 미래 산업구조에 적합한 산업이며, 국가의 문화와 정서를 반영한다.

다섯째, 2005년 유네스코에서도 함께 정의하였듯, 문화가치를 창출하며, 문화정체성을 확립하는 산업이며, 모든 콘텐츠 산업은 흥행위주의 본질적 특징을 지닌다. 문화산업은 관련분야로의 파급효과가 매우 큰 산업으로 하나의 콘텐츠가 만들어지면 다양한 용도로 이용 가능한 산업이고, 특히 드라마 '겨울연가', '대장금'과 같은 양질의 콘텐츠가 창출되면 콘텐츠 산업과 그 연관 산업의 성장동력으로서 역할뿐만 아니라 국가 이미지 제고에도 더욱 크게 지속적으로 기여하게 된다.

## 2 콘텐츠 산업의 개념과 특징

### 1) 개념

콘텐츠(content)란 미디어를 통해 전달되는 내용물 및 메시지로서 인간의 창의적 문화 활동의 산물을 총칭하는 개념으로 이해할 수 있다(국회입법조사처, 2010: 8). 여기서 인간의 창의적 문화 활동은 문화적 가치에 근거하여 경제적 가치인 문화상품을 만들어내는 과정을 포함하고 있다. '매체'라는 측면을 고려하면 콘텐츠의 개념은 '여러 가지 미디어 상에서 유통되는 영상·음악·음악·게임·책, 동영상·이미지·음성·문자·프로그램 등의 표현 수단에 의해 구성되는 정보의 내용'으로 정의될 수 있다. 「문화산업진흥기본법」에서는 콘텐츠를 "부호, 문자, 음성, 음향 및 영상 등의 자료 또는 정보"로 정의하고 있으며, 디지털 콘텐츠를 "부호·문자·음성·음향 및 영상 등의 자료 또는 정보로서 그 보존과 이용에 효용을 높일 수 있도록 디지털 형태로 제작 또는 처리하는 것"으로 정의하고 있다. 따라서 넓은 의미로서 인터넷 컴퓨터통신, TV, 휴대폰(모바일) 등을 통하여 제공되는 각종 정보나 그 내용물로서 유무선 전기 통신망에서 사용하기 위하여 디지털 방식으로 제작해 처리·유통하는 각종 정보 또는 그 내용물을 통틀어 이르는 개념으로 정의할 수 있다. 콘텐츠의 개념에 대해서는 1966년 Baumol-Bowen의 연구 이후 콘텐츠를 경제학적 차원에서 연구하는 논의가 지속되어 왔으나 매우 추상적인 수준에 머물렀다.

■ 표 3-1 **콘텐츠의 주요 구성**

| 구성 양식 | 매체 형태 | 유통 경로 | 소재 유형 |
|---|---|---|---|
| 부호, 문자, 음성, 음향, 이미지, 영상 | 아날로그/디지털 | 온라인/오프라인 | 문화예술, 교육, 경제, 과학, 지리 등 |

출처: 국회입법조사처(2010: 8).

콘텐츠라는 용어가 보편적으로 사용되기 시작한 것은 1990년 후반부터라고 볼 수 있다. 1990년대 인터넷의 보급에 따른 정보사회의 도래는 과거 학문적, 이론적으로 논의되던 콘텐츠의 가치를 현실 경제로 이끌어내었다. 인터넷이라는 하드웨어를 통해 유통되는 정보의 가치에 대해 인식하게된 것이 변화의 시발점이라고 볼 수 있다. 이러한 변화의 과정을 거쳐 현재 콘텐츠라는 단어는 일반 대중문화를 포함하여 일반인들의 삶 전반을 포괄하는 용어로 확장되어 왔다. 콘텐츠는 본래 문서·연설 등의 내용이나 목차·요지를 뜻하는 말이었으나 정보통신 기술이 빠르게 발달하면서 각종 유무선 통신망을 통해 제공되는 디지털 정보나 그러한 내용물을 총칭하는 용어로 널리 쓰이게 되는데, 이때 디지털 콘텐츠[1]라는 용어가 등장하게 되었다. 디지털 콘텐츠는 정

---

1 디지털 콘텐츠는 인간이 현재 사용하고 이용 가능한 문자, 소리, 화상, 영상 등 모든 의사소통

보기술을 이용하여 그 원형을 디지털화한 것으로, 구입·결제·이용에 이르기까지 모두 네트워크, 퍼스널컴퓨터(PC, 휴대용 단말기를 통해 이루어지기 때문에 기존의 통신판매 범위를 훨씬 뛰어넘어 전자상거래의 새로운 형태로 확고한 자리를 잡았고, 갈수록 시장 수요도 확대되고 있다.

멀티미디어 콘텐츠는 콤팩트디스크·CD-ROM·비디오테이프 등에 담긴 사진·미술·음악·영화·게임 등 읽기 전용의 다중매체 저작물과 광대역통신망이나 고속 데이터망을 통해 양방향으로 송수신되는 각종 정보 또는 내용물을 디지털화하여 정보기기를 통해 제작·판매·이용되는 정보 등이다. 보통 멀티미디어 소프트웨어를 만드는 데 필요한 자료·정보 등을 모아 수록한 데이터를 '콘텐츠 라이브러리'라 하고, 이 콘텐츠 라이브러리를 제공하는 사람을 '콘텐츠 제공자'라고 한다. 자동차나 전화기, 계산기처럼 그 자체가 사용 목적이 되는 기기와는 달리 PC와 TV는 어떤 콘텐츠를 표시하는가와 사용자의 사용 목적에 의해 완성된다.

정보콘텐츠는 디지털의 형태로 제공되는 각종 정보와 종합정보를 텍스트를 기반으로 하는 정보가 온라인상에서 유통되며 콘텐츠 내용이 자동업데이트 서비스 되는 모든 인터넷 간행물을 말한다.

## 2) 콘텐츠 산업의 특징

콘텐츠 산업에 대한 개념 정의 또한 여전히 추상적이고 불명확한 상태라고 할 수 있다. 일반적으로 정보의 내용에 의해 가치를 산출하는 사업으로 이해될 수 있으며, 보다 구체적으로는 '콘텐츠의 개발, 제작, 유통 및 소비와 관련된 산업'으로서 다음과 같이 정의할 수 있다. 콘텐츠 산업은 전 후방에 문화, 예술, 기술 등 여러 산업들이 연계된 분야로서 관련 산업 간 범위의 경제성(scope merit), 시스템 경제성(system merit)이

---

을 위한 정보의 내용물을 지칭하며, 이러한 정보를 아날로그 형태의 콘텐츠를 디지털화 한 것이다.

중요시되는 복합 산업이다. 콘텐츠를 생산하는 총비용 중 R&D 비용 등 고정비용(fixed cost) 및 함몰비용(sunk cost)의 비중이 절대적이며, 한계비용의 비중이 매우 낮은 규모의 경제성(scale merit) 때문에 협소한 국내시장을 감안할 때 해외시장 개척이 절대적으로 필요한 산업 또한 포함된다. 콘텐츠 산업의 경쟁력은 기술수준, 플랫폼, 문화적 특성에 따라 창의적 기획, 공동제작, 해외 마케팅 지원, 정부 관련 부처의 협력적 지원 등 많은 분야의 인력 및 전문성이 요구되기에 중소기업, 대기업, 그리고 정부의 총체적인 협력이 상황에 따라 능동적으로 요구되는 산업이다. 문화를 공공의 국가자산으로 보고 혁신적으로 효율적인 협력 링크가 형성되고 중앙과 지방, 연구와 생산 등에서 효율적인 분배와 지원이 이루어지는 산업이다.

콘텐츠 산업은 그 특성상 기본적으로 예술과 문화에 기반을 두고 있으며 문화예술의 외부효과를 산업적으로 이용하는 것을 그 특징으로 하고 있다. 이러한 특성으로 인해 콘텐츠 산업은 '문화산업' 및 '창조산업' 등과 혼용되어 사용되고 있지만 그 범위와 내용적 측면에서 다음과 같이 구분할 수 있다(국회입법조사처, 2010: 9-10). '콘텐츠 산업 또는 문화 콘텐츠 산업'의 경우 문화가 지적 재산권(Intellectual Property)의 형태로 체화된 콘텐츠 관련 산업으로서 영화, 음악, 출판, 광고, 게임, 기타 융합형 콘텐츠가 여기에 포함된다.

'문화산업'의 경우 콘텐츠 산업을 포함하여 고유의 '기능성'을 필요로 하는 산업분야에 문화적 저작권의 개념이 결합된 문화적 요소가 강조되는 산업을 이르며, 크게 패션디자인, 건축디자인, 공예, 공연, 미술·골동품 등이 여기에 포함된다. '창조산업'[2]은 개인의 창의성을 바탕으로 산업적 가치를 창출하는 산업 또는 컴퓨터 서비스 산업 등이 여기에 포함된다. 그러나 이와 같은 개념들은 완벽하게 구분되기보다는 일

---

2  영국의 문화미디어스포츠부는 창조산업을 '개인의 창의성과 기술, 재능 등을 활용하여 지적재 산권을 설정하고, 이를 소득과 고용 창출의 원천으로 하는 산업'으로 정의하며, 여기에는 광고, 건축, 디자인, 패션, 영화 및 비디오, 양방향 레저 소프트웨어, 음악, 출판, TV 및 라디오 등을 포함한다. 반면 Drake 등의 학자들은 산출물에 대한 소비의 주된 동기가 상품 자체의 고유 특성이나 기능에 있기보다는 소비자 개인의 상징가치를 충족시키는 데 있는 업종으로 정의하고 있다(Drake, 2003).

부 중첩되며 혼재되어 사용되고 있다.

1980년대 이후 산업적 측면이 강조되어진 이후 최근 인터넷의 급격한 확산과 IT 기술의 발전에 기반하여 콘텐츠 산업을 경제의 주력 동력원으로 인식하기 시작하였다. 콘텐츠 정의의 모호성과 다양성에 기인하는 것이지만, 콘텐츠 산업의 명칭도 국가별로 상이하다. 할리우드의 영향력이 강해 기존의 연예산업이 콘텐츠 산업의 핵심 부분을 차지하고 있는 미국은 연예산업(Entertainment Industry)으로 정의하고 있다. 21세기 경제에 대한 미래 비전에 입각하여 문화경제를 새롭게 정의하고 있는 영국의 경우는 창조산업(Creative Industry), 일본은 콘텐츠 산업(Content Industry), 그리고 중국은 창의 산업(創意産業)으로 부르고 있다. 콘텐츠 산업은 특히 하나의 원작을 다양한 분야로 재창조하는 'One-Source-Multi-Use(OSMU)'산업으로서 만화, 애니메이션 등 한 영역에서 시작된 창작캐릭터를 영화, 방송, 게임 등으로 확장(Multi-Use)하는 방식으로 고부가가치 창출이 가능하다. 또한 콘텐츠 산업은 연관 산업으로의 파급효과가 크고 국가이미지 제고와 수출 제고에 기여한다는 특징을 가지고 있다. 특히 디지털 콘텐츠 산업의 발전은 통신, 전자산업을 비롯하여 IT산업 전반의 발전과 관련되는 신성장동력 산업이라고 할 수 있다.

## 제2절 // 콘텐츠 산업의 환경변화 분석

### 1 환경변화와 콘텐츠 수요 증가

#### 1) 문화산업의 클러스터 가속화

문화산업의 클러스터로 첨단문화산업단지는 영상, 게임, 음반 등 첨단문화산업이 특정 공간에 집중되고 이들 및 이와 연관된 산업을 지원하는 다양한 주체들 간의 네트워크가 형성되어 지역 내 문화산업 혁신성과 경쟁력의 집중으로 성장 가능성이 있는 지역을 의미한다. 첨단 정보기술산업은 모든 분야가 연관효과를 가지며 동시적으로 발전하지만 그 기술상의 발달을 기준으로 살펴보면 하드웨어에서 소프트웨어 및 네트워킹 산업과 콘텐츠 산업의 순으로 중심이 이동해 왔다. 영상, 애니메이션, 게임 등 문화산업의 경우, 문화산업단지가 집적화된다면 일반 첨단산업과는 달리 문화산업단지 나름의 독특한 효과를 창출할 수 있다. 콘텐츠 부문과 소프트웨어 부문이 혼재하여 제작되는 생산과정에서 고급인력과 중급인력의 협력이 요구되고 있다. 생산단계상의 outsourcing이 고도화되어 있는 문화산업의 특성을 볼 때 산업 연관효과 및 관련 산업의 집적효과는 타 분야보다 더욱 높게 나타난다. 문화산업이 갖는 문화라는 독특한 특성이 지역적인 이미지 및 분위기와 결합된다면 문화산업의 집적 가능성은 더욱 커진다.

## 2 다양한 맞춤형 콘텐츠 수요 증가

### 1) 문화산업에서 콘텐츠 산업으로의 변화

인터넷의 보급, 모바일의 확산 등으로 콘텐츠 산업은 다음의 몇 가지 변화를 경험하고 있다. 비디오 게임 시장은 단말과 콘텐츠 이용이 저렴한 온라인 게임에 자리를 내주고 말았고, 음반 산업 및 영화 비디오/DVD 등 기존산업이 침체되었으며, 다운로드의 증가로 국내 음반시장 규모도 축소되었다.

하지만 디지털 콘텐츠 및 미디어산업의 매우 빠른 성장으로 세계 디지털 콘텐츠 시장은 2004년부터 급속하게 성장하고 있다. 콘텐츠의 불법복제 등에 따라 지적재산권 문제가 대두되며 인터넷을 통한 P2P방식, 스트리밍 서비스 등에 대한 지적재산권 문제가 나타났으나, 콘텐츠의 유료화 등으로 지금은 점차 해결국면에 접어들고 있다. 가치사슬 상 디지털 유통창구의 증가로 파워의 무게중심이 유통에서 제작으로 변화하고 인터넷, 모바일 등의 유통이 다양화되면서 유통업자들의 교섭력이 약해지고, 힘의 무게 중심은 콘텐츠 제작업자로 이동 중에 있다. 방송·통신 융합서비스의 개시로 신규콘텐츠 수요가 증가하고, DMB, IPTV, 와이브로 등의 방송으로 기존의 콘텐츠와 다른 새로운 유형의 콘텐츠 수요가 창출되고, 이러한 변화로 기존업계의 퇴출, 신규진입, 인수합병 등 업계구조와 콘텐츠 업계의 구조가 크게 재편되고 있다.

## 3 정보통신기기의 발전과 콘텐츠 경쟁

산업구조의 변화와 콘텐츠, 디지털화에 따른 콘텐츠 변화, 제작환경에 따른 콘텐츠 특성, 개인정보화와 콘텐츠 확보 등의 특성을 지닌다. 산업구조의 변화와 콘텐츠 측면에서 살펴보면, 미디어 관련 산업구조의 변화에 따라, 콘텐츠 제작시장의 구조적 변화가 이루어지고, 관련 업계 간 제작구조는 상호 융합, 복합적인 제작방식으로 변화하면서 기존 제작시장에 역동적인 구조적 변화를 가져오고 있다.

디지털화에 따른 콘텐츠 변화를 살펴보면, 디지털화가 진행됨에 따라 각기 다른 제작 방식이 디지털화로 이행되고 있으며, 유비쿼터스 미디어환경에서의 콘텐츠 활성화를 위해 기획 및 창의적인 아이디어 발굴을 통한 양질의 콘텐츠를 확보하는 방향이 부각되고 있는 추세다.

제작상황에 따른 콘텐츠 특성을 살펴보면 다음과 같다. 디지털 처리, 저장, 전송 기술의 향상은 과거 매체별로 분리되었던 콘텐츠 산업을 근본적으로 변화시키고 있으며, 이는 시장규모의 확대는 물론 제작방식의 변화로 이어지고 있다. 우선, 디지털기술과 정보압축 기술의 발전으로 수용자들은 언제 어디서나 자신들의 요구에 따라 미디어를 능동적으로 이용할 수 있게 되었다. 둘째, 콘텐츠에 대한 접근이 보다 융통성 있고 용이해져서 하나의 콘텐츠가 어떠한 미디어를 통해서도 제공될 수 있게 되었다. 셋째, 디지털화 한 콘텐츠 제작과정에서는 이용자들이 보다 능동적으로 콘텐츠 제작에 참여할 수 있게 되었다. 넷째, 콘텐츠를 제공하는 다양한 창구들이 생겨남으로써 매체선택의 폭이 다양해지고 있다. 다섯째, 정보기술의 발전으로 미디어와 이용자 간의 쌍방향성이 가능해지고, 이용자들의 반응이 프로그램에 반영되어 이용자의 편의성을 극대화시키게 된다.

인터넷의 보급에 따라 각종 저작물의 복제 및 전송이 용이해지면서 불법복제에 따른 저작권침해가 일상화되고 이는 새로운 분쟁의 원인이 되고 있다. 이에 따라 전 세계적으로 지적재산권 보호 추세가 강화되고 있으며 국가 간 교역에 있어 이러한 추세는 향후에도 더욱 강화될 전망이다. 방송통신융합 시대의 도래로 콘텐츠 산업의 구조 및 이슈변화를 가져오고 있다. 방송통신융합은 기존 콘텐츠의 유통시장 확대뿐 아니라 신규 서비스의 등장을 가능하게 함으로써 새로운 유형의 콘텐츠 개발을 촉진하는 효과를 기대할 수 있다.

예를 들어 영화화 방송, 영화와 게임, 게임과 음악 등 콘텐츠들의 구분이 모호해졌으며 인력과 자본 등 제작 요소들의 크로스오버 현상은 더욱 가속화되고 있기 때문

■ 그림 3-2 방송·통신 융합에 따른 콘텐츠 산업의 구조 및 이슈변화

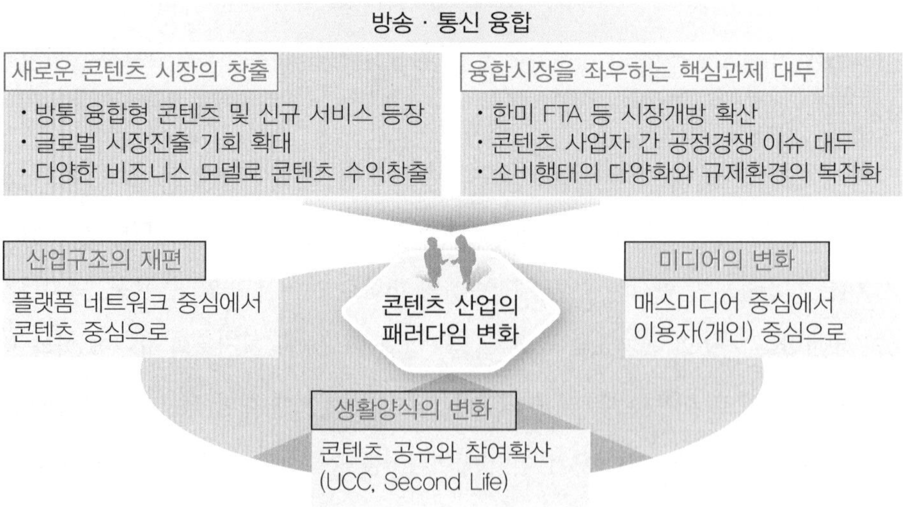

출처: 문화체육관광부, 「2008 문화산업백서」, p. 157.

에, 정책의 영역에서도 영화진흥정책과 방송진흥정책을 구분하는 것과 같이 정책 대상을 확연히 구분하는 작업이 날로 어려워지고 있다(문화체육관광부, 2008: 157). 또한 다양한 채널들의 등장과 더불어 방송 및 영상 콘텐츠 간의 경쟁이 강화되고 있다. 이와 같은 시장변화는 과거 다른 영역을 점유하였던 콘텐츠 간 경쟁을 가속화시키고 있다. 또한 유통망의 변화에 따라 포털, 지상파, 종편 등 영향력 있는 매체의 중요성이 커지고 있다. 방송융합에 따른 콘텐츠시장의 변화는 과거 경험하지 못한 것이며, 관련 제도, 법률 등도 이러한 변화 추세를 뒤따르지 못하고 있는 실정이다.

디지털 콘텐츠 비중의 증가에 따라 하드웨어 매체의 융복합화도 동시에 진행되고 있으며, 콘텐츠, 매체 서비스, 하드웨어 간의 동반성장 모델도 중요한 차세대 성장 동력으로 인식되고 있다. 가장 대표적인 사례는 iTunes와 iPod이라고 할 수 있다.

■ 그림 3-3 디지털화, 온라인화에 따른 디지털 콘텐츠 비중의 확대

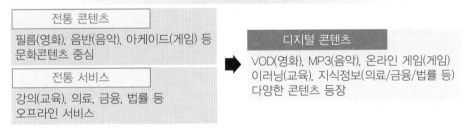

출처: 문화체육관광부, 「2008 문화산업백서」, p. 158.

## 4 콘텐츠 산업의 최근 동향

### 1) 유무선통신사업의 급성장

현재 우리 시대는 화면을 통해 정보를 전달하고 오락을 즐기고 대화하고 연결되고 거래하고 통제받는 시대에 살고 있으며, 화면은 모든 상황, 모든 목적에 사용되고 있다. 우리 생활도 도처에 화면이 사용되면서 화면을 보다 기술적이고 창의적으로 사용하는 것이 소비자와 소통하는 주요 열쇠이자 우리시대 마케팅의 과제인 것이 명백해지고 있다. 콘텐츠의 자유로운 유통을 바탕으로 이용자의 취향에 맞는 맞춤형 콘텐츠나 서비스를 제공하는 사업체의 빠른 성장세를 엿볼 수 있다.

특히 21세기로 진입하면서 영상산업에 디지털 혁명이라는 대변혁이 이뤄지고 있고, 고가의 하드웨어와 숙련된 기술을 가져야만 작업할 수 있었던 아날로그 영상시대에서 디지털 카메라와 개인용 컴퓨터 등의 보급으로 특별한 기술이나 장비 없이 누구나 영상콘텐츠를 제작할 수 있는 디지털 영상시대로 변하고 있다. 또한 브로드밴드의 보급 및 네트워크의 확산으로 언제 어디에서든 원하는 콘텐츠를 즐길 수 있는 유비쿼터스 네트워킹 시대로 접어들면서 디지털 영상산업이 부각되고 있다.

### 2) IPTV 서비스 및 종합편성 방송 개시

다양한 새로운 서비스가 등장하기 시작하면서 통신과 방송의 융합 시대의 대표적인 것으로 IPTV를 들 수 있으며, 최근에는 종합편성 채널 방송이 개시되었다. 이로써 기존의 미디어의 형태에서 벗어나 전송방식부터 콘텐츠의 공급방식이 다르고, 법적인 환경조성이 마련되면서 '초고속정보통신망을 이용하여 동영상콘텐츠 및 방송 등을 텔레비전 수상기로 보는 양방향 텔레비전 서비스'를 제공한다. FTTH망 보급 활성화, IPTV 상용화 등 새로운 패러다임에 발맞춰 이들 서비스를 활성화하기 위한 경진대회에서 새롭게 각광받는 IPTV 부가서비스 및 양방향 광고서비스 분야에서 참신하고 독창적인 작품이 쏟아져 나와 관련 분야에 관심이 지속되고 있다.


## 3) 디지털한류의 확산

지속적인 한류열풍에 힘입어 라이센싱이 활성화되어 문화콘텐츠 수출이 꾸준히 증가하고 있다. C세대와 같은 새로운 소비층과 소비문화 등장으로 디지털 콘텐츠의 소비 수요도 늘어남으로 인해 대기업 참여확대와 주식시장 부상과 온라인 및 모바일 기반의 콘텐츠 제작이 활발해지고, CT(문화콘텐츠기술)의 산업적 활용이 증대되며 DMB, WiBro, PMP, IPTV 서비스 본격화로 콘텐츠 수요가 증가함에 따라 여러 매체서비스가 제공이 되고 있다.

음악시장의 성장은 중국과 대만, 동남아시아의 한류열풍의 원천이 되고 있으며, 음반(CD, DVD 등)에서 음원(music source) 중심의 산업구조로 급속한 전환이 이루어지고 있다. 2007년도 음반판매량 총결산에 따르면 100위에 랭크된 곡 중 SM 엔터테인먼트(이하 SM)의 경우 슈퍼쥬니어·소녀시대·동방신기·천상지희 등의 소속사 가수의 음반이 16곡으로 1위를 차지하였으며, JYP 엔터테인먼트(이하 JYP)는 원더걸스·박진영·비 등의 음반이 4곡이나 선정되었고, 2006년도 음반판매량에 있어서도 SM은 약 15%의 점유율로 1위를, JYP는 약 3%로 9위를 기록하고 있다. 이들 기획사는 한류 열풍과 함께 소속 가수들의 해외 진출도 활발하며, 이수만과 박진영이라는 프로듀서 겸 제작자를 중심으로 기획성 가수를 배출하는 등 공통점 또한 갖고 있다.

신한류는 동남아시아에 이어 걸그룹 및 아이돌 그룹을 중심으로 일본에서 절정을 이루면서 일본 여성들의 동경이 되었고 이들의 춤, 화장법, 패션 등을 따라하는 신드롬이 나타났다. K-POP을 중심으로 하는 신한류의 확산은 한류의 지속가능성을 시사한다. 신한류는 한류가 침체기에 접어들어 더 이상 부활하지 않을 것이라는 우려를 불식시키고 한류가 지속 가능하다는 것을 보여준다. K-POP이 주도하는 신한류는 소셜미디어를 통해 아시아를 넘어 미국, 유럽, 남미 등 전 세계로 실시간 확산되고 있다.

## 제3절 // 문화산업에서 콘텐츠로 이어지는 핵심가치 변화

### 1 핵심가치의 특성

오늘날 문화적 요소를 매개로 문화적 행위를 통해 문화산업, 콘텐츠 산업 등으로 발전하고 있다. 문화적 요소를 기반으로 새로운 문화콘텐츠를 생산하고 이는 문화의 상징적 의미와 재미, 표상을 파는 콘텐츠 산업으로 진화하고 있으며 결국 문화산업, 콘텐츠 산업은 문화적 요소와 문화적 행위를 통해서 수용·발전될 것으로 전망된다. 이처럼 콘텐츠 산업이 국가, 사회, 그리고 개인의 일상생활에까지 미치게 된 원인에는 디지털산업과 IT산업 등의 정보와 문화중심의 새로운 형태의 산업이 발달되어 일상생활에 활용되면서 더욱 중요하게 자리를 잡기 시작하였다. 특히 기존에 쉽게 접하기 어려웠던 문화산업들과 예술, 정보, 데이터 등이 큰 노력 없이 쉽게 접할 수 있게 되면서 자신이 활용할 수 있는 정보와 가치가 아니면 새로운 경쟁력을 유발하게 되고 UCC(User Created Contents)나 킬러 콘텐츠 등이 나타나기 시작하면서 부터이다. 과거 문화산업에 포함되는 분야인 출판, 인쇄, 신문, 방송, 영화, 박물관 등이 고작이었으나, 최근에는 광고는 물론 문화관광까지 추가되고 있으며, 또 정보통신기술이 급속히 발전하면서 멀티미디어콘텐츠 분야까지 문화산업에 포함되고 있다. 그 핵심가치는 문화와 창의성을 그 원천으로 하고 있다.

콘텐츠 산업이 갖는 패러다임은 '융합'을 의미한다. 융합 트렌드는 콘텐츠 산업 전반에 내재되어 하나의 성장 동력으로 발전되어 오고 있으며, 융합현상 확대의 단초를 제공한 것 중에 하나로 IT기술의 역할이 크며, 콘텐츠와 디지털 기술의 접목이 가속화됨에 따라 콘텐츠의 속성, 서비스 형태에서 많은 변화가 일어나고 있다.

디지털 기술의 발달로 인해 문화콘텐츠 산업이 고부가가치 산업으로 부각되고 있지만 그 기저에는 문화적 요소를 매개로 문화적 행위를 통해 수용된다. 즉, 문화상품은 상징적 의미를 창출하고 전달하는 문화적 특성을 지니고 있다. 문화산업과 콘텐츠 산업은 처한 환경과 콘텐츠의 형태에 차이가 있으나, 본질적인 속성인 핵심가치, 문화와 창의성, 미디어를 매체로 하는 대중문화 등을 기반으로 유지되어야 한다. 콘텐츠 산업 체계는 아이디어가 지속적이며 창조적인 생산으로 이어지고 이를 시스템화하는 혁신적 모델을 지향하며 산업 및 정부조직의 구성요소들 사이에 다양한 연결 및 클러스터가 강조되고 있다. 또한 범위의 경제, 시스템 경제의 특성으로 인해 산업영역을 넘는(boundary cross) 다양한 협력을 통한 유연한 개발 및 생산환경 구성, 개발시간, 질 등이 중점 고려사항이 되고 있다.

## 2 핵심가치 도출 방향

정부와 관련 연구, 생산시간, 전통산업과 콘텐츠 산업이 각각의 역할을 갖고 상호 간의 시너지를 창출할 수 있도록 협력관계의 특성을 다양화하고 전문성을 진화적으로 발전시켜야 한다. 정부주도형 정책과 시장 자율적인 체제가 균형을 이루고 중앙정부, 지자체, 기업들이 전략적인 제휴, 클러스터 조성 등의 능동적인 협력이 강화되어야 한다(통합 업무조정 체제 확립). 이를 위해서는 일관되고 균형 잡힌 진흥정책을 위해 통합된 상위의 단일 전담 촉진조직이 절실히 필요하다. 문화체육관광부를 주도로 하는 정책진흥조직을 통합·조정하여 콘텐츠 산업의 창의성과 시스템 경제성을 보장할 수 있도록 치밀하게 설계해야 한다.

결국 콘텐츠 산업 전반에 걸친 수직, 수평적 관계에서 다양한 의견을 수렴하여 변화에 능동적으로 대처하고 협력적이고 다의적인 결정을 내리는 거버넌스 틀이 구성되어야 한다. 또한 국가적 미래 비전사업과 연계되어야 하고 이와 관련된 부처들의 적극적인 협업이 필요하다. 콘텐츠 산업은 문화와 첨단기술이 결합된 산업특성으로 인해 공익성과 산업 효율성을 동시에 고려해야 한다.

# 콘텐츠
# 산업발전의
# 제약요인

CPND 생태계와 콘텐츠 융복합

# 콘텐츠 산업발전의 제약요인

## 문화산업의 유형과 담당기관의 역할

　문화산업 담당기관은 '문화산업진흥기본법'에 정해져 있다. 이 법의 목적은 21세기 고부가가치 산업으로 떠오른 문화산업의 지원을 통하여 문화산업 발전기반을 조성하고 경쟁력을 강화하여 국민의 문화적 삶의 질을 향상시키고 국민경제의 발전에 이바지하기 위한 데 두고 있다. '문화체육관광부'가 이 법의 목적 달성을 위한 주관부처(제4조)로 명시되어 있다. 따라서 '문화체육관광부' 장관은 문화산업 진흥에 관한 기본적이고 종합적인 중·장기 기본계획과 문화산업의 각 분야별 및 기간별로 세부시행계획을 수립·시행하여야 한다.

　이 법에 의한 지원대상은 '문화상품'은 예술성·창의성·오락성·여가성·대중성(이하 "문화적 요소"라 한다)이 체화(體化)되어 경제적 부가가치를 창출하는 유형·무형의 재화와 그 서비스 및 이들의 복합체를 말한다. 즉, 문화적 요소가 체화되어 경제적 부가가치를 창출하는 유·무형의 재화(문화콘텐츠, 디지털문화콘텐츠 및 멀티미디어문화콘텐츠를 포함)와 서비스 및 이들의 복합체라고 할 수 있다. 이렇듯 '문화상품'은 문화유산, 생활양식, 창의적 아이디어, 가치관, 예술적 감성 등 문화적 요소들을 창의적 기획과 기술을 통해 콘텐츠로 재구성하여 상품화 한 것을 의미한다.

　이렇게 복잡하게 설명하고 있는 '문화산업'과 '문화상품'을 다음과 같이 정리하여 그려볼 수 있다. 협의의 관점에서 문화콘텐츠가 문화상품이라면 문화산업은 좀 더 넓은 의미에서의 개념이다. 그 중간에 공연, 축제, 테마파크 등 엔터테인먼트 산업이 있다. 문화산업이 전통적 의미의 분류라면 문화콘텐츠 산업은 정보통신기술의 발전에 따른 디지털 시대에 새롭게 부상한 분야이다. 공연, 축제, 테마파크 등도 중요한 문화산업이다.

문화상품 이중에서도 협의의 문화상품인 콘텐츠에 관심을 갖는 이유는 콘텐츠가 정보통신기술과 융합되면서 고부가 가치를 창출하는 디지털 시대, 지식기반사회의 핵심이기 때문이다. 문화산업은 제조업과 달리 쓰면 쓸수록 수확체감의 법칙이 작용하는 것이 아니다. 오히려 하나를 가지고 다양하게 계속적으로 반복하여 쓰는 특성 때문에 수확체증의 법칙이 작동한다. 그래서 문화콘텐츠 산업이 미래를 이끌 성장 동력 산업으로 인식되고 있는 것이다. 나아가 정보기술이 미래 드림소사이어티를 이끌어가는 핵심기술이 될 것으로 기대되면서 이를 개발하고 상품화 하는 인재의 중요성이 새롭게 강조되고 있다.

이런 이유로 우리나라는 물론 세계 각국이 문화콘텐츠 개발과 시장 확대를 통한 디지털 콘텐츠 산업 육성에 심혈을 기울이고 있다. '문화산업진흥기본법'에 의한 정책 지원에 있어서도 통합과 융합의 시대의 흐름을 반영하거나 선도하려는 분야에 집중하

그림 4-1 문화콘텐츠와 문화산업의 관계

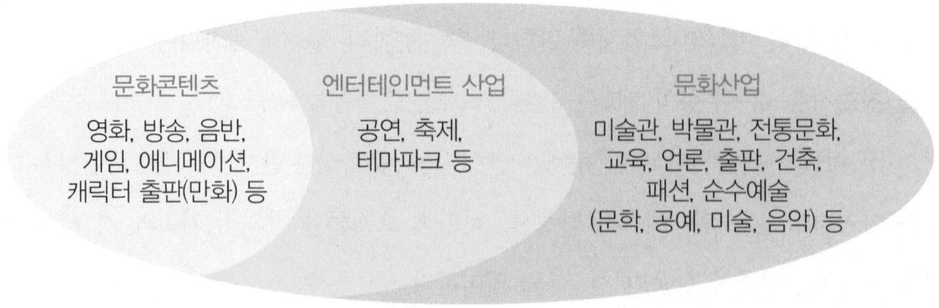

| 문화콘텐츠 | 엔터테인먼트 산업 | 문화산업 |
| --- | --- | --- |
| 영화, 방송, 음반, 게임, 애니메이션, 캐릭터 출판(만화) 등 | 공연, 축제, 테마파크 등 | 미술관, 박물관, 전통문화, 교육, 언론, 출판, 건축, 패션, 순수예술 (문학, 공예, 미술, 음악) 등 |

고 있다. 이렇듯 문화상품의 기획·생산뿐만 아니라 시장의 선도와 확산을 위해 모든 노력을 경주하고 있다. 경쟁력 있는 문화상품의 기획개발과 유통시장이 주요 과제로 부상되는 이유가 여기에 있다.

'콘텐츠 산업' 발전을 뒷받침하는 것이 정책이다. 중요한 것은 정책의 일관성이다. 그런데 그동안 우리의 콘텐츠 산업 정책은 부처별 업무 분화와 이의 조정이 쉽지 않아서 정책의 일관성과 조화를 기하기가 어려웠다. 이런 문제를 개선하고자 콘텐츠 관장 부처를 문화체육관광부로 일원화 했다. 총론은 문화체육관광부로 일원화 했지만 각론에 들어가면 부처 간 업무 협력과 조정이 필요해진다. 각 부처의 고유 업무를 고려해서 업무가 나누어진 것이기 때문에 업무 협조가 제대로 이루어지면 시너지 효과를 기대할 수 있으나 업무가 제대로 조정이 안 되면 문제가 발생한다. 이 문제는 기업에게 곧바로 영향을 미친다. 예를 들면 사업자가 사업을 하기 위해서 인허가를 받으려면 이곳저곳을 돌아다녀야 한다. 양 부처나 3개 부처에 관련될 경우에는 한 쪽에서 승인이 나더라도 다른 쪽에서 승인을 받지 못하면 일을 추진할 수 없다. 특히 기술과 문화의 접목을 통한 상품을 개발한다 해도 이를 두고 부처별 혼선이 발생한다면 상품화의 길은 멀어질 수밖에 없다.

콘텐츠 관련 상품은 시간이 중요하다. 상품을 개발해도 적시에 출시하지 않으면 실패하기 쉽다. 그만큼 경쟁이 치열한 분야이기 때문이다. 정보화 시대에서는 누가 먼저 상품을 출시하느냐에 따라서 사업의 성패가 갈린다. 이런 상황에서 인허가 처리에 시간이 걸리면 상품을 개발해놓고도 실기할 수 있다. 2008년 말에 상용화된 인터넷 TV(IPTV)를 놓고 방송이냐 아니냐를 가지고 당시 방송위원회와 정보통신부가 줄다리기 하느라 5년이라는 세월을 보냈다. 이 결과 기술을 먼저 개발해놓고 상용화는 다른 나라보다 뒤졌던 사례가 있다.

## 제2절 // '콘텐츠' 개념의 변화추이와 제도 및 행정체계 개편

### 1 콘텐츠정책 진흥체제의 현황 및 주요 내용

#### 1) 개요

1998년 2월 국민의 정부 출범과 함께 문화체육부 직제를 폐지하고 문화관광부가 신설되었으며, 2000년 처음으로 문화 부문 세출 예산이 정부 전체 세출 예산의 1.0%를 넘어섰다. 문화산업과 관련해서는 1998년 168억 원에서 2002년 1958억 원으로 획기적인 확충이 이루어졌고, 이러한 예산 증가는 근본적으로 '21세기를 문화의 세기'로 규정하면서 문화산업 정책에 관심을 기울인 국민의 정부의 이념에 따른 것이다. 이처럼 문화산업에 대한 실질적인 정책 지원은 국민의 정부에 들어와서부터 본격적으로 시작된다. 김대중 대통령은 1998년 2월 대통령 취임사에서 문화산업을 21세기 "기간산업"이자 "부의 보고"로 제시하였으며, 그 이후 관련 연설들을 통하여 문화산업에 대한 적극적인 정책의 필요성을 여러 번 강조했다. 1998년에 발표한 「국민의 정부 새 문화 관광 정책」(1998)에서 '문화 복지의 실질적 구현을 통한 삶의 질 향상'이 '창의적 문화 복지국가 건설'을 위한 10대 중점 과제 가운데 하나로 언급되고 있어 문화산업의 중요성을 더욱 부각시켰다. 국민의 정부에서는 문화산업에 대한 지원을 대폭 확대

■ 표 4-1 국민의 정부 문화산업 정책의 방향

• 문화산업을 새로운 국부를 창출하는 국가 기간산업으로 인식
  - 문화의 힘으로 이루는 제2건국
  - 문화산업을 국가 경쟁력 증진의 주요 수단으로 설정
  - 문화가 중심가치가 되는 지식 정보 사회 추구
  - 문화산업의 획기적 발전 체계 구축
  - 문화산업의 국제 경쟁력과 문화 정체성 확립에 노력

출처: 대통령 자문 정책기획위원회, 2006, 「사회 비전 2030 – 선진 복지 국가를 위한 비전과 전략」, p. 123.

함으로써 문화의 경제적, 산업적 가치를 새로운 정부 지원의 근거로 자리 잡게 했다.

21세기의 한국 콘텐츠 관련 정부활동을 요약해 보자면, 1999년의 「문화산업 진흥 5개년 계획」에 이어 2000년 초에 발표된 「문화산업 비전 21」은 문화 콘텐츠 산업의 육성을 통해 국가의 문화 정체성 확보 및 지식 기반 경제를 구현하기 위한 의지를 강조했다. 2000년의 「영화 산업 진흥 종합 계획」에 이어 「문화산업 비전 21」을 더 보완해 만든 「콘텐츠 코리아 비전 21」(2001)은 문화산업의 디지털화에 따른 콘텐츠 부족 문제를 문화산업의 당면 과제로 부각시켰다. 「콘텐츠 코리아 비전 21」에서 제시된 주요 문화산업 정책은 문화산업의 국제 경쟁력과 문화 정체성 확립을 중요한 정책 목표로 제시하고, 이를 위한 정책 수단으로 디지털 시대에 적합한 법 제도 정비, 지식 기반 경제를 선도할 전문 인력 양성, 문화 콘텐츠 창작역량 제고, 전략적 마케팅으로 세계 진출 확대, 산업 발전 기반 조성을 위한 인프라 구축 등을 제시했다. 이에 따라 정부로부터 지원 받는 문화산업 영역도 영화와 출판에서 게임, 애니메이션, 음악, 만화, 캐릭터, 한복, 광고, 문화 원형, 유·무선 디지털 콘텐츠, 에듀테인먼트 등 다양한 문화 콘텐츠 산업으로 확대되었다. 2001년에는 문화 콘텐츠 기술(Culture Technology)이 국가 전략 기술 6T 가운데 하나로 선정되고, 2002년에는 국가 전문 인력 양성 차원에서 문화 콘텐츠 인력 양성 계획이 수립되었다. 지원 조직으로는 문화 콘텐츠 산업 정책을 체계적으로 추진하기 위하여 1999년 영화진흥위원회, 한국게임산업개발원, 영상물등급위원회가 출범하였다.

1999년 2월에는 우리나라 문화산업 정책의 법적 기반인 '문화산업진흥기본법'이 발효되었고 "문화산업의 지원 및 육성에 필요한 사항을 정하여 문화산업 발전의 기반을 조성하고 경쟁력을 강화함으로써 국민의 문화적 삶의 질 향상과 국민경제의 발전에 이바지함"(제1조)을 목적을 가졌다. 그리고 "국가와 지방자치단체는 문화산업 진흥을 위하여 기술의 개발과 조사·연구사업의 지원, 외국 및 문화산업 관련 국제기구와의 협력체제 구축 등 필요한 노력을 하여야 한다"(제3조 2항)라고 선언하였다. 제2조에서는 문화산업을 "문화상품의 생산·유통·소비와 관련된 산업"으로, 문화상품은 "문화적 요소가 체화되어 경제적 부가가치를 창출하는 유·무형의 재화와 서비스 및 이들의 복합체"라고 정의하고 있다. 이 법에 근거하여 문화산업진흥기금이 설치되었고 아울러 문화산업 장기발전계획의 수립과 시행이 이루어지게 되었다. 그리고 2002년 개정을 통해 디지털 콘텐츠 관련 규정이 추가되었다.

2002년에는 영화 산업의 토대 강화를 위해 예술 영화와 애니메이션 및 단편 영화의 진흥에 관한 사항을 신설하는 내용을 골자로 하는 '영화진흥법'의 개정이 이루어졌다. 1991년 제정된 '음반 및 비디오에 관한 법률'에 게임영역이 추가되면서 1999년 '음반 비디오 및 게임물에 관한 법률'이 제정되어 게임기 및 방송기자재의 특소세 폐지, 전자 출판물에 대한 부가세 면제, 영상 및 게임의 벤처 기업 포함 등이 이루어졌다. 2002년 '출판 및 인쇄 진흥법'이 제정되어 출판, 인쇄 산업 진흥시책을 수립하여 시행하도록 규정하였으며, 전자 출판물과 도서정가제 법제화 등 법적 기반이 구축되었다.

문화산업진흥기본법에 근거하여 첨단문화산업단지 조성정책이 시행되었다. CT 클러스터 정책이라고도 불리는 이 계획은 문화산업 발전가능성이 큰 지역을 첨단디지털 문화산업의 전략적 기지로 조성하여 문화산업 육성과 지역발전의 연계를 도모하기 위한 것이었다. 2001년에 7개 지역이 첨단문화산업단지로 지정되었는데 그 내용은 다음 표와 같다.

■표 4-2 지역 문화산업 클러스터 현황

| 지역별 | 주요산업분야 | 주요사업계획 | 위치 및 부지규모 | 총사업비 |
|---|---|---|---|---|
| 대전 | 영상, 게임 | 영화·방송 오픈세트장, 스튜디오, 게임체험장, 게임 아카데미, 전시관<br>사업기간: '01~04 | 서구, 유성구 일원<br>(EXPO공원 중심)<br>약 1,00천 평 | 550억 원<br>국고: 230<br>지방비: 164<br>민자: 156 |
| 춘천 | 애니메이션 | 종합정보센터, 연구제작센터, 이벤트가든<br>사업기간: '01~05 | 춘천시 서면 현암리 금산리 일원<br>약 61천 평 | 998억 원<br>국고: 244<br>지방비: 245<br>민자: 509 |

| 지역별 | 주요산업분야 | 주요사업계획 | 위치 및 부지규모 | 총사업비 |
|---|---|---|---|---|
| 부천 | 출판만화 | 만화정보센터, 만화·문화거리조성,<br>종합지원센터 등<br>사업기간: '00~02 | 부천시 원미구 상동<br>454번지<br>약 67천 평 | 872억 원<br>국고: 36<br>지방비: 156<br>민자: 680 |
| 청주 | 게임<br>(교육용) | 콘텐츠아카데미, 멀티플상영관,<br>물류 및 비즈니스센터<br>사업기간: '01~04 | 청주시 내덕동<br>(담배원료공장부지)<br>약 23천 평 | 615억 원<br>국고: 200<br>지방비: 211<br>민자: 204 |
| 광주 | 디자인,<br>캐릭터, 공예 | 영상예술센터, 문화상품개발센터,<br>이벤트플라자, 콘텐츠개발센터<br>사업기간: '01~05 | 동구 금남로,<br>남구 사직고원 일원<br>약 65천여 평 | 644억 원<br>국비: 251<br>지방비: 345<br>민자: 48 |
| 경주 | VR기반<br>산업 | 사이버체험관, 문화전시관,<br>문화벤처관, VR랜드 등<br>사업기간: '01~05 | 경주시 천군동<br>(세계문화엑스포공원)<br>약 167천여 평 | 788억 원<br>국비: 220<br>지방비: 468<br>민자: 100 |
| 전주 | 디지털영상,<br>소리문화<br>산업 | 디지털영상미디어센터,<br>소리컨텐츠센터,<br>영상엔터테인먼트몰 등<br>사업기간: '01~05 | 전주시 완산구 중노<br>송동, 남노송동 일원<br>약 2만여 평 | 870억 원<br>국비: 260<br>지방비: 315<br>민자: 295 |

출처: 문화관광부, 『2001 문화산업백서』.


## 2) 「문화산업발전 5개년 계획」(1999-2003년)

문화산업 육성을 위한 장기발전계획은 1999년 「문화산업발전 5개년 계획」이 처음이다. 동 계획의 수립으로 문화산업에 대한 개념과 범위가 구체적으로 정의되고, 이를 통해 정부의 문화산업 진흥정책이 본격적으로 가능하게 되었다. 또한 문화산업 진흥정책의 정기적인 비전과 전략 아래 보다 체계적이고 정합적으로 추진될 수 있도록 영화, 애니메이션, 음반, 비디오, 컴퓨터게임, 출판, 문화상품 등의 문화산업 전반을 망라하는 「문화산업발전 5개년 계획」을 수립하여 연도별 계획에 따라 한정된 재원으로 최대의 효과를 거둘 수 있도록 출자 우선순위를 책정하고 전략부문을 설정하였다. 이에 따라 1999년에는 영화, 애니메이션 등 영상산업, 게임산업, 음반산업, 방송영상 산업, 출판·인쇄산업, 패션 및 디자인산업, 도자기 등 공예산업이 7대 전략부문으로 선정되었다. 5개년 계획의 1단계로 제도정비, 재원확보, 전문인력 양성 등 기반구축 사업이 중점적으로 추진되었다. 2단계(2000~2001)로는 수출상품 개발, 해외시장 개척 등 국제경쟁력 강화를 위한 사업이 추진되었으며, 3단계 사업(2002~2003)으로는 문화 산업단지 조성, 국제경쟁력 확보를 통한 국가기간산업화 진입이 목표로 설정되었다. 이 5개년 계획 수립 이후 문화산업진흥위원회가 구성됨에 따라 1999년 1차년도 사업 은 계속 추진하면서 전문가가 대폭 참여한 보완을 통해 2000년 2월 5개년 계획이 확 대 발전된 「문화산업비전 21: 문화산업진흥 5개년 계획」이 입안되었다.

　　주요 추진과제로서 「문화산업발전 5개년 계획」에는 인프라 구축을 위한 문화산업 인프라 조기구축, 정보화 시대에 부응하는 출판 산업의 인프라 구축, 한국 실정에 적 합한 영화산업 인프라 모델 구축, 영상산업의 전략적 육성을 위한 기반시설 구축, 방 송영상산업과 광고산업 진흥을 위한 인프라 구축 등의 추진과제가 포함되었다. 그 외 에도 문화산업 분야 간 연관효과 제고, 문화산업분야 간 정보공유체제 마련, 문화산업 분야 간 상호 지원기능 강화, 집적지 조성을 통한 연관효과 제고, 기술개발 및 전문인 력 양성체계 구축, 전략분야에 대한 첨단기술 개발 촉진, 전문인력 양성을 위한 교육 기관설립과 관련학과 설치운영, 전략분야 전문인력 조기양성체계 구축, 해외시장 진 출 강화와 수출전략상품개발, 해외진출지원시스템 재정비와 수출 활성화 여건 조성, 관련민간단체의 수출상담지원강화와 외국과의 합작 활성화, 수출증대를 위한 문화상 품 홍보강화 및 상설판매공간 확충, 수출전략상품 집중개발, 창업·제작의 촉진과 유 통의 현대화, 창업촉진과 문화산업전문투자조합 설립유도 등 투자환경조성, 분야별 유통전문기구 설립, 유통구조개선 및 건전유통질서의 확립 등이 추진과제로 수립되었 다. 또한 문화산업추진기반을 조성하기 위해서 문화산업진흥을 위한 관련법령의 조속 한 정비 추진, 문화산업진흥을 위한 계획수립·정책조정·지원기능 보강, 문화산업진흥을 위한 소요 재원의 안정적인 확충, 각종 규제의 철폐와 지속적인 제도개선 추진 등의 추진과제도 포함되었다.

■ 그림 4-2 문화산업진흥 5개년 계획

**비전 및 목표**
· 문화산업으로 문화대국, 경제선진국 도약
  − 문화산업의 21세기 국가기간산업화
  − 문화산업의 지식기반경제 선도산업화

**추진 기본방향**
· 적극적이고 공세적인 문화산업 육성대책 추진
· 민간부문의 경쟁력 강화와 투자환경 조성
· 독창적, 세계적 문화상품 개발

**추진전략**
· 전략문화산업의 집적화, 유통현대화
· 문화산업 정보네트워크 구축
· 전문인력 양성체제 확립
· 창업, 제작의 촉진과 기술개발의 지원
· 수출전략상품 개발과 해외진출 강화

출처: 『문화산업비전 21: 문화산업진흥 5개년 계획』 문화관광부, 2000.2. p. 29.

■ 표 4-3 문화산업진흥 5개년 계획 과제별 추진체계

| 중 점 추 진 과 제 | 주 관 기 관 | 관 련 기 관 |
|---|---|---|
| **Ⅰ. 문화산업 진흥기반 조기구축** | | |
| 1. 전략분야 집중육성을 위한 집적지 조성 | | |
| 1-1. 문화산업단지 조성 지원 | 문화부·건교부 | 지방자치단체 |
| 1-2. 파주출판문화정보산업단지 조성 | 문화부·건교부 | |
| 1-3. 첨단인쇄산업단지 조성 | 문화부·건교부 | |
| 1-4. 아케이드게임산업단지 조성 | 문화부·건교부 | |

| 중 점 추 진 과 제 | 주 관 기 관 | 관 련 기 관 |
|---|---|---|
| 1-5. 종합촬영소의 종합영상지원기지화 | 문화관광부 | |
| 1-6. 게임종합지원센터 확충 | 문화관광부 | |
| 1-7. 문화산업지원센터 설립(음악, 애니메이션 등) | 문화관광부 | |
| 1-8. 독립제작사 제작지원시스템 설치 | 문화관광부 | |
| 1-9. 영상벤처센터 지방확충 | 문화관광부 | 지방자치단체 |
| 1-10. 한국출판산업진흥원 설립 | 문화관광부 | |
| 1-11. 광고정보센터 설치 운영 | 문화관광부 | |
| 1-12. 광고회관 건립 | 문화관광부 | |
| 1-13. 문화산업진흥재단 설립 | 문화관광부 | |
| 2. 유통 현대화 | | |
| 2-1. 출판유통구조 현대화 | 문화관광부 | |
| 2-2. 출판물 종합유통센터 건립 | 문화관광부 | 산자부, 건교부 |
| 2-3. 서점 시설 현대화 지원 | 문화관광부 | |
| 2-4. 상설 만화양판점 설립 | 문화관광부 | |
| 2-5. 음반 유통·물류구조 현대화 | 문화관광부 | 산자부, 건교부 |
| 2-6. 공예문화상품 종합유통관 운영 | 문화관광부 | |
| 2-7. 인터넷신문 공사제도(Web Audit) | 문화관광부 | |
| 2-8. 입장권 통합전산망 사업 | 국세청, 문화부 | |
| 2-9. ABC제도 활성화 및 시청률조사 검증기구 구성 | 문화관광부 | |
| 2-10. 불법복제물 유통 근절 | 법무부, 문화부 | |
| **II. 문화산업 정보네트워크 구축** | | |
| 1. 문화산업 지식정보의 집적과 이용 활성화 | | |
| 1-1. 문화산업 통계연감 발간 | 문화부, 통계청 | |
| 1-2. 출판문화정보센터 설립 | 문화관광부 | |
| 1-3. 한국전자출판원(EBK) 설립 | 문화관광부 | |
| 1-4. 방송영상정보센터 설립 | 문화관광부 | |
| 1-5. 게임종합정보센터 설립 | 문화관광부 | |
| 1-6. 잡지종합정보센터 설립 | 문화관광부 | |
| 2. 문화산업정보 공유체계 구축 | | |
| 2-1. 문화산업 종합정보 네트워크 구축 | 문화관광부 | |
| 2-2. 사이버 「만화의 집」 구축 | 문화관광부 | |
| 2-3. 종합영상정보시스템 구축 | 문화관광부 | |
| 2-4. 애니메이션 네트워크센터(KANC) 설립 | 문화관광부 | |

| 중 점 추 진 과 제 | 주 관 기 관 | 관 련 기 관 |
|---|---|---|
| 2-5. 음반정보 포털 서비스 및 DB 구축 | 문화관광부 | |
| 2-6. 멀티미디어 저작권정보관리시스템 구축 | 문화관광부 | |
| 2-7. 신문정보지원센터 설립 | 문화관광부 | |
| 2-8. 광고물 표준화 및 광고DB 공용 추진 | 문화관광부 | |
| 2-9. 한국문양 DB 구축 | 문화관광부 | |
| **Ⅲ. 전문인력 양성체제 구축** | | |
| 1. 인력양성을 위한 전문교육 체제 구축 | | |
| 1-1. 한국영상아카데미 운영 | 문화관광부 | |
| 1-2. 게임아카데미 설립 | 문화관광부 | |
| 1-3. 음악산업 전문인력 양성지원 | 문화관광부 | |
| 1-4. 디지털 방송연수시스템 확충 | 문화부·방송위 | |
| 1-5. 영상분야 외국기술진 초빙현장 실습교육 강화 | 문화관광부 | |
| 1-6. 현장영화인 재교육 지원 | 문화관광부 | |
| 1-7. 사이버 광고강좌 개설 | 문화관광부 | |
| 2. 정규교육과정을 활용한 문화산업전문인력 양성 | | |
| 2-1. 4년제 대학에 문화산업 관련 전문학과 및 특성화고교 증설 유도 | 교육부 | 문화관광부 |
| 2-2. 만화교육기관 표준커리큘럼 및 총서개발 | 문화관광부 | 교육부 |
| 2-3. 영상기술 전문대학원 설립 | 교육부 | 문화관광부 |
| 2-4. 대중음악 전문교육기관 설치 유도 | 교육부 | 문화관광부 |
| **Ⅳ. 문화산업 분야 창업·제작의 촉진** | | |
| 1. 창업·제작 및 기술개발의 촉진 | | |
| 1-1. 전략분야(영화 등) 투자조합의 설립 | 문화관광부 | 재정경제부 |
| 1-2. 문화상품의 창작지원 확대·강화 | 문화관광부 | |
| 1-3. 문화산업 분야별 우수 작품·신인 발굴 | 문화관광부 | |
| 1-4. 신종 문화산업 콘텐츠 발굴·육성 | 문화관광부 | |
| 1-5. 애니메이션 국가프로젝트 추진 | 문화관광부 | |
| 1-6. 애니메이션 시험판(Pilot Film) 제작지원 | 문화관광부 | |
| 1-7. 게임연구소 설립 | 문화관광부 | |
| 1-8. 인쇄시설 현대화 지원 | 문화관광부 | |
| 1-9. 인터넷 전자잡지 지원 육성 | 문화관광부 | |
| 1-10. 공예문화 창작공방 설치 운영 | 문화관광부 | |
| 1-11. 박물관소장품 및 전통문화 응용상품의 개발 | 문화관광부 | 지방자치단체 |

| 중 점 추 진 과 제 | 주 관 기 관 | 관 련 기 관 |
|---|---|---|
| 1-12. 상품의 문화화를 위한 디자인 미술관의 거점화 | 문화관광부 | |
| 2. 수요기반의 확충 | | |
| 2-1. 방송의 외주제작비율 확대 | 문화관광부 | |
| 2-2. 방송프로그램 제작 활성화 지원 | 문화관광부 | |
| 2-3. 영상테마공원 조성(시네밸리 프로젝트) | 문화관광부 | |
| 2-4. 노래테마파크 조성 지원 | 문화관광부 | |
| 2-5. 한국영화전용관제 도입 | 문화관광부 | |
| 2-6. 애니메이션, 소형단편영화 전용관 설립 | 문화관광부 | |
| 2-7. VOD 인터넷서비스 구축 | 문화관광부 | |
| 2-8. 문화상품 제작·판매공간 활성화 | 문화관광부 | |
| 2-9. 문화·관광상품을 정부조달품목으로 지정·공급 | 조달청 | 문화관광부 |
| 2-10. '한국문화상품100선' 개발·선정 | 문화관광부 | |
| 2-11. 문화의 상품화·상품의 문화화 붐 조성 | 문화관광부 | |
| **V. 해외시장 진출 강화와 수출 전략 상품 개발** | | |
| 1. 수출전략 문화상품 집중 개발 | | |
| 1-1. 해외합작 게임개발 지원 | 문화관광부 | |
| 1-2. 한국상징음반 제작·보급 | 문화관광부 | |
| 1-3. 국내가요 외국어버전 음반제작·보급 | 문화관광부 | |
| 1-4. 국제경쟁력 있는 문화상품 디자인 개발 | 문화관광부 | 산업자원부 |
| 1-5. 한국 상징의 대표적 캐릭터 상품 개발 | 문화관광부 | |
| 1-6. 무형문화재작품, 박물관소장품, 전통문화 응용상품 개발 | 문화부, 외통부, 문화재청 | |
| 1-7. 패션디자인 상품 해외진출 지원 | 문화관광부 | |
| 1-8. 수출용 방송영상프로그램 제작 지원 | 문화관광부 | |
| 1-9. 해외 유명레이블 제휴음반 제작 지원 | 문화관광부 | |
| 2. 해외진출 지원시스템 정비와 수출활성화 여건조성 | | |
| 2-1. 출판물 해외시장진출 지원 | 문화관광부 | |
| 2-2. 한국영화 해외홍보 지원 | 문화부, 외통부 | |
| 2-3. 해외음악정보센터 설치 등 | 문화관광부 | |
| 2-4. 해외 게임수출센터 설립 | 문화관광부 | |
| 2-5. 아리랑TV 위성방송 지원 | 문화부·방송위 | |
| 3. 문화상품 국제견본시와 국제대회를 활용한 해외진출 | | |
| 3-1. 문화산업관련 국제대회 개최 및 유치지원 | 문화관광부 | 외교통상부 |
| 3-2. 문화산업관련 국제대회 참가지원 | 문화관광부 | 외교통상부 |

사업별 추진시기 및 소요예산은 다음의 표와 같다.

■ 표 4-4 사업별 추진시기 및 소요예산

| 사업명 | 구분 | 추진시기별 소요예산액 | | | | | |
|---|---|---|---|---|---|---|---|
| | | 1999 | 2000 | 2001 | 2002 | 2003 | 계 |
| 문화산업 인프라 조기구축 | 공공 | 30,743 | 59,100 | 122,062 | 190,216 | 162,597 | 564,718 |
| | 민간 | 50,999 | 37,963 | 216,411 | 223,279 | 325,275 | 853,927 |
| | 소계 | 81,742 | 97,063 | 338,473 | 413,495 | 487,872 | 1,418,645 |
| 문화산업 정보네트워크 구축 | 공공 | 4,500 | 4,067 | 12,103 | 42,097 | 5,200 | 67,967 |
| | 민간 | 2,055 | 1,305 | 3,185 | 4,705 | 1,800 | 13,050 |
| | 소계 | 6,555 | 5,372 | 15,288 | 46,802 | 7,000 | 81,017 |
| 전문인력 양성체제 구축 | 공공 | 797 | 4,824 | 10,550 | 16,980 | 15,450 | 48,601 |
| | 민간 | 0 | 600 | 1,000 | 1,000 | 1,000 | 3,600 |
| | 소계 | 797 | 5,424 | 11,550 | 17,980 | 16,450 | 52,201 |
| 문화산업분야 창업제작의 추진 | 공공 | 7,716 | 27,970 | 26,210 | 25,220 | 21,230 | 108,346 |
| | 민간 | 9,389 | 22,950 | 19,150 | 33,250 | 22,850 | 107,589 |
| | 소계 | 17,105 | 50,920 | 45,360 | 58,470 | 44,080 | 215,935 |
| 해외시장 진출강화와 전략상품 개발 | 공공 | 5,654 | 20,602 | 28,619 | 25,797 | 15,000 | 95,132 |
| | 민간 | 1,039 | 6,345 | 13,653 | 16,724 | 7,500 | 45,261 |
| | 소계 | 6,693 | 26,407 | 42,272 | 42,521 | 22,500 | 140,393 |

「콘텐츠 코리아 비전 21」은 1999년 발표된 「문화산업발전 5개년 계획('99~'03)」 중 콘텐츠 산업 분야의 사업을 보완 발전시켜 2001년 6월에 발표된 실천계획이다. 그전까지 문화산업이라는 용어를 사용하다가 2001년부터 문화콘텐츠 산업이라는 용어를 사용하기 시작한다. 문화산업의 디지털화 가속 및 미디어 융합 등에 따라 콘텐츠시장이 급팽창하면서 시장의 유연성에 대응한 정책지원시스템 재편이 필요했다. 1999년 수립된 「문화산업발전 5개년 계획」으로 마련된 문화산업 발전 기반을 바탕으로 디지털 시대에 대응한 문화콘텐츠 분야별 실질 경쟁력 확보를 위한 세부 실천계획을 수립했다.

그림 4-3 1999년 「문화산업발전 5개년 계획」 실천계획

국내외의 급변하는 환경에 대응한 국가 차원의 실천적 비전과 전략을 제시했다. "문화관광부가 중심이 되어 콘텐츠산업에 국운을 걸고 관련 시책을 추진"(2001.02.14 문화관광부 연두보고시 대통령 지시). "한정된 인적자원과 재원을 감안할 때 우리 민족의 문화적 창의력 등 지적 기반이 우수한 것이 경쟁의 핵심이므로, 문화관광부장관은 전략적으로 특히 중요한 CT와 콘텐츠산업 발전에 전력을 다해 이 분야의 경쟁력을 높일 것을 장관 간담회 시 대통령이 지시하기도 했다.

이 계획의 핵심사업의 하나로 한국문화콘텐츠진흥원이 설립되었고(2001.06.25), 국제적 경쟁력을 가진 고품질의 문화콘텐츠를 제작·공급할 수 있는 성장기반을 조성하고, 문화콘텐츠 산업을 총괄 지원하는 업무를 통합함으로써 취약한 콘텐츠 제작·유통 업계에 대한 효율적인 투자·지원 및 시너지 효과 창출을 통한 산업 육성을 도모할 목적을 가졌다. 정책비전과 전략은 〈그림 4-4〉와 같다.

주요 추진과제는 우선 디지털시대에 부응하는 법령 및 제도를 정비하는 것이다. 「문화산업진흥기본법」을 문화콘텐츠 중심으로 전면 개편하여 디지털콘텐츠의 생산·유통 활성화를 위한 법적·제도적 지원체제를 마련하는 것을 우선시 하겠다는 것이다. 이를 통해 전통적 문화산업지원 중심에서 21세기 디지털경제에 부응하는 온라인·오프라인 콘텐츠 산업에 대한 종합적인 지원체제 중심으로 개편할 수 있을 것을 기대한다. 디지털 콘텐츠 산업의 육성 및 진흥을 위한 각종 지원규정 확대방안도 제시되었다.

다음으로는 분야별 문화산업 관련 법제를 디지털시대에 맞게 정비해야 한다는 것이다. 디지털 기반의 One-source Multi-use 시대에 맞도록 「영화진흥법」, 「음반·

그림 4-4 정책비전과 추진전략 흐름도

| 정책비전 및 목표 |
| --- |
| • 21세기 문화대국 · 지식경제강국 구현<br>　－ 2003년 문화콘텐츠 핵심생산국 진입기반 마련 |

| 추진전략 |
| --- |
| • 고품질 문화콘텐츠 개발 지원<br>• 문화콘텐츠 산업 간 시너지효과 극대화<br>• 전략 콘텐츠산업분야 집중 육성 |

| 법령 · 제도<br>정비 | 창작역량<br>확충 | 인프라<br>구축 | 전문인력<br>양성 | 세계시장<br>진출 확대 |
| --- | --- | --- | --- | --- |

| 문화콘텐츠 산업 종합 지원체제 구축 |
| --- |

비디오물 및 게임물에 관한 법률」 등 개별 법령을 정비하여, 디지털영화·VOD·MOD 등의 진흥을 위한 근거규정을 신설할 필요가 있었다. 또한 「영상진흥기본법」을 개편하여 방송영상산업을 진흥시키는 방안도 제시했다. 「한국방송진흥원」을 「한국방송영상산업진흥원」으로 확대하는 것도 한 방안이다.

디지털시대 부응을 위한 「저작권법」 전면 개정도 있었다. 디지털기술이 발달함에 따라 적극적으로 대응하는 「저작권법」 전면 개편 추진(2001~2003)이 이루어져 왔으나, 온·오프라인 저작권 보호를 강화할 필요가 있고, 저작물의 공정이용질서 확립 등을 반영해야 한다는 요구가 있다.

다음 과제로서 문화콘텐츠 창작역량을 확충하는 것이다. 「한국문화콘텐츠진흥원」 설립으로 콘텐츠창작 인프라를 선도하여 문화콘텐츠 산업에 대한 종합적·체계적 지원시스템을 마련하고자 한다. 문화원형의 디지털 콘텐츠 개발 및 창작콘텐츠 제작 지원이 그 주축을 이루고 문화콘텐츠 R&D 역량 강화 및 CT 육성은 그 보조 역할을 할 수 있을 것이다. 이를 위해서는 문화콘텐츠 재원을 확충하여 콘텐츠 제작시장을 활성화해야 한다. 전략 콘텐츠분야별 투자조합 결성을 2003년까지 총 5천억 원 규모로 확대하여 음악·게임, 디자인산업 분야 매년 450억 원(기금 100억, 민간 350억), 영화·애니메이션 분야 매년 600억 원(금고 100억, 민간 500억), 기타 디지털문화콘텐츠 분야 매년 350억 원(기금 100억, 민간 250억)을 배정한다. 문화콘텐츠 진흥재원을 지속적으로 확충하기 위해서 또한 문화산업진흥기금, 영화진흥금고 등 재원 확충을 지속하고 문화산업진흥기금 2003년까지 3,000억 원을 조성하며, 영화진흥금고 2003년까지 1,700억 원 조성하는 등 문화산업진흥기금의 장기 저리융자 지원을 확대했다.

창작 문화콘텐츠 제작 활성화 지원을 위해서는 창작지원자금 확대 및 단계별 지원체계를 구축하여 전략콘텐츠를 사전에 발굴하고 지원으로 이어져 기획창작역량을 대폭 강화하고자 한다. 프로젝트별 지원시스템으로 다양화 및 비상업적 기초 분야에 대한 창작지원 강화도 중요한 과제이다.

전략콘텐츠 분야별 지원 강화를 위해서 애니메이션 창작기반을 조성하고 방송용 애니메이션 제작자의 과중한 비용부담과 판권의 제한을 해소시키고, 전자책(e-Book) 산업 발전기반을 구축하며, 「디지털 콘텐츠 식별체계(DOI)」를 개발·운영 지원하고, 디지털 방송영상산업의 발전기반을 구축한다.

세 번째 과제로서 산업발전을 위한 기반조성을 위한 인프라 구축을 들 수 있다. 「미디어콘텐츠센터」 설치로 미디어교육 기반을 확립한다. 「미디어콘텐츠센터」란 인터넷 등 다양한 미디어를 통해 보급·확산되는 멀티미디어 콘텐츠에 대한 비판적 접근·활용방법 및 제작방법 등에 관한 청소년 및 일반인 대상 교육을 지원하기 위한 지역별 센터를 의미한다. 추진전략으로서 우선 기존시설을 활용하고, 시범 기관을 설치운영(전국 16개소)하며 관련 지도자 육성('02)을 기조로 한다. 이를 위해 지역별 「문화의 집」, 「청소년수련원」 등 우선 활용하고 전국 232개 지자체에 「미디어콘텐츠센터」를 설치('03~'05)한다. 지도자와 관련해선 관내 초·중·고 학생들에 대한 방문교육을 실시하고 지도교사 연수 및 일반인들을 대상으로 한 각종 강좌 개설 및 교육 지원을 계획한다.

문화콘텐츠 유통 활성화를 위한 네트워크 인프라 구축은 「저작권 종합정보네트워크」 구축(2003까지, 58억 원)을 목표로 영상 관련 종합 정보시스템 및 네트워크 구축으로 기관별로 특화된 영화정보 DB의 내실화 및 활용을 제고한다. 영화진흥위원회, 영상자료원, 서울영상벤처센터 등을 네트워크로 연계할 수 있다. 한국 애니메이션 네트워크 센터(KANC) 및 음반정보 포탈사이트를 구축하는 것도 한 방법이다. 전국극장 입장권전산망 구축 및 데이터를 통합(150억 원, 연간 50억 원)한다. 문화콘텐츠의 유통 활성화를 위한 인프라 구축으로는 지역별·산업별 지방 문화산업을 성장거점으로 확보하여 지역별·산업별 특화단지 「첨단 디지털 테마파크」를 조성하고 주요 거점 도시에 「지방문화산업지원센터」 설립을 지원한다. 이를 위해 각 시도별로 총 21개소를 조성한다. (국비·지방비 각 20억 원 지원, '00~'04년) 2000년에는 3개소(부산, 광주, 대전), 2001년은 5개소 추가 조성(대구, 춘천, 부천, 청주, 전주)한다.

산업별 인프라 확충 및 유통체계 개선을 위해 종합촬영소의 첨단디지털 영상기지화를 추진(국고/영화진흥금고 298억 원)하고 영상자료원에 「종합영상자료아카이브」를 구축한다(국고 138억 원). 또한 음반 및 캐릭터산업의 유통구조를 선진화 한다.

지식기반경제를 선도할 전문 인력 양성을 위해서 전략 콘텐츠분야 전문인력 양성기능을 대폭 강화한다. 문화콘텐츠 핵심분야에 프리랜서 제작자를 위한 특별교육 프로그램을 지원하고 2002년부터 연간 1,000명씩 총 3,000명 재교육을 목표로 한다. 분야별 현장 전문인력 양성기능을 보강 확충하기 위해 3D 애니메이션, 음악산업, 캐릭터산업 등 유망 콘텐츠 창작인력의 해외연수를 지원한다. 영화 및 애니메이션 아카데미를 통합 운영(2001.07)한다.

문화콘텐츠 전문 프로듀서 및 마케터 양성은 「문화콘텐츠 기획 아카데미」 운영으로 기획부터 유통까지 콘텐츠 제작 전 과정의 전략을 수립하고 수행·관리할 수 있는 디렉터급 전문가를 연 100명씩 총 300명 양성한다.

「문화콘텐츠 전문 마케터」 양성은 애니메이션·캐릭터 등 산업분야별, 아시아·미국·유럽 등 권역별 「문화콘텐츠 전문마케터」를 300명 정도 양성('02~'04)한다. 첨단

전문인력 양성을 위한 교육과정 확대를 위해 정규교육과정에 콘텐츠 특성화 학과 증설을 추진하고 기존 교육기관을 활용한 문화콘텐츠인력 전문 프로그램을 활성화하며 문화콘텐츠 인식 확산을 위한 「콘텐츠테마스쿨」을 운영 지원한다.

전략적 마케팅으로 세계시장 진출 확대를 모색한다. 전략지역에 해외시장 진출 거점을 확보하여 해외거점 설치로 우리 문화상품의 현지화 진출을 지원한다. 설치 및 운영계획은 1차로 일본에 기 설치된 문화산업지원센터 지사의 활동을 강화('01)하고 2차로 중국에 지사를 설치하여 "韓流"의 파급을 확산 지원('01)하며 3차로 미국 및 유럽 지사를 설치 추진('02 이후)한다.

경쟁력 있는 '스타프로젝트' 발굴 및 집중에 지원하여 성공 가능한 유망프로젝트를 조기 발굴하고 지원한다. 기획부터 해외마케팅까지 One-stop 서비스체제로 일괄 지원하여 세계적인 문화콘텐츠로 육성한다. 게임 등 전략분야별로 매년 각 10개 내외 프로젝트를 선정한다. 세계적인 문화콘텐츠 행사 개최로 한국을 콘텐츠 배급기지화한다. 디지털 시대를 조명하는 「디지털 문화콘텐츠 EXPO」 개최('02)하고 「월드사이버게임즈」 개최 및 「디지털콘텐츠 아시아 그랑프리」를 개최('02)한다. 한·중·일 아시아문화권의 협력체제를 구축하여 창작콘텐츠를 발굴한다. 문화콘텐츠 국제 공동제작 프로젝트 지원으로 외국 유수 기업과의 문화콘텐츠를 공동개발하도록 적극 지원('02)한다.


## 2 콘텐츠정책 진흥체제의 조직 및 기능변화

### 1) 정부 조직

가. 1999년

1999년 출판진흥과, 신문잡지과, 영화진흥과와 영상음반과가 없어지는 대신, 출판신문과, 영상진흥과, 게임음반과, 문화상품과가 신설되었다. 출판신문과는 이전의 출판진흥과에서 담당해왔던 업무와 더불어 출판·인쇄 및 정기간행물 산업 인력양성에 관한 사항, 출판물의 남북교류·해외진출 및 국제 교류에 관한 사항, 전자출판 및 출판만화산업의 지원이 추가되었다. 영상진흥과는 기존 영화진흥과에서 맡았던 업무를 확장하여 애니메이션과 비디오물 등 다양한 영상산업관련 업무를 관장하였다. 문화상품과는 디자인·캐릭터·도자기·전통공예품 등 문화상품 산업의 개발과 보급을 위한 업무를 담당했다. 게임음반과는 게임물과 음반산업육성과 관련된 제반 업무 및 첨단 쌍방향 매체프로그램의 개발과 보급, 영상물등급위원회 관련 업무를 담당하였다. 문화상품과는 전통문화상품·한복산업 및 기타 우수전통공예품 등의 활성화 관련 업무를 담당하였다.

그림 4-5 문화관광부 문화산업국 조직도(1999년)

문화산업국 각 과의 주요 관장 사항은 아래와 같다.

표 4-5 문화관광부 문화산업국 각과 주요 관장 사항(1999년)

| 문화산업<br>정책과 | 1. 문화산업진흥에 관한 종합계획의 수립 및 조정 |
| --- | --- |
| | 2. 문화산업진흥을 위한 조사 및 연구 |
| | 3. 문화산업진흥기금의 조성 및 운영 |
| | 4. 문화산업진흥위원회의 운영 |
| | 5. 문화산업진흥 기반 확충 및 제도의 정비 |
| | 6. 문화산업 관련관계부처 및 시·도와의 협력업무 총괄 |

| | |
|---|---|
| | 7. 문화산업 관련 국제통상기구·외국정부 및 외국기관과의 협력업무 총괄 |
| | 8. 기타 국내 다른 과의 주관에 속하지 아니하는 사항 |
| 출판신문과 | 1. 출판·인쇄 및 정기간행물산업의 진흥에 관한 종합계획의 수립 및 시행 |
| | 2. 출판물 및 정기간행물의 제작활동 및 관련단체의 지원 |
| | 3. 출판·인쇄 및 정기간행물산업 진흥을 위한 조사 및 연구 |
| | 4. 출판·인쇄 및 정기간행물산업 관련인력양성에 관한 사항 |
| | 5. 출판물 및 정기간행물의 유통구조 개선 및 지원 |
| | 6. 출판물 및 정기간행물의 정보화에 관한 사항 |
| | 7. 출판물 및 정기간행물 관련 남북교류·해외진출 및 국제교류에 관한 사항 |
| | 8. 전자출판 및 출판만화산업의 육성 및 지원 |
| | 9. 인쇄업·출판업 및 정기간행물발행업의 등록과 출판물 및 정기간행물의 납본에 관한 사항 |
| | 10. 외국간행물의 수입 추천 및 해외 정기간행물 지사·지국의 설치에 관한 사항 |
| | 11. 한국간행물윤리위원회 및 언론중재위원회에 관련된 업무 |
| 방송광고과 | 1. 방송(방송기술 및 시설분야를 제외한다. 이하 같다) 및 광고산업에 관한 종합계획의 수립·시행 |
| | 2. 방송 및 광고 제작활동의 지원과 관련단체의 지원 |
| | 3. 방송 및 광고산업 진흥을 위한 조사·연구 |
| | 4. 방송 및 광고 관련인력양성과 기술개발에 관한 사항 |
| | 5. 방송프로그램 유통구조의 개선 및 지원 |
| | 6. 방송·광고분야의 남북교류·해외진출 및 국제교류에 관한 사항 |
| | 7. 방송 및 광고산업 지원 기반확충과 제도의 정비 |
| | 8. 방송산업 및 방송영상산업의 육성·지원 |
| | 9. 방송국의 허가추천 및 종합유선방송사업의 인허가에 관한 사항 |
| | 10. 광고 관련 조성자금의 운용 |
| | 11. 독립제작사의 육성 및 지원 |
| | 12. 광고공익사업의 지원과 건전한 광고문화활동의 육성 및 지원 |
| | 13. 새로운 광고기법의 개발 및 지원 |
| | 14. 한국방송공사 및 한국방송광고공사에 관련된 업무 |
| 영상진흥과 | 1. 영화·애니메이션·비디오물 등 영상산업 진흥에 관한 종합계획의 수립 및 시행 |
| | 2. 영상산업 분야의 제작활동 및 관련단체의 지원 |
| | 3. 영상산업 진흥을 위한 조사 및 연구 |
| | 4. 영상산업 관련전문인력의 양성에 관한 사항 |
| | 5. 영상물의 유통구조의 개선 및 지원 |
| | 6. 영상산업의 정보화에 관한 사항 |
| | 7. 영상산업 관련 남북교류·해외진출 및 국제교류에 관한 사항 |

| | |
|---|---|
| | 8. 영상물을 상영하는 공연장에 관한 사항 |
| | 9. 영화진흥위원회에 관련된 업무 |
| 게임음반과 | 1. 게임물·음반산업 진흥에 관한 종합계획의 수립 및 시행 |
| | 2. 게임물·음반산업 관련제작활동 및 관련단체의 지원 |
| | 3. 게임물·음반 및 멀티미디어 콘텐츠산업(정보통신 관련기술지원을 제외한다)의 진흥을 위한 조사·연구 |
| | 4. 게임물·음반산업 관련인력양성 및 기술개발에 관한 사항 |
| | 5. 게임물·음반의 유통구조 개선 및 지원 |
| | 6. 게임물·음반산업의 남북교류·해외진출 및 국제교류에 관한 사항 |
| | 7. 게임장에 관한 사항 |
| | 8. 게임물·음반 제작업 및 배급업 등록에 관한 사항 |
| | 9. 게임물 및 음반산업의 건전한 육성에 관한 사항 |
| | 10. 첨단 쌍방향 매체프로그램의 개발 및 보급에 관한 사항(정보통신 관련기술지원을 제외한다) |
| | 11. 영상물등급위원회에 관련된 업무 |
| 문화상품과 | 1. 디자인(산업디자인을 제외한다)·캐릭터·도자기·전통공예품등 문화상품산업의 진흥에 관한 종합계획의 수립 및 시행 |
| | 2. 문화상품 관련개발활동 및 관련단체의 지원 |
| | 3. 문화상품 개발·보급을 위한 조사 및 연구 |
| | 4. 문화상품 관련인력양성 및 기술개발에 관한 사항 |
| | 5. 문화상품의 유통구조 개선 및 지원 |
| | 6. 문화상품 관련 남북교류·해외진출 및 국제교류에 관한 사항 |
| | 7. 문화상품산업 기반확충 및 제도의 정비 |
| | 8. 전통문화상품·한복산업의 육성 및 활성화 지원 |
| | 9. 우수전통공예품등의 지정·표시제도 운영 |
| | 10. 기타 우리 문화를 소재로 한 신상품의 개발 및 보급 |

출처: 문화관광부와 그 소속기관직제시행규칙, 제8조(문화산업국에 두는 과)
[시행 1999.5.24] [문화관광부령 제22호, 1999.5.24. 일부개정]

## 나. 2001년

문화관광부는 2000년까지 문화산업이라는 용어를 사용해오다가 2001년부터는 문화콘텐츠 산업이라는 용어를 사용하기 시작했다. 문화콘텐츠 산업의 획기적 진흥을 위한 지원체계 구축을 위하여 2001년 5월 11일 자체 조직개편을 통해 문화상품과를 대신하여 문화산업국에 문화콘텐츠진흥과를 설치하였다.

■ 그림 4-6 문화관광부 문화산업국 조직도(2000년)

문화콘텐츠진흥과는 멀티미디어 콘텐츠를 비롯하여 각종 문화콘텐츠의 진흥을 위해 다양한 사업과 정책을 추진하였다. 구체적인 관장 업무는 다음과 같다.

■ 표 4-6 문화콘텐츠진흥과의 관장업무(2001년)

문화콘텐츠진흥과의 관장 업무 〈개정 2001.5.11.〉
1. 멀티미디어 콘텐츠산업(정보통신관련 기술지원을 제외한다) 및 디자인(산업디자인을 제외한다)·캐릭터·도자기·전통공예품·출판만화 등 문화상품산업의 진흥에 관한 종합계획의 수립 및 시행
2. 멀티미디어 콘텐츠 및 문화상품관련 개발활동 및 관련단체의 지원
3. 멀티미디어 콘텐츠 및 문화상품 개발·보급을 위한 조사 및 연구
4. 멀티미디어 콘텐츠 및 문화상품관련 인력양성 및 기술개발에 관한 사항
5. 멀티미디어 콘텐츠 및 문화상품의 유통구조 개선 및 지원
6. 멀티미디어 콘텐츠 및 문화상품관련 남북교류·해외진출 및 국제교류에 관한 사항
7. 멀티미디어 콘텐츠 및 문화상품산업 기반확충 및 제도의 정비
8. 전통문화상품·한복산업의 육성 및 활성화 지원
9. 우수전통공예품등의 지정·표시제도 운영
10. 기타 우리 문화를 소재로 한 신상품과 멀티미디어 콘텐츠에 관련된 신상품의 개발 및 보급
11. 첨단 쌍방향 매체프로그램의 개발 및 보급에 관한 사항(정보통신관련 기술지원을 제외한다)

다. 2009년

2009년 1월 1일 저작권정책관 산하에 통상협력팀이 새로이 신설되었다.

2009년 5월 미디어정책관이 2차관 소속의 미디어정책국으로 이관되어 미디어정
책국에는 기존 미디어정책관과 산하의 미디어정책과, 방송영상광고과, 출판인쇄산업
과를 두고 뉴미디어산업과는 폐지되었다. 문화콘텐츠산업실에는 콘텐츠정책관 산하의
전략콘텐츠산업과를 폐지하는 대신 영상산업과를 영상콘텐츠산업과로, 게임산업과를

■ 그림 4-7 2009년 문화체육관광부 조직도

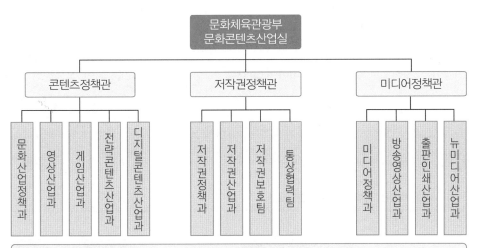

출처: 「문화체육관광부와 그 소속기관 직제 시행규칙」, 제9조(문화콘텐츠산업실)
　　　[시행 2009.1.1] [문화체육관광부령 제22호, 2008.12.31, 일부개정]

게임콘텐츠산업과로 개편하였으며, 저작권정책관 산하의 저작권보호팀과 통상협력팀을 폐지하고 저작권보호과를 신설하였다.

### 라. 2013년

박근혜 정부 초기 정부조직개편으로 교과부가 해체되어 과학기술 기능과 구 정통부 기능, 방통위 기능 중 일부, 산자부 기능 중 일부, 그리고 문광부 기능 중 일부를 포괄하는 미래창조과학부가 신설되었다. 문광부의 경우에는 디지털콘텐츠산업과만 대중문화산업과로 변경되어, 이명박 정부 당시와 거의 유사하다. 디지털콘텐츠 부문은 앞서 설명한 바대로 문광부에 남아 있는 것이 더 좋을 것으로 사료된다. 또 하나의 문제는 문광부의 미디어정책과가 있는데도 불구하고, 미래창조과학부에 유사한 뉴미디어정책과가 있다는 것이다.

정통부가 폐지되고 그 기능이 지경부·문화체육관광부·방송통신위원회로 분산돼 IT 위상이 국제적으로 떨어졌다는 비판이 많았다. 이런 맥락에서 IT를 넘어 정보통신기술(ICT) 생태계 거버넌스 논의가 나온다. 시장이 디지털 콘텐츠부터 플랫폼(소프트웨어), 네트워크(통신망), 단말기(모바일)가 서로 융합하는 생태계(C-P-N-D, Contents-Platform-Network-Device)

▶ 그림 4-8 박근혜 정부 초기 정부조직개편

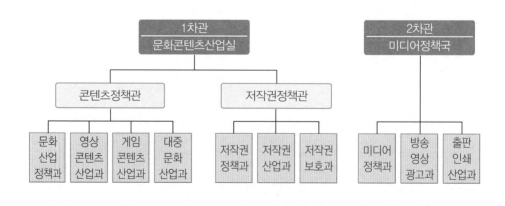

로 진화하기 때문이다. 이런 생태계를 총괄하는 부처가 필요하다. 다만, 디지털 콘텐츠 영역은 현행대로 문화부에서 맡는 것이 바람직하다. 아니면 문화와 정보기술 기능을 융합하여 정보문화부 혹은 문화정보부로 통합하는 안도 바람직하다. 이 경우 부처 비대화 문제를 해결하기 위해 관광 등의 기능은 청으로 외청화하는 방안도 있을 것이다.

마. 문화행정의 변천 종합

① 문화행정의 주요 가치 및 목표

ㄱ. 문화부

본 연구에서는 정홍익(1992)이 분류한 문화행정의 가치를 적용하여 각 시기별 문화행정 이념을 살펴보고자 한다.

정홍익은 1992년 「한국행정학보」에 발표한 "문화행정연구: 개념틀과 분석"이라는 논문을 통해 문화행정이 추구하는 가치를 주체, 평등, 창의, 효용으로 상정하였다. 주체는 민족의식의 배양을 목적으로 문화유산의 보존과 관련된 가치이며, 평등은 국민정서욕구 충족을 목적으로 문화향유기회의 확대와 관련된 가치이다. 또한 창의는 예술발전을 목적으로 창작지원과 관련된 가치이며, 효용은 가치관계도를 목적으로 규범전파 및 경제성 진작과 관련된 가치이다. 이를 도식화하면 다음 〈표 4-7〉과 같다.

■ 표 4-7 문화행정의 가치

| 이념 | 목적 | 영역 |
|---|---|---|
| 주체 | 민족의식 배양 | 문화유산 보존 |
| 평등 | 국민정서욕구 충족 | 문화향유기회 확대 |
| 창의 | 예술발전 | 창작 지원 |
| 효용 | 가치관 계도 | 규범 전파 및 경제성 진작 |

출처: 정홍익. (1992). "문화행정연구: 개념틀과 분석". 「한국행정학보」.

위의 문화행정 가치를 중심으로 각 시기별 문화행정의 가치를 살펴보면, 1·2공화국에서의 문화행정의 이념은 반공과 체제유지로서 목표는 국민계몽, 하위 목표는 문화기반시설 마련으로 규정된다(박광국 외, 2003: 238). 문화는 전 국민의 반공의식화를 위한 하나의 수단에 불과하였고(김정수, 2006: 291), 이 시기는 국민들 대다수가 생존욕구를 해결하기에 급급했던 시기라 정부 역시 문화에 대한 관심은 거의 없었다고 봐도 무방한 시기였다. 제3공화국 때에의 문화행정은 문화예술의 발전보다는 정부입장을 알리는 공보분야에 집중되었다. 또한 제4공화국 당시는 자주적 민족문화 창달과 민족주체성의 확립을 강조하며, 전통문화의 계발과 문화유산의 보존 및 계승이 강조되었다(김정수, 2006: 293–295).

문화행정이 본격적으로 추진된 이 시기의 행정특성은 민족문화의 승계발전을 표방하면서 문화재 보존에 착수한 정도의 시기로 이때의 주요한 문화행정의 가치는 주체였다. 물론 이러한 가치는 제5공화국에 와서도 문화적 전통의 보존 및 발전이 중요한 정책 가치로 남았지만 국민의 문화향유기회 확대를 위한 평등이 새로운 가치로 등장하게 된다(정홍익, 1992: 242). 또한 효용의 가치 역시 나타나는데, 올림픽과 보조를 맞춘 대규모 문화행사에 역점을 두면서 우리의 문화를 세계에 소개하려는 노력이 결집으로 나타났다(박광국 외, 2003: 242).

제6공화국에 들어서 문화부가 설립된 후 문화정책의 독자성을 추구하려는 경향이 뚜렷하게 나타났으며, 국민의 문화향수권을 증진시키려고 노력하면서도 과거 정권에 비해 상대적으로 문화예술 자체의 가치를 중시하여 정책가치로서 창의의 중요성이 부각되었다(정홍익, 1992: 242). 이어 문민정부는 자율성과 다양성을 문화행정의 이념으로 규정하였다. 이 시기에는 문화발전을 경제발전과 함께 국가발전의 한 축으로 인식하고 문화창달을 통해 질적으로 풍요로운 신한국 건설과 세계화를 추진하면서 신한국문화창달을 표방하였다(박광국 외, 2003: 245). 따라서 문민정부에서는 경제성 진작을 위한 효용의 가치가 나타났고, 이와 더불어 제6공화국부터 이어진 창의의 가치가 동시에 병행해서 나타나는 시기였다.

국민의 정부에 들어서 문화행정은 문화복지국가의 실현을 중요한 목표로 삼고, 문화산업과 문화관광 육성 지원을 주요 정책으로 규정하였다. 따라서 이 시기의 문화행정의 가치는 평등과 효용으로 규정된다. 특히 문화정책 화두를 철저하게 경제 마인드에 입각한 문화산업 정책의 진흥에 초점을 두었다(박양우, 1999). 또한 2000년도에는 문화부문 예산이 정부 전체 예산의 1.0%를 넘어서면서 정부 내에서도 문화의 중요성을 높게 인식한 것을 알 수 있다.

참여정부 출범 이후 문화행정의 방향은 '자율, 참여, 분권'을 통한 문화예술지원방식의 개선과 소액다건 중심 지원방식에서 선택과 집중으로 개선, 문화예술의 창작과 향수의 중앙과 지방 간 해소 등으로 압축이 가능하다(양건열, 2007). 따라서 국민정서욕구 충족을 위한 문화향유기회의 확대와 예술발전을 위한 창작 지원이 나타난 시기이다.

이러한 평등과 창의의 가치와 더불어 참여정부에서는 정책비전을 '세계 문화산업 5대 강국 실현'으로 설정함으로서 효용의 가치 역시 함께 묻어난다. 시기별 문화행정의 가치를 정리하면 다음 〈표 4-8〉과 같다.

■ 표 4-8 시기별 문화행정의 가치

| 가치 시기별 | 문화행정의 가치 |
|---|---|
| 제1·2공화국 | 반공, 체제유지 |
| 제3공화국 | 주체 |
| 제4공화국 | 주체 |
| 제5공화국 | 평등, 효용 |
| 제6공화국 | 창의 |
| 문민정부 | 창의, 효용 |
| 국민정부 | 평등, 효용 |
| 참여정부 | 평등, 창의, 효용 |
| MB정부 | 효용 |
| 박근혜정부 | 창조 |

한편 시기별 문화행정의 목표에 있어서 1948년부터 1961년까지 제1·2공화국 때는 국가적 차원에서 반공 이데올로기가 최고의 국시로 설정되었고 이에 따라 문화는

전 국민의 반공 의식화를 위한 하나의 수단으로 간주되었다. 이러한 시대적 상황에서 문화행정은 반공주의와 민족주의를 기반으로 수립되었고 정책목표는 국민계몽에 초점이 맞추어져 있었다(박광국 외, 2003: 238).

그러나 국가적으로 문화에 대한 정책적 관심이 매우 낮아 문화행정은 정부정책의 우선순위에서 항상 뒷전에 밀려 있었고 경제적 황폐화, 정치적 혼란, 사회적 불안이라는 요소와 결합되어 대부분의 국민들도 문화적 욕구를 가질 기회를 갖지 못했다(김정수, 2006).2). 제3공화국(1961.5-1972.9)에 들어와 문화행정의 목표는 민족의식 함양을 통한 주체성 확보였으며 이를 달성하기 위해 문화유산보존에 정책적 초점이 맞추어져 있었다(박광국 외, 2003: 239). 이 시기에 들어와, 처음으로 문화입법이 이루어짐으로써 문화행정의 기본적인 법체계가 확립되었다. 물론 이 당시의 문화입법이 일제하의 법체계를 그대로 답습하여 문화예술의 진흥보다는 규제, 통제에 치중한 점 등은 한계로 지적되지만 그럼에도 불구하고 문화행정의 법체계 확립을 시도했다는 점은 주목할 만하다(오양열, 1995: 41).

우리나라의 문화행정은 제4공화국(1972.10-1981.2) 때 들어와 비로소 꽃을 피우기 시작하였다. 그 동안 눈부신 경제성장을 통해 이룩한 국력신장을 바탕으로 본질적 의미의 문화영역에로 정책적 관심이 고조되었다(오양열, 1995: 46). 이러한 결과, 중앙정부 차원에서 문화예술 전반에 대한 종합적인 계획이 마련되었고 이를 토대로 체계적인 국민들에 대한 문화예술 지원사업이 시작되었다. 1973년에 「제1차 문예중흥 5개년 계획」으로 불리는 문화발전종합계획이 최초로 만들어졌고, 이에 기초해 문화예술부문에 대한 정부지원이 시작되었다. 하지만 제4공화국은 유신시대로서 권위주의적 정부에 의한 감독과 통제 위주의 문예중흥계획이 추진되어 진정한 의미의 자율적 문화예술 신장의 토양은 마련될 수 없었다(오양열, 1995: 48).

신군부정권으로 불리는 제5공화국(1981.3-1988.2)은 헌법에 국가에 의한 문화진흥의무를 명기하였다. 구체적으로 보면, 제5공화국 헌법은 제8조에서 "국가는 전통 문화의 계승·발전과 민족문화의 창달에 노력하여야 한다"라고 국가의 문화진흥의무를 명

기하고 4대 국정지표의 하나로 '교육혁신'과 함께 '문화창달'을 제시함으로써 적어도 외관상으로는 강력한 문화진흥 의지를 천명하였다(정홍익, 1992: 238). 이 시기의 문화행정의 특징은 과거 독재개발시대의 규제와 통제 중심에서 지원과 조정 중심으로 문화행정 패러다임에서의 변화가 가시화되기 시작하였고 이에 따라 문화의 자율적 기능과 다양한 형태의 예술활동이 일정한 한도 내에서 보장되었다. 하지만 정권 자체의 정당성 결여는 대항문화(對抗文化)로서의 민중민주주의와 민중문화운동의 확산을 가져와 여러 분야에서 제도권과의 마찰과 충돌이 표면화되기 시작하였다(오양열, 1995: 55).

국민들의 민주화 욕구가 분출되던 제6공화국(1988.2–1993.2)은 초기에는 제5공화국의 정책을 그대로 답습하였으나 문화공보부 장관을 처음으로 정치적 전력이 없는 문인(文人) 출신 인사를 등용함으로써 문화행정의 획기적인 방향전환이 기대되었다(정홍익, 1992: 240). 제5공화국이 전국적인 대규모 문화시설의 조성과 지방문화의 육성을 통해 문화향수의 중요한 기반을 마련한 시기였다면, 제6공화국은 이러한 기반을 바탕으로 국민생활 속에 문화의 뿌리가 내릴 수 있도록 문화의 콘텐츠에 접근하는 전략프로그램을 개발하여 문화의 생활화를 이룩하는데 일정 정도 기여하였다(오양열, 1995: 61).

해방 이후 처음으로 군인이 아닌 민간인 출신의 대통령이 선출된 문민정부(1993.2–1998.2)에서는 문화행정의 초점을 전문예술인 중심에서 일반인 중심으로, 중심계층 위주에서 취약계층 위주로, 정부 주도에서 민간 주도로 전환하였다(김정수, 2006: 307). 한편으로 문화예술의 산업적 잠재력을 인식하면서 문화창달을 통해 질적으로 풍요로운 신한국 건설과 우리문화의 세계화를 추진하였고 이를 통해 국가경쟁력을 제고하고자 치중하였다. 다른 한편으로, 모든 국민의 문화향수 기회 확대와 모든 국민이 자발적으로 참여하는 문화환경을 조성함으로써 문화복지의 기본틀을 확립하였다.

국민의 정부(1998.3–2003.2)에 들어와 문화행정은 본격적인 문화르네상스를 맞이하였다. 2000년도에 처음으로 문화부 예산이 정부 전체 예산의 1%를 넘김으로써 선진국 문화행정으로 진입하는 토대가 마련되었다.

국민의 정부는 과거 정부와는 달리 '지원은 하되 간섭하지 않는다'는 원칙을 문화행정의 기조로 확립하면서 문화 예술의 진흥을 위한 전기를 마련하였다. 문민정부 때와 마찬가지로 문화가 국가경쟁력 향상에 주요 동력이 된다는 점을 인식하고 문화산업을 새로운 국부를 창출하는 국가기간산업으로 중점 육성하고자 노력하였다(김정수, 2006: 310-311). 문민정부가 문화행정의 중요성을 선언적으로 천명하였다면 국민의 정부는 실천적 차원에서 문화행정을 구체화시켜 나갔다고 볼 수 있다.

참여정부의 문화행정 목표는 창의한국의 구현으로 하위목표는 창의적인 문화시민, 다원적인 문화사회, 역동적인 문화국가로 규정될 수 있다. 특히 참여정부는 이전 정부에 이어서 문화산업의 육성에 박차를 가했다. 2003년도에 '문화산업 5대 강국 실현을 위한 문화산업 정책 비전'을 발표하면서 우리나라 문화산업의 국제경쟁력 확보를 위해 전문인력 양성, 문화산업기술(CT) 개발, 투자 및 유통환경 개선, 지역문화산업 육성 등이 주요 정책과제로 제시되었다(김정수, 2006: 314-317). 또한 국민의 문화향유 기회의 확대, 기초 예술의 진흥, 레저 스포츠의 활성화 등을 위해 노력하였다. 참여정부에 들어와 문화행정은 중앙정부만이 아닌 지방정부, 시민단체, 민간부문을 아우르는 문화 거버넌스 관점에서 추진되었다.

박근혜 정부의 문화개혁은 최순실 게이트로 인해 문화개혁이 아니라 문화개악이라 할 수 있을 것이다.

각 시기별 문화행정이 지향하는 목표를 정리하면 다음의 〈표 4-9〉와 같다.

표 4-9 각 정권별 문화행정의 목표 비교분석

| 목표 시기 | 목표 | 하위 목표 |
|---|---|---|
| 제1·2공화국 | 국민계몽 | 문화기반 시설마련 |
| 제3공화국 | 민족의식함양 | 문화유산보존 |
| 제4공화국 | 민족문화중흥 | 전통문화보존 |
| 제5공화국 | 국민정서 충족 및 가치관 계도 | 문화향수 기회확대 및 규범전파 |
| 제6공화국 | 예술발전 | 창작 지원 |
| 문민정부 | 한국문화의 국제화 | 문화의 산업화, 문화의 정보화 |

| 목표 시기 | 목표 | 하위 목표 |
|---|---|---|
| 국민정부 | 문화복지국가실현 | 문화산업육성, 문화관광육성 |
| 참여정부 | 창의한국의 구현 | 창의적인 문화시민, 다원적인 문화사회, 역동적인 문화국가 |
| MB정부 | 창조문화국가 | 콘텐츠산업 강국 도약 |
| 박근혜정부 | 문화융성 | 국민문화체감확대, 인문, 전통의 재발견, 문화기반 서비스산업 육성, 문화가치의 확산 |

출처: 박광국·이종열·주효진(2003), "문화행정조직의 개편과정 분석".

ㄴ. 관련기관: 한국문화콘텐츠진흥원

한국문화콘텐츠진흥원은 정부의 문화콘텐츠산업 육성정책을 효과적으로 수행하기 위하여 2001년 8월에 설립된 특수법인으로 문화산업진흥기본법 제 31조에 설립근거를 두고 있다. 진흥원은 음악, 애니메이션, 만화, 캐릭터, 모바일콘텐츠, 에듀테인먼트 등 산업장르별 육성뿐 아니라 인력양성, 문화원형 디지털콘텐츠개발, 기술개발, 수출증진 등 기능별 사업을 추진하는 기관으로 위상을 정립하였다. 이와 같이 초기에 장르별 접근을 추진한 데에는 이미 영화는 영화진흥위원회, 방송은 방송영상산업진흥원, 게임은 한국게임산업개발원 등으로 구분되어 있었기 때문이다.

한국문화콘텐츠진흥원은 2001년도 말까지는 본격적인 지원사업을 위한 준비작업에 초점을 두었다. 사업계획을 수립하고, 예산을 편성하고, 인력을 충원하고, 공간을 확보하고, 기초규정을 만드는 등 기본적인 사항을 정비하는 시기였다고 할 수 있다. 2002년도에는 본격적인 사업들이 처음으로 시작한 시기라고 할 수 있는데, 크게 인력양성, 문화원형 디지털콘텐츠개발사업, 기술개발사업, 우수콘텐츠 발굴 및 개발 지원사업 등으로 구분할 수 있다.

산업 장르별로는 애니메이션, 캐릭터, 음악에서 만화, 모바일콘텐츠, 인터넷콘텐츠, 에듀테인먼트 분야로 확대되었고, 2003년도에는 스타 프로젝트의 하나로 창작뮤지컬인 '페퍼민트'까지 지원영역을 확대하였다. 해외전시회 참가와 국제디지털전시회인 DICON 행사 개최 등에 초점을 두던 문화콘텐츠 해외진출 활성화 사업은 2003년 도에 '문화컨텐츠 수출대상', '수출종합정보지원시스템 구축', '한중일 문화산업포럼개 최' 등으로 확대되었다. 해외사무소도 2004년에는 동경과 북경에서 유럽과 미국으로 확대되었다.

인력양성사업도 현장 인력의 재교육 기능을 담당하는 한국문화콘텐츠아카데미 기능 과 대학 지원사업에서 해외연수, 인턴쉽 지원, 맞춤형 교육프로그램 개발 등으로 확대되 고 있다. 그 외에도 벤처기업 확인업무, 문화콘텐츠 상설마켓인 문화콘텐츠센터 운영 등 사업영역이 지속적으로 성장하여 왔다. 설립초기에는 국고 외에도 문화산업진흥기금과 정보통신진흥기금이 활용되었으나, 2003년부터 정보통신자금은 지원이 중단되었으며, 문화산업진흥기금은 투·융자 자금으로 활용되고 있으나, 국고출연이 중단되었다. 한국 문화콘텐츠진흥원의 주요 사업은 다음과 같이 크게 9개 사업으로 구분할 수 있다.

첫째, 문화원형 디지털콘텐츠화 사업은 우리 문화원형을 디지털콘텐츠로 개발하 여 문화콘텐츠산업에 필요한 창작소재를 제공하는 사업으로 문화콘텐츠 창작 역량을 강화하기 위한 사업이다. 둘째, 문화콘텐츠 창작개발을 위한 제작 지원사업은 새로운 문화콘텐츠 창작활동을 활성화하기 위하여 사전제작(pre-production) 및 제작(production) 활 동을 지원하는 사업이다. 셋째, 문화콘텐츠기술개발사업은 문화콘텐츠의 기획, 창작, 제작, 상품화, 유통, 서비스 기술 등 문화콘텐츠 기술을 개발하기 위한 사업이다. 넷 째, 공동제작실, 창업스튜디오, 시설과 장비 등 제작 인프라를 업체에 제공한다. 다섯 째, 문화콘텐츠 전문인력 양성사업이다. 여섯째, 문화콘텐츠 해외수출 기반조성사업 이다. 일곱째, 영세한 문화콘텐츠업계의 자금환경을 개선하기 위한 투자 및 융자지원 사업이다. 여덟째, 통계조사, 연구, 수출정보, 산업동향과 전망, 정책자료 등 문화콘 텐츠업체의 활동에 필요한 정보를 제공한다. 아홉째, 문화콘텐츠 산업에 대한 인식을 제고하고, 문화콘텐츠이용 문화를 정립하기 위한 사업이다.

향후 콘텐츠 산업의 경쟁력은 세계인이 같이 즐길 수 있는 소재의 독특함과 흥미를 유발하는 내용 그리고 첨단기술의 융합(convergence)이 결정할 것이다. 이런 현상은 이미 '아바타'가 세계 영화흥행을 기록한 사실에서도 증명되고 있다. 국내 관객 수만 해도 1,330만 명이 넘었고 누적 매출액은 1,200억 원을 기록하여 역대 최대 관람료 수입을 올렸다. 세계적으로도 5,000억 원을 들여 만든 이 영화가 52주 만에 벌어들인 돈은 2조 원(18억 달러)을 넘었다.[1] 영화 '아바타'는 3D영상혁명을 이끌어내면서 새로운 시장을 개척했다. 이렇듯 '아바타'의 성공에 힘입은 3D영상혁명은 세계 영화산업에 쓰나미처럼 밀려왔다. 그 성공의 핵심은 콘텐츠와 첨단 영상기술이었다. 좋은 콘텐츠와 첨단 기술의 결합으로 높은 부가가치를 창출했다. 영화 독특한 소재, 재미 그리고 3D 첨단 기술의 융합이 콘텐츠 산업의 성공요인임을 영화 '아바타'는 생생하게 보여줬다.

최근에 부상한 스마트폰 열풍 역시 콘텐츠와 기술 융합의 산물이다. 우리나라의 삼성전자나 LG전자를 비롯한 애플과 구글 등 세계적 선도업체들 간 디지털산업의 경쟁실태를 보면 그 핵심은 모두 콘텐츠와 기술 융합의 경쟁이다. 애플과 구글의 성공 요인에는 콘텐츠가 있고 여기에 개방형 콘텐츠 유통체계를 도입하여 성공한 것이다. 여기에서 더 나아가 오늘날 스마트폰 시장은 재미있고 기능이 향상된 콘텐츠와 기기의 융합 경쟁이다. 특히 방송·통신을 비롯한 영화, 게임 등 다양한 분야에서 콘텐츠와 기술의 융합이 가파르게 진행되고 있다. 이 융합기술은 다시 콘텐츠 산업뿐만 아니라 방송, 통신 등 서비스 산업과 제조업의 동반성장으로 이어지고 있다. 실제 구글이나 애플과 같은 세계적 기업들은 콘텐츠와 기기 여기에 다양한 소프트웨어를 연계하여 콘텐츠 시장의 지배력을 넓혀나가고 있다. 그러나 우리나라의 기업들은 하드웨

---

1 "일자리는 이렇게 늘리는 겁니다."(동아일보 사설, 2010.4.21).

어에서는 경쟁력을 갖고 있으나 콘텐츠에서 떨어지고 있다. 이를 극복하기 위하여 콘텐츠 개발과 확산에 노력하고 있지만 아직 미흡하다. 시장지배력을 가지려면 표준화 및 호환성 확보에 더욱 많은 노력이 요구되고 있다.

이런 시대적 흐름을 반영하여 문화체육관광부는 '콘텐츠 산업의 경쟁력 강화와 신시장창출을 통한 세계적 콘텐츠 강국'을 비전으로 하여 정책을 추진하고 있다. 2008년에서 2013년까지 매출은 62조 원에서 100조 원으로, 수출은 20억 불에서 80억 불로, 고용은 50만 명에서 100만 명으로, 세계 시장 점유율은 2.5%(9위)에서 5%(5위)를 개별 분야의 목표를 설정하고 추진하고 있다. 이를 달성하기 위한 전략으로는 드라마, 영화, 게임 등을 핵심 콘텐츠로, 방송과 통신융합, CG(컴퓨터에 의한 영상처리), e-러닝 등을 융합콘텐츠 그리고 음악, 만화, 캐릭터 등을 잠재 콘텐츠로 설정하고 이들의 경쟁력 강화를 전략으로 제시하고 있다. 이를 위해 콘텐츠 창작역량 강화, 비즈니스 환경 개선, 저작권 보호 및 거래활성화, 글로벌 시장진출을 위한 구체적 정책을 제시하고 실행해나가고 있다.

문화체육관광부는 콘텐츠 산업의 경쟁력 강화를 위한 구체적인 정책목표를 제시하고 있다. 우선 2011년을 콘텐츠산업 국가 어젠다화의 원년으로 설정하고 매출액 74조 원, 수출 38억 불, 일자리 53.3만 명 창출을 목표로 제시하고 있다.

■ 표 4-10 2011년 콘텐츠 산업의 구체적 목표

| 목표 | 2011년 콘텐츠 산업 국가 어젠다화의 원년 | | | |
|---|---|---|---|---|
| | 연도 | 매출액 | 수출 | 일자리 |
| | 2011 | 74조 원 | 38억 불 | 53.3만 명 |
| | 2010 | 70조 원 | 32억 불 | 52.1만 명 |

출처: 문화체육관광부. 2011년 주요업무계획: 함께 누리는 문화, 행복한 대한민국. 2010.12.17.

정부의 의욕적인 목표는 시장에서 수용될 때 달성할 수 있다. 그러나 우리의 산업현장을 보면 아직 이런 정책에 부응할 수 있는 환경이 미흡하다. 핵심콘텐츠 부문을

■ 그림 4-9 **콘텐츠 정책 목표 및 전략**

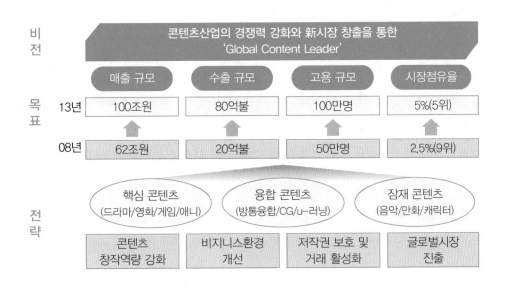

출처: 국회 입법조사처. 콘텐츠 정책의 평가와 주요국 사례비교. 2010. p. 33.

보더라도 3D 영상산업이 일부 경쟁력을 갖고 있는 것 같지만 내용을 보면 꼭 그렇지 않다.[2] "3D 제작 장비와 기술노하우가 거의 없다. 2D에서 3D로 전환하는 기술이 각광받고 있지만 이 기술 역시 완벽하게 전환하기에는 아직 부족한 단계다."[3] 기술 인력도 모자라고 콘텐츠 개발도 떨어지고 있다. 2D영화의 3D영화로의 변환과정에서도 고난도의 기술을 가진 기술 인력이 부족하다. 여기에 장비부족에 기인한 100% 수작업도 경쟁력을 약화시키는 요인이다. 아직까지 우리의 콘텐츠 산업은 자동화 기기나 첨단시설에 기반한 것이 아니라 노동집약산업에 의존하고 있다. 수작업만으로 할 때 높은 인건비 때문에 경쟁력을 유지할 수 없다.

융합콘텐츠 분야에서도 경쟁력을 확보하지 못하고 있다. 우선 문화·예술적 창의

---

2 한반도선진화재단 문화분과회의(2010.7.16)에서 논의된 내용을 정리한 것임.

3 김윤지. 영화 '아바타'는 3D시대로 진입하는 '티핑 포인트'였다. -3D 디스플레이의 현재와 미래. 전경련. VOL. 548.(2010.7: 35).

력과 기술지식을 겸비한 핵심 기획인력이 부족하다. 방송과 영화에서 핵심 기술이 되고 있는 컴퓨터그래픽(CG) 제작 툴 등 핵심기술의 해외의존도도 아직 높은 것이 현실이다. 자금력이 부족한 문화영상 기업들이 자동화나 첨단 영상기기를 구입하여 활용하지 못하다보니 품질은 물론 납기도 맞추기 어려운 상황이 발생하고 있다.

이런 우리의 처지를 알고 있는 상황에서 이미 외국의 발주자는 금액을 낮추기 위해서 경쟁을 유발하고 있다. 외국의 발주자들은 기술과 콘텐츠 등 비가격경쟁력이 우월하지 않다면 우리보다 인건비가 싼 인도나 중국 등으로 이동할 것이다. 우리는 이런 사례를 이미 여러 번 경험했다. 신발산업뿐만 아니라 콘텐츠 분야에서도 1970년대와 1980년대 세계 최대 하청기지였음을 기억하고 있다. 이런 결과에는 기업뿐만 아니라 정부의 정책도 한몫 했다. 경쟁력을 높이기 위해서 인센티브로서 우수영화보상제도 등을 실시했는데 이것이 경쟁력을 향상시키는 노력보다 이 상의 수혜자가 되기 위해서 기준에 맞춘 애니메이션에 관심이 쏠리다보니 질의 저하는 물론 타분야의 발전을 저해했다. 실패했던 경험을 반면교사로 삼아서 기술과 재미있는 콘텐츠와 함께 품질이 향상되는 실효성 있는 정책이 되도록 해야 한다.

콘텐츠 산업의 발전이 제대로 이루어지지 않다보니 기대한 고용효과도 나타나지 않고 있다. 주지하다시피 콘텐츠 산업은 고용효과가 높은 산업이다. 한국은행[4]이 조사한 제조업의 고용유발계수(2007년 기준)는 매출 10억 원당 6.6명에 불과하지만 서비스업은 12.6명, 여기에 콘텐츠산업은 13.3명으로 제조업의 2배가 넘는다. 문화산업 그중에서도 콘텐츠 산업은 일자리를 획기적으로 늘릴 수 있는 분야다. 실제 세계적인 경쟁력을 보유한 국내 게임시장 고용규모를 보더라도 고용창출 산업임을 입증하고 있다. 이 분야 고용을 보면 '01년 13,500명에서 연평균 15.5% 성장하여 '08년 42,730명으로 증가했다.[5] 이처럼 콘텐츠산업은 지식·노동집약형 고용구조(80% 이상이 20~30대

---

4 한국은행(경제통계국). 우리나라의 고용구조 및 노동연관효과. 2009.7: p. 28.
5 콘텐츠산업 발전전략(문화체육관광부. 2010.4).

청년층)로 청년층이 선호하는 일자리이지만 콘텐츠 산업의 발전 미흡으로 아직 실제 고용효과는 미미한 수준이다. 콘텐츠 산업이 노동집약산업으로서 고용창출에 크게 기여할 수 있다고 하지만 경쟁력을 갖지 못하면 지속가능한 발전은 기대할 수 없다.

우선 콘텐츠 산업은 자동화 시설 등 기기에 대한 투자가 이루어질 수 있도록 환경을 조성해야 한다. 2013년까지 달성하기로 한 매출, 수출, 고용, 세계 시장점유율을 달성하기 위해서는 다양한 노력이 요구된다. 우선 투자환경을 조성하여야 한다. 콘텐츠 유통구조 합리화도 중요하다. 이를 위해 지적재산권 보호활동이 지속되어야 한다. 나아가 콘텐츠 제작자와 유통업체, 시장 지배적 사업자와 중소 콘텐츠 업체 간 불공정 거래를 막을 수 있는 공정거래 가이드라인을 마련하고 적극 실행해나가야 한다. 다양한 기기, 미디어 등을 통해 콘텐츠가 유효적절하게 서비스 될 수 있도록 표준화 및 호환성 확보에도 노력을 기울여야 한다.

영상산업 분야에서 콘텐츠 경쟁력을 가지려면 영화 '아바타' 수준을 뛰어 넘어야 하지만 쉽지 않은 것이 현실이다. 그래서 자동화나 표준화가 가능한 부문에 대해서는 이 작업을 서둘러야 한다.

■ 표 4-11 콘텐츠 시장 규모

(단위: 백만 달러)

| 순위 | 1 | 2 | 3 | 4 | 5 | 6 | 7 | 8 |
|---|---|---|---|---|---|---|---|---|
| 국가명 | 미국 | 일본 | 독일 | 영국 | 중국 | 프랑스 | 이태리 | 한국 |
| 시장규모 | 465,814 | 148,779 | 95,509 | 92,173 | 69,800 | 67,224 | 49,400 | 34,376 |
| 비중 | 33.1% | 10.6% | 6.8% | 6.5% | 5.0% | 4.8% | 3.5% | 2.4% |

출처: 콘텐츠산업 발전전략(문화체육관광부. 2010.04), 원자료: PWC(2009), Global Entertainment & Media Outlook 2009~2013.

CHAPTER 05

# 선진각국의
# 콘텐츠 산업담당
# 기관 사례

CPND 생태계와 콘텐츠 융복합

# 선진각국의
# 콘텐츠 산업담당 기관 사례

>>>

---

## 제1절 // OECD의 콘텐츠 산업에 대한 관점

OECD는 '콘텐츠 산업(Contents industries)'을 '창조산업(Creative industries)'으로 부른다. 창조산업이라는 용어가 일반화되기까지는 논란이 있었다. 유럽에서는 한때 문화산업(Cultural enterprise)이라는 용어가 선호된 적이 있었다.[1] 민간부문의 활동과 보다 전통적 의미의 문화정책과 구분하기 위한 방법으로 활용됐다. 상업적 가치(commercial value)와 문화적 가치(cultural value)의 경계로서 활용되기도 했다. 그러나 정보통신기술의 발전과 미디어산업의 영역확대에 따른 디지털 콘텐츠의 부상으로 문화산업은 자연스럽게 콘텐츠 산업 또는 창조산업으로 포함되어졌다. 물론 순수예술이나 문화의 영역은 여전히 존재하고 있다.

'창조산업'[2]이란 기본적으로 개인의 창의성에서 유래한다. 이것이 지식경제시대를 맞으면서 국부를 증대시키는 역할을 하면서 핵심 산업으로 부상했다. OECD는 창조산업이 국가경쟁력과 미래 성장을 이끌어 갈 산업으로 기대하고 있다. 이 중에서도 정보통신기술과 문화가 접목·융합된 콘텐츠 산업이 국가경쟁력 제고의 핵심 요소가

---

1 Terry Flew. Beyond ad hocery: defining creative industries. 2002: 6.
2 창조산업의 인정 범위가 다른 경우도 있다. 특허권을 제외하는 국가와 인정하는 국가도 존재 (Cunningham, Stuart D. From cultural to creative industries: Theory, industry, and policy implications. 2002: pp. 1~2).

될 것으로 인식하고 있다. 그래서 각국은 공히 디지털 문화콘텐츠 산업을 미래 성장 산업으로 육성하려는 노력을 하고 있다. 그 이유는 이 산업이 전후방 파급효과가 클 뿐만 아니라 당면 과제인 고용창출에도 크게 기여할 수 있기 때문이다.

실제 매력적인 디지털 문화콘텐츠는 수요를 유발하면서 투자의 증가와 기술수준을 향상시키고 이는 다시 투자를 유인하면서 인프라를 확충시키는 선순환 효과를 일으킨다. 이미 많은 미디어 대기업들은 중소기업에게 콘텐츠 생산을 아웃소싱하고 있다. 이렇듯 창조산업은 문화산업과 문화상품에 그치지 않고 산업 전반에 영향을 미친다. 그래서 문화콘텐츠 산업이 더욱 중요해지고 있다. 이렇듯 창조산업은 디지털 콘텐츠와 응용프로그램(application production)을 중심으로 문화제도는 물론 다른 산업과의 상호작용을 유발하면서 경제사회발전을 선도하고 있다.

디지털 콘텐츠 산업은 문화콘텐츠 산업뿐만 아니라 교육과 건강산업 등 다양한 분야에 영향을 미치고 있다. 특히 기술발전은 콘텐츠 산업에서 이미지기술, 결제시스템, 의료 분야, 건강(헬스) 분야, 공공 분야 등 타 분야 산업으로 빠르게 전파되어 활용되고 있다. 여기에 컴퓨터 기능이 높아지면서 교육용 게임과 원격 교육, 원격의료진료, 3D 소프트웨어 분야 등으로 활용도가 다양해지고 있다.

그러나 이런 디지털 콘텐츠 산업의 긍정적 효과에도 불구하고 이를 발전시킬 수 있는 인력양성은 미흡하다. 대부분의 국가들도 디지털산업의 중요성을 인식하고 이를 발전시키기 위한 노력을 하고 있지만 인력공급에서 어려움을 겪고 있다. 이런 문제를 해소하기 위하여 OECD 국가는 어린 시절부터 정보통신기술(ICT: Information and communication technologies)의 중요성을 인식시키려는 취지에서 디지털 교육을 강화하고 있지만 기술발전 속도에 따라가지 못하는 한계를 보이고 있다. 한 분야 교육을 이수하고 실제 적용하여 활용하려 하면 기술이 그만큼 앞서가 있기 때문이다. 고도의 지식과 기술이 필요할수록 인재의 부족현상은 더욱 심화되고 있다.

기본적으로 디지털 콘텐츠 산업은 고도의 기술 산업이다. 때문에 기술 인력의 부족은 바로 산업 발전의 애로요인으로 작용한다. 또 다른 애로사항은 콘텐츠 산업의 속성에 기인한다. 콘텐츠 산업은 속성상 융합산업인 관계로 각 분야에서 필요로 하는 기술이 상호 조화를 이루어야 한다. 그래서 분야별 기술 인력이 필요하다. 또한 이를 통합·관리할 수 있는 인력도 필요하다. 그러나 현실은 이에 맞는 인력을 구하기가 쉽지 않다. 결과적으로 인력수급의 미스매치 현상이 지속적으로 발생할 수밖에 없는 산업이다.

이렇듯 콘텐츠 산업에서 요구하는 인력은 학교 교육을 통하여 공급하기도 여의치 않다. 기업의 경우에는 직무교육을 통하여 변화하는 환경에 빠르게 대응하고 있지만 이마저도 중소기업은 비용 부담 때문에 적극적으로 교육을 시킬 수 없는 형편이다. 이런 구조적 어려움에도 불구하고 OECD 국가들은 교육·훈련을 통하여 인력수급의 불균형을 해소하려 하고 있다. 빠른 정보통신기술발전에 대처하는 방법 역시 교육·훈련 밖에 없다고 보는 것이다.

그래서 학교 교육뿐만 아니라 직무교육 그리고 평생교육을 포함한 사회교육을 활성화 하고 있다. 지속적인 교육과 훈련과정에서 정보통신기술은 물론 문화가 접목된 창조적 교육에 심혈을 기울이고 있다. 정보문화시대 소비자 입장에서도 이런 교육과 훈련은 필요하다. 기업과 소비자가 공히 이런 교육의 필요성을 느끼고 있기 때문에 학교나 평생교육기관에서 지속적으로 교과과정에 반영하는 노력을 하고 있다.

OECD는 디지털 문화콘텐츠 산업이 부상하면 할수록 자칫 소외되기 쉬운 작은 국가들에 대한 배려를 강조하고 있다. 문화의 세계화가 가속화되면 될수록 문화와 언어의 지배력이 낮은 국가들의 문화정체성이 약화될 가능성을 우려하고 대책을 강구하여 실행하고 있다. 그 방법의 하나가 콘텐츠의 다양성에 관심을 갖고 활성화함으로써 지역과 국가의 정체성을 보전·유지토록 하고 있다. 그 방법으로 지속적인 교육·훈련과 타 문화와의 지속적인 교류가 있다. 이 노력의 일환으로 EU는 펀드를 조성하여 미디어플러스 프로그램이나 e콘텐츠 프로그램을 지원하고 있다. 프랑스와 캐나다를 비롯한 OECD 국가들은 별도로 교육훈련지원프로그램을 운영하고 있다. 영국과 이탈리아 등은 지역공동체와 기업들에게 보다 높은 질의 서비스와 자국 기업의 경쟁력 향상을 위한 프로그램을 운영하고 있다. 이와 함께 각국 공히 디지털 격차해소를 위한 노력도 병행하고 있다.

콘텐츠 산업은 다른 산업과 달리 극히 일부 선진국이 세계 시장을 지배하고 있다. OECD 국가 중에서도 선진국인 미국, 영국, 프랑스, 일본 등이 주도하고 있다. 각국은 콘텐츠에 그 나라의 문화와 역사성을 담고 여기에 재미와 보편성을 가미시켜서 이를 세계로 내보내고 있다. 콘텐츠 산업에 대한 각국의 지원정책이나 규제 나아가 시장 접근 정책을 보면 그 나라의 주어진 문화·역사성과 조직구조가 그대로 드러나 있다. 이를테면 미국은 기본적으로 시장을 중시하는 국가이기 때문에 정부가 직접 관여하기보다 지적재산권 보호 강화 등의 간접적인 지원정책을 하고 있다. 반면 정부 역할이 강한 프랑스의 경우는 문화예술 전반에 대한 국가주도를 반영하여 콘텐츠 산업에서도 국가의 영향력이 강하다. 이렇듯 각국은 콘텐츠 담당기관에 있어서도 국별 특징이 그대로 드러나 있다. 이를 국가별로 간략히 살펴본다(최창현, 2011).

### 1 미국[3]

미국은 다른 국가와는 다르게 산업정책으로서 콘텐츠 산업을 직접 지원하는 행정기관이나 정책은 거의 없다. 다만 문화 및 콘텐츠 산업의 발전을 위해서 조성된 '프로그램지원기금(The Program Challenge Fund)'이 있다. 이 기금은 연방정부 지원금을 재원으로 하기 때문에 정부의 간접적인 지원정책이라고 할 수 있다. 또한 연방정부가 설립한 '국립예술위원회(NEA: National Endowment for the Arts)'가 문화예술정책을 자문하고 보조

---

3 국회입법조사처. 콘텐츠정책의 주요국 사례비교. 2010/한국콘텐츠진흥원(KOCCA). 국가심층보고서. 2007.

금 배정을 심의하고 기금운영을 감독한다.4 지원대상은 민간부문과의 제휴, '창조와 표현', '유산과 보존', '교육'의 프로젝트이다. 여기에 지원하는 금액이 연간 60억 달러에 달한다. 이중에서도 민간부문에 의한 문화예술지원 비중이 훨씬 높다.

미국의 간접 지원방식은 촉매 역할이다. 이를테면 세제상 기부금에 대한 소득공제를 허용하여 기부를 활성화 하는 것이다. 문화예술에 대한 기부를 하는 경우에도 어떤 특정한 기준을 정한 것이 아니라 기업이나 재단, 개인 등 기부자의 선호에 따라서 하게 된다. 이런 간접적인 일부 지원 방식을 제외하면 특별한 지원 정책은 거의 없다. 그 이유는 시장에서 치열한 경쟁을 통하여 콘텐츠 산업이 발전하고 있기 때문이다.

실제 미국은 콘텐츠 산업의 강국이다. 시장에서 자유경쟁을 통하여 콘텐츠 산업의 경쟁력을 지속적으로 높여가고 있다. 앞에 살펴 본 바와 같이 세계 콘텐츠 시장의 33.1%를 점유하고 있을 정도로 경쟁력을 유지하고 있다. 다만 경쟁력 저해를 방지하거나 공정한 경쟁 환경을 조성하기 위한 규제기관은 있다. 이 경우에도 문화와 예술과 융합된 콘텐츠에 대한 규제는 거의 없고 디지털 콘텐츠와 관련하여 전파분야에서 규제가 산견된다.

규제를 담당하는 기관은 연방통신위원회(FCC)이다. 주로 소비자 보호와 콘텐츠 내용에 대한 규제를 한다. 이렇듯 미국의 경우 콘텐츠 산업을 직접적으로 지원하는 정책은 없지만 불법 복제 금지 등을 비롯한 지적재산권 보호는 매우 강하다. 2005년에 제정한 '가족 오락 및 저작권법'의 핵심내용도 저작권 보호이다. 저작권자의 허락 없는 복제 등에 대하여 3년 이하의 징역을 규정하고 있다. 상업적 배포에 대하여는 25만 달러의 벌금이나 거래 금액의 두 배 중 큰 금액을 부과함은 물론 3년간의 보호관찰까지 부과하고 있다. 이렇듯 미국은 지적 재산권에 대해서 강한 규제와 벌칙을 두고 있다. 이 같은 정책은 미국의 콘텐츠 산업이 세계적 경쟁력을 갖고 있는 이유도 있지만 기본적으로 미국은 시장에서 경쟁을 선호하기 때문이다. 미국은 국내시장뿐

---

4 국회입법조사처. 콘텐츠산업 경쟁력 강화를 위한 과제. 2010.

만 아니라 해외에서도 불법복제를 방지하기 위하여 자국과의 무역협상에서 중요하게 다루고 있다.

결론적으로 미국은 콘텐츠 산업에 직접적인 지원정책은 없지만 전통적으로 공공 및 민간의 기부금과 세제 지원 등 간접지원 방식을 통하여 문화 및 예술발전을 비롯하여 콘텐츠 산업의 발전을 도모하고 있다.

## 2 영국

영국은 문화콘텐츠 산업을 창조산업(creative industries)으로 명명하여 발전시켜 온 나라이다. 초기에는 문화산업으로 간주하여 오다가 정보통신기술의 발전과 미디어 영역이 확대되면서 콘텐츠를 핵심으로 하는 창조산업으로 발전해 나갔다. 기존의 문화산업이 정부 보조금을 받는 반면에 창조산업은 부가가치를 창출하는 산업으로 발전하면서 새로운 직업과 부를 만들어내는 전략산업으로 부상했다. 이제는 창조산업이 영국의 대표적 산업인 금융서비스업을 능가하는 산업으로 성장했다. 창조산업이 영국 산업의 중심으로 자리 잡아감에 따라서 정부도 보다 적극적인 콘텐츠 산업정책을 마련하여 시행하고 있다. 2009년 6월에 '디지털 브리튼(Digital Britain)'이라는 비전과 전략을 제시하고 이를 실천하기 위해 노력하고 있다.

영국 정부는 콘텐츠 산업 진흥을 위해 종래 방송과 통신으로 나뉘어졌던 법령과 규제체제를 2003년에 전송과 콘텐츠라는 새로운 수평적 규제체제로 전환했다. 이 결과 동일한 서비스에 대해서는 전송기술의 차이에 관계없이 동일한 규제를 할 수 있게 되었다. 이로서 산업정책으로서의 통신정책과 문화정책으로서의 미디어 정책 그리고 정치적 독립성을 갖는 규제기관의 균형체제를 갖게 됐다.[5] 여기서 주목할 점은 우리

---

5 국회입법조사처. 콘텐츠정책의 주요국 사례비교. 2010.

나라와 다르게 미디어 정책을 문화정책으로 다루고 있는 점이다.

콘텐츠 산업의 담당기관은 '커뮤니케이션청'(Ofcom: Office of Communication), 문화미디어스포츠부(DCMS: Department for Culture Media and Sport) 그리고 기업혁신부(Department for Business, Innovation and Skills)로 나뉘어져 있다. 이 중 '커뮤니케이션청'은 방송·통신 규제기관이다. 문화미디어스포츠부는 문화·예술·관광·체육 진흥을 담당하는 기관으로 우리나라의 문화체육관광부와 유사하다. 방송산업진흥까지 담당하고 있다.

영국정부는 창조산업 육성 차원에서 2005년부터 '창조경제프로그램(Creative Economy Programme)'을 실시하면서 재능 있는 젊은이들에게 문화를 접할 기회 부여 등 창의개발 지원을 비롯한 다양한 정책을 시행하고 있다. 이 노력이 성과를 거두면서 창조산업 분야에서 고용이 타 분야보다 배나 높아졌다. 여기에 힘입어 영국정부는 창조산업에 유리한 환경조성을 위해서 관리와 경영교육에도 관심을 갖고 실행하고 있다.

'커뮤니케이션청'(Ofcom)은 미디어 산업의 규제기관으로서 경쟁촉진을 유도하는 역할을 한다. '커뮤니케이션청'은 2003년에 제정된 '통신법(Communication Act)'에 근거한다. 이 법의 핵심적 책무는 시민과 소비자의 이익을 보호하는 데 있다. 소비자들이 TV나 라디오 방송으로부터 부당한 대우를 받거나 사생활 침해를 받는 경우에 이들을 보호하는 역할을 담당한다. '커뮤니케이션청'의 운영재원은 방송통신사업자의 회비와 정부 지원금으로 운영된다.

영국정부는 시대변화에 민첩하게 대응하는 조직개편을 하고 있다. 변화하는 환경에 얼마나 신속하게 대응하는가를 알려면 '기업혁신부'의 변화를 보면 알 수 있다. '기업혁신부'는 '기업·규제개혁부'(BERR: Department for Business, Enterprise and Regulatory Reform)를 대체하면서 설립된 부처이다. 이 기업·규제개혁부는 2007년 6월에 통상산업부(Department of Trade and Industry)를 해체하면서 신설된 부처이다. 이 신설된 부처를 2년 만인 2009년 6월에 다시 '기업혁신부'로 조직을 개편했다. 이 신설부처는 기존 '과학혁신부'에서 관장하던 대학의 연구와 기술진흥 촉진 업무까지 담당하고 있다. 나아가 기업환경 개선을 통해 기업 활동을 조장하는 역할을 맡고 있다. 특히 새로운 규제 하나를 만들 때에는 기존 규제 하나를 철폐(one-in one-out)하는 규정과 일몰규정 등을 신설하는 등의 규제개혁을 추진하고 있다. 또한 기술혁신을 조장하는 업무도 맡고 있다. 이 부처는 콘텐츠 산업보다는 기술혁신과 기업하기 좋은 환경 조성에 역량을 집중하고 있다.

영국정부의 콘텐츠 산업지원정책은 정부의 '디지털콘텐츠 육성계획(UK Digital Contents-Action Plan of Growth)'에 따라서 추진하고 있다. '창조산업 추진단', '창조산업 수출진흥 자문단' 등 범정부 차원에서 전담기구를 설립하여 지원하고 있다. 이밖에 비부처 공공기관(NDPBs: Non-Departmental Public Bodies)을 통해서 간접지원을 하고 있다. 지원방법은 자율을 존중하는 형태의 '팔 길이(arm's length) 원칙'을 준수하고 있다. "지원은 하되 간섭은 하지 않는다."는 자세이다. '팔 길이 원칙'은 영국의 전통적인 문화예술 지원방법이기도 하다. 이런 방식의 운영은 박물관과 미술관을 비롯해서 영국의 문화기관 대부분에 해당된다. 예술위원회(Art council), 영화진흥위원회(UK Film Council) 등 산하기관도 이런 방식을 원용하고 있다. 그러나 최근 콘텐츠 산업의 경우에는 시장에서 경쟁을 통하여 성장을 도모하는 경향이 나타나고 있다. 지원방식에 있어서도 후원자 역할보다 소득공제 등 조세유인을 통해서 기부를 유도하는 등의 촉매자 역할을 병행하는 방향으로 나가고 있다.

### 3 프랑스6

프랑스는 전통적으로 문화예술을 사회복지의 일환으로 간주하는 나라이다. 그래서 정부가 직접 나서서 지원하고 보호하는 전형적인 공급자 중시 정책을 펼치고 있는 나라이다. 대표적인 것이 영화 콘텐츠 분야이다. 이런 지원노력의 결과 영화산업은 미

---

6 '국회입법조사처. 콘텐츠 정책의 평가와 주요국 사례비교. 2010: 26' 자료를 주로 활용함.

국 시장에서 선전하고 있다. 2008년 미국에서 개봉된 프랑스 영화는 총 42편으로 전체 해외영화 중 관람객의 22.6%를 점유할 정도로 경쟁력을 유지하고 있다.[7] 콘텐츠 산업정책을 관장하고 있는 부처는 '문화통신부'와 '재정경제산업부'가 있다.

'문화통신부(Ministry of Culture and Communication)'는 콘텐츠의 제작, 유통, 보호 등 콘텐츠 산업 전반을 관장하고 있다. 방송·통신정책도 담당한다. 산하 국립영화센터는 영화산업진흥과 방송규제를 통해 국내 영상산업을 보호하고 있다. 이 뿐만 아니라 영화, 방송, 애니메이션, 시청각 멀티미디어 산업 등 콘텐츠와 관련한 산업 전반을 지원하는 기금을 운영하고 있다. 이 기금은 문화통신부가 담당하고 있다.

프랑스는 민간에 의해 주도되고 있는 게임, 영상기술 개발투자에 대해서도 정책적으로 지원하고 있다. 이뿐만 아니라 저작권 문제, 문화유산콘텐츠의 디지털화 등에도 많은 지원을 하고 있다. 정책 수립이나 지원 대상 선정 등에 있어 각종 자문위원회가 중요한 역할을 한다. 프랑스의 문화정책은 전통적으로 일상생활 속의 문화 표현, 문화적 정체성 등을 강조한다. 따라서 정책도 여기에 맞추어 집행하고 있다.

프랑스 정부는 정부혁신 차원에서 정부조직을 개편했다. '문화통신부' 역시 획기적인 개편을 단행했다.[8] 조직개편을 통한 인력감축과 재정 감축이 핵심이지만 콘텐츠 산업에 대한 지원정책의 일원화 등 변화하는 환경에 대응하기 위한 구상도 담겨 있다. 박물관 등의 자율기능도 확대되었다. 조직 개편의 구체적인 내용은 기존 10개 부서를 3개 부서로 축소하는 대신 사무처 신설이다. 사무처는 주요 정책수립과 기획 및 예산 편성과 인사 그리고 3개 부서를 지원하는 역할을 담당한다. 3개 부서는 박물관 등을 관장하는 유산, 창작과 보급, 문화경제와 미디어개발 부서이다. 이중 문화경제와 미디어개발 부서가 문화산업에 관련된 서비스를 총괄하는 부서이다.

프랑스 정부는 부처 개편을 계기로 그동안 여러 부처에 산재한 문화산업 관련 서

7 한국콘텐츠진흥원. 한국 문화콘텐츠의 미국시장 진출 전략. 2009: 66.
8 http://en.wikipedia.org/wiki/Ministry_of_Culture_and_Communication#Names_of_the_Ministry_of_Culture http://blog.naver.com/jupiterian00/30033197501

비스를 한데 모은 점이 특징이다. 이에 따라서 콘텐츠 산업발전을 위한 정책도 탄력을 받을 전망이다.

'문화통신부'의 개편과 함께 디지털 콘텐츠 수요의 확대 등 변화하는 환경에 대응하기 위한 노력이 시도되고 있다. 정보통신기술의 발전과 미디어 영역이 넓어지면서 디지털 콘텐츠의 필요성 증가에 부응하기 위한 새로운 문화정책이 필요했다. 이에 따라서 2008년 10월에 '디지털 프랑스 2112' 계획을 발표했다. 여기에 담긴 내용은 디지털 네트워크 인프라 확장, 신기술기반 콘텐츠 제작 및 공급, 디지털 서비스 지원 강화 등 150여 개에 이른다.

### 4 일본9

일본의 문화정책은 프랑스와 같은 정부 주도형도 아니고 미국처럼 민간 주도형도 아니다. 또 독일처럼 지방자치단체 주도형도 아니고 영국과 같은 특수법인형도 아니다. 일본은 일본 특유의 문화를 반영한 독자적인 형태와 역할분담에 의해 문화정책을 추진하고 있다. 일본의 콘텐츠 산업정책은 내각관방(Cabinet Secretariat), 총무성(MIC: Ministry of Internal Affairs and Communications), 경제산업성(METI: Ministry of Economy, Trade and Industry), 문부과학성(MECSS: Ministry of Education, Culture, Sports, Science and Technology) 등 다양한 부처와 연계되어 있다. 여러 부처가 관련되어 있기 때문에 콘텐츠 정책은 단순한 산업정책을 넘어서 문화·사회정책 나아가 국가 이미지 제고차원에서 다루고 있다.

주요 부처별 업무를 보면 콘텐츠 산업은 '내각관방'의 'IT전략실'과 '지적재산전략추진사무국'이 주도하고 있다. 2009년에는 애니메이션, 만화, 영화, 드라마, 음악과 같은 게임 산업을 '소프트파워' 산업으로 정의하고 이런 산업의 육성을 통한 일본

---

9 http://www.soumu.go.jp/

브랜드를 강화하는 정책을 펼치고 있다. 2015년에 시장규모를 20조 엔까지 확대하는 목표를 세우고 이의 달성을 위해 콘텐츠산업 진흥과 해외 시장개척을 강화하고 있다. 이를 위해서 2004년에는 '콘텐츠 창조·보호 및 활용촉진에 관한 법률'을 제정하였고 2007년에는 복제방지법인 '영화도촬방지법'을 제정하여 지적재산권을 보호하고 있다. 나아가 총무성과 함께 전자정부를 선도해나가면서 개인정보 보호에도 진력하고 있다.

'총무성'은 방송·통신에 기반한 21세기 디지털 콘텐츠 산업 발전을 선도하고 있다. 주 업무는 행정조직·인사·지방자치·선거 제도·정보통신·방송·우정·통계 등이다. 방송, 통신정책에 대한 규제기관 역할까지 하고 있다. 다양한 기구 중 핵심부서는 '정보통신국제전략국'과 '정보유통행정국'이다. 이 둘이 국가경쟁력 강화를 위한 중추적 역할을 담당하고 있다. '정보통신국제전략국'[10]은 2001년 1월에 IT기본계획을 수립했다. 이에 따라서 'e-Japan' 전략을 발표하고 IT기반 구축을 이끌어가고 있다. 2003년 7월에는 'e-Japan Ⅱ' 전략을 발표하여 IT이용 촉진을 도모했다. 2006년 1월에는 'IT혁신개혁전략' 수립을 통해서 IT산업의 구조개혁을 추진했다.

'정보유통행정국'은 정보통신기술의 활용도를 높이는 차원의 방송과 통신의 유통 업무를 담당하고 있다. 특히 콘텐츠 유통활성화 정책에 집중하고 있다. 정보통신의 융합추세에 맞추어 법체계 정비도 추진하고 있다. 이렇듯 총무성은 정보통신과 방송 등의 콘텐츠 산업과 관계가 깊다.

경제산업성은 산업·통상 정책, 산업기술, 무역, 광물자원, 에너지업무를 담당하고 있지만 산업·통상정책이 콘텐츠 산업과 관련이 있다. 영화, 출판, 게임, 광고 산업 등을 지원하고 있다.

문부과학성은 교육·과학기술·학술·문화·스포츠·종교에 관한 행정사무를 담당하고 있다. 특히 전통예술과 순수예술 그리고 이와 관련된 저작권 업무를 관장하고 있

---

10 http://www.soumu.go.jp/main_sosiki/joho_kokusai/index.html

다. 문화정책 비전으로 '문화입국 실현'을 내걸고 지방자치단체와의 연계협력, 사회의 다양한 자원 활용, 교육과의 연계에 중점을 두고 추진하고 있다. 최근에는 지방자치단체와 교육위원회 등 지방기관들도 문화관련 행정조직을 강화하고 있다.

콘텐츠 산업과 관련한 일본의 행정조직을 보면 각 부처별 간 업무의 중복이 발견된다. 지적재산권만 하더라도 관방부, 총무성, 문부과학성 등이 관련 업무를 하고 있다. 물론 관련부처의 고유 업무에 관련한 내용중심으로 하기 때문에 중복현상은 크지 않을 것으로 예상된다. 그럼에도 불구하고 자칫 지원조직이 오히려 콘텐츠 산업 발전을 제약하는 요인으로 작용함은 물론 부처 간 갈등을 유발하는 요인이 될 수 있을 것 같다.

## 5 우리나라의 콘텐츠 산업 정책 기관

우리나라의 콘텐츠 산업 정책 기관은 '문화체육관광부'이다. 관련기관으로는 방송통신서비스정책을 맡고 있는 '방송통신위원회', 정보통신기기 산업정책을 맡고 있는 '지식경제부'가 관련 분야의 산업정책을 담당하고 있다. 이밖에도 교육과학기술부의 교육콘텐츠, 보건복지부의 의료콘텐츠, 국방부의 국방콘텐츠 등 부처 고유업무와 관련된 콘텐츠 산업 정책을 보완적으로 시행하고 있다.

'문화체육관광부'는 제1차관 밑에 '문화콘텐츠산업실'을 두고 '콘텐츠정책관'과 '지적정책관'이 받치고 있다. 이중에서 '콘텐츠정책관'이 콘텐츠 산업정책을 관장하고 있다. 여기에는 문화산업진흥에 대한 종합계획을 세우고 조정하는 '문화산업정책과', 를 중심으로 3개과가 더 있다. 영화·비디오물·애니메이션·음악·대중문화예술·패션·엔터테인먼트 산업을 담당하는 '영상콘텐츠산업과', 게임물·게임산업·캐릭터·만화산업을 담당하는 '게임콘텐츠산업'과, 그리고 콘텐츠기술의 개발·육성과 콘텐츠기술의 이전 및 산업적 활용을 촉진하는 업무를 담당하는 '디지털콘텐츠산업과'가 있다.

'지적정책관' 밑에는 저작권정책을 수립·조정하고 추진하는 '저작권정책과', 저작권 유통구조 개선을 비롯한 저작권 산업을 담당하는 '저작권산업과'와 저작권 보호를 담당하는 '저작권보호과'의 3개과로 나뉘어 있다.

한편 '문화체육관광부'는 미디어 정책도 관장하고 있다. 문화체육관광부의 미디어 정책은 제2차관 소속으로 '미디어정책국'이 담당하고 있다. 그 밑에 3개과로 나누어져 있다. '미디어정책과'가 문화미디어산업 진흥에 관한 전반적인 업무를 담당하고, 방송영상산업과 광고 산업을 담당하고 있다. 그리고 출판·인쇄산업을 담당하는 '출판·인쇄산업과'가 있다.

이상에서 살펴본 바와 같이 '문화체육관광부'는 콘텐츠 산업정책을 총괄하는 부처이다. 때문에 각 부처와의 콘텐츠 산업에 대한 업무협력과 조정까지 해나가야 한다. 특히 미디어산업 발전으로 방송통신 콘텐츠의 영역이 넓어지면서 방송통신위원회와의 업무 협력과 조정이 중요해지고 있다. 문제는 미디어 정책 전반은 문화체육관광부가 하고 있는데 대하여 방송통신은 방송통신위원회가 관장하고 있는 점이다.


## 제3절 // 콘텐츠 진흥정책의 성과


콘텐츠 산업을 진흥하기 위한 정부의 정책은 여러 측면에서 가시적인 성과를 보이고 있다. 우리나라 콘텐츠 산업은 양적으로나 질적으로 급속한 성장 추세를 보이고 있다. 이러한 현상은 콘텐츠 산업의 핵심이 창의적인 문화예술 콘텐츠라는 점에서 매체 혹은 비즈니스 중심의 정책이 아닌 콘텐츠 자체에 초점을 맞춘 정책의 성과라고 할 수 있다. 문화·콘텐츠와 디지털 콘텐츠를 이원적으로 접근하였던 과거 정부의 정책시스템과는 달리 현 정부에서 콘텐츠를 일원화하여 다룸으로써 특히 음악시장에 있어서 디지털 음원시장이 급속히 커지게 되었다. 디지털 콘텐츠 시장의 성장은 저작권에 대한 강력한 보호가 콘텐츠 진흥 정책의 중요한 일부분으로 병행하여 추진되었기 때문이라 할 수 있다.

### 1 콘텐츠 산업의 규모 성장

PwC(2011)의 발표에 따르면, 2010년 우리나라 콘텐츠 산업의 시장 규모는 약 340억 달러로 아시아에서 3위, 세계에서 9위의 수준이다. 2006년부터 2010년까지 우리나라 콘텐츠 산업은 시장 규모면에서 연평균 6.3%씩 증가하여 왔다. 이는 미국, 일본 및 유럽 국가들과 비교할 때 상당히 높은 수준의 성장률이라 할 수 있다.

■ 표 5-1 콘텐츠 산업의 매출액(2005-2014년) (단위: 백 만원)

| 구분 | 2010년 | 2011년 | 2012년 | 2013년 | 2014년 | 비중(%) | 전년대비 증감률(%) | 연평균 증감률(%) |
|---|---|---|---|---|---|---|---|---|
| 출판 | 21,243,798 | 21,244,581 | 21,097,287 | 20,799,789 | 20,586,789 | 21.7 | △1.0 | △0.8 |
| 만화 | 741,947 | 751,691 | 758,525 | 797,649 | 854,837 | 0.9 | 7.2 | 3.6 |
| 음악 | 2,959,143 | 3,817,460 | 3,994,925 | 4,277,164 | 4,606,882 | 4.9 | 7.7 | 11.7 |
| 게임 | 7,431,118 | 8,804,740 | 9,752,538 | 9,719,683 | 9,970,621 | 10.5 | 2.6 | 7.6 |
| 영화 | 3,432,871 | 3,773,236 | 4,404,818 | 4,664,748 | 4,565,106 | 4.8 | △2.1 | 7.4 |
| 애니메이션 | 514,399 | 528,551 | 521,005 | 520,510 | 560,248 | 0.6 | 7.6 | 2.2 |
| 방송 | 11,176,433 | 12,752,484 | 14,182,479 | 14,940,939 | 15,774,635 | 16.6 | 5.6 | 9.0 |
| 광고 | 10,323,172 | 12,172,681 | 12,483,803 | 13,356,360 | 13,737,020 | 14.5 | 2.9 | 7.4 |
| 캐릭터 | 5,896,897 | 7,209,583 | 7,517,639 | 8,306,812 | 9,052,700 | 9.5 | 9.0 | 11.3 |
| 지식정보 | 7,242,686 | 9,045,708 | 9,529,478 | 10,388,176 | 11,343,642 | 11.9 | 9.2 | 11.9 |
| 콘텐츠 솔루션 | 2,359,853 | 2,867,171 | 3,029,140 | 3,437,787 | 3,894,748 | 4.1 | 13.3 | 13.3 |
| 합계 | 73,322,317 | 82,967,886 | 87,271,637 | 91,209,617 | 94,947,228 | 100.0 | 4.1 | 6.7 |

1) 2008년부터 방송산업 매출액은 방송사업 수익만을 포함하였으므로 이전년도와 직접 비교하기 무리가 있음.
출처: 2014년 기준 콘텐츠산업 주요 통계, 문화체육관광부, 2016.1.26자 보도자료.

2014년도 기준 국내 콘텐츠 산업 매출액은 전년 대비 4.1% 증가한 94조 9,472억 원으로 집계되었다. 대내외 경기 둔화에도 불구하고 콘텐츠 산업 매출액은 지난 5년간('10~'14) 연평균 6.7%씩 꾸준히 성장하였는데, 이는 2014년도 국내 경제성장률이 전년대비 3.3% 증가했고, 5년간('10~'14) 연평균 3.0% 성장한 것과 비교할 때 주목할 만한 수치이다.

콘텐츠 매출액은 출판, 영화를 제외한 전 산업 부문에서 증가했으며 지식정보(9.2%), 캐릭터(9.0%) 부문 등에서 매출 규모가 크고 높은 증가율을 보여 국내산업 성장에 크게 기여한 것으로 나타났다.

매출액 규모는 출판산업이 20조 5,867억 원으로 가장 컸으며, 그 다음으로는 방송(15조 7,746억 원), 광고(13조 7,370억 원), 지식정보(11조 3,436억 원), 게임(9조 9,706억 원) 등의 순으로 나타났다.


## 2  콘텐츠 산업의 해외 진출 증가

우리나라 콘텐츠 산업의 해외수출액은 2005년 약 13억 달러 수준에서 2010년에는 약 두배 반이 증가한 약 32억 달러 수준으로 크게 증가하였다. 해외수출 측면에서 특히 강세를 보이고 있는 부문은 게임 산업으로 2010년 수출액이 무려 16억 달러로 전체 콘텐츠 산업 수출액의 50%를 차지하였다.

2014년도 국내 콘텐츠 산업 수출액은 전년대비 7.1% 증가한 52억 7,351만 달러로 나타났다. 수출액은 출판, 영화, 광고를 제외한 전 산업 부문에서 증가하였으며 음악(21.0%), 캐릭터(9.6%), 게임(9.5%) 부문 등에서 수출 규모가 크고 높은 증가율을 보였다. 또한 2014년도 수입액은 전년대비 10.8% 감소한 12억 9,423만 달러로 무역수지는 39억 7,928만 달러의 흑자를 나타냈다.

수출액 규모는 게임산업이 29억 7,383만 달러로 가장 컸으며, 그 다음으로 캐릭터(4억 8,923만 달러), 지식정보(4억 7,965만 달러), 방송(3억 3,601만 달러), 음악(3억 3,565만 달러) 등의 순으로 나타났다. 한류의 영향으로 콘텐츠 산업 수출액은 5년간('10~'14) 연평균 13.4%씩 높은 성장률을 유지했다.

게임산업 수출액은 전체 수출액 52억 7,351만 달러 중 절반 이상의 비중(56.4%)을 차지하고 있으며, 연평균 16.7%씩 꾸준히 성장하여 2010년 16억 610만 달러에서 2014년 29억 7,383만 달러로 두 배 가까이 성장하였다.

■ 표 5-2 콘텐츠 산업의 해외수출액(2010-2014년)  (단위: 천 달러)

| 구분 | 수입액 | | | | | 비중 (%) | 전년대비 증감률(%) | 연평균 증감률(%) |
|---|---|---|---|---|---|---|---|---|
| | 2010년 | 2011년 | 2012년 | 2013년 | 2014년 | | | |
| 출판 | 339,819 | 351,604 | 314,305 | 254,399 | 319,219 | 24.7 | 25.5 | △1.6 |
| 만화 | 5,281 | 3,968 | 5,286 | 7,078 | 6,825 | 0.5 | △3.6 | 6.6 |
| 음악 | 10,337 | 12,541 | 12,993 | 12,961 | 12,896 | 1.0 | △0.5 | 5.7 |
| 게임 | 242,532 | 204,986 | 179,135 | 172,229 | 165,558 | 12.8 | △3.9 | △9.1 |
| 영화 | 53,374 | 46,355 | 59,409 | 50,339 | 50,157 | 3.9 | △0.4 | △1.5 |
| 애니메이션 | 6,951 | 6,896 | 6,261 | 6,571 | 6,825 | 0.5 | 3.9 | △0.5 |
| 방송 | 110,495 | 233,872 | 136,071 | 122,697 | 64,508 | 5.0 | △47.4 | △12.6 |
| 광고 | 737,167 | 804,124 | 779,936 | 652,701 | 501,815 | 38.8 | △23.1 | △9.2 |
| 캐릭터 | 190,456 | 182,555 | 179,430 | 171,649 | 165,269 | 12.8 | △3.7 | △3.5 |
| 지식정보 | 470 | 496 | 508 | 597 | 626 | 0.0 | 4.9 | 7.4 |
| 콘텐츠 솔루션 | 371 | 433 | 453 | 505 | 536 | 0.0 | 6.1 | 9.6 |
| 합계 | 1,697,253 | 1,847,830 | 1,673,787 | 1,451,726 | 1,294,234 | 100.0 | △10.8 | △6.6 |

출처: 2014년 기준 콘텐츠산업 주요 통계, 문화체육관광부, 2016.1.26자 보도자료.

최근 K-pop이 글로벌 문화시장에서 엄청난 두각을 나타내며 새로운 신한류 열풍의 주역으로 주목받고 있다. 일례로 2011년 한 해 동안 전 세계인이 유튜브를 통해 K-pop 영상을 조회한 수는 무려 22억 8,600만 여회를 기록하였다. 이는 2010년의

7억 9,300만여 회에 비해 3배 가까이 증가한 수치이다. K-pop을 필두로 한 신한류의 확산 추세는 향후 우리나라 콘텐츠 산업의 비약적 발전과 성공적인 해외 시장진출 가능성을 크게 높여주고 있다.

## 3 콘텐츠 산업의 부가가치

우리나라 산업의 고용유발계수를 비교해 보면 10억 원당 반도체가 3.9, 금융이 6.8, 자동차가 8.1, 통신이 8.5, 조선이 9.1인 데 비해 문화서비스는 이들보다 훨씬 높은 12.1을 기록하였다. 이는 콘텐츠 산업이 새로운 일자리를 창출하는 측면에서 향후 우리나라 경제에 크게 기여할 것임을 보여준다.

표 5-3 고용유발계수 비교 (단위: 10억 원당)

| 제조업 | | | 서비스업 | | | 전체 산업 |
|---|---|---|---|---|---|---|
| 반도체 | 자동차 | 조선 | 문화서비스 | 금융 | 통신 | |
| 3.9 | 8.1 | 9.1 | 12.2 | 6.8 | 8.5 | 9.5 |

출처: 정부관계부처합동, 『콘텐츠산업진흥계획』, 2011.5.23.

우리나라 콘텐츠 산업의 부가가치액은 2005년 약 20조 원 규모에서 2010년에는 약 30조원 규모로 크게 증가하였다. 콘텐츠 산업의 부가가치율 역시 2005년의 36.07%에서 2010년에는 41.55%로 증가하였다.

■ 표 5-4 우리나라 콘텐츠 산업의 부가가치 (단위: 억 원)

| 부가가치액 (억 원) / 부가가치율 (%) | 2005 | 2006 | 2007 | 2008 | 2009 | 2010 | 2012 | 2013 |
|---|---|---|---|---|---|---|---|---|
| 출판 | 69,456 | 63,375 | 89,491 | 89,728 | 87,362 | 90,100 | 87,701 | 87,609 |
|  | 35.82 | 31.88 | 41.44 | 42.62 | 42.39 | 42.41 |  |  |
| 만화 | 1,547 | 2,645 | 2,821 | 2,836 | 2,908 | 2,976 | 3,138 | 3,226 |
|  | 35.45 | 36.23 | 37.03 | 39.21 | 39.35 | 40.11 |  |  |
| 음악 | 5,728 | 7,653 | 7,877 | 9,466 | 10,228 | 11,429 | 16,637 | 17,049 |
|  | 32 | 31.87 | 33.41 | 36.38 | 37.32 | 38.62 |  |  |
| 게임 | 43,816 | 36,552 | 24,874 | 28,080 | 33,489 | 37,683 | 45,681 | 45,459 |
|  | 50.48 | 49.07 | 48.36 | 50.1 | 50.89 | 50.71 |  |  |
| 영화 | 8,412 | 17,522 | 8,808 | 3,494 | 10,879 | 11,219 | 17,074 | 17,944 |
|  | 25.63 | 48.37 | 27.67 | 12.11 | 32.9 | 32.68 |  |  |
| 애니메이션 | 422 | 703 | 1,225 | 1,673 | 1,752 | 2,171 | 2,199 | 2,192 |
|  | 18.05 | 24.37 | 39.37 | 41.33 | 41.86 | 42.2 |  |  |
| 방송 | 28,341 | 39,728 | 42,676 | 31,514 | 39,314 | 42,850 | 51,246 | 52,915 |
|  | 32.82 | 40.87 | 40.51 | 33.73 | 40.73 | 39.81 |  |  |
| 독립제작 | – | – | – | 2,958 | 3,283 | 3,298 | 3,547 |  |
|  | – | – | – | 40.67 | 41.24 | 44.7 |  |  |
| 광고 | 26,937 | 33,436 | 40,022 | 40,627 | 34,451 | 39,321 | 46,527 | 61,470 |
|  | 32 | 36.67 | 42.42 | 43.63 | 37.5 | 38.09 |  |  |
| 캐릭터 | 5,014 | 12,383 | 18,012 | 19,564 | 22,028 | 24,755 | 31,438 | 34,772 |
|  | 24.15 | 27.21 | 35.21 | 38.37 | 41.11 | 41.98 |  |  |
| 지식정보 | 12,069 | 13,937 | 17,297 | 19,644 | 22,377 | 26,743 | 39,156 | 43,911 |
|  | 39.69 | 40.19 | 40.25 | 41.12 | 42.58 | 43.1 |  |  |
| 콘텐츠 솔루션 | 4,765 | 5,833 | 6,425 | 7,317 | 8,027 | 8,726 | 12,007 | 13,840 |
|  | 37.38 | 37.83 | 38.25 | 39.21 | 39.42 | 39.73 |  |  |
| 합계 | 206,507 | 233,767 | 259,529 | 253,943 | 272,815 | 297,972 | 212,902 | 380,382 |
|  | 36.07 | 37.24 | 40.29 | 39.88 | 41.41 | 41.55 |  |  |

출처: 한국콘텐츠진흥원, 2014콘텐츠산업백서, 2014.

# 미디어 콘텐츠 환경과 복잡계이론

CPND 생태계와 콘텐츠 융복합

CHAPTER 06

>> 미디어 콘텐츠 환경과 복잡계이론

제1절 // 미디어 콘텐츠와 방송통신 융합의 의미

1 미디어 콘텐츠의 의미

1) 미디어 콘텐츠의 개념

콘텐츠의 개념에 대해서는 1966년 Baumol-Bowen의 연구 이후 콘텐츠를 경제
학적 차원에서 연구하는 논의가 지속되어 왔으나 매우 추상적인 수준에 머물렀으며,
콘텐츠라는 용어가 보편적으로 사용되기 시작한 것은 1990년 후반부터 유럽에서 빠
르게 진행되고 있는 방송과 통신의 융합 현상에 주목하는 과정에서 멀티미디어 콘텐
츠(multimedia contents)라는 말이 쓰이기 시작했다.

1990년대 인터넷의 보급에 따른 정보사회의 도래는 과거 학문적, 이론적으로 논
의되던 콘텐츠의 가치를 현실 경제로 이끌어내었다. 인터넷이라는 하드웨어를 통해
유통되는 정보의 가치에 대해 인식하게 된 것이 변화의 시발점이라고 볼 수 있다. 이
러한 변화의 과정을 거쳐 현재 콘텐츠라는 단어는 일반 대중문화를 포함하여 일반인
들의 삶 전반을 포괄하는 용어로 확장되어 왔다.

콘텐츠라는 용어는 단독으로 사용되기도 하지만 미디어, 영상, 디지털 등의 단어
들과 결합해 쓰이는 것이 보다 보편화되어 있다. 이것은 복잡해진 미디어 산업 구조

속에서 콘텐츠가 각각의 산업에 부합하는 개념으로서 사용되기 때문이다. 더욱이 콘텐츠 상품 자체가 비교적 표준화되고 정형화된 일반적 유형의 재화와는 다른 상품적 속성을 가지기 때문에 미디어 콘텐츠의 파생을 논함에 있어서 콘텐츠의 정의를 명확히 하는 것이 우선시되어야 하는 사항이다.

콘텐츠(content)란 미디어를 통해 전달되는 내용물 및 메시지로서 인간의 창의적 문화 활동의 산물을 총칭하는 개념으로 이해할 수 있다(국회입법조사처, 2010: 8). 여기서 인간의 창의적 문화 활동은 문화적 가치에 근거하여 경제적 가치인 문화상품을 만들어내는 과정을 포함하고 있다. '매체'라는 측면을 고려하면 콘텐츠의 개념은 '여러 가지 미디어 상에서 유통되는 영상·음악·음악·게임·책, 동영상·이미지·음성·문자·프로그램 등의 표현 수단에 의해 구성되는 정보의 내용'으로 정의될 수 있다. 또한 「문화산업진흥기본법」에서는 콘텐츠를 "부호, 문자, 음성, 음향 및 영상 등의 자료 또는 정보"로 정의하고 있으며, 디지털 콘텐츠를 "부호·문자·음성·음향 및 영상 등의 자료 또는 정보로서 그 보존과 이용에 효용을 높일 수 있도록 디지털 형태로 제작 또는 처리하는 것"으로 정의하고 있다.

따라서 넓은 의미로서 인터넷 컴퓨터통신, TV, 휴대폰(모바일) 등을 통하여 제공되는 각종 정보나 그 내용물로서 유무선 전기 통신망에서 사용하기 위하여 디지털 방식으로 제작해 처리·유통하는 각종 정보 또는 그 내용물을 통틀어 이르는 개념으로 정의할 수 있다.

콘텐츠(contents)를 정신적, 감성적 가치 및 효용을 전달하고 무정형(無定形)이라고 한다면, 미디어(media)는 이러한 콘텐츠에 형태를 부여하고 구체화하여 그것을 실체화시키는 필수적인 장치(device)라고 보고 있다(송요셉, 2009). 콘텐츠는 내용이자 무형적인 산물이며, 미디어는 형식이며 형태적인 것으로 현실에서 양자는 상호의존적인 관계라는 것이다.

세계 각국이 법제적 차원에서 규정하고 있는 콘텐츠의 정의는 OECD의 보고서(2007)가 근간이 되고 있다. 이 보고서는 콘텐츠의 정의를 두 가지 측면에서 살펴보아야 함을 제시하고 있다.

첫째, 상호 간에 전달하고자 하는 메시지의 송신과 수신 행위인 커뮤니케이션 활동 측면이다. 콘텐츠는 인간을 위해 구성된 메시지로서 미디어와 결합되어 대중에게 전달되는 상품으로 정의하고 있으며, 미디어 콘텐츠 산업을 콘텐츠의 제작과 출판, 배급 및 전자적인 유통과 관련된 산업으로 분류하는 것도 이와 같은 차원이다. 메시지는 본질적으로 인간의 머릿속에서 생산되는 창의적·정신적 활동이므로 특정한 표현양식과 결합하지 않는 이상 타인에게 전달될 수 없다. 즉, 메시지는 글, 소리, 그림 등의 일차적 표현양식과 결합해야만 타인에게 전달될 수 있다. 따라서 일차적 표현양식과 결합한 인간의 창의적인 생산물을 콘텐츠라고 정의하고 있는 것이다(OECD, 2007).

둘째, 콘텐츠를 미디어와 결합시켜 대중에게 전달하는 상품으로 규정함으로써 공적 커뮤니케이션을 전제로 한 미디어 콘텐츠로 해석하고 있다. 여기에서 미디어는 대량소비(Mass Consumption)를 전제로 한 것이며, CD/DVD 등과 같이 음성이나 영상을 저장하는 기록매체(Recording Media), 신문, 잡지, 도서 같은 인쇄매체, 방송이나 인터넷 등과 같이 전자에너지를 이용하는 전자매체(Electronic Media) 등으로 구분한다. 이메일, SMS, 영상파일 전송 등 개인의 사적 커뮤니케이션을 전제로 하는 경우는 미디어 콘텐츠의 범주에 포함되지 않는다고 보고 있다(OECD, 2007; 정보통신정책연구원, 2009).

이와 같은 경향은 이른바 인터넷 비즈니스가 시작된 이래 인터넷 콘텐츠, 디지털 콘텐츠, 그리고 정보 콘텐츠라는 말이 본격적으로 사용되기 시작하면서 콘텐츠를 바라보는 하나의 주류 시각으로 인지되어 왔다(심상민, 2002).

이상의 논의를 요약해보면, 미디어는 정보의 기록, 전달, 관리 등에 사용되는 물건이나 장치로서 흔히 매체 또는 매개체로 정의할 수 있다. 미디어 콘텐츠는 미디어라는 매개체를 통해 전달되는 방송, 영화, 음악, 연극, 문예, 사진, 애니메이션, 컴퓨터 게임, 그 외에 이러한 것들이 결합된 인간의 창조적인 활동의 결과물이자 커뮤니케이션에 있어서 경제적으로 가치가 있는 것으로 볼 수 있다.

OECD는 정보경제의 중요성이 커짐에 따라 1990년대 말부터 정보경제를 구성하는 정보통신기술(Information & Communication Technology, 이하 ICT) 산업과 미디어 콘텐츠 산업에 대한 분류체계를 연구해왔다. OECD는 미디어 콘텐츠 산업 분류를 작성하면서 국제산업표준분류(International Standard Industry Classification, 이하 ISIC) 정보통신 부문에서 ICT 산업을 제외한 모든 산업을 미디어 콘텐츠 산업에 포함시키고 있다. 이를 바탕으로 미디어 콘텐츠 산업을 다섯 가지로 대분류하고 있는데, 구체적으로 책과 간행물의 출판, 산업, 영화 및 비디오산업, 음반산업, 방송산업, 그리고 기타 정보산업으로 분류하고 있다(OECD, 2009; 정보통신정책연구원, 2010).

OECD는 미디어 콘텐츠 산업 분류를 작성하면서 미디어 콘텐츠 산업에서 생산하는 모든 상품을 포함하는 것을 원칙으로 하고 있다. ICT 산업에 포함되는 3개의 게임 소프트웨어 상품과 웹서치 포럼 콘텐츠 총 4개 상품을 콘텐츠 미디어 상품에 포함시켰다. 그리고 웹서치 포털 콘텐츠는 ICT 상품이라기보다 콘텐츠에 유사하다고 판단하여 미디어 콘텐츠의 분류에 포함시켰다. 이를 바탕으로 분류된 미디어 콘텐츠 상품 분류는 인쇄된 텍스트 기반 콘텐츠, 영화·비디오·텔레비전 및 라디오 콘텐츠, 음악 콘텐츠, 게임 소프트웨어 콘텐츠, 온라인 콘텐츠, 그리고 기타 콘텐츠 이상의 6가지로 대분류하고 있다.

국내에서 미디어 콘텐츠에 관한 분류는 통계청의 콘텐츠산업 분류(특수 분류)가 있다. 최근 미디어 콘텐츠 산업의 중요성이 커지고 있는 가운데, 문화체육관광부의 콘텐츠 산업 특수 분류 제정 요청과 OECD의 미디어 콘텐츠 산업 분류 사용 권고 등에 따라 통계청은 콘텐츠 산업을 8가지로 분류하였으나(정보통신정책연구원, 2010), 구체적인 콘텐츠 상품 분류는 명확하게 제시되어 있지 않으며 아직도 현재 진행형으로 논의 중에 있다.

일본의 미디어 콘텐츠 시장은 미디어 콘텐츠를 크게 영상 콘텐츠, 음성 콘텐츠, 텍스트(text) 콘텐츠로 대분류하고 있다. 그리고 그 아래에 16가지 하부 콘텐츠로 세분화하고 있다(총무성 정보통신정책연구소, 2009).

## 2) 미디어 콘텐츠의 속성

미디어 콘텐츠는 일반적 사적 재화와는 달리 공공재적, 경험적, 그리고 경제적 차원의 속성을 지니고 있다.

첫째, 미디어 콘텐츠 상품은 공공재적(public goods) 속성으로 비경합성(non-rivalry)과 비배제성(non-exclusivity) 등의 특징이 제시되어 왔다.

공공재의 비경합성은 한 개인이 소비에 참여하여 얻게 되는 이익 및 효용이 다른 개인들이 얻는 이익 및 효용과 독립적이라는 것을 의미한다. 즉, 많은 사람들이 동일한 재화를 소비하는데도, 소비하는 개개인이 얻는 이득은 감소하지 않는다고 보는 것이다. 이득이 충돌 없이 분배되기 때문에 비경합적 소비는 집합적이거나 결합적인 양상으로 나타나는 경우가 많으며, 방송이나 영상 콘텐츠와 같은 대부분의 미디어 콘텐츠 소비에 나타나는 특징으로 콘텐츠의 유통과 파생을 가능하게 하는 하나의 요인이다.

공공재로서의 미디어 콘텐츠는 소비로부터 배재되지 않는 비배제성을 가지고 있다. 하지만 이러한 비배제성의 경우, 모든 미디어 콘텐츠에 해당하는 것이 아니다. 텔레비전을 통해 전달되는 영상 콘텐츠의 경우에는 TV기기만 갖춰진다면 지불의사와 상관없이 거의 모든 소비자들이 배재되지 않지만, 소설, 만화, 영화와 같이 해당 재화에 대한 지불을 하지 않을 경우 배제될 수도 있다.

이와 같은 미디어 콘텐츠의 공공재적 속성은 미디어 환경이 다변화하고, 유통구조가 복잡해지면서 점차 그 속성이 약해지고 있다. 콘텐츠를 사적, 재화적 상품으로서 인식하고, 가치창출의 구조적 도구로서 활용하고자 하는 전략적 접근이 점차 일반화되어가고 있다. 그럼에도 불구하고 미디어 콘텐츠는 보다 포괄적으로 소비자들과 접근하며, 배제시키지 않는다는 점, 그리고 개별적 소비에 있어서 받아들이는 정도의 차이는 있지만 소비로 인해 콘텐츠 자체가 가진 효용 자체가 사라지지 않는다는 공공재적 속성이 내포되어 있기 때문에 지속적인 활용을 가능하게 하는 것이다.

둘째, 불확실성 현상을 발생시키는 원인으로 미디어 콘텐츠 상품이 갖는 경험재

(experience good)적 속성이 있다(Hirschman & Holbrook, 1982). 경험재는 경험 그 자체를 즐기기 위해 소비하고 선택하는 상품으로, 먼저 소비한 이후에야 그 상품이 가지는 효용을 알 수 있다. 따라서 미디어 콘텐츠 분야에 있어서 경험이라는 요소는 상당히 중요하다. 특히 소비자의 미디어 콘텐츠의 경험은 차후 유사 콘텐츠의 지속적인 소비로 이어질 것인가의 문제와도 연결되며, 미디어 콘텐츠 생산자는 원천 콘텐츠가 소비되었던 데이터적 경험 수치를 차후에 다양하게 활용할 수 있다.

셋째, 기존 콘텐츠를 다양하게 활용하고자 하는 사례가 증가하고 있는 이유는 미디어 콘텐츠가 가지고 있는 경제적학 상품으로서의 가치 때문이다. 미디어 경제적 측면에서는 미디어 콘텐츠를 생산과 산업조직의 구조(Structure)—행위(Conduct)—성과(Performance)라는 분석틀을 미디어 현상에 적용시킴으로써 발전해 왔다(장용호 외, 2004). 그러나 산업조직론의 일반적인 모델을 미디어 콘텐츠 산업에 적용하는 것은 그 자체로 의미 있는 작업이나, 한편으로 적지 않은 문제점을 내포하고 있다.[1]

시장 확대나 수익원 다각화 그리고 지속적인 가치창출이라는 차원에서 접근가능하다. 미디어 콘텐츠는 한계수익 체증으로 인해 0에 가깝다. 이를 해결하기 위한 방안으로 규모의 경제를 극대화하여 생산비를 분산시키고, 시장을 확대하려는 전략을 구사하고 있다. 이러한 경향은 국내적으로는 콘텐츠가 유통되는 후속창구의 확대로, 또 국외적으로는 콘텐츠 상품거래를 통한 해외시장 진출로 구체화된다(한국방송개발원, 1996).

본 연구에서는 미디어 콘텐츠 파생적 활용과 이와 같은 메커니즘 내에서 생산되고 있는 매체전환 콘텐츠는 공공재적 요소는 물론, 미디어 매체가 다양화되고, '미디어 콘텐츠가 다변화되고 있는 최근의 방송·통신 융합현상을 경제적 상품이라는 테두리에서도 설명하려고 한다.

---

1 미디어 콘텐츠 산업을 경제적 측면에서 고찰하는 것은 장점과 단점이 있다. 특히 미디어 콘텐츠 상품이 갖는 공공재적, 경험재적 속성이 상대적으로 간과될 수 있다는 점이다. 다음으로는 미디어 콘텐츠 산업의 성과를 판단하는 데 있어서 단지 경제학적 효율성 개념만이 적절한가 하는 문제가 될 수 있다.

### 3) 미디어 콘텐츠의 법체계

우리나라 미디어 콘텐츠에 관한 법제는 두 가지 유형이다. 하나는 미디어의 특성과 관계없이 모든 미디어를 포괄하는 내용으로 구성된 법제가 있고, 다른 하나는 미디어별 특성을 고려하여 콘텐츠를 규정하고 있는 법제이다. 모든 콘텐츠를 포괄하는 법제는 콘텐츠 진흥과 규제에 대해 전반적인 내용을 담고 있어 구체성이 떨어지고, 단일 미디어별 콘텐츠를 규정하는 법제는 해당 매체의 콘텐츠 진흥 및 규제 내용을 담고 있어 융합현실에 적합하지 않다(한국언론재단, 2009: 4).

미디어 콘텐츠에 대해 총괄적으로 다루고 있는 법제는 콘텐츠를 문화산업의 영역에서 규정하고 있는 '문화산업진흥 기본법', 콘텐츠의 진흥과 육성을 모두 규정하고 있는 '콘텐츠산업 진흥법', 그리고 이들 콘텐츠의 공정한 유통과 올바른 사용을 규정하고 있는 '저작권법'이 있다(한국언론재단, 2009: 4). 미디어별 콘텐츠에 관한 법률은 방송영상, 게임, 인터넷, 영화와 비디오, 뉴스통신 등 다양한 법제가 있다. 해당 매체에 대한 전반적인 정책을 담고 있으면서 그 분야의 콘텐츠에 관한 내용을 규정하고 있는 법제가 '방송법'이다. 그리고 해당 매체만의 콘텐츠 진흥과 정책에 관한 규정을 담고 있는 법제로는 영화와 비디오에 관해 규정한 '영화 및 비디오물의 진흥에 관한 법률', 게임, 음악, 출판에 관해 규정한 '게임산업 진흥에 관한 법률', '음악산업 진흥에 관한 법', '출판문화산업 진흥법' 등이 있다(한국언론재단, 2009, 10).

미디어 콘텐츠 관련 법안은 문화체육관광부와 방송통신위원회 소관부처별 법률로 세분화되어 있다. 문화체육관광부는 '문화산업기본법', '영화 및 비디오물의 진흥에 관한 법률', '게임산업 진흥에 관한 법률', '저작권법', '콘텐츠산업 진흥법'을 관장하고 있다. 방송통신위원회는 '컴퓨터 프로그램보호법', '방송법'을 관장하고 있다(한국언론재단, 2009: 17–18). 이러한 부처별 관련 법안의 존재로 소관 부처의 중복 문제와 새로운 콘텐츠 등장 시 지원과 정책의 공백 문제가 발생하고 있다. 대표적으로 방송영상물의 경우 '문화산업 기본법'과 '콘텐츠산업 진흥법'에 명시되어 있어 문화체육관광부 장관이 정책에 관여할 수 있을 뿐만 아니라 '방송법'에도 명시하고 있어 주무기관인 방송통신위원장도 정책에 관여하는 구조로 되어 있다.

디지털기술의 발전으로 미디어 융합시대임에도 불구하고 게임, 방송, 영화, 음반, 광고 등도 매체별로 별도의 법률을 가지고 있다. 이로 인해 콘텐츠에 대한 일원화되고 통합적인 정책수립과 추진에 어려움이 있다. 특히 콘텐츠 산업에 대해 각각 법률에서 규정하고 있는 영역과 경계가 불분명하고 일부의 경우 중복 규정으로 인한 문제가 발생하고 있다. 대표적으로 온라인으로 제공되는 이용자 제작 중심의 새로운 형태의 콘텐츠는 어느 법률을 통하여 규제하고 진흥정책을 수립해야 하는지 모호한 것이 현실이다(주정민, 2007).

이러한 콘텐츠 관련 규제기관과 관련 법률의 분산 및 중복은 미디어 융합시대에 여러 가지 문제를 양산하고 있다. 미디어의 융합으로 디지털 및 온라인 콘텐츠의 경우 관련 법규의 중복이 발생하고 있으며, 동시에 콘텐츠의 유통에 따라 그 흐름을 통제할 수 없어 정책추진에 어려움이 많다. 현재 융합 콘텐츠는 '방송법', '문화산업 진흥 기본법', '온라인 디지털 콘텐츠산업 발전법' 등에서 동시에 혹은 중복적으로 규정하고 있다. 아울러 디지털시대 콘텐츠 산업의 바탕을 이루는 디지털 및 온라인 콘텐츠의 보호와 관련해서는 '저작권법', '온라인 디지털 콘텐츠산업 발전법'이 이중적으로 규제하고 있다(한국언론재단, 2009: 19-20).

디지털 콘텐츠의 경우 포괄적으로 여러 법안에서 정의하고 있어 이중규제의 문제가 있지만 온라인 콘텐츠는 이와 다른 차원의 문제가 발생하고 있다. 온라인 콘텐츠의 경우 여러 경로를 통해 제작, 유통, 소비가 이뤄지기 때문에 진흥 및 규제, 그리고 정책추진에 어려움이 많다. 진흥 및 규제의 대상과 주체가 모호한 특성 때문에 최소한의 규제를 제외하고는 시장 자율기능에 맡기도록 하는 것이 바람직하다(한국언론재단, 2009: 20). 그러나 인터넷 시장의 확대로 콘텐츠 유통에서 저작권 침해 등 여러 가지 문제가 나타나고 있어 이에 대한 대책마련이 필요하다.

콘텐츠에 대한 규제가 다양한 차원에서 복합적으로 이뤄지는 것도 문제이다. 방동희(2007)의 분석에 따르면, 콘텐츠를 명문으로 규율하고 있는 법령이 총 43개에 달하며, 콘텐츠별로 주무부처가 상이하여 환경변화에 능동적인 대응이 불가능하고, 부처 간 영역 다툼 가능성이 상존하고 있다. 또한 각 콘텐츠별 영역과 경계가 모호하여 동일 콘텐츠에 대하여 여러 규정이 중복적으로 적용되어 정책혼선을 초래하고 있다. 국가적인 차원에서 디지털 콘텐츠 산업의 체계적 발전을 위해서는 범부처 차원의 정책 총괄 기획 및 조정이 필요하다.

실제로 방송영상콘텐츠 진흥에 관한 연구에서도 관련법제의 개선과 조정이 필요하다. 김영덕(2006)과 송종길(2009), 그리고 김승수(2009)는 방송영상콘텐츠의 정책수립과 기금관리 운용주체가 분리되어 있어 정책의 실행력이 떨어지고 있다고 진단하며, 정부부처 주도의 진흥체계 추진 및 방송영상콘텐츠와 디지털콘텐츠 진흥 규정을 통합한 콘텐츠진흥관련 법 제정이 바람직하다고 보았다. 현대원(2007)과 강익희 등(2008)도 국내 방송영상산업 지원사업을 분석하여 다양한 진흥정책의 도입에도 불구하고 지원의 성과는 그다지 긍정적이지 못하다고 평가하며, 정책혼선과 중복업무에 따른 예산낭비를 줄이기 위해서는 정책기관의 일원화를 통한 제도적 개선이 필요하다고 보았다.

방송통신융합의 환경에서 콘텐츠에 대해서는 단순하게 정의하기 어렵다. 디지털 시대 콘텐츠는 제작되는 형태나 내용, 송출되는 채널의 양식 등이 모두 복합된 개념이기 때문이다. 이것은 언어상의 용어정립의 문제가 아니라 매체가 융합되면서 빚어지는 특성에 의해서 발생하는 문제이다. 따라서 기존 법제에서는 이러한 상황을 정확히 반영하지 못하고 여러 가지로 분산되어 있거나 여러 가지 용어들이 중첩되어 있다. 각 법제가 소관하고 있는 영역이 서로 다르고 분리되어 있기 때문에 융합적 성격을 띠는 콘텐츠를 포섭하여 다루지 못하고 있기 때문이다(강익희·김동규·김동욱·정윤경, 2008: 168-169).

이에 따라 방송과 통신의 융합 상황을 고려하여 이전과 다른 형태의 콘텐츠 규제 체계의 정립이 필요하다. 콘텐츠 산업구조가 네트워크, 플랫폼, 그리고 콘텐츠라는 각 계층이 수평 구조화하는 현상을 보이고 있다. 이전에 각 계층에서 수직적으로 분화되어 개별영역에서 머물던 사업자들이 가치사슬을 넘나들며 경쟁하는 구조로 변화하고 있다. 따라서 이러한 콘텐츠 산업의 진화에 걸맞은 규제체계의 도입이 필요하다. 콘텐츠 서비스와 산업을 방송과 통신의 융합 상황에 적합하게 분류하여 시장을 획정하고, 이에 따라 각각의 콘텐츠 계층에 따라 공정한 경쟁이 발생하도록 구조화하는 규제체계 도입의 필요성이 증가하고 있다(최세경·이동훈·오경수, 2009: 45-48).

## 2 미디어 융합의 의미

### 1) 미디어 융합의 개념

2000년부터 최근까지의 트렌드인 융합(融合)의 사전적 의미는 '다른 종류의 것이 녹아서 서로 구별이 없게 하나로 합쳐지는 것'을 뜻한다. '융합물'이라고 했을 때 그것은 '둘 이상의 물질이 녹아서 하나로 된 물질을 의미'하는 것으로, 물리적인 결합을 통한 화학적 결합이 이루어졌을 때를 의미한다. 즉, 1+1=2가 아니라, +$\alpha$가 되는 시너지 효과를 내는 것을 의미한다. 영어 convergence는 '한 점으로 모이다'라는 수렴의 의미로, 본래의 어원은 라틴어 'Con'과 'vergere'가 합쳐져 'Convergence'라는 용어가 생겨났다. 유사한 단어로는 fusion, hybrid, merge, amalgam, complex, compositeness, compound, collaboration 등이 있는데 분기와 분화를 뜻하는 divergence와 반대 개념으로 사용된다(김미현, 2006: 33).

이와 같은 다양한 융합이라는 개념[2]은 과거와는 달리 복잡한 사회화·과학화로 인한 문제들, 연관지어 일어나는 사회 현상들, 삶의 방식과 인간 욕망의 다양화 등을 충

---

2 이 개념은 MIT의 네그로폰테(Negroponte)가 "과거에는 다른 것으로 여겨졌던 것들의 경계가 무너지거나 하나로 합쳐지는 현상"으로 풀이하면서 1970년대 후반부터 주목받기 시작하였다. 컨버전스는 '소비 컨버전스', '마케팅 컨버전스', '문화 컨버전스' 등 컨버전스 앞에 여러 명사가 붙으면서 다양한 종류로 나타나고 있는데, 그 개념이 대중화되기 시작한 것은 '디지털 컨버전스'부터였다.

족시키기 위해서는 하나의 지식만 가지고는 해결되기 어렵기 때문에 다른 분야와의 교류와 섞임을 통해 기존과는 다른 방식으로 해결하기 위해서 탄생하였다.

'디지털 컨버전스'는 디지털 기술로 인한 미디어 환경과 소통방식의 변화로 정보와 콘텐츠가 다른 영역을 넘나들어 부문 간 경계가 약화됨으로써, 기존의 이질적 요소들이 모이고(수렴), 섞이고(혼합), 바뀌고(변형), 나뉘고(분화), 거듭나거나(재구성) 새로운 것으로 창발하는 현상이라고 정의된다(민경배·박수호, 2009: 32).

미디어 컨버전스의 예언자로 불리는 이티엘 데 솔라 풀(Ithiel de Sola Pool)은 저서 「자유의 기술(Technologies of Freedom, 1983)」에서 미디어 산업 내에서 일어나는 변화의 힘으로서의 컨버전스에 대한 개념을 다음과 같이 정의했다.

'방법의 컨버전스'라는 과정은 미디어 간의 경계, 심지어는 우편물, 전화나 전보와 같은 지점 간 커뮤니케이션의 경계나 언론, 라디오 및 텔레비전과 같은 매스 커뮤니케이션 간의 경계를 허물고 있다. 과거에는 서로 다른 방법을 통하여 제공되던 서비스가 유선이나 케이블, 혹은 무선과 같은 하나의 물리적 수단을 통하여 제공되게 될 것이다. 반대로 공중파 방송이나 언론, 혹은 전화와 같이 과거에는 하나의 매체를 통해서만 제공되던 서비스가 이제는 서로 다른 다양한 방법을 통하여 제공될 수 있게 되었다. 이에 따라 미디어 간에 존재했던 일대일의 관계나 그 사용법은 사라져가고 있다.

이는 컨버전스 제공 방법의 변화와 탈 경계선이라는 특성에 대해 설명한 것이다. 여기서 컨버전스는 단순한 변화나 결합이 아니라 산업, 기술, 수용자, 시장들 간에 상호작용을 하게 하는 과정이라 할 수 있다. 종종 여러 미디어 플랫폼에 걸쳐서 배포되는 콘텐츠나 여러 미디어 산업 간의 협력, 혹은 올드 미디어와 뉴 미디어 사이에 있는 새로운 형태의 미디어 금융 구조의 탐색, 그리고 자신이 원하는 엔터테인먼트 경험을 위해서라면 어디든 가려고 하는 미디어 시청자들의 이주적 행동을 설명하는데 사용된다. 가장 넓은 의미에서 미디어 컨버전스는 여러 미디어 체제가 공존하고, 미디어 콘텐츠가 미디어 간을 유동적으로 흘러 다니는 상황을 가리킨다. 여기서 컨버전스는 계속해서 진행되는 과정이면서 동시에 서로 다른 미디어 체제 간의 교차점을 의미하여, 고정된 관계를 의미하지는 않는다(신동희, 2011: 25).

분야별 융합의 정의를 살펴보면, 사회적 측면에서는 융합을 소통에 주목하여 "디지털 기술에 기반한 탈 제약적 의사소통으로 미시적 인간관계에서 거시적 사회구조, 외적 생활환경에서 내적 의식세계, 실제 현실에서 가상세계에 이르는 사회적 행위 공간 전역에서 복합적으로 전개되는 일련의 이합집산적 현상"으로 이해하고 있다. 정치적 영역에서의 융합은 "기술, 서비스, 산업 등이 디지털을 매개로 수렴되거나 분화됨으로 인해 정치행위자의 제도적 개입·조정과 시민·소비자의 참여를 둘러싼 기존의 조직과 행동양식이 통합되거나 재구조화되는 현상"으로 정의하고 있으며, 경제 영역에서는 "기술, 제품, 서비스 및 산업 수준에서 일어나고 있는 디지털 전환과 그 확산의 결과로 발생하는 산업과 생산자, 소비자, 시장에서의 행태와 관행, 절차, 문화 등이 변화·소멸·신생되는 현상"으로 정의한다. 그리고 문화 영역에서는 "디지털화에 따라 네트워크 기반의 호환성과 이동성이 제고되면서 흩어져 있는 정보와 콘텐츠뿐만 아니라 기반의 호환성과 이동성이 제고되면서 흩어져 있던 정보와 콘텐츠뿐만 아니라 사람 간의 연결이 활성화되고, 이종적인 장르 간의 혼종, 감각의 확장, 물리적 공간과 가상공간의 혼재가 일상화되어가는 현상"으로 이해되고 있다(정국환·김희연·박수호, 2009: 23-24).

융합의 정의를 분야별뿐만 시기별로 살펴보면 초기의 논의들은 주로 기술, 산업, 시장, 그리고 제도의 측면에서 이해하였는데, 대표적인 정의로는 "과거에는 별개의 제품으로 제공되던 기능이 디지털 기술의 적용으로 하나로 통합되는 것", 서로 다른 네트워크 플랫폼이 근본적으로 유사한 서비스를 제공하거나 전화, TV, PC와 같은 소비자 단말이 통합되는 현상, 유사한 종류의 서비스를 서로 다른 네트워크가 전송하거나 유사한 종류의 서비스를 서로 다른 단말기가 받는 현상" 등이 있다(황주성, 2009: 40).

현재 디지털 컨버전스, 더 확실하게 말한다면, 유비쿼터스 컨버전스는 방송융합, 유무선의 통합, 미디어의 융합, 음성 데이터의 통합 등으로 나타나고 있으며, 그 결과물로 DMB, IP-TV, 웹케스트(홈미디어), 휴대폰 TV(June, Fimm), WLAN, 와이브로, HSDPA 등 통신, 가전, 컴퓨팅 등이 유기적으로 융합된 형태의 제품과 서비스를 들 수 있다 (이지은, 2006: 7).

 그림 6-1 디지털 컨버전스의 개념

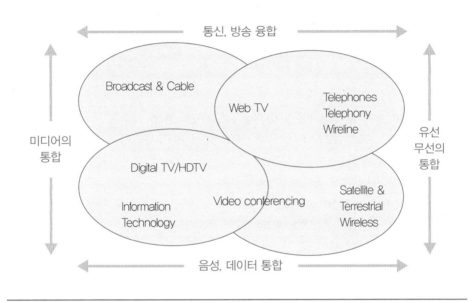

출처: 최혜실(2008: 109), 인용.

  최근에는 융합에 대해 기술적, 기능적 측면을 넘어 문화적 측면과 이용자 측면에서 이해하려는 시도가 나타나고 있다. 대표적으로는 "이용자가 단일의 플랫폼 혹은 단말기를 통해 다양한 서비스를 받거나, 특정 서비스를 다양한 플랫폼이나 단말기를 통해 구독할 수 있는 역량", "소비자로 하여금 새로운 정보를 찾아내고 서로 흩어진 미디어 콘텐츠 간의 연결을 만들어내도록 촉진하는 문화적 변동" 등이 그것이다. 이러한 시각의 변화는 융합의 궁극적인 가치가 소비자에게 있으며, 다분야 사이의 상호 관계에 영향을 미치고 있다는 것에 기인한다. 향후 변화무쌍하고 역동적인 사회 속에서 융합은 또 어떤 개념으로 변화할지 주목할 필요가 있다(신동희, 2011: 26-27).

**▪ 그림 6-2 새로운 융합기술 구성도**

| 유형 ① | 신기술과 기존 학문(인문, 사회, 예술/문화 등) 간의 융합 |
|---|---|
| | (예시) 융합형 콘텐츠 및 지식서비스 기술, 뇌·인지과학 연구 |
| 유형 ② | 신기술 간 융합 |
| | (예시) 나노바이오 소재, IT 나노소자 기술 |
| 유형 ③ | 신기술과 기존 산업과의 융합 |
| | (예시) 지능형 자동차 기술, 미래첨단도시 건설기술 |

출처: 한국과학재단(2009: 8), 인용.

## 2) 미디어 융합의 종류

미디어 융합은 콘텐츠, 플랫폼, 네트워크, 단말기, 서비스, 사업자, 법제의 융합으로 분류가 가능한데 일반적으로 네트워크 융합이 일어나면 나머지 형태의 융합은 거의 연속적으로 발생하게 된다는 것이 일반론이다.

### 가. 콘텐츠(Content) 융합

사업 분야별로 다양하게 세분화된 오프라인 콘텐츠 시장은 전통적 산업구조에서 콘텐츠를 생산한다는 특징이 있다. 최근에는 엔터테인먼트와 관련된 소비자의 니즈가 증가하면서, 유·무선망을 이용한 게임 및 멀티미디어 콘텐츠들이 제작되고 있다. 또한, 유료콘텐츠 소비에 대한 소비자의 지불의향(Willing To Pay, WTP)이 증가하여, 2003년 14%에서 2004년에는 23%의 증가율을 기록하였다. 다양하고 복합적인 신규 멀티 플랫폼의 등장은 디지털 기반의 OSMU(One Source Multi-Use)를 통한 수익률을 증폭시켰으며, 원작의 '디지털 재창조(digitalized recreation)'를 통한 추가 수익까지도 확보할 수 있게 되었다.

### 나. 플랫폼(Platform) 융합

플랫폼은 크게 어플리케이션 플랫폼(application platform)과 솔루션 플랫폼(solution platform)으로 구성된다. 어플리케이션 플랫폼은 콘텐츠 제공자들이 생산한 콘텐츠를 최종 사용자가 사용할 때, 접근편이성을 제공해 주는 기반이다.

어플리케이션 플랫폼의 종류에는 포탈(portal), 전자상거래(e-Commerce), 콘텐츠 패키저(content packager) 및 서비스 등이 있다. 포탈은 콘텐츠를 접근하는 데 있어서 관문이 되는 서비스로서 분류, 검색, 메일서비스 등이 포함된다. 온라인 상거래는 오프라인에서 벌어지던 상거래를 온라인으로 확장한 플랫폼 서비스를 의미한다. 콘텐츠 패키저 및 서비스는 다양한 콘텐츠들을 특정 주제에 따라 통합하여 네트워크 특성에 맞게 제공해 주는 부가 서비스를 말한다. 반면, 솔루션 플랫폼은 네트워크와 하드웨어를 통해 어플리케이션 플랫폼이 서비스될 수 있게 해주는 프로토콜과 운영체제와 같은 기술적인 기반을 의미한다.

### 다. 네트워크(Network) 융합

융합의 가장 기본적 형태로서 '기술융합'이라고도 한다. 자체적으로 발달한 방송망, 통신망, 컴퓨터망이 하나의 단일 네트워크로 합쳐지는 현상으로서 광 네트워크를 물리적 매체로 초고속 광대역 융합망(UBcN)에서 ALL IP를 기반으로 한다. 네트워크는 통신 분야의 기본적인 인프라 설비로서, 일반적으로 시장지배력을 통한 진입장벽이 존재하기 때문에, 소수 사업자에 의한 시장선점이 높게 나타나는 경향을 보인다. 네트워크의 상품화는 신규진입 및 기술진보에 의한 초과공급 가능성이 존재하며, 규제완화와 신규 기술에 기반하여 MVNOs(Mobile Virtual Network Operators)와 같은 재판매 사업이나 번들링 서비스가 등장하고 있다.

## 라. 단말기 융합

네트워크와 서비스의 융합에 따라 필연적으로 이용자의 편리성을 도모하기 위해 편리하고 저렴한 단말기의 융합을 가져오고 있다. 특히 단말기 분야는 홈 디지털 어플라이언스(home digital appliance)와 모바일폰 중심의 융·복합화가 진행되고 있다. 모바일폰은 기존 핸드셋(handset) 제조업체와 PDA 제조업체가 각기 독자적인 방향으로의 진화를 모색하고 있으며, 특히 핸드셋 중심으로 진화하는 추세이다. 또한, 모바일 단말기에서는 통신과 정보, 통신과 A/V 수신기의 두 축으로 융·복합화가 진행 중이기 때문에, 향후 표준에 대한 전망이 다양하게 예측되고 있으며, 기술의 조합에 의한 다품종 소량 생산이 중심이 될 것이다. 예컨대, TV수신기, 휴대폰, 멀티미디어 플레이어 단말기가 하나의 단말기로 통합되는 현상이며 애플의 아이폰이나 MS와 구글의 안드로이드폰 등이 단말기 융합의 대표적 사례이다.

## 마. 서비스 융합

미디어 기술 융합은 결과적으로 각각의 단일망 가입자에게 제공하는 서비스의 경계를 무너뜨리며 이른바 '경계영역 서비스'라는 새로운 수익 모델을 탄생시키고 있으며, 이런 서비스 융합은 TPS(Triple Play Service), QPS(Quadruple Play Service)와 같은 소비자 지향적인 지불가치의 증대를 가져오는 번들링 서비스를 제공해 주고 있다.

## 바. 사업자 융합

사업자 융합을 '시장 융합'이라도 하는데 이는 서비스 융합에 의해 나타나는 개별 미디어 사업자 간의 융합을 말한다. 이는 케이블TV사업자가 전화시장에, 전화사업자가 케이블 시장에 또는 통신사업자가 방송시장에, 방송사업자가 통신시장에, 신문사업자가 방송시장에 진출하는 사업자 간 융합을 일으키고 있다.

### 사. 법제의 융합

기술융합은 서비스 융합을 가져오고 다시 사업자 융합을 초래하면서 그동안 별도의 법률에 의해 규제되어 오던 미디어 정책들의 법제 융합도 일으키는데, 미국에서는 1996년 방송법, 국내에서는 2008년 방송통신위원회의 설립에 의해 미디어 법제 융합을 주도하고 있다. 우리나라도 제279회 국회에서, 여당인 새누리당이 제안한 미디어 관련법 개정에 관해 2008년 말부터 2012년까지 계속해서 논란이 일고 있다.

## 3) 미디어 융합의 유형

기존의 통신과 방송으로 분리되어 있던 매체 환경이 최근에는 디지털 방송과 초고속인터넷 망의 보급으로 급속히 융합되는 소위 "방송·통신 융합(convergence)" 방향으로 빠르게 진보하고 있다. 예컨대, 방송 영상 및 데이터 서비스가 디지털기술의 발전으로 융합화 되어 가고 있으며, 통신망을 통해 영상물이 전달되고 케이블 TV망을 통해 인터넷기반 정보 서비스가 제공되고 있다. 통신사업자는 고부가가치의 멀티미디어 콘텐츠를 제공하기 위해 다양한 융합 서비스를 선보이고 있고, 방송사업자는 기존의 방송 서비스에 양방향 정보 전달 기능을 추가한 프리미엄 서비스를 제공하고 있다.

### 가. 인터넷방송(Internet Broadcasting)

우리 사회에서 인터넷의 급속한 보급은 인터넷과 방송이 결합된 인터넷방송이 큰 주목을 받고 있으면서 여러 분야에서 서비스가 확산되고 있다. 인터넷방송을 학문적으로 이해하려는 움직임도 많아지면서 인터넷방송의 이용방식이나 매체속성에 대한 연구도 활발하게 이루어지고 있다. 인터넷방송은 기존의 방송과는 다르게 이용자가 편리한 시간에 원하는 장소에서 정보를 선택하여 볼 수 있고, 쌍방향 특성을 가지고 있기 때문에 다양한 송환(Feedback)의 정보를 교환하는 등 방송과 인터넷이 가지는 장점이 결합된 새로운 매체이며, 수동적 지위에서 머물던 개인이 인터넷 시대가 되면서 직접 정보를 생산하고, 제공하며, 스스로 그 정보를 분류하고 재생산하여 여론의 장에 적극적으로 참여할 수 있는 이용자의 위치가 되었다. 인터넷방송은 멀티미디어의 특성인 디지털화(Digitalization), 영상화(Visualization), 쌍방향성(Interactivity), 비동시화(Asynchronicity), 상호작용적 연결(Interactive link), 개방성과 다원성(Multiple authorship), 종합화(Integration) 등의 특성을 가지고 있다. 인터넷방송은 오락기능의 프로그램도 제공함으로써 기존의 텔레비전 방송과 경쟁할 것이며, 웹은 질(質, Quality), 형태(Form), 그리고 상황(Context)이 기존의 텔레비전방송과 많이 상이한 비디오 자료의 송·수신도 가능하게 할 것이다(Owen, 1999). 텔레비전방송은 새로운 통신장비의 발달과 소비자의 행동양식 변화로 커다란 변화에 직면하여 있으며, 인터넷이 새로운 방송매체로 등장함에 따라 기존의 방송사뿐만 아니라 방송 사업에 관심을 두고 있는 신규 사업자들도 상당히 주목하고 있다. 그러나 인터넷방송의 교육적 활용에 관한 미래는 ICT의 외형적 수행특성(Physical Performance Characteristics)과 비용 측면을 고려하여 새로운 교육환경을 조성함으로써 교육목표 달성을 위한 효과적인 수업매체로 발전·활용될 것으로 전망된다.

### 나. VOD(Video On Demand)

통신망 연결을 통하여, 사용자가 필요로 하는 영상을 원하는 시간에 제공해주는 맞춤영상 정보 서비스이다. 또한 맞춤영상 정보 서비스, 주문형 비디오 조회시스템이라고도 한다. 케이블 TV와 인터넷 VOD를 통한 재방송 혹은 다시보기가 늘어나고 있다. 전통적 방송의 개념이 소비 패턴의 변화로 인해 퇴색되는 가운데, 종래의 방송 플랫폼을 대신할 수 있는 유력한 플랫폼으로 인터넷이 자연스럽게 부상했다. 네트워크의 광대역화로 인해 지상파, 위성, 케이블TV의 전통적인 방송망을 대신하여 웹은 TV드라마 같은 대용량의 동영상 콘텐츠를 배포하고 소비할 수 있는 유통 플랫폼으로 인식되고 있다. 이는 인터넷이 방송의 보조적 배포 수단이 아니라 그 자체로 독립적인 서비스 플랫폼의 지위를 얻고 있음을 보여주는 것이다(안재현 외, 2009: 158). 예컨대, KBS '경성스캔들'은 2009년 6월 25일–7월 1일 일주일간 시청률이 6.7%로 KBS 드라마 톱10에 겨우 걸쳤다. 하지만 KBSi의 다시보기에서는 3위를 차지하였다. 같은 시간대 방영된 MBC 수목미니시리즈 '메리대구공방전'도 시청률은 4%대로 맴돌았지만 iMBC 드라마 다시보기에서는 '에어시티', '나쁜 여자 착한 여자'에 이어 3위를 기록하였다. 이러한 현상은 수용자들이 방영시간에 맞춰 시청하지 않고서도 시청시간을 예약하거나 원하는 시간에 능동적이고 개인화된 시청을 하고 있음을 보여주고 있다.

### 다. 데이터 방송(Data Broadcasting)

데이터 방송은 방송의 디지털화에 따라서 등장하게 되는 새로운 서비스이지만 그 파급효과는 고음질, 고화질과 같은 디지털 방송의 효과 이상일 것으로 예상되고 있다. 아날로그 방송 시절에도 문자방송과 같은 데이터 방송의 원형이 존재하였지만, 본격적인 데이터 방송은 역시 디지털 방송 도입 및 광대역화 진전으로 방송과 통신이 융합되어 나타난 시기부터라고 하겠다. 구체적으로 미국의 경우 1994년 위성방송을 필두로 디지털 방송이 도입되었고, 국내에도 2000년 지상파 방송의 시험방송을 필두로 2002년 3월 디지털 위성방송 스카이라이프 채널이 개국되는 등 디지털 방송이 도입되면서 데이터 방송 서비스가 실시되고 있다. 즉, EPG, TV게임, 날씨, 증권 정보, 홈뱅킹, TV인터넷 등의 서비스가 개발되어 선도적인 시청자들에게 제공되고 있다.

이러한 데이터 방송 서비스의 확대는 보편적 추세이다. 왜냐하면 21세기 디지털 미디어는 인터넷 서비스 등 통신영역과 융합된 형태로 지속적으로 발전할 것으로 예측되고, 2013년 지상파 방송의 디지털화가 시작되면서 우리나라 모든 방송매체에서 데이터 방송 서비스가 가능해지는 매체환경이 구축될 것이기 때문이다.

### 라. DMB(Digital Multimedia Broadcasting)

통신·방송 융합 서비스의 대표적인 발전 추세가 DMB이며, 급속히 서비스 환경이 구축되고 상용화가 추진되었다. 특히, 세계 최초의 이동멀티미디어방송(DMB) 위성 "한별"이 미국 케네디우주센터에서 성공리에 발사됨에 따라 DMB 서비스의 첫 상용화의 교두보가 이미 확보되었다. 또한, 삼성전자, LG전자, 팬택&큐리텔 등 휴대폰 빅3 업체가 디지털멀티미디어방송(DMB) 수신겸용 휴대폰(일명 "DMB폰") 개발 후 제품을 출시하면서 DMB의 시청 수요는 폭발적으로 늘게 되었다. DMB는 위성 DMB와 지상파 DMB 서비스로 나눌 수 있는데, 우리나라에서는 위성 DMB의 경우 2.6GHz대(2,605~2,655GHz), 지상파 DMB는 200MHz대(204~210MHz)의 주파수를 방송용으로 할당하고 있다. 위성 DMB 서비스는 음성과 영상 등 멀티미디어 신호를 디지털 방식으로 변조한 프로그램을 방송센터에서 위성으로 송출한다. 이렇게 송출된 프로그램을 위성이 휴대폰이나 PDA, 전용 단말기, 차량용 단말기 등 전국의 DMB 단말기에 뿌려 준다. DMB는 야외 또는 이동 중에도 개인 휴대용 단말기를 통하여 디지털 미디어 서비스를 받는 서비스로서 고품질 음악 및 영상, 다양한 데이터 서비스, 양방향 정보 서비스를 제공한다. 데이터 방송을 통하여 뉴스, 교통정보, 쌍방향 방송, 방송 관련 정보, 웹 사이트, 광고 및 쇼핑 정보, e-mail, 게임, 게시판, 원격강의, 커뮤니티, VOD 등의 인터렉티브한 양방향 고급 데이터 서비스를 제공 가능하다.

### 마. IPTV(Internet Protocol Television)

최근의 급격한 광대역 인터넷 기술과 디지털 영상 압축기술의 발달은 IPTV 서비스를 가능하게 하였으며, IPTV는 현재 방송통신 융합분야의 중요한 요소로 통신회사들의 전망있는 사업 분야 중 하나로 손꼽히고 있다. IPTV는 초고속 광대역 네트워크를 이용하여 TV기반의 디지털 채널 방송을 기본 서비스로 다양한 양방향 서비스를 제공하는 통신과 방송이 융합된 서비스를 말한다(이성욱·박병주, 2010: 69). IPTV 시스템은 기존 인터넷 망에 멀티캐스트 기술을 접목하여 HD급 동영상을 각 가정의 TV에 연결하는 서비스로 생방송 Digital TV, VOD, PPT(Pay Per View) 서비스 등을 IP기반 네트워크를 통하여 TV 단말기로 제공한다. 또한 기존의 단방향 방송서비스에서 벗어나 양방향 통신(DBS: Data Broadcasting Service), 개인화 및 T-커뮤니케이션(메신저, 영상전화 등), T-커머스(뱅킹, 쇼핑, 상품 주문 등) 서비스를 인터넷에 기반하여 방송에 접목한 방송통신 융합서비스로 자리매김하고 있다. Mobile IPTV는 IPTV의 모든 기능을 모바일 네트워크로 확장시킨 것으로 사용자들은 자유롭게 이동하면서 기존의 IPTV 서비스를 즐길 수 있다.

Mobile IPTV는 기존의 셋톱박스에서 구현되던 시스템을 SW적으로 해결, 모바일 기기에서 구현한 것으로 기존 유선 IPTV의 기술과 시스템을 그대로 사용하고 IPTV가 제공하는 양방향 방송서비스를 휴대 단말기에서 그대로 사용할 수 있어 차세대 유무선 융합서비스의 한 축을 이룰 것으로 기대를 모으고 있다.

## 4) 미디어 융합 환경의 라이프 변화

디지털 기술의 지속적인 발전은 새로운 미디어 라이프를 새롭게 구성하고 있다. 디지털 미디어와 초고속정보통신망을 통한 웹 2.0 환경은 게임, 생활정보, 음악, 비디오 등 다양한 분야의 콘텐츠를 온-디맨드(on-demand) 방식으로 서비스하고 있다(송해룡, 2010: 118-119). 이를 통해 디지털 컨버전스를 가속화시켰고, 콘텐츠의 개념을 폭넓게 확장시키고 있다. 디지털 컨버전스는 유선과 무선의 융합, 방송과 통신의 융합, 온라인과 오프라인의 통합, 단말기의 통합을 이끌면서 콘텐츠의 장르 간, 영역 간 통합을 가시화시키고 있다. 콘텐츠의 향유와 생산의 개념을 더욱 확장하면서, 디지털 컨버전스가 동반한 소비자와 콘텐츠 간의 접점을 무한대로 늘리고 있는 것이다. 기술의 융합에서 시작된 디지털 컨버전스는 사회문화적 융합으로 확대되어 거대한 복합문화사회를 형성하는 기제가 되고 있다. 이와 같은 융합화는 탈장르화로 이어지고 있다. 실제로 게임과 교육 콘텐츠의 통합은 에듀테인먼트 형태를 발전시키면서 장르 간 융합을 이끌어내고, 복합 콘텐츠화를 더욱 광역화시킨다.

그림 6-3 뉴미디어 중심의 미디어 라이프 전경

출처: 안치득(2009). '방송통신 융합과 융합미디어의 미래 2020' 발표 슬라이드 p. 6 재구성.

　　콘텐츠의 장르 간 융합화와 수용자 중심의 제작 환경은 기존 문화 콘텐츠 생산양식 및 소비양식과는 전혀 다른 방식을 등장시키고 있다. 이 같은 양식의 변화는 미디어와 함께 하는 생활양식까지 변화시키면서 여러 형태의 특징을 나타내도록 한다. 첫째, 단말기와 콘텐츠의 크로스플랫폼화이다. TV와 PC는 융합을 넘어 공존하면서 공간에 따라 동일한 기능을 한다. 여기서 휴대폰은 이동성을 높이면서 크로스플랫폼을 생활 속에 정착시키고 있다. 콘텐츠를 보는 것이 아니라 다운로드받는 것이다. 장르 간 융합이 소비자의 취향과 필요에 따라 분화되고 특화된 형태로 소비되는 것이다.

미디어의 융합으로 DMB, IPTV, TV포털, VOD 서비스가 소비자의 취향에 따라 선택이 되는 것이다. 개인단말기는 소비자의 취향에 따라 본인이 요구하는 특화된 맞춤형 서비스를 등장시키고, 선택토록 한다.

둘째, 퓨전 콘텐츠의 시장지배력의 강화이다. 콘텐츠의 융복합화가 가속화되면서 〈반지의 제왕〉과 같은 영화는 개봉과 동시에 동일한 시나리오에 기반한 게임, 만화, 음반이 동시에 새로운 가치사슬을 만들어냈다. 에듀테인먼트, e-스포츠(게임+스포츠), 무비라마(영화+드라마), 뮤비라마(뮤직비디오+드라마), 모비소드(모바일+에피소드), 게임 속 광고(Advertising in game) 등은 대표적인 형태로 회자된다. 이러한 문화적 경향이 '자유형(Freestyle)+상호작용(Feedback)+신선함(Fresh)'으로 대변되는 3F 퓨전 스타일은 뉴 트렌드를 창출해내고 있다(송해룡, 2009). 3D TV, 그리고 최근의 스마트 TV 등은 이 뉴 트렌드에 동력을 주고 있다.

이러한 새로운 트렌드에 힘입어 다큐멘터리와 드라마가 결합된 다큐드라마도 큰 호응을 얻고 있다. 다큐드라마는 말은 다큐멘터리와 드라마가 결합된 새로운 드라마 형식을 의미하며, 사실과 허구 사이의 경계선에서 특정 사건을 재해석하거나 재현할 때 주로 활용되었다. 이 같은 특성으로 다큐드라마는 무거운 주제나 사건을 주로 다루었다. 하지만 2007년 케이블 TV tvN에서 〈막돼먹은 영애 씨〉라는 드라마에서 다큐멘터리 요소를 가미하면서 기존의 다큐드라마 형식을 파괴했고, 엄청난 시청률을 올렸다. 새로운 미디어 생태계의 모습을 제시한 것이다. 이처럼 다큐드라마를 비롯한 각 장르별 이종결합의 확산은 시너지 효과를 낳는 것은 물론 고갈된 소재나 제작 방식을 극복하는 방안으로 효과적이다. 또한 새로운 콘텐츠 시장을 형성하며 수익 모델 확장에도 일조를 할 것이다. 이러한 이종결합 현상은 더욱 확산되어 영상 콘텐츠 시장을 진화시키고, 풍요롭게 할 것으로 기대된다.

내용적 차원에서도 이 같은 하이브리드 경향은 점점 더 두드러지고 있다. '재미(Fun), 기능성(Function), 감동(Feel)'이 핵심요소로 결합되는 다섯 가지 오락적인 즐거움을 대세로 만들고 있다. 감성적 소비성향을 가진 감성세대의 등장으로 콘텐츠 소비에서 재미라는 코드가 생활양식으로 변화되고 있다. 유치한 재미라 할 수 있는 키덜트(Kidult) 콘텐츠 역시 시장을 형성하고 있다. 동시에 교육적 기능, 노인의 건강 증진처럼 융합적인 기능을 강조하는 콘텐츠의 소비가 늘어나면서 개개인의 욕구와 감정을 고려한 감성지향형 콘텐츠가 중요하게 부상하고 있다. 능동적 참여를 강조하면서 재미와 감동을 극대화시키는 체험형 콘텐츠의 등장은 융합 콘텐츠의 또 다른 사회적 욕구를 드러내고 있다. 제품을 실제 경험하고 느끼며 자신의 독특한 개성욕구를 충족시키는 문화 콘텐츠 향유 개념을 등장시키면서 이 하이브리드는 변화를 동반하고 있다. 셋째, 체험형 감성 콘텐츠가 핵심 콘텐츠로 시장을 움직인다. 체험형 콘텐츠의 새로운 유형인 엑스퍼테인먼트(Expertainment)가 시장을 만들고 있다. 체험지향적 사회가 심화되면서 이를 반영하는 제품과 마케팅이 주를 이루고 있다. 2007년 최고의 히트 상품인 '아이폰'은 체험 바로, 터치스크린을 메인으로 내세우며 만지는 즐거움에 가치를 부여했다. '닌텐독스'의 경우도 엑스퍼테인먼트의 성공사례로 꼽힌다.

미디어 융합은 미디어 조직이나 제작 과정, 콘텐츠, 수용자의 소비 행태에 이르기까지 모든 부문에서 폭넓은 변화를 동반하고 있다. 매체 간 상호결합과 콘텐츠 융합이 빨라지면서 신문과 방송, 방송과 통신의 전통적인 경계는 이미 사라졌다. 디지털 기술의 혁신성, 미디어 콘텐츠 수용자의 욕구 변화 등은 네트워크의 융·복합화 현상을 강화하면서 디지털 컨버전스를 심화시키고 있다. 이러한 환경에서 방송과 통신의 융합은 DMB, IPTV를 도입시켰고, 무엇보다도 스마트폰의 등장은 기존의 이종산업 간 가치사슬을 해체시키면서 새로운 시장, 산업, 서비스를 만들어내고 있다.

기술 융합 상황은 국내 미디어 시장에 콘텐츠 생산 주체의 다양화, 유통창구의 다변화 등 수평적 산업구조를 형성해갈 것으로 기대되었으나, 현실은 그렇지 못하다. 즉, 기술 미디어 과잉에 비해 콘텐츠는 여전히 빈곤한 상태이다. 통신기업들과 지상파, 이동통신사업자, 포털의 파워가 막강하다.

〈그림 6-4〉에 나타난 것과 같이, 플랫폼을 보유한 KT와 SKT 같은 통신사업자들은 통신망, 미디어, 서비스의 융합환경에 대비하기 위해 최종적으로 부가가치를 창출

■ 그림 6-4 유무선 통신사 디지털 콘텐츠 산업 진출 현황

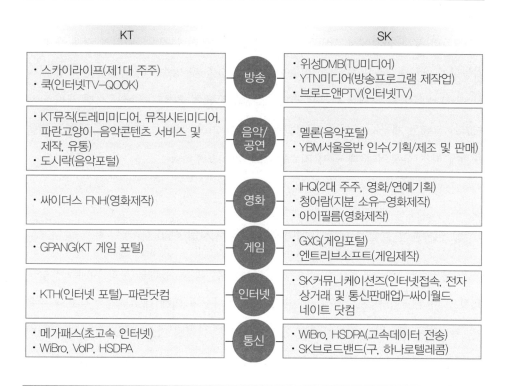

출처: 김인경(2010: 74), 인용.

하는 콘텐츠 사업을 통해 새로운 창출 모델을 마련하는 등 콘텐츠를 확보하고 직접
서비스하면서 콘텐츠 시장에서 거대 기업으로 부상하고 있다.

최근에 CJ와 오리온 등 전통 제조 기업들은 종합엔터테인먼트 기업으로 부상하고
있다. 대표적으로 CJ의 경우 게임, 방송, 음악 등 다양한 콘텐츠 분야에 투자를 지속
적으로 해왔으며, 2006년에는 GM기획과 맥스 MP3를 보유한 메디오피아를 인수해
CJ 엠넷 미디어를 출범시켜 음악 중심의 콘텐츠를 제공하고 있다. 또한 '곰TV'를 서
비스 중인 그레텍을 인수해 인터넷 디지털 콘텐츠 플랫폼을 확보함으로써 동영상 디
지털 콘텐츠 서비스를 강화하는 등 사업 영역을 확장하고 있다. 대부분의 콘텐츠 기
업은 자본력이 영세한 중소기업으로 새로운 자본 유입 및 재투자의 선순환구조를 구

축하지 못하고 있는 반면, 지금과 브랜드 파워를 가진 소수 거대 기업이 시장을 주도하고 있는 형국이다.

이처럼 융합 환경에서 서비스 사업자에게 플랫폼의 등장은 '범위의 경제'를 확대 가능하게 해주며, 통신사업자들의 융합 서비스 진출 및 방송서비스 진출은 경영 다각화 및 새로운 활로 모색에 도움을 준다. 그러나 콘텐츠 유통 차원에서 보면 서비스 사업자와 콘텐츠 제작자 간의 힘의 불균형, 불공정 거래, 콘텐츠 불법복제, 서비스 기술 표준에 따른 유통의 문제 등이 지속될 가능성이 농후하다.

### 5) 방송통신 융합에 따른 미디어 산업의 가치사슬 재편

전통적으로 미디어 산업은 소수 사업자에 의한 과점, 규제를 통한 지대확보 등의 특성을 지니고 있다(Picard, 2006). 또한 소수의 미디어에 의해 대부분의 콘텐츠와 수용자, 광고주가 집중되는 경향이 일반적인 양상이다. 디지털 기술이 발달함에 따라 미디어 산업 내 생산 및 유통, 소비 환경이 변화하면서 미디어 산업을 둘러싼 전 영역에서 융합이 발생하고 있다. 그레이험과 마빈(Graham & Marvin, 1996)의 미디어 융합에 관한 주장을 살펴보면, 융합은 세 가지 차원에서 그 실체를 파악할 수 있다(박주연, 2011: 93-95). 첫째는 수용자, 즉 소비자들이 어떻게 미디어 융합에 따른 변화를 이해하고 수용하고 있는가를 분석함으로써 미디어 융합의 실체를 파악할 수 있다. 둘째는 공급자 영역으로 미디어 기업의 전략적 선택이 어떻게 달라지는가를 분석함으로써 미디어 융합을 파악할 수 있다. 마지막으로는 미디어 정책과 규제가 융합에 따른 변화에 어떤 영향을 미칠 것인가를 이해함으로써 파악할 수 있다.

미디어 산업은 융합이 진행되면서 네트워크, 콘텐츠, 그리고 단말기가 모두 변화하고 상호 영향을 미치는 구조로 진화하고 있다(김영주·강재원, 2007: 김대호, 2007; Future of Exploration Network, 2007). 따라서 미디어 산업에서 발생하는 융합의 종류는 네트워크, 서비스, 미디어 사업자, 단말기의 융합 현상으로 나타난다. 네트워크의 융합은 네트워크

간 연계성과 호환성의 증가를 의미하며, 서비스의 융합은 분리된 시장에서 활동하던 공급자가 비슷한 서비스를 동일 시장에서 제공하는 것을 말한다.

망의 종류에 관계없이 다양한 방송 및 통신 서비스가 가능한 융합 서비스가 일상화되면서 그동안 개별 서비스를 제공하는 사업자들의 통합과 제휴가 발생하고 있다. 특히 단말기의 융합으로 소비자는 하나의 단말기를 통해 음성, 텍스트, 영상, 통신 등의 다양한 서비스를 이용할 수 있다. 미디어의 모든 영역에서 발생하고 있는 융합 현상은 미디어 산업의 가치사슬을 전면적으로 변화시키고 있다. 그동안 생산-유통-소비의 영역으로 구분되던 미디어 산업의 가치사슬의 개별 단계가 공급자과 서비스의 융합으로 그 경계가 허물어지고 있다.

융합 이전의 아날로그 시대에는 매체의 특성이 명료하여, 이러한 특성에 따라 매체의 영역을 구획 짓고 특징짓는 일이 수월하였다. 융합 현상이 매체의 특성을 모호하게 함에 따라, 이들이 유통시키는 콘텐츠의 경계가 무의미해졌다. 이에 따라 과거에 특정 콘텐츠만을 전달하던 매체가 디지털 시대에는 다양한 콘텐츠를 실어 나르는 기능을 갖추게 되었다.

미디어 산업의 가치사슬 변화는 시장의 진입장벽 완화에서 살펴볼 수 있다. 새로운 콘텐츠 기술의 발전은 콘텐츠 생산, 저장, 배급 비용을 크게 감소시켜 다양한 생산자와 배급자의 진입효과를 보여준다. 콘텐츠 생산에서는 디지털 카메라와 영상 편집, 소프트웨어의 도입을 통해, 콘텐츠 저장 측면에서는 무제한 저장 가능성 및 서버 비용의 감소를 통해, 콘텐츠 배급 측면에서는 인터넷 등의 글로벌 배급 채널 및 광대역 네트워크 도입을 통해 나타난다. 이용자는 이를 통해 직접 콘텐츠 생산 및 유통에 참여를 확대하게 되므로, 이것은 시장에서 나타날 수 있는 가장 큰 변화라고 할 수 있다. 이처럼 융합으로 인한 미디어 가치사슬 구조의 변화는 그 단계가 세분화되는 양적인 변화와 함께 단계의 비중이 달라지는 질적인 변화를 동시에 경험하게 된다(김영주·강재원, 2007).

IBM(2006)이 제시한 미디어 융합시대의 가치사슬 구조에서는 미디어 산업의 가치사슬 변화를 제작, 편성, 서비스, 단말기, 판매 등 다섯 단계로 구분하고 있다. 먼저, 융합 환경의 진전에 따라 미디어 산업에서 가치의 증대가 발생한 곳은 콘텐츠 제작 분야이다. 플랫폼의 증가로 인해 콘텐츠의 가치와 협상력 증가가 발생하게 되었고, 이로 인해 미디어 가치사슬의 각 단계에 있는 기존 행위자들의 시장성과도 함께 변화하게 된다. 둘째, 콘텐츠 패키징(편성) 단계에서는 전통적인 미디어와 온라인 미디어 사이의 격차가 나타나게 된다. 전통 미디어에서 이용자의 광고 회피 현상이 증가함에 따라, 사업자 간에 광고를 둘러싼 경쟁이 격화되지만, 온라인에서는 틈새 콘텐츠가 상시 이용 가능한 환경이 조성됨에 따라 가치가 증가하게 된다. 셋째, 서비스 유통 단계에서는 단기적으로 양방향 광고 서비스나 주문형 비디오 등이 등장하지만, 중장기적으로 가격과 점유율 경쟁으로 인해 미디어 사업자의 어려움은 증가하게 된다. 넷째, 단말기 단계에서는 상품의 세분화와 계층화가 증가함에 따라 이용자의 세분화된 수요를 맞추기 위한 경쟁이 나타난다.

다섯째, 서비스 판매 단계에서는 다채널에 따른 상품 번들링이 증가하여 이용자의 편의 증가를 예측하고 있다.

미디어 융합시대의 미디어 산업의 가치사슬로 Ofcom(2007)이 제안한 모형 역시 콘텐츠 패키징-유통-단말기-소비이다. 콘텐츠 패키징은 TV, 컴퓨터, 모바일로 배급되는 유사 콘텐츠가 사용자에 의해 패키징되는 것을 의미한다. 배급 단계에서 콘텐츠는 3G 모바일이나 인터넷 기술과 같은 다양한 형태로 유통되며, 단말기는 기술이 발전함에 따라 복합적인 신호를 수신할 수 있는 장치들이 가능해진다. 마지막으로 소비자들이 다양한 융합기술을 이용하여 소비를 하면서 소비는 더욱 능동적, 차별적으로 나타나게 된다. 콘텐츠의 생산, 유통, 소비의 개념은 생산과 이용이라는 고정적인 영역에서 벗어나 콘텐츠가 다양한 단말기와 미디어를 넘나드는 수평적이고 융합적인 형태로 변모하게 되는 것이다(김은기, 2006). 따라서 기존 유료시장의 가치사슬이 점차 중립적인 망과 다양한 콘텐츠와 단말기의 구조로 재편되게 된다.

김대호(2007)는 미디어 산업의 가치사슬 변화와 관련하여 콘텐츠 단계에서는 콘텐

■ 그림 6-5 융합시대의 미디어 산업의 가치사슬

출처: Ofcom(2007).

츠의 개발화와 진전, 서비스 단계에서는 번들링 서비스의 발전, 단말기 단계에서는 가전사업자의 영역 확산, 소비 단계에서는 소비자의 선택폭 확장을 변화의 방향으로 제시하고 있다. 융합 환경의 진전으로 전통적인 산업 구조에서 가치를 창출하는 핵심 수단이었던 네트워크 보유 기업과 새로운 환경에서 가치를 창출할 것으로 기대되는 콘텐츠 기업 간의 경쟁은 더욱 심화될 예정이다(IBM 2007). 비즈니스와 산업의 융합에 따라 산업별로 개별적인 가치사슬 흐름이 새로운 가치사슬의 융복합화 현상으로 이동하게 되는 것이다. 미디어 시장의 복잡성과 이용행태가 변화함에 따라 미디어 산업에서 중요한 가치요인인 방송 프로그램과 같은 선형적 콘텐츠나 광고의 영향력 기반도 감소하게 된다. 이용자의 콘텐츠 소비행태의 변화가 의미하는 것은 이용자의 관심(attention)을 확보하기 위한 모든 미디어 사업자 간의 경쟁을 의미하게 된다. 따라서 미디어 공급자는 이용자의 미디어 경험을 통제하기 위해 보유한 자산(네트워크, 플랫폼, 콘텐츠)을 모두 동원한 경쟁전략을 증가시키게 되는데, 이와 관련된 시장 행위는 수용자의 권익을 침해할 가능성도 적지 않다(최세경·황주성, 2008).

// 미디어 콘텐츠 환경과 복잡계 이론

### 1 복잡계 이론의 등장

기존의 사회과학 패러다임은 복잡한 문제보다는 단순한 문제들을 전제로 하여 개발되고 발전되어 왔다. 심리학의 단순한 자극·반응·보상 모델, 간편화된 통계기법에 의존하는 두 변수 간 인과관계 분석, 그리고 단순화된 행정체제, 사회체제, 정치체제, 그리고 경제체제 모델에서의 평형이론은 자연과학뿐만 아니라 사회과학 전반의 사고를 지배하는 학문적 패러다임으로 자리 잡아왔다(최창현, 2010a; 2010b; 2005; 2000; 1999).

이는 사회과학에서뿐만 아니라 자연과학에서도 마찬가지였다. 복잡한 자연현상을 이해할 수 있는 수준으로까지 쪼개고 단순화시키는 분석적(analytic) 방법이 과학적 방법의 동의로 사용되어 왔으며, '단순한'이라는 단어는 신비로운 마력을 지닌 지혜의 상징으로 간주되기도 하였다. 이러한 사고방식 하에서 복잡한 정책문제는 단순히 제대로 정의되지 않은 문제(ill-defined problem)에 불과했다. 즉, 복잡한 문제는 문제이기를 거부당해 왔던 것이다(Metlay, 1975; 김영평, 1990).

그러나 20세기 전반에 이루어진 교통수단의 혁명과 20세기 후반에 이루어진 정보통신수단의 혁명은 사회 구성원 및 각 부분 간에 대단히 복잡한 상호관계성을 창출하여 왔다. 중요한 정책 이슈들은 더 이상 단순화 방법(simplification methodology)에 의존할 수 없게 되었다. 단순화에 집착하는 분석방법은 이제 자신이 해결할 수 있는 정책문제를 찾기 어려운 수요부족 상황에 직면하게 되었다(Stein, 1989).

그렇다면 과연 복잡한 행정현상 그리고 복잡한 정책문제에 대해서 지식인들은 방관할 수밖에 없는가? 비록 현실의 복잡한 문제는 제대로 정의되지 않은 문제이고 따라서 진정한 문제가 아니라고 주장할지라도, 복잡한 문제에 대한 방관은 국가사회에 있어서 치명적인 결과를 가져올 수 있다.

오늘날 과학자들을 중심으로 하는 그룹들은 복잡한 현상의 중요성을 인식하기 시작하였으며, 또한 복잡체계를 새로운 관점에서 바라볼 수 있도록 허용하는 도구들을 제공하고 있다.[3] 기존에 소수의 사회과학자들에 의해서 연구되어 왔던 복잡체계에 대한 연구방법으로써 진화론적 게임이론, 시스템 다이내믹스 등에 대해서도 새로운 조명이 가해지고 있다.

이러한 문제의식을 가지고 본 연구에서는 최근에 발전하고 있는 미디어 콘텐츠의 융합현상과 그에 따른 복잡한 융합과정에 관하여 시스템 사고의 관점에서 분석하고자 한다. 이를 분석하기 위하여 먼저 복잡계의 세 차원을 논의한다(송혜룡, 2010).

## 2 복잡계의 3차원

복잡계(complex system)라는 학문 분야는 비선형이론(non-linear theory), 프렉탈 구조이론(fractal structure theory), 혼돈이론(chaos theory), 자기조직화 임계이론(self-organized criticality theory), 계산적 진화이론이라고 할 수 있다. 그러나 아직까지는 개별적인 이론들을 통합시키려는 시도가 다양하게 이루어지고 있을 뿐이다(최창현, 2010a; 2010b).

혼돈이론과 자기조직화 임계이론 및 계산적 진화이론을 통합한 카우프만(Kauffman)의 울퉁불퉁한 지형(rugged landscape)이라는 모형이 대표적인 복잡체계의 모델로 받아들여지고 있는 정도이다(Kauffman, 1989; Krugaman, 1994; Levinthal, 1997).

복잡성(complexity)이란 단어는 시스템의 구조(structure)에 대해 적용할 수 있으며, 시스템의 행태(behavior)에 대해 적용할 수도 있다. 즉, 시스템이 복잡하다는 말은 그 구조가 복잡하다는 말로 이해할 수도 있지만, 그 행태가 복잡하다는 말로 이해될 수도 있을 것이다.

---

3 미국의 산타페 연구소(Santa Fe Institute)와 로스알라모스 국립연구소 내의 비선형 연구센터가 대표적이라고 할 수 있다(한국시스템다이내믹스학회, 2011: 139).

## 1) 세 가지 차원

일반적으로 시스템의 복잡성이란 말은 그 구조의 복잡성을 의미하는 용어로 사용된다. 즉, 복잡계란 일반적으로 "많은 요소로 구성되어 있으며, 그 요소들 간에 많은 관계성이 존재하는 시스템"을 지칭한다(Steinbruner, 1974; Durlauf, 1997).

결국 복잡성은 두 가지 차원으로 구성된다. 첫 번째 차원은 구성요소(agent)의 숫자이며, 두 번째 차원은 구성요소 간의 상호관계성(interactions)이다. 아무리 많은 요소로 구성된 시스템이라고 하더라도 그 요소들의 관계가 단순한 경우에는 복잡체계라고 하기 어렵다. 따라서 요소들 간의 상호작용이 활발히 이루어진다면 이는 복잡체계라고 할 수 있다.

한편 아무리 구성요소들 간의 관계성이 복잡하다고 하더라도 구성요소의 숫자가 적은 경우에는 복잡체계라고 하기 어렵다. 이러한 점에서 계층제라는 행정조직의 원리는 상급자의 입장에서 시스템의 복잡성을 최소화하기 위한 조직화 원리는 상급자의 입장에서 시스템의 복잡성을 최소화하기 위한 조직화 원리라고 이해할 수도 있을 것이다. 계층제를 통하여 서열이라는 관계는 복잡해지지만, 한 사람이 직접 다루는 요소의 수를 감소시킬 수 있기 때문이다.

이러한 복잡성의 두 가지 차원에 대해 살펴보면 먼저 복잡체계에 있어서 요소 간의 관계는 비선형성(non-linearity)으로 특정지어질 수 있다. 선형적인 관계성이란 두 변수 간의 관계가 비례 혹은 역비례의 직선적인 관계를 지닌다는 점이다. 반면 비선형적 관계성4이란 두 변수 간의 관계가 직선적이지 않다는 점을 의미한다.

그리고 요소의 수라는 차원에서 살펴보면, 복잡체계는 많은 요소로 구성되어 있다

---

4 예컨대 경제학의 수확체감의 법칙과 한계효용체감의 법칙을 들 수 있다. 즉, 생산에 투입되는 자원이 증가할수록 추가되는 생산량은 감소하며, 사과를 먹으면 먹을수록 나중의 맛은 처음의 맛보다 줄어든다는 것이다. 이들은 직선적인 관계로 표현될 수 없으며, 항상 곡선의 관계 또는 비선형의 관계로 표현된다(한국시스템다이내믹스학회, 2011: 141-142).

는 점에서 다체성(multiplicity)의 특성을 지닌다. 이는 천문학이나 물리학에서 있어서 다체 문제(many-body problem)로 인식되어 왔던 것과 같다(한국시스템다이내믹스학회, 2011: 142).

다체 문제란 여러 개의 요소들이 상호작용할 때 이들이 어떤 상태에서 평을 이룰 것인가 하는 문제이다. 다체성의 문제는 미시경제학과 거시경제학을 구분짓는 결정적 요소 중의 하나이다. 종종 미시의 세계에서의 행동은 이들의 집합인 거시의 세계에서의 행동과 상이한 것으로 드러나곤 한다.[5] 미시의 세계와 거시의 세계는 전혀 다른 메커니즘에 의해 움직이며, 미시의 세계에서의 성공이 거시의 세계에서 실패를 의미하기도 한다(Schelling, 1978). 여기서 거시의 세계란 수많은 미시의 세계(행위자)들이 상호작용하여 산출하는 다체성의 세계를 의미한다.

복잡계의 연구는 미시와 거시의 연결(micro-macro link)에 대한 분명한 이해를 요구한다. 복잡계에 대한 연구는 "거시가 미시의 합"이라는 지나치게 단순한 주장도 거부하지만, "거시는 미시의 합을 초월한 그 어떤 것"이라는 지나치게 추상적이고 애매모호한 주장도 거부한다.

그러나 이와 같은 요소의 수와 관계성이라는 두 가지 차원은 정태적인 측면에 국한된 것이다. 시스템의 복잡성은 어느 날 갑자기 주어진 것이 아니다. 일반적으로 단순한 시스템이 복잡체계에 선행한다. 단순한 시스템은 다른 단순한 시스템과 연결됨으로써 복잡체계로 성장한다.

좀 더 장기적인 진화론적 관점에서 본다면, 환경의 요구를 충족시키기 위하여 단순한 시스템에서 복잡체계로 진화되기도 한다. 체제의 진화는 크게 보아 두 가지 방식으로 이루어진다. 그 하나는 자연도태/적자생존이며, 다른 하나는 환경에 대한 적응이다. 전자는 환경의 조건을 충족시키지 못하는 개체의 자연도태를 뜻하며, 후자는 환경의 조건을 충족시키기 위한 개체의 적응적 학습과정을 의미한다.

---

5 예컨대 죄수의 딜레마나 공유의 비극에서 발견될 수 있다. 애덤 스미스의 보이지 않는 손이 축복하는 시장에서와는 달리, 죄수의 딜레마나 공유의 비극이 발생하는 세계에서는 개인적인 이익의 극대화가 전체 이익의 감소를 가져오는 것이다.

이러한 과정을 일종의 복잡화(complification)라고 할 수 있다. 복잡화는 개체의 정체성을 잃지 않으면서 보다 많은 요소와 관계성을 확보해 나가는 과정이다. 이러한 복잡화 과정에 있어서 공통적인 요건은 순환성(loop) 또는 피드백(feedback) 관계의 존재이다.

시스템 다이내믹스 학자들은 이 두 가지 단어를 하나로 묶어서 피드백 순환고리(feedback loop)라고 부르기도 한다(Richardson, 1991). 진화과정에 있어서 개체는 환경 또는 상호 간에 정보와 영향을 주고받는 순환관계를 유지한다. 또한 단순한 체제 간의 결합은 상호작용이라는 순환성을 매개로 하여 복잡계로 성장한다. 간단히 말해서, 복잡계를 구성하는 제3의 차원은 요소들 간의 순환고리 관계 또는 피드백 관계의 존재 여부라고 할 수 있다.

이상의 논의를 요약하면, 복합계는 요소의 수와 요소 간 관계성이라는 두 가지 정태적 차원과 요소 간의 순환성이라는 동태적 차원을 지닌다고 할 수 있다. 따라서 복잡체계에 대한 연구는 이들 세 가지 차원에 대한 검토를 통하여 종합화될 수 있다(송헤룡, 2010).

## 2) 세 가지 영역

〈그림 6-6〉에서 보는 바와 같이 세 가지 차원으로 도식화하면 세 가지 차원의 쌍으로 구성되는 세 가지 평면의 특성이 표시될 수 있다(김동환, 1997: 127).

먼저 혼돈의 영역은 비선형성과 순환성으로 인해 나타나는 복잡계의 특성이다. 여기에서는 비선형적인 관계성이 순환성(피드백)의 구조를 통해 증폭되는 특성을 갖는다. 작은 변화도 순식간에 자기 자신에게 순환되어 증폭됨으로써 시스템 전체에 커다란 영향을 주게 된다. 따라서 혼돈된 영역에서는 미래에 대한 예측이 불가능하다는 특성을 갖는다.

두 번째로 순환성과 다체성으로 구성되는 면은 프렉탈의 영역이라고 할 수 있다. 프렉탈 구조란 비교적 단순한 규칙이 자기 자신에게 회귀되어 적용됨으로써 복잡체계

▶■ 그림 6-6 복잡성의 LMN(Loop, Multiplicity, Nonlinearity)차원과 구도

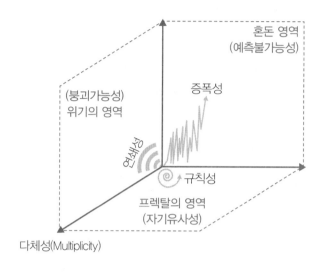

혼돈 영역
(예측불가능성)

(붕괴가능성)
위기의 영역

증폭성

연쇄성

규칙성

프렉탈의 영역
(자기유사성)

다체성(Multiplicity)

출처: 김동환(1997: 127), 인용함.

로 변모하게 되는 시스템을 의미한다. 여기에서는 비교적 단순한 규칙이 여러 번 반복적으로 그리고 회귀적으로 여러 개의 요소에 적용되기 때문에 동일한 유형이 시스템의 전반으로 퍼져나가는 규칙성(orderness)을 지니게 된다.[6]

이러한 규칙성은 혼돈을 억제하는 적응적 행태로 나타나기도 한다(Kauffman, 1991). 그리고 시스템의 부분과 시스템의 전체가 동일한 규칙에 의해 형성되었기 때문에 유사한 유형(pattern)이 반복적으로 나타나는 자기유사성(self-similarity)의 특성을 지닌다.

마지막으로 다체성과 비선형성의 차원이 결합되는 평면은 위기의 영역이라고 이름

---

6 프렉탈 구조는 자기 유사성이라는 이름으로 알려져 있는데 전체의 구조 내부에는 이 전체의 구조와 유사한 구조가 내포되어 있다는 특성을 의미한다. 프렉탈 구조가 자연현상에서는 특이한 것이 아니라 일반적 현상이라고 알려지고 있는데 대표적인 것이 나뭇잎이나 파도의 운동이다. 이러한 것들은 매우 간단한 규칙이 지속적으로 반복됨으로써 하나의 복잡한 구조를 형성하게 되는데 실제로 이 구조의 패턴은 일정한 형태의 반복에 불과하기 때문에 우리가 복잡한 구조를 만들 때 기본이 되는 패턴만을 찾아내면 예측 가능성을 높일 수 있게 되는 것이다(최창현, 2010: 94).

을 붙였다(김동환, 1997: 128). 다체성과 비선형성의 차원으로 구성되는 영역의 대표적인 복잡성 연구로서 자기조직화 임계성(self-organized criticality) 이론을 들 수 있기 때문이다.

여기에서는 국지적인 작은 변화가 많은 요소들 간의 비선형적인 관계성을 통해 시스템 전체로 퍼져나가는 연쇄성(chain reaction)에 초점을 둔다. 그 결과로 발생되는 현상은 갑작스러운 위기 또는 파멸이다. 전형적인 예는 눈사태와 같은 붕괴(avanlanche)현상이다.

많은 요소들이 비선형적으로 연결된 시스템은 갑작스러운 붕괴에 도달할 수 있다. 여기에서 중요한 점은 외부의 작은 충격이 시스템을 붕괴시킬 정도로 시스템이 취약하게 자기조직화[7]되는 특성이 있다는 점이다. 종종 시스템이 붕괴되는 경우 외부로부터 강한 충격이 있었을 것이라고 추론한다. 예를 들어 공룡의 멸종은 갑작스런 환경의 변화로 인한 것이라는 추론이다. 자기조직화 위기이론을 연구하는 생태학자들은 공룡의 멸종도 종의 자기조직화로 인한 내부적인 메커니즘에 의한 것이라고 해석한다 (Keitt 외, 1996).

이상에서 논의한 세 가지 차원은 정보-환경의 상호의존성에 쉽게 적용될 수 있을 것으로 짐작된다. ICT 생태계의 콘텐츠-플랫폼-네트워크-디바이스는 그 자체로서 콘텐츠(정보)의 순환적 흐름을 가속화시키는 역할을 수행한다. 특히 플랫폼과 네트워크가 융합화되면서 순환적 흐름의 폭과 속도는 빠르게 진행되고 있다. 또한 미디어 콘텐츠를 둘러싼 인적 네트워크의 연결은 융합사회를 타 산업과 구분짓는 피드백 루프이다.

가장 대표적인 것으로 네트워크 외부성(network externality)을 들 수 있다. 네트워크 외부성을 통하여 특정 소프트웨어나 인터넷 서비스는 수많은 사람들을 가입자로 확보하면서 경쟁자들이 넘볼 수 없는 자신만의 아성을 구축한다. 이렇게 하여 정보통신 경제는 많은 수의 경쟁자들보다는 소수의 독점자들에 의해 지배된다. 그 대표적인 기업으로 마이크로 소프트(MS)를 들 수 있다.

---

7 조직내외의 환경변화에 대해 창조적·능동적으로 대응해 나가는 성장조직의 환경적응 논리로서의 자기조직화는 조직의 질적이고 근본적이며 변화하는 적응 메커니즘의 결과로서 발생한다 (최창현, 1994: 1213).

■ 그림 6-7 복잡계로서의 미디어 산업에 내재된 전형적인 피드백 루프

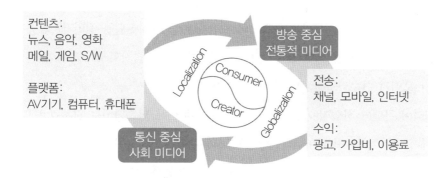

출처: 김동환(2010: 53), 인용.

하지만 이런 정보통신의 융합이 가속화되면서 한정된 네트워크와 디바이스를 통해 제공하는 방식에서 누구나 콘텐츠를 제공하여 원하는 네트워크나 단말기를 통해 자유롭게 서비스를 제공하는 방식으로 바뀌고 있다. 아직도 기존의 거대 미디어 사업자 중심의 체제는 유지되고 있으며, 단지 과거보다 시장 지배력의 영향력이 약화되었을 뿐이다. 이러한 디지털 기술의 발전으로 새로운 플랫폼과 네트워크 사업자들의 진입이 원활해지면서 누구나 이용이 가능한 비선형적인 형태로 변화하고 있다.

방송은 소수의 콘텐츠를 일시에 수많은 사람들에게 전송한다는 점에서 다체성의 차원을 실현시킨다. 하지만 그보다 더 급격하게 미디어 융합시대의 다체성을 증폭시키는 것은 최근에 등장하여 급속히 퍼지고 있는 사회 네트워크 서비스(SNS: Social Network Service)일 것이다.

마지막으로 정보의 세계는 비선형의 세계이다. 콘텐츠와 콘텐츠의 결합은 비선형성이라는 특성을 지닌다. 인공위성에서 발사되어 공중에 나돌아다니는 위치정보가 스마트폰과 결합되는 경우, 네비게이션에서부터 미아 찾기에 이르기까지 수많은 위치정보 서비스들이 가능하게 된다. 콘텐츠의 결합은 전혀 존재하지 않았던 서비스를 가능하게 해주고, 전혀 존재할 수 없었던 시장을 열어 준다.

### 3 복잡계의 구조와 미디어 콘텐츠의 연계

과연 미디어 콘텐츠 산업은 복잡계의 패턴을 따르면서 진화될 것인가? 종종 그렇지 않다는 견해로 발전할 수 있다. 미디어 콘텐츠 산업은 복잡화(complification)하는 것이 아니라 오히려 단순화(simplification)한다는 주장이다.

미디어 콘텐츠 산업이 기존 산업사회의 시장에 비해 단순화되는 것처럼 보인다는 주장에 근거가 없는 것은 아니다. 상술한 바와 같이, 미디어 콘텐츠 시장은 네트워크 외부성으로 인하여 독점적 기업에 의해 지배되는 경향이 있는 것도 사실이다. 독점적인 기업의 존재는 시장의 구도가 단순화되는 것처럼 오해하게 만든다.

하지만 그 내면을 들여다보면, 단순화가 아니라 복잡화를 향해 진화한다는 점을 발견할 수 있다. 비록 독점적 기업이 시장을 지배할지라도, 그 기업은 수많은 협력 기업들과 관계를 맺고 나가는 것이다.

또한 하나의 시장 내부에서 독점적 기업이 존재하여 경쟁이 보이지 않을지 모르지만, 미디어 콘텐츠 시장에서의 경쟁은 시장의 경계를 넘어서 이루어지는 보다 혹독한 경쟁이다. 이제 미디어 콘텐츠 시장은 소수 독점적 기업들 간의 경쟁으로 그치는 것이 아니다. 새로운 족(族)으로 불리는 디지털 신세대는 독특한 소비문화를 만들어내고 있으며, 특히 콘텐츠 상품의 소프트화, 감성화, 소비자층의 세분화는 이 소비문화의 한 축을 이루고 있다.

컨슈머(consumer)와 프로슈머(prosumer)의 개념은 독점적 기업의 콘텐츠 시장전략을 급격히 변화시켰다. UCC(User Creative Contents)는 바로 이러한 것을 총칭하는 개념이 되었다. 생산적이고, 창조적인 소비자는 이제 막강한 힘을 갖는 것이 되었다.

많은 전문가들은 소수의 글로벌 기업이 미래의 미디어 콘텐츠 산업을 지배할 것이라는 주장 또한 과장되어 있다고 말한다. 벤자민 컴페인은 그 어떠한 미디어 그룹도 세계의 주요 시장에서 신문사, 출판사, 라디오 방송과 TV 방송을 소유하지 못하고 있으며, 콘텐츠와 송출에 있어서 글로벌 기업에 가장 근접해 있다고 평가받는 뉴스 코퍼레이션 역시 전체 세계 미디어 시장에 비해서 작은 규모에 불과하다고 지적한다 (Compaine, 2002).

이어서 그는 모든 미디어 산업은 본질적으로 로컬일 수밖에 없다는 점을 지적하면서, 글로벌 기업이 출현한다고 할지라도, 로컬 미디어들에 의존할 수밖에 없다는 지적을 한다. 아울러 세계적으로 확산되고 있는 인터넷으로 인하여 점점 더 많은 콘텐츠 제공자들이 사용자들에게 접근할 수 있게 되었다는 점을 주장하면서, 글로벌 기업의 미디어 콘텐츠 지배력은 제한적일 수밖에 없다는 점을 지적한다.

또 다른 예로서 2012년 2Q의 시장 점유율 조사 결과를 보면 안드로이드 OS가 68.1%, 애플이 iOS 16.9%를 차지하였다. 구글의 스마트폰 OS 시장 장악에 대한 우려의 시각은 높지만, 애플 iOS, MS의 윈도우폰 OS 등이 운영체제의 시장 점유율을 높이려 하고 있다.

미디어 산업의 미래가 복잡한 시스템으로 진화할 것이라는 전망은 컨설팅사의 보고서에서도 확인할 수 있다(한국시스템다이내믹스학회, 2011: 148). 액션추어의 벤튜리니는 미래의 방송은 시청자들에게 일방적으로 콘텐츠를 송출하던 전통적인 방식에서 벗어나서 다중채널-다중스크린-다중플랫폼의 미디어로 진화할 것이라는 점을 지적한다 (Venturini, 2008). 다중채널-다중플랫폼의 시대에 있어서 더 이상 채널에 구속당하지 않는 소비자들은 다양한 방식으로 콘텐츠를 선택할 수 있게 되며, 그 결과 일방적인 광고에 의한 수익보다는 소비자에 의해 직접 지불되는 수익 규모가 더 크게 증가할 것이라는 점을 지적한다.

그 예로 초고속 인터넷망을 이용하여 제공되는 양방향 텔레비전 서비스인 IPTV (Internet Protocol Television)를 들 수 있다. IPTV는 비디오를 비롯한 방송 콘텐츠를 제공한다는 점에서는 일반 케이블방송이나 위성방송과 별다른 차이점이 없지만, 양방향성이 추가된다는 점이 큰 특징이다. 일반 공중파 방송이나 케이블방송 또는 위성방송과는 달리 시청자가 자신이 편리한 시간에 자신이 보고 싶은 프로그램만 볼 수 있다. 따라서 TV 방송의 주도권이 방송사나 중계업자로부터 시청자에게 넘어가는 셈이 된다.

현재 IPTV 사업자(KT·SK브로드밴드·LG유플러스)나 케이블TV 사업자가 셋톱 기반의 스마트 TV 서비스를 선보이고 있지만 아직은 초기단계로 봐야 한다는 의견이 지배적이다.[8]

또한 2008년도 엑센츄어사의 글로벌 콘텐츠 산업에 대한 조사 보고서에 의하면, 현재 콘텐츠 산업의 구조는 급격하게 변화하고 있으며 그 변화의 핵심에는 다중-플랫폼, 소비자 중심의 미디어, 이동통신 미디어, 디지털 광고가 자리잡고 있다고 한다 (Accenture, 2008). 결국 엑센츄어사의 전망은 미디어 산업이 급격하게 복잡화되어 가고 있다는 점을 지적한다.

국내의 미디어 시장 전망에 관한 연구에 있어서도 미래에 있어서 복잡한 시스템의 등장을 전망하고 있다. 2005년도의 방송위원회의 연구에 의하면, 미래의 방송산업은 다양한 공급자의 등장과 적극적인 소비행태의 변화 및 시장 경쟁의 심화로 귀결될 것으로 전망한다(방송통신위원회, 2005).

즉, 신규매체의 탄생 및 보급 그리고 광고시장의 분할 등으로 인하여 지상파 방송 중심의 시장체제가 변화되는 동시에 통신망을 통한 통신사업자의 방송시장 진입 및 외국 자본의 국내 유입으로 인하여 다양한 사업자들 간의 다면적인 경쟁이 이루어지는 시스템으로 진화할 것으로 전망했다. 방송영상산업진흥원의 연구보고서인 "방송영상산업 미래비전 2012"에서도 그대로 이어지고 있어서 다양한 플랫폼의 확산 및 이에 따른 콘텐츠의 중요성 상승으로 특정지어진다고 전망하고 있다(이만제 외, 2008: 236).

이러한 전망은 뉴스 보도를 비롯하여 드라마·교양·오락·스포츠 등 모든 장르를 편성하여 방송할 수 있는 종합편성패널의 등장으로 미디어 시장은 다양화되었다. 2009년 7월 22일 국회에서 통과된 방송법·신문법·인터넷멀티미디어방송사업법(IPTV법) 등 미디어 관련 법에 따라 신문사와 대기업이 종합편성채널의 지분을 30%까지 소유

---

8 고가의 스마트TV가 없어도 서비스를 이용할 수 있는 장점이 있다. 특히 셋톱박스가 스마트TV 기능을 구현하는 두뇌 역할을 하기 때문에 사용자는 기존 사용하던 TV를 그대로 이용해도 돼 비용을 줄일 수 있다. 스마트TV의 경우 애플리케이션(앱) 장터에서 필요한 앱을 내려받아 이용할 수 있지만 아직 TV 전용 앱이 부족한 실정이다. 또 사업자마다 셋톱박스에 사용하는 운영체제(OS)가 조금씩 달라 앱 개발이 활성화되려면 OS의 표준화 논의가 필요하다.

할 수 있고, IPTV는 49%까지 소유할 수 있게 되었다. 한국의 경우 전 국민의 80% 이상이 케이블TV나 위성TV를 시청하고 있기 때문에 지상파에 맞먹는 영향력을 갖게 될 수 있으며, 이런 점에서 대기업과 신문재벌이라는 거대 자본의 언론시장 장악과 언론의 독과점 현상에 대한 우려를 걱정했지만, 현재 평균 시청률은 약 1%대에 머물고 있어서 기대만큼의 영향력과 부작용은 없는 실정이다(송해룡, 2010).

상술한 바와 같이 미래의 미디어 콘텐츠 산업에 있어서 다체성(multiplicity)이 증가할 것이라는 점을 의미한다. 미래의 미디어 콘텐츠 산업은 현재에 비해 훨씬 많은 요소들로 구성된다. 그리고 이러한 요소들 간에 상상할 수 없는 관계성들이 형성되면서 미래의 복잡성은 우리가 상상할 수 없는 규모로 증대하게 될 것이다.

관계성의 증가에 관한 연구는 퓨처 익스플로레이션 네트워크(Future Exploration Network) 사의 연구에서 확인할 수 있다. 'Future of Media' 2006년도 보고서에서는 2000년도와 2005년도의 미디어 산업의 관계성을 비교하고 있다. A(2000년)와 B(2005년)를 비교하면, 무엇보다도 먼저 기업들 간의 네트워크가 시간이 흐를수록 더 촘촘하게 연결된다는 점을 확인할 수 있다. 2000년도에는 미디어 기업들 간의 연계가 듬성듬성하였지만, 2005년도에는 촘촘하게 얽혀있다. 이후 현재 2013년도에는 그 관계성이 더 복잡하게 얽혀있다고 볼 수 있겠다.

이는 미디어 및 콘텐츠 산업이 복잡하게 변화됨에 따라 기업체들 간의 협력이 점점 더 확대된다는 점을 의미한다. 즉, 몇몇 개의 지배적인 기업이 시장을 지배하는 단순한 시스템이 아니라, 보다 더 많은 기업들이 독자적으로 생존하면서 더 많은 네트워크로 연결된다는 것을 의미한다.

또한 시간이 흐를수록 인터넷과 이동통신에 기반한 뉴미디어 기업들이 네트워크의 중앙으로 진입하고 있다는 점을 발견할 수 있다. 이는 4/4사분면에 위치하고 있는 전통적인 미디어 기업들과의 인터넷과 이동통신에 기반을 둔 기업들의 교류가 점점 더 긴밀해지고 있다는 점을 의미한다.

결국 미디어 및 콘텐츠 산업은 요소의 숫자만 증가하는 것이 아니라 요소들 간의 관계성이 촘촘하게 증가함으로써 복잡계로 진화하고 있다는 점을 보여준다.

　퓨처 익스플로레이션 네트워크사의 2008년도 보고서를 살펴보면, 이들의 2008년도 미래 미디어 산업에 대한 전망은 일관되게 복잡계로의 진화를 진단하고 있다. 이들은 미래의 미디어 산업의 형태를 결정짓는 요인으로써 다음의 일곱 가지 요인들을 지적하고 있다.

첫째, 미디어 소비의 증가, 글로벌 미디어 시장의 규모는 2008년 1.7조 달러에서 2024년 5.7조 달러로 성장
둘째, 채널의 분할 및 다양화, 채널당 시청률의 기하급수적 감소
셋째, 소비자 참여, 사회 네트워크 서비스의 확대
넷째, 미디어 개인화, 광고의 개인화
다섯째, 새로운 수익 모델의 등장, 저렴한 콘텐츠 요금
여섯째, 세대 간 소비 형태의 차별화, 연령대별 채널 특화
일곱째, 광대역 인터넷 및 이동통신에 의한 콘텐츠 전송

　종합적으로 이러한 요인들은 미디어 산업을 복잡하게 만드는 요인들이라고 할 수 있다. 미디어 산업은 몇몇 거대 기업이 지배하는 독점적 산업으로 진화하는 것이 아니라 다양한 콘텐츠, 다양한 플랫폼, 다양한 네트워크, 다양한 디바이스들의 복잡한 생태계로 진화하여 나간다고 전망할 수 있다.

　〈그림 6-8〉은 2009년도 발간된 우리나라 산업의 업계 지도를 참고하여 작성한 미디어 산업 간의 네트워크 관계이다. 외부에는 미디어에 관련된 산업 부문들 중에서 대표적인 기업들을 열거하고, 이들 간의 관계성을 연결하였다. 여기에 연결된 관계성은 모기업에 의한 투자 관계를 중심으로 한 것이다(이데일리, 2009).

　우리나라 미디어 업계에도 상당히 긴밀한 네트워크 관계가 형성되어 있다는 점을 확인할 수 있다. 이처럼 상이한 부문의 경계는 넘어서서 네트워크 관계가 형성되고 있다는 점은 방송통신 융합을 중심으로 하는 미디어 콘텐츠 산업의 융합을 반영하는

**그림 6-8 우리나라 산업의 연계관계**

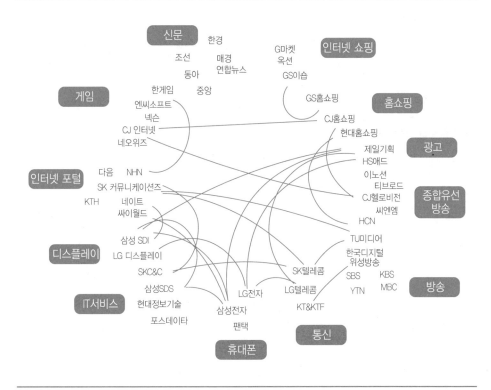

출처: 김동환(2010: 51), 논문에서 인용.

것이라고 생각된다. 이로서 한국의 네트워크의 특징을 세 가지로 요약할 수 있을 것이다. 첫째, 우리나라의 경우, 전통적인 미디어 콘텐츠 산업보다는 뉴미디어 콘텐츠 산업을 중심으로 활발한 네트워크 관계가 형성되고 있다. 신문이나 방송 및 유선방송보다는 인터넷 포털, 게임, 인터넷 쇼핑, SNS, IPTV와 스마트 TV 업체들을 중심으로 활발한 네트워크가 형성되고 있다.

둘째, 많은 네트워크들이 대기업을 중심으로 이루어지고 있다는 점이다. 즉, 삼성, LG, SK, CJ와 같은 대기업들이 자회사를 설립하여 다양한 부문으로 진출하여 왔기 때문에 이러한 현상이 두드러지게 나타나는 것으로 보인다. 하지만 최근의 모바일 메신저 앱의 패권을 두고 카카오톡과 후발주자인 라인이 국내 모바일 앱 시장에서 경쟁을 보이고 있다. 한국에서는 아이폰 등 스마트폰이 급속히 퍼져나간 2010년부터 모바일 메신저가 서서히 인기를 얻었다. 그러다가 2012년 들어 다음의 마이피플 등과 경쟁하던 카카오톡이 시장을 평정했다. 2012년 12월 중순 기준 사용자 수 7000만 명을 달성한 카카오톡은 한국 가입자만 3500만 명에 이른다. 웬만한 스마트폰 사용자는 다 카카오톡을 이용한다고 해도 과언이 아니다. 해외에 거주하는 한국 교포들도 대부분 카카오톡을 이용할 정도다. 카카오톡은 특히 자사의 메신저 플랫폼을 통해 애니팡이라는 게임을 히트시키며 흑자 전환에 성공해 화제가 됐다. 요즘 카카오톡이나 라인의 성공에 주목하는 세계 기업들이 늘어나고 있다.

셋째, 아직까지 대기업 및 통신사업자들은 인터넷을 중심으로 하여 사업 영역을 확장하여 왔으며, 신문이나 방송 및 홈쇼핑을 통한 사업의 확장은 활발하지 못하였다. 이러한 현상은 기존의 법체계에 의한 제약이 있었기 때문인 것으로 보인다. 결국 우리나라에 있어서 미디어 콘텐츠 산업의 네트워크와 그러한 융합은 대기업 및 통신사업자, 대형 영화투자회사를 중심으로 복잡한 합종연횡으로 이어질 것이라는 점을 시사한다.

# 미디어 콘텐츠 융합사례

CPND 생태계와 콘텐츠 융복합

# CHAPTER 07
# 미디어 콘텐츠 융합사례

## 제1절 // 공공부문의 미디어 콘텐츠 융합사례

### 1 국내 공공부문

#### 1) 개요

최근 공공기관을 중심으로 스마트 워크가 한창 진행 중이다. 지식사회에 맞는 정부의 모습을 갖추기 위해선 정보의 통합과 융합이 필수적이다. 부동산 행정정보 일원화 사업은 국가 부동산 정보를 공간정보 기반으로 한 곳에 담는다는 점에서 부처·부서 간 경계를 허무는 노력의 하나로 꼽을 수 있다.

이 같은 차원에서 정부는 '부동산 일사편리'라는 서비스를 통해 각종 부동산 공적장부에 들어있는 다양한 행정정보를 온라인상에서 쉽고 편하게 접하게 할 계획이다. 사업이 완료되면 기관 간 연계를 늘려 민원인의 방문이 간소화되고 안방 또는 길거리 어디서나 부동산 관련 각종 행정업무를 쉽게 처리할 수 있다. 이동 시간과 교통 이용을 줄일 수 있어 에너지 절약과 녹색성장이라는 미래 성장과제에도 부합한다.

공간정보 관리의 효율성 강화는 행정 편의성과 에너지 감축뿐 아니라 재난관리, 일자리 창출에도 도움이 된다. 공간정보의 3D화를 통해 재난 대비 솔루션으로 활용할 수도 있다. 민간에서는 스마트폰의 위치정보 기능에 통합된 공간정보를 접목시켜 구글을 능가할 만한 창의적인 공간정보 서비스를 만들 수도 있다. 또 공공과 민간의 기술 융합은 자연스럽게 소통으로 연결될 것이다. 융합과 소통을 같은 차원으로 이해해야 하는 이유다.

세상의 빠른 변화는 제도나 의식보다 기술에 집중되는 경향이 많다. 이 때문에 '스마트 디바이스'가 스트레스로 다가올 수도 있다. 하지만 이제 변화된 세상을 받아들여야 한다. 그때 비로소 융합된 모든 정보가 내 손 안에 들어올 '넥스트 소사이어티'가 시작되는 것이다.

## 2) 국내 공공부문 사례

### 가. 기상청 기상–강우레이더 콘텐츠 공유

기후변화로 인한 위험의 발생빈도가 증가하고, 그로 인해 사회·경제 및 국가 안보까지 영향을 미침으로써 이에 대한 능동적인 대처방안이 필요하다. 특히 부처별 관측목적에 따라 각각 설치·운영되고 있는 레이더 자원은 국민의 생명과 재산을 보호하는 데 효율적으로 활용할 필요성이 있다. 우리나라는 현재 레이더의 기능은 동일하지만 관측목적에 따라 기상청, 국토해양부, 국방부 등 부처별로 총 27대의 레이더 관측망이 중복 운영되고 있다. 부처별로 기상현상 관측용, 위험기상 감시 및 기상예보, 수문관리 및 홍수예보, 군 작전지원 등의 목적으로 필요에 따라 운영 중이며, 관측주기도 기상청은 10분, 국토해양부는 2.5분, 국방부는 5분 등으로 모두 다르다.

선진국의 경우, 미국은 3개 기관(상무부, 국방부, 교통부)이 공동으로 1987년 레이더 운영센터(ROC: Radar Operation Center)를 설립하여 160여 대의 레이더를 통합하여 관리하고 있다. 일본은 기상감시 및 예·경보를 위해 일본기상청에서 20대의 기상레이더 관측망을 무인으로 원격 운영하고 있으며, 국토교통성 하천국에서 홍수통제 업무를 위해 26대로 구성된 강우레이더 관측망을 가지고 있다. 또한, 중국은 158대의 기상레이더 관측망을 유인 또는 무인으로 운영하고 있다.

각 기관마다 고가의 기상레이더를 전국에 모두 설치할 수 없어 일정부분의 관측 사각 지역이 발생하는 등 레이더 관측정보의 공동 활용에 대한 콘텐츠의 공동활용 필요성이 지속적으로 제기되어 왔다.

레이더 공동 활용 시스템 구축에 따른 각 기관의 효과를 보면 다음과 같다. 기상청은 산악지역 등 레이더 관측 사각지대가 대부분 해소되고, 지표면 가까이에서 변화되는 강수정보를 더욱 정확히 관측할 수 있게 되어 초단기 기상예보의 적중률이 높아질 것으로 기대하고 있다. 국토해양부는 내륙, 해양 및 상층부의 대기 관측정보를 추가하여 홍수예보 선행시간을 확대하고, 정확도를 향상시켜 더욱 효과적인 수문관리 등 홍수대응태세를 강화하는 데 기여하게 될 것이다.. 국방부는 공군 비행기 이착륙 등 군 작전지원 기상예보에 기상-강우정보를 실시간으로 제공받아 관측 사각지대가 해소됨에 따라, 군 비행 안전뿐만 아니라 각종재난재해로 인한 군의 전력손실을 방지하게 될 것이다. 또한, 기관별로 평균 약 30억 원에 이르는 고가의 외산장비인 레이더 자원을 공동 활용함으로써 레이더 신설 및 예산절감 효과가 기대된다.

기상청 레이더 관측 자료만 이용했을 때는 낮은 고도의 강수현상을 입체적으로 관측하는 데 한계가 있다. 이에 따라 국방부의 레이더 관측 자료와 국토해양부의 비슬산 레이더 관측 자료를 공동 활용함으로써, 약 70%의 관측 사각지역을 해소할 수 있게 되었다.

기상-강우레이더 공동 활용사례는 행정안전부 주관 2010 창의·실용 제도개선 우수사례로 선정('10.12)되어 국무총리상을 수상하였다. 향후적으로 기상청과 국토해양부의 협력을 강화하여 4대강 유역의 선제적 홍수예방과 효율적인 수자원 확보지원을 위해 협력을 강화할 것이다. 기상재해에 대한 사전예측에서 사후복구를 담당하는 소방방재청까지 일관된 정책공조 협의를 추진하며, 현재는 레이더자료만 공동 활용하지만 장기적으로는 레이더의 통합 운영의 필요성으로 국가 통합레이더운영체계 구축을 2016년까지 추진할 예정이다. 이를 통해 미디어 콘텐츠 기업들은 보다 더 정확한 기상예보를 고객에게 제공할 수 있을 것이다.

### 나. 공공기관 고지서 문자·이메일 활용

앞으로 세금, 보험료, 과태료 등 각종 고지서나 자동차검사 기한안내 등 공공기관이 국민에게 통지하는 중요 정보는 문자나 이메일(e-mail)을 활용하는 방법이 확대될 전망이다(서울신문, 2012).

국민권익위원회는 "고지서 발송이나 민원결과 통보업무를 하는 1000여 개 공공기관에 대해 개인정보 이용을 사전 동의한 국민의 전화번호와 이메일을 공동활용하는 시스템을 구축하도록 권고하기로 했다."고 2012년 5월 24일 밝혔다.

이는 맞벌이 부부나 이동이 잦은 청년세대, 국외거주자 등이 늘어나면서 우편으로 발송되는 고지서나 통지서를 받지 못했다는 민원이 증가하고 있기 때문이다.

권익위에 따르면 대다수 공공기관에서는 세금이나 과태료, 보험료 등 각종 고지서를 당사자 수령 여부 확인이 불가능한 우편으로 통지하고 있으나, 주소불명과 수취인 부재 등으로 반송되는 사례가 잦은 것으로 나타났다.

서울시 A구는 지난해 8월분 자동차검사 미실시 대상자에게 과태료 부과 고지서를 등기우편으로 발송했지만, 수취인 부재 등으로 54.4%가 반송됐다.

여러 세대가 공동 거주하는 다가구주택은 건축법상 한 가구로 취급돼 시·군·구 주민전산망에 동·호수 등 상세주소가 없는 경우도 많았고, 우편으로 환급 안내되는 과오납된 세금, 범칙금 등에 대해서도 당사자의 환급신청률이 매우 저조했다.

### 다. 공공정보 스마트폰 앱 하나로 통합

중앙정부와 지방자치단체 등 공공 행정기관이 제공하는 앱만 무려 399종이다. 웹 서비스 역시 327종에 이른다. 어디에 어떤 정보가 있는지, 어떻게 이용할 수 있는지 모두 알기란 사실상 불가능하고 일일이 찾아가기 또한 불편하기 그지없다. 하지만 모든 공공 정보 앱 서비스와 웹 서비스를 연결해주는 '모바일 정부포털 앱' 하나면 한눈에 쏙 들어온다. 행정안전부는 2012년 5월 9일 "공공기관의 모바일 홈페이지, 앱에 관한 정보를 수집해 안내·연결해주는 모바일 정부포털 앱(m.korea.go.kr) 서비스를 실시한다."면서 "중앙부처나 지자체의 소식은 물론 공공기관의 채용 정보와 창업 정보 등 국민 생활과 밀접한 공공 정보를 받을 수 있고, 지역에서 열리는 축제나 행사 등과 관련된 공공 정보도 통합적으로 확인할 수 있게 된다."고 밝혔다(서울신문, 2012).

행안부는 이와 함께 '인터넷 중독 예방·상담 모바일 서비스'(m.iapc.or.kr)를 통해 인터넷 중독과 예방, 치료에 대한 여러 정보를 제공해 중독 여부를 자가 진단할 수 있고 인터넷 중독 핫라인 서비스인 아름누리 상담콜로도 곧바로 연결할 수 있도록 했다. 또 경제성장률·실업률·물가 등 708개 지표를 조회, 검색할 수 있는 'e-나라지표' (m.index.go.kr)도 모바일로 서비스한다.

또한 내부적으로도 전자정부 서비스 지원 관리를 더욱 체계화한다. 모바일 전자정부 서비스의 관리·지원을 위해 정부통합전산센터 안에 '모바일 전자정부 지원센터'를 열고 모바일 서비스의 중복 등 난개발을 방지한다. 이에 따라 공무원용 모바일 서비스 6종도 시범 운영된다. 통계청의 모바일 통계 조사, 소방방재청의 스마트 재난 관리, 스마트 화재 조사, 문화체육관광부 등의 모바일 온-나라, 공무원 SNS(소셜네트워크 서비스) 등으로 2012년 7월까지 시범 운영한 뒤 이용 기관 및 이용자를 더욱 확대해 정식 개통할 예정이라고 밝혔다.

장광수 행안부 정보화전략실장은 "향후 모바일 산업이 더욱 발전할 수 있도록 적극 지원하고 다양한 모바일 전자정부 서비스가 더욱 확산될 수 있도록 세계 1위 전자정부 위상에 걸맞은 모바일 서비스들을 체계적·본격적으로 제공할 것"이라고 말했다.

라. 서울시의 '모바일 서울' 구축사업

서울시는 2010년 4월 22일에 공공정보를 활용한 스마트폰용 프로그램을 확대하고, 이를 위한 서울앱개발센터를 설치하는 등 '모바일 서울' 구축을 위한 작업에 본격 착수했다고 밝혔다.

시는 SK텔레콤, 삼성전자 등과 협력해 서울교통정보서비스, '천만상상오아시스',

공공시설 위치 찾기 서비스 등 3종의 프로그램을 개발했다.

서울교통정보서비스는 기존에 나온 프로그램들과 달리 지하철과 시내버스 정보를 통합했으며 최단경로검색과 실시간 교통돌발상황 정보를 추가로 제공한다.

안드로이드와 윈도 모바일, 아이폰용, 바다 기반 스마트폰용 프로그램을 제공하며, 또 스마트폰 산업활성화와 청년일자리 창출을 위해 2010년 10월까지 서울앱개발센터를 설치하고 애플리케이션 공모전을 개최하는 등 다양한 지원책도 마련키로 했다.

서울앱개발센터에서는 매년 1200명 이상의 스마트폰 애플리케이션 개발자를 양성하며 창업컨설팅, 자금알선, 마케팅까지 원스톱으로 지원할 예정이다.

서울시 정보화기획단장은 "언제 어디서나 빠르고 편리하게 이용할 수 있는 사용자 중심의 모바일 행정 서비스를 제공함으로서 서울시가 '모바일 거버넌스' 시대를 선도하게 될 것"이라고 말했다.

서울시는 2011년 2월 31일 스마트폰 애플리케이션(앱) 개발을 위해 필요한 생활 공공정보를 시민이 편리하게 활용할 수 있는 '서울시 모바일 공공정보 오픈 API 서비스' 포털(mobile.openapi.seoul.go.kr)을 만들었다고 밝혔다(서울신문, 2011).

포털에는 지하철 도착 정보와 지하철 주변 버스 정류장 정보, 보관 분실물 조회 정보, 미세먼지 평균값, 지역별 수질 현황, 주제별 문화시설 목록, 문화재 상세 정보, 일자리 구인 정보, 화장실 정보 등 7종 55개 분야의 공공정보가 실린다.

회원가입과 인증키 발급 절차만 거치면 무료로 이용할 수 있는 공공정보 포털은 시민이 직접 앱을 제작할 수 있는 가이드도 제공한다. 시민이 제작한 앱은 개발자에게 저작권이 귀속되도록 했다.

서울시 유시티추진담당관은 "공공정보를 어디서 얻을 수 있는지 잘 모르거나 이용 절차가 까다롭다는 지적이 있어 포털을 만들었다."며 "공공정보를 더 자유롭게 사용할 수 있도록 디자인과 사진, 지도 등도 공개할 계획"이라고 말했다.

지금까지 서울시 공공정보를 활용해 만들어진 스마트폰 앱으로는 서울문화즐기기와 약수터, 분실물 정보 등이 있다.

## 2 해외 공공부문

### 1) EU, 공공정보·온라인 공개 의무화

유럽연합(EU)이 오는 2013년부터 역내 모든 공공 정보와 자료를 온라인으로 제공하고, 시민과 기업이 공짜로 상업용 서비스를 개발·판매할 수 있게 허용하기로 했다 (문화일보, 2011). 가디언지는 12월 12일 EU 집행위원회가 27개 회원국의 정부를 비롯한 모든 공공기관의 자료들을 모든 시민들이 무료로 자유롭고 편리하게 이용할 수 있도록 하는 '자료 개방 전략(ODS: Open Data Strategy)' 정책을 발표했다고 보도했다. 집행위에 따르면 앞으로 EU 회원국 국민들은 안보, 저작권, 개인정보 보호 등 특별한 예외만 빼고 공공 부문이 가진 모든 자료를 인터넷을 통해 쉽게 접근할 수 있게 된다. 특히 자료에 대한 단순한 접근 차원을 넘어 '재사용(re-use)권한'을 무료로 보장한 것이 이번 정책의 가장 큰 특징이다. 따라서 공공기관들은 모든 자료를 대중이 효과적으로 재사용할 수 있도록 "기계(컴퓨터)가 해독 가능한 보통의 형태(format)로 제공"해야 한다.

집행위는 이를 통해 공공행정의 투명성이 강화되고, 과거에 접근 불가능했던 정보들이 공개되며, 시민과 기업들이 정책과 공공지출 및 그 결과 등에 대한 정보를 제대로 신속하게 파악할 수 있게 될 것이라고 밝혔다. 무엇보다 새로운 정보정책을 통해 새로운 서비스 개발과 일자리가 창출되는 등 연 400억 유로(약 620조 원)의 경제효과가 기대된다는 것이다. 넬리 크뢰스 EU 디지털담당 집행위원은 이날 성명에서 "디지털화된 정보는 새로운 금"이라면서 "데이터를 공개할 경우 그 가치가 훨씬 커지므로 행정기관들이 이에 앞장서도록 강력한 신호를 보낸다"고 말했다.

집행위는 현행 관련 '지침(Directive)'을 개정, 각국 정부 대표와 유럽의회 승인을 거쳐 오는 2013년부터 발효시킬 예정이다. 가디언지에 따르면 영국과 프랑스 등 일부 국가와 단체들은 이미 이와 유사한 정책을 도입하고 있다.

## 2) 미국 공공도서관의 디지털화

미국 전역에 있는 도서관은 12만 2000여 개에 이른다(세계일보, 2011). 그 가운데 공공도서관은 9200여 개, 어림잡아 한 주에 200개 정도 있는 셈이다. 더욱 관심을 끄는 자료는 방문자와 장서 수다. 도서관협회에 따르면, 2008년 전체 공공도서관 방문자는 15억 명에 달했다. 이는 미국 인구를 3억 명 정도로 추산할 때, 한 사람이 평균 다섯 차례 정도 방문한 숫자다. 보유 서적 수는 전체적으로 22억 7000만 권으로 나타났다. 시민 한 사람이 7.7권의 서적을 공공도서관이 보유하고 있다는 뜻이다.

공공도서관의 서비스는 최근 그 범위를 급격히 확장하고 있다. 핵심 추세는 디지털화다. 매컬리 도서관도 가보면, 인터넷과 컴퓨터를 기반으로 한 서비스가 지속적으로 강화된다. 특히 가정에 초고속망이 없는 서민이나 타지 학생, 여행자들은 인터넷 서비스 코너의 애용자다. 이따금 노숙인도 대기석을 차지하고 기다리는 모습을 볼 수 있다. 어린이를 위한 오디오 북과 영화CD 등의 숫자도 눈에 띄게 늘고 있다. 최근에는 킨들과 누크 등 전자책(e-book) 읽기 장비가 보급되면서 공공도서관의 전자책 콘텐츠 서비스가 추가됐다. 전자책을 빌리는 사람은 굳이 도서관을 방문할 필요도 없다. 집에서 인터넷으로 대출 절차를 따르면, 곧바로 사용이 가능하다. 미국 시민들은 강력하게 공공도서관을 지지하고 있으며, 도서관협회 조사를 보면, 시민의 72%가 공공도서관을 지역사회의 중추라고 생각한다.

공공도서관 제도는 1850년 영국의회가 공공도서관 법을 제정하며 정착됐다. 이 법률은 각 자치단체에 시민이 무료로 사용할 수 있는 도서관을 건립할 수 있는 권한을 부여했다. 그를 통해, 모든 시민에게 비용을 들이지 않고 각종 정보나 서적에 접근할 권리를 보장하고, 시대에 꼭 필요한 사회·문화적 교육기회도 제공하도록 했다. 이 법 제정 160여 년이 지난 지금 영국에는 전국에 4500여 개의 공공도서관이 시민을 위해 콘텐츠를 제공해왔다.

제2절 // 민간부문의 미디어 콘텐츠 융합사례

## 1 국내 민간부문

### 1) 개요

국내 미디어 산업에서도 대기업들을 중심으로 M&A가 활발하게 이루어지고 있다. 국내에서 대표적인 미디어 기업으로는 지상파 방송사업자인 KBS, MBC, SBS를 들 수 있으며, 케이블 TV 산업에서는 CJ E&M이 대표적이다. 또한 통신 기업인 KT와 SK텔레콤도 미디어 사업에 진출하면서 미디어 기업으로 범주화 되고 있다.

먼저 지상파 방송사들을 살펴보면, 이들은 거의 인수합병의 대상이 되지 않고 있다. 지상파 방송은 소유 규제 및 실질적인 투자 가치 회수 측면으로 인해 인수합병을 거의 시도하지 않고 있는 대신, 유료방송채널사업, DMB 등 다양한 사업으로의 진출을 통해 새로운 방송환경에 대응하고 있다.

반면 케이블 산업 내에서는 케이블TV방송사업자(SO), 채널사용사업자(PP)들의 수평적 통합에서 수직적 결합에 이르기까지 다양한 방식으로 기업결합이 일어나고 있다. 케이블 사업자들은 복수 케이블TV방송사업자(MSO), 복수 채널사용사업자(MPP) 등으로 거듭나 규모의 경제를 실현하기 위해서 수평적 통합을 추진할 뿐만 아니라, 단순히 네트워크 사업자로서는 변화하는 융합환경에서 경쟁력을 확보하기가 쉽지 않기 때문에 플랫폼과 콘텐츠의 수직 결합을 시도하고 있다.

한편 통신 산업에서도 인수합병을 통한 수평적 결합이나 수직적 결합이 일어나고 있다. 먼저 유무선 결합서비스를 제공하기 위한 목적으로 유무선통신 사업자 간의 결합이 활발하게 나타났다.

이종매체 간의 교차소유 허용, 대기업 방송진출, 외국기업 투자 범위를 넓힌 미디어법이 2009년 통과됨에 따라 기존에 영역별로 분리되었던 미디어 기업 간의 결합현상은 더욱 증가할 전망이다. 그 동안 국내에서도 지상파 방송의 계열사를 통한 인터넷 VOD, DMB시장 진입뿐만 아니라 통신 기업의 영상콘텐츠 및 IPTV 시장 진입은 진행되어 왔다. 주목할 만한 현상은 통신기업의 방송 및 콘텐츠 시장으로의 진출과 기업 결합으로, SKT와 KT는 IPTV시장의 핵심 플랫폼사업자로 참여하면서 본격적인 미디어 기업으로 전환하였다. 특히 국내 통신 기업들은 수평적 결합이나 유사 서비스에 대한 인수합병보다는, 수직적 통합을 통해 방송 서비스와 포털 서비스 등의 시장에 진입함으로써 보다 확대된 융합 서비스 시장을 개척하는 데 집중하고 있다. 또 통신 기업들이 IPTV 사업을 시작하면서 통신, 데이터뿐만 아니라 방송까지 결합한 상품서비스를 제공함에 따라, 콘텐츠 기업과의 결합이 활발하게 나타나고 있다(전범수, 2010).

2005년 이후, 국내 미디어 기업인 SK텔레콤(이후 SKT로 표기함)과 KT그룹은 기존의 통신업체에서 벗어나 '종합 미디어 기업'을 지향하며 나아가고 있다. 매체 다양화의 시대, 방송·통신·콘텐츠 융합의 시대에서 결국 승리의 관건은 '경쟁력 있는 콘텐츠를 확보하는 것'이라는 인식에 따라, 이들은 이동통신업에 머무르지 않고 장기적인 전략의 일환으로 문화콘텐츠 시장에 진출하였다. 그러나 이동통신업체들은 문화콘텐츠 시장에 대한 경험이 많지 않은 탓에 별도의 자회사를 만들기보다는 대체적으로 기존 문화콘텐츠 관련 기업의 지분을 인수하거나 제휴하는 방식으로 이 시장에 진출하였다. 즉, 이들은 전략적 제휴를 기업 가치 확대의 주된 방법론으로 채택하고 있는 것이다. 그리고 방송과 통신, 콘텐츠의 융합 환경 안에서 국내 글로벌 미디어 기업의 새로운 모델을 제시하면서 진화 과정을 거듭하고 있다(박영은 외, 2007).

융합 환경에서 국내 미디어 사업자들의 전략특징을 살펴보면, 국내 통신사업자들이 콘텐츠 제공 기업을 자회사로 소유하는 사례가 증가하고 있다는 것이다. 이는 콘텐츠에 대한 통제력을 높이려는 차원으로 해석할 수 있다. 또한 네트워크 확충에 대한 전략적 제휴가 늘어나고 있는데, 2009년 KT-KTF의 기업결합, LG데이콤의 경우 LGT 등과의 기업결합 사례들이 이를 증명한다. 통신 미디어 기업들은 융합시대에 유선, 무선 네트워크를 모두 갖추어 소비자들에게 결합상품과 원활한 TPS를 제공하고

자 한다. 궁극적으로 복합적 성장을 위하여 통신과 방송 산업의 결합이나 신문 산업 등과 다양하게 접목함으로써 복합적 미디어 기업으로서의 경쟁력을 유지하고자 한다.

이렇게 두 통신 기업들은 인수합병을 통해 콘텐츠와 플랫폼을 동시에 운영하는 종합 미디어 기업으로 변모해 나아가는 듯 보였다. 하지만 이들 모두 콘텐츠 사업 부문에서 별다른 성과를 얻지 못하면서, 현재에는 일부를 제외한 기업들을 매각, 처분, 파산하는 방식으로 콘텐츠 사업을 축소해 나아가는 상태이다.

## 2) 국내 기업부문 사례

### 가. SKT vs. IHQ

SKT는 자사의 핵심역량인 무선통신 사업을 기반으로 통신 서비스 플랫폼을 다양화하기 시작하면서 콘텐츠 기업과의 첫 융합을 시도했다. 2003년 11월 위성 DMB 컨소시엄을 구성한 SKT는 그해 12월 TU 미디어를 설립했다. SKT의 DMB 서비스는 2005년 1월 처음 시작되었으며, 2005년 2월 종합 엔터테인먼트 업체 IHQ에 대한 지분 투자를 기점으로 콘텐츠 생산 기업들과 본격적으로 전략적 제휴를 맺어 나갔다. 영화, 음악, 드라마 등 다양한 미디어 콘텐츠 생산과 유통은 SKT가 기존에 보유하지 못했던 자원이다. IHQ는 국내 최대 연예 매니지먼트 회사인 싸이더스HQ, 영화제작사 아이필름, 영화배급사 아이러브시네마, 게임개발사 엔트리브 등을 보유한 종합 엔터테인먼트 콘텐츠 기업으로, SKT는 2005년 2월 IHQ 신주 매입을 통해 144억 4000만 원의 지분을 투자한다. 2006년 4월 SKT는 콜옵션 행사로 IHQ 지분을 21.66%에서 34.63%로 늘려 최대주주가 되었으며 동시에 IHQ에 대한 지배력을 강화하게 되었다.

SKT가 DMB 사업을 시작하면서 IHQ와 가장 먼저 활발하게 공동 사업을 추진한 부분은 스타 화보 및 연예인 관련 콘텐츠의 모바일 서비스 부문이다. 2007년 6월 SKT와 IHQ는 2억 8300만 원 규모의 스타화보 운영 용역계약을 체결했다고 공시했으며(금융감독원, 2008), 10월 스타화보 총괄운영 콘텐츠 공급자(CP) 계약을 체결했다. 이로써 SKT가 무선 네이트를 통해 제공하는 스타화보 서비스(2005년부터 육성해 연 100억 원 이상의 정보 이용료 매출을 올림) 운영을 IHQ가 도맡게 되었다. 또한 SKT는 IHQ가 소유하고 있던 게임 제작사 엔트리브의 주식을 인수하면서 게임회사를 자체 계열사로 편입시켜, 첫 제휴관계의 성공적인 안착 이후 다음 탐색단계로 도달했다. 또한 SKT는 해외 부문으로 콘텐츠 사업을 확장하기 위해 IHQ의 해외 진출 협력에 큰 역할을 했는데, 두 회사는 협업을 통해 스타 매니지먼트 사업 컨설팅, 매니지먼트 대행사업, 콘텐츠 통합, 중국 내 영화 및 방송 프로그램 제작 투자 사업 등을 진행하기로 합의했다(머니투데이, 2007).

2005년 2월 당시 IHQ는 지난해 당기순이익이 1억 9000만 원으로 전년 적자에서 흑자로 돌아섰다고 11일 공시했다. 전년도 매출액은 258억 원으로 63% 늘었고, 영업이익은 3억 원으로 흑자전환했다. 그러나 5월 DMB 상용화를 앞두고 있는 상황에서 IHQ는 지속적으로 저조한 실적을 보였다. 2006년에는 영업손실이 22억 원, 당기순손실이 47억 원을 기록하며 전년대비 적자전환했으며, 2007년 역시 영업손실 80억 1500만 원을 기록했다. 결과적으로 SKT가 IHQ에 투자한 518억 원은 적자 누적의 상태로 남게 되었다(금융감독원, 2008).

IHQ와의 제휴를 통해 콘텐츠 사업에 대한 학습 경험을 익힌 SKT는 2008년 초부터 직접 영화 투자 및 배급업에 뛰어들었다. 2008년 상반기 SK텔레콤은 〈원스 어폰 어 타임 인 코리아〉, 〈삼국지: 용의 부활〉, 〈고사: 피의 중간고사〉 등 국내 제작사가 제작한 작품을 공동 제공 및 배급했으며, 〈데스노트-L: 새로운 시작〉 외화 배급을 통해서도 흥행에 성공을 거두었다. 그러나 하반기 〈울 학교 ET〉, 〈커넥트〉 등의 배급작품은 저조한 흥행 기록을 보였다. 이후 SKT는 한화그룹이 계열사인 (주)한컴을 통해 처음으로 메인 투자에 나선 영화 〈핸드폰〉에 공동 투자 및 배급사로 이름을 올렸다. SKT는 IHQ와의 전략적 제휴 진화과정에서 얻은 영화 사업 부문에서의 노하우를 기반으로 사업을 지속적으로 확대해나가고 있다(머니투데이, 2008).

한편, SKT와 IHQ의 전략적 제휴 관계는 2008년 들어 글로벌 콘텐츠 비즈니스와

IPTV 콘텐츠 사업 등 다른 분야로 확대되었다. SKT는 2008년 3월 중국 음반사 'TR Music' 지분 42.2%를 확보하면서 본격적으로 중국 음악 시장에 진출했다. SKT는 IHQ와 협력을 통해 중화권 시장을 중심으로 아시아 시장에 적극 진출, 디지털 음원 유통 역량을 확보하고 이동통신 및 컨버전스 사업과의 시너지를 기대한다는 목표를 세웠다(금융감독원, 2009; SKT 홈페이지). 또한 2008년 초 하나로텔레콤을 인수한 SKT는 IPTV 상용화를 앞두고 IHQ와 IPTV 콘텐츠 공급, 마케팅 및 서비스 제공을 위한 양해각서를 체결했다. 그리고 IHQ는 개그맨 및 방송인 매니지먼트사인 워크원더스의 지분 2.7%를 취득함으로써 TV 예능 프로그램 제작을 위한 전략적 제휴 관계를 맺었다.

▶ 그림 7-1 SKT와 IHG의 콘텐츠 융합·진화과정

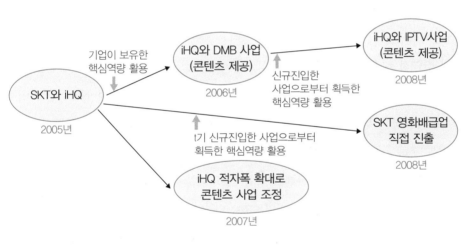

출처: 박영은·한상희(2011: 220), 재구성.

## 나. KT vs. 싸이더스FNH

KT의 통신 사업과 콘텐츠 사업 융합은 초고속 인터넷 사업 확장을 바탕으로 시작되었다. 2005년 상반기 KT는 네트워크 인프라를 기반으로 무선 초고속 인터넷 '네스팟' 서비스를 서울 전역으로 확대하기 시작했으며, 무선 휴대 인터넷인 와이브로 시험

서비스를 가동했다. KT는 자회사 KTF를 통해 콘텐츠 사업으로 조금씩 영역을 확장했는데, KTF는 초고속 3세대 이동통신 서비스의 성공 여부가 양질의 멀티미디어 콘텐츠를 확보하는 데 있다고 판단하고, 음악, 영상, 게임 등 엔터테인먼트 사업을 다양한 방식으로 추진했다. 또한 디지털 위성방송 스카이라이프와 제휴해 KTF 무선멀티미디어 서비스인 '핌'을 통해 다양한 프로그램을 방송했다. KTF는 2005년 초 영화투자배급사 쇼박스와 제휴를 맺고 영화 제작펀드를 결성한 바 있다. 이런 가운데 KT는 영화 콘텐츠가 필요하다는 자체 판단에 따라 KTF, KTH와 콘텐츠 협의회를 구성하고 1천억 원의 재원을 바탕으로 콘텐츠 업계와의 제휴를 모색한다. 2005년 9월 KT는 영화제작사 싸이더스FNH에 280억 원을 출자하고 지분 51%를 확보했다(아이뉴스, 2005).

충무로에서 뛰어난 제작 역량을 가진 영화사로 정평이 나있던 '싸이더스픽처스'와 '좋은영화'가 합병해 탄생한 싸이더스FNH는 2005년 하반기부터 본격적으로 제작 규모를 확대, 다양한 영화들을 만들었다. 그리고 지분 51% 확보로 단순한 업무 협약 차원의 전략적 제휴라기보다 M&A 형식으로 싸이더스FNH에 대한 의사결정권을 확보한 KT는 영화의 투자 제작 결정에 적극 관여하기 시작했고, 영화 제작을 위해 싸이더스 베넥스 영상 투자조합에 40억 원을 출자했다. 또한, 자회사인 KTF와 싸이더스FNH를 통해 뉴미디어 콘텐츠사업에도 착수했다. 그밖에도 싸이더스FNH는 게임 제작과 뮤지컬 제작 등 다양한 콘텐츠 영역으로 사업을 다각화했다. 한편 KT의 또다른 계열사인 KTH는 2006년 3월 싸이더스FHN와 전략적 제휴를 맺고 제작 영화를 자사의 인터넷 포털 '파란'을 통해 온라인 공동 마케팅을 추진하고, KTH의 와이브로, IPTV, TV포털, DMB 등의 뉴미디어 플랫폼에 이를 유통하기로 했다.

그러나 KT는 싸이더스FNH가 제작한 영화들의 수익성이 떨어지면서 영화 투자제작 사업을 축소하기 시작했다. 싸이더스FNH가 제작한 20여 편의 영화들 가운데 흥행에 성공을 거둔 영화는 5편 내외에 불과하다. 평균 이상의 제작비를 투입해 완성한 영화들은 제작 과정에서 꽤 주목을 받았음에도 불구하고 정작 흥행 성적은 저조했다. 2007년 초 영화계에 불황이 시작되면서 KT는 20억 미만의 저예산으로 장르영화 제작을 모색했으나 이들 작품 역시 흥행에는 실패했다. 또한, 2008년 싸이더스FNH는 여러 편의 영화를 기획했음에도 불구하고 촬영에 새로 들어간 영화는 5편도 채 되지 않았고, KT가 아니라 쇼박스를 메인 투자사로 투자금을 모집한 경우도 있다(한경매거진, 2009).

그럼에도 KT는 싸이더스FNH와의 전략적 제휴 또는 인수 합병을 통해 콘텐츠 관련 다른 사업에 착수하게 되었다. KT는 2007년 싸이더스FNH가 제작한 〈용의주도 미스신〉을 시작으로 영화 배급업에 뛰어들었다. 이는 SKT가 배급업 진출을 선언한 시기와 맞물리는 것으로, 통신 사업자들이 자체 투자 제작한 영화를 직접 배급하려는 움직임이 시작되었다. 이후 2008년 KT는 싸이더스FNH를 통해 자체 제작 영화들을 배급했다. 또한 수입 외화 배급업무도 시작했다. 한편 KT는 싸이더스FNH와의 전략적 제휴에서 얻은 노하우를 바탕으로 2006년 9월 〈주몽〉의 제작사인 올리브나인의 주식 19.1%를 확보하면서 새롭게 TV 드라마 제작 쪽으로도 전략적 제휴를 맺고 진출하였다(한경매거진, 2009).

■ 그림 7-2 KT와 싸이더스FNH의 콘텐츠 융합·진화과정

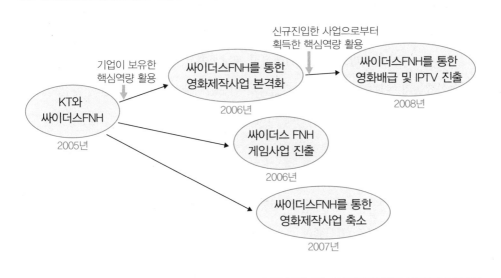

출처: 박영은·한상희(2011: 221), 재구성.

극장 영화 시장은 상당한 위기를 맞고 있으나, 현재 KT는 IPTV 서비스인 '메가 TV'의 상용화를 시작하면서 콘텐츠 확보에 주력하고 있다. KT는 IPTV가 국내 IT 산업에 견인차 역할을 하리라는 기대를 갖고 콘텐츠 확보를 위해 총 4700억 원의 비용을 투입하였다(파이낸셜뉴스, 2008). 특히 KT와 싸이더스FNH와의 전략적 제휴는 IPTV의 도입에 따라 다른 방향으로 나아가고 있는데, 바로 IPTV 전용 영화를 제작하는 것이다. 2008년 KT는 싸이더스FNH를 통해 총 4편의 영화를 제작했으며, 특히 IPTV의 특징을 살린 양방향 콘텐츠로 완성해 메가TV를 통해 서비스를 시작했다.

## 2 해외 민간부문

### 1) 개요

글로벌 미디어 기업들은 대부분 1980년대부터 세계시장을 대상으로 인수합병을 통해 기업의 규모를 확대해 왔다. 특히, 1990년대 후반에 벌어진 미디어 기업의 인수합병은 정부의 규제 완화, 기술의 혁신, 방송통신의 융합 등 여러 가지 원인과 결부되어 일어났다고 할 수 있다.

FCC는 1996년에 발표한 커뮤니케이션 개정법에서 미디어 소유 집중에 대한 규제를 완화했는데, 이는 미국 미디어 기업들의 인수합병에 있어 핵심적인 전환점으로 작용했다. 이러한 규제의 변화로 인해 미디어 산업 내에서 경쟁기업을 인수합병하려는 욕구는 더욱 증대되었다.

또한 뉴미디어의 등장에 따라 콘텐츠와 미디어의 분리가 가속화되면서 미디어 산업에서의 인수합병은 방송, 신문 등 전통 미디어 영역을 넘어 통신 및 인터넷 기업의 영역으로까지 급속도로 확산됐다.

우선 통신사업자의 경우, 가입자 망을 확보하기 위해 장거리 통신 사업자를 중심으로 케이블TV SO에 대한 인수합병이 활발히 이루어졌다. 그 대표적 사례가 AT&T

인데, AT&T는 1998년에 미국에서 두 번째로 큰 케이블사업자인 TCI(Telecommunications Inc.)를 합병하였으며, 1999년에는 4위 케이블사업자인 MediaOne의 인수를 통해 미국 전체 가구의 60%를 연결하는 가입자 망을 확보하게 되었다.

이렇게 통신사업자는 기존 유선통신망에서 시작하여 이동통신, 케이블TV, 위성 TV까지 그 영역을 확장시켜 복합사업자로 새롭게 미디어 시장에 등장하게 되었으나, 미디어 인수합병을 중심으로 뉴미디어에 대한 시장지배력을 확대에만 치중하고 콘텐츠 확보를 소홀히 한 결과, 수익과의 연계고리 확보에 실패해 오히려 시장에서의 입지가 약화되었다.

한편, 전통 엔터테인먼트 산업인 케이블 TV SO 및 복합 미디어 그룹은 가치사슬 전반에 대한 수직적 – 수평적 결합에 나섰다.

먼저 케이블 TV SO들은 소규모 케이블 TV SO들과의 합병을 통해 가입자 기반을 확대하는 한편, PP 및 영화사와 같은 프로그램 제작사에 대한 인수합병을 통해 복합 미디어 그룹으로의 변모를 꾀하였다(원종필, 2004).

## 2) 해외 민간부문 사례

### 가. 타임워너 vs. AOL

출판사 타임과 영화사 워너 브라더스로 출발한 두 회사가 지금과 같은 복합 미디어 기업의 형태를 보이기 시작한 것은 1970년대 초반이다. 당시 워너는 '워너 커뮤니케이션즈'라는 복합 기업으로서 음반사와 영화사를 결합하고 있었으며, 1974년에는 '워너 케이블'을 설립하고 케이블 TV 시장에 뛰어들었다. 한편 타임은 잡지 및 단행본 출판 부문에서 성장하던 중, 1972년 케이블 TV 산업에 관심을 가지고 유료 텔레비전 채널인 HBO를 출범시켰다(타임워너 홈페이지). 1970년대 말부터 워너는 아메리칸 익스프레스와 전략적 제휴를 맺어 망사업자인 '워너 아멕스 케이블 컴퍼니'와 프로그

271

램 제작사인 '워너 아멕스 새털라이트 엔터테인먼트 컴퍼니' 등 합작투자 기업을 만들었는데, 이는 네트워크와 콘텐츠를 결합하는 첫 시도이다. 또한 1985년 워너는 타임의 HBO와도 전략적 제휴를 맺어 5년 동안 HBO 채널과 영화 독점 공급 계약을 맺었다. 오랫동안 다양한 전략적 제휴 관계 속에서 서로의 관심사와 요구를 확인한 두 회사는 1990년 1월 합병을 통해 세계에서 가장 큰 규모의 커뮤니케이션 회사로 탄생했다(연합뉴스, 2009).

타임워너는 합병 이후 기존의 핵심적인 네트워크 사업 역량을 바탕으로 새로운 성장 동력을 탐색했는데, 그중 하나가 전화, 즉 통신 서비스 사업이다. 1991년 '타임 워너 커뮤니케이션즈'를 설립한 회사는 자체 인터랙티브 텔레비전 서비스인 '퀸텀'을 내놓았으나 시기상조로 인하여 소비자들의 관심을 끄는 데 실패했다. 대신 타임워너 커뮤니케이션즈는 1993년 전화 시장에 진출해 10억 달러의 비용을 투자, 자체 광섬유망을 구축하고 장비를 교체하고자 했지만 이 역시 성공하지 못했다. 1996년 타임워너는 케이블 네트워크 사업에 시너지를 가져올 케이블 방송국 확보를 위해서 탐색기를 거쳤고, 그 결과 터너 브로드캐스팅사를 인수하게 된다. 이로써 타임워너는 케이블 방송국, 케이블 네트워크, 출판, 음반, 엔터테인먼트 사업을 아우르는 거대 미디어 기업으로 자리매김하게 된다. 한편 새로운 통신 테크놀로지를 탐색 중이던 타임워너는 1994년 '패스파인더(Pathfinder)'라는 이름으로 최초의 온라인 콘텐츠 사이트를 개설했고, 이후 AOL을 눈여겨본 타임워너는 손해를 감수하고 AOL에 피인수 되는 방식으로 합병을 선택했다. 타임워너는 자사의 콘텐츠를 인터넷 사용자에게 공급할 수 있는 기술적 기반을 갖게 되고, AOL은 CNN의 프로그램과 워너의 영화 등 인기 미디어 콘텐츠를 확보할 수 있게 되었다(지디넷코리아, 2001).

그러나 타임워너의 온라인 사업으로의 융합은 성공적이지 못했다. 매년 1500만 달러의 손실을 남기던 '패스파인더'는 브랜드를 포기하고, 타임(www.time.com)과 피플(www.people.com) 등 개별 사이트 전략으로 전환했다(이코노미스트, 2004). 아울러, AOL과 타임워너의 합병 역시 실패로 귀결되었다. 두 회사의 합병 당시 이미 AOL은 최고의 자산 가치를 가진 기업으로 평가되었으나, 전통적인 다이얼업 저속망에 의존하고 있던 AOL의 기술적 기반은 케이블이나 DSL 등 새로운 초고속 인터넷 테크놀로지의 등장으로 인해 위협받게 되었다. 2002년 AOL 타임워너는 무려 987억 달러의 손실을 기록했으며, 2003년에는 AOL 가입자 역시 감소세로 돌아섰다. AOL의 주가가 점차 떨어지자 회사 측은 AOL이 보유하고 있던 비주력 사업군(CD 생산 유닛, 애틀랜타 지역 스포츠 팀 등)을 철수하고자 했다. 나아가 AOL 자체를 매각하려는 시도를 했으며, 결국 2003년 여름 회사 이름에서 'AOL'을 삭제하고 사업 부문을 최소화했다(연합뉴스, 2009).

타임워너의 전략적 제휴 및 인수 합병은 테크놀로지와 콘텐츠, 방송 통신과 미디어 상품의 결합과 융합이라는 현대 미디어 산업의 특징을 그대로 보여준다. 콘텐츠와 케이블 네트워크를 보유하고 있던 타임워너는 전화 및 통신 부문으로 사업을 다각화하기 위해 전략적 제휴를 맺었으며, 여기서 얻은 경험을 바탕으로 온라인 사이트 '패스파인더'를 시도했다. 그러나 '패스파인더'의 도태 이후 다시 거기서 얻은 학습을 통해 AOL과의 합병을 성사시켰다. 그러나 저속망 기반의 AOL이 누적 손실을 가져오면서, 타임워너는 통신 부문으로 더 이상 사업을 확장하는 대신 기존에 보유하고 있던 케이블 방송국과 출판 및 엔터테인먼트 부문에 더욱 집중하려는 움직임을 보여 왔다(LA 중앙일보, 2010). 또한 타임워너는 광대역 서비스 네트워크를 보다 효율적으로 구축하기 위해 AOL과의 사업 결합에서 얻은 학습을 토대로 타임워너 케이블의 디지털화를 가속화시켰다.

타임워너는 여전히 미국 내 시장 점유율 1위의 복합 미디어 기업으로 명성을 유지하고 있다. 하지만 타임워너는 제프리 뷰크스 CEO의 지휘 아래 사업 규모를 축소하려는 움직임을 보여왔다. 2007년 12월 뷰크스는 타임워너 케이블을 스핀오프하려는 전략과, AOL과 타임을 매각하는 것이 가능하다는 뜻을 표명했다(디지털타임즈, 2008). 이로써 타임워너는 수익성이 좋은 사업군인 터너 브로드캐스팅, 워너 브라더스, HBO로만 축소 운영될 수 있다는 것을 보여주고 있다. 아직 미디어를 기반으로 한 AOL의 광고 수익은 상황이 나쁘지 않으며, AOL의 디지털 광고 사업 부문은 전 온라인 광고 네트워크에서 여전히 1위를 차지하고 있는 것으로 집계되고 있다. 그러나 타임워너는 AOL을 모두 매각하기 위해서 야후나 마이크로소프트 등의 회사들과 접촉하였고, 이들의 파트너십 관계는 모두 정리되는 것으로 마무리되었다.

■ 그림 7-3 타임워너와 AOL의 융합·진화과정

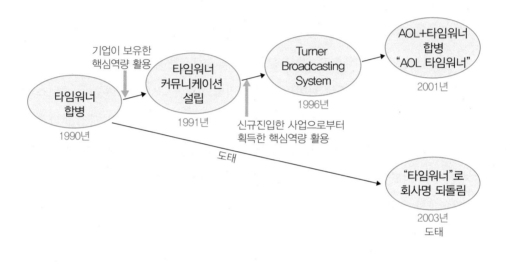

출처: 박영은·한상희(2011: 216), 재구성.

### 나. 월트 디즈니 컴퍼니 vs. ABC

만화 독립 스튜디오로 출발한 월트 디즈니는 1923년 설립 이래 약 60년 동안 스튜디오 영화 제작 및 공원과 리조트 사업 부문을 핵심역량으로 보유하고 있다. 1980년대 초 디즈니는 홈비디오 및 케이블 TV 등 새로운 미디어의 등장을 기업 이익으로 끌어올리기 위해 사내 홈비디오 부문을 설립하고 1983년에는 디즈니 케이블 채널을 만들었다. 이후, 터치스톤픽처스와 할리우드픽처스라는 계열 영화 제작사를 비롯해, 미라맥스 등 독립영화 제작사를 소유함으로써 영화 콘텐츠 생산 부문을 강화했다. 특히 소비자 상품 부문은 디즈니의 과거 콘텐츠를 바탕으로 홈비디오와 캐릭터 상품, 출판물과 음반 등의 파생 상품으로 재가공해 판매하는 전략으로 크게 성공했다. 미디어 네트워크 부문의 경우도 2001년 기준으로 전체 수익의 약 40% 가까이 차지했다. 이러한 미디어 네트워크의 수익성을 눈여겨본 CEO 아이즈너는 1995년 Capital Cities/ABC를 인수하겠다고 발표했다. ABC와 월트 디즈니의 전략적 제휴는 이미 1954년에 시작되었는데, 당시 양사는 합작 기업을 출범시키고 ABC가 디즈니의 채무를 인수하면서 캘리포니아 '디즈니랜드'의 지분을 1/3 소유하는 계약을 맺었으며, 디즈니는 ABC 채널망을 통해 디즈니랜드에서 촬영한 각종 프로그램을 방영했다(전범수, 2001).

Capital Cities/ABC 인수 이후 디즈니는 본격적으로 글로벌 팽창 전략을 실시했다. 1998년 디즈니는 미국 내에서는 ABC TV 및 기타 9개 방송사에 대해 100%, ESPN과 관련 스포츠 채널은 80%, 그밖에 히스토리 채널 및 E! 엔터테인먼트 등의 채널은 40% 미만의 지분을 소유하고 있었다. 디즈니는 미국 내에서는 ABC가 보유하고 있던 핵심 네트워크 역량에 의존해 미디어 사업을 장악하는 한편, 해외 각국에는 디즈니 케이블 채널을 설립함으로써 글로벌 시장에 진출했다. 디즈니는 1999년 월트 디즈니 인터넷 그룹을 설립하고 온라인 포털 사이트인 고닷컴(go.com)을 만들었다. 고닷컴이 실패한 이후에도 디즈니는 텔레비전 네트워크 및 프로그램 사업을 기반으로 IT 사업 부문을 융합하려는 시도를 계속했다. 2005년 디즈니는 애플 사와 제휴를 맺고 ABC 및 디즈니의 콘텐츠를 애플의 아이팟에 서비스하기 시작했다. 이러한 디즈니와 애플의 제휴 관계는 애플 및 픽사 애니메이션 스튜디오의 CEO인 스티브 잡스를 거쳐 픽사의 작품이 디즈니를 통해 배급되도록 하였으며, 2006년 픽사가 디즈니에 합병되는 결과를 가져왔다(박영은 외, 2007).

그러나 디즈니의 방송 통신 융합 사업이 처음부터 쉽지는 않았다. 디즈니의 온라인 포털 사이트 고닷컴은 ABCNews.com, ESPN.com, NFL.com, NBA.com 등 디즈니 소유의 여러 사이트의 콘텐츠를 제공했지만, 사이트 오픈 이후 40억 달러 이상의 손실을 감당하지 못하고 2001년 문을 닫았다. 한편, 디즈니와 ABC는 애플과의 제휴를 통해 모바일 미디어 시장의 가능성을 엿보았으며, 이후 미국 가상이동통신망사업(MVNO)을 시작했다. 2006년 2월 모바일 ESPN 서비스를 시작한 디즈니는 브랜드, 단말기 판매를 비롯해 각종 스포츠 관련 정보를 제공하는 사업을 해왔으나, 서비스 개시 7개월 만에 사업을 접었다(이코노미스트, 2004).

비록 월트 디즈니 인터넷 그룹의 첫 번째 프로젝트였던 고닷컴은 실패했지만, 디즈니는 인터넷 및 통신 사업에서의 노하우를 습득했다. 모바일 ESPN의 경우는 가격 정책에서의 실패, 마케팅과 유통정책의 혼선과 부진으로 인한 콘텐츠 판매 실패, 그리고 경쟁 업체들의 손쉬운 시장 진입 등이 실패의 원인으로 지적되었다. 그러나 디즈니는 이러한 과정을 거쳐 월트 디즈니 인터넷 그룹을 쇄신하고 좀 더 통합적이고 일관되며 차별화된 방식으로 인터넷 콘텐츠 생산 및 판매 전략을 구사할 노하우를 학습하게 되었다(이코노미스트, 2004).

월트 디즈니 인터넷 그룹은 디즈니 및 ABC 관련 기업들의 웹사이트를 관리하면서, 동시에 디즈니닷컴(disney.com)을 인기 사이트로 정착시켜 지금까지 유지해왔다.

■ 그림 7-4 타임워너와 AOL의 융합·진화과정

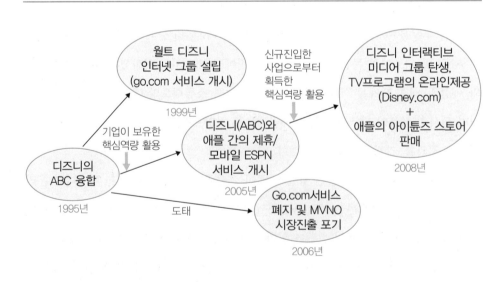

출처: 박영은·한상희(2011: 218), 재구성.

1996년 처음 출발한 이 사이트는 다양하고 흥미로운 인터랙티브 콘텐츠를 제공함으로써 어린이와 부모들에게 가장 유익한 웹사이트로 자리잡는 한편, 디즈니의 테마파크나 리조트 사업의 콘텐츠를 홍보하는 발판이 되고 있다. 2008년 6월 디즈니 본사는 디즈니의 인터넷 관련 양방향 콘텐츠를 제작했던 디즈니 인터랙티브 스튜디오와 월트 디즈니 그룹을 합병해 '디즈니 인터랙티브 미디어 그룹'이라는 회사로 재탄생시켰다. 한편, 디즈니는 모바일 ESPN사업을 접는 대신 디즈니닷컴을 통해서 ABC의 관련 TV 프로그램들을 서비스화 했고, 동시에 애플의 아이튠스 스토어를 통해서도 콘텐츠를 판매하고 있다.

## 다. 비방디 vs. 액티비전

프랑스의 세계적인 미디어 그룹인 비방디 그룹은 방송기업 카날플뤼스부터 통신업체 SFR, 아프리카 모로코의 통신사 마로크 텔레콤까지 미디어 콘텐츠 기업과 통신기업 융합의 모범 사례로 손꼽힌다. 비방디는 이에 그치지 않고 세계 최대의 음반기업 유니버설뮤직 그룹, 게임회사인 액티비전과 블리자드를 합병한 액티비전블리자드 등 5개 그룹을 소유하고 있다(동아일보, 2009).

프랑스 파리에 본사를 두고 있는 비방디는 유럽과 미국을 주무대로 100여개 국에 지사와 현지법인을 가지고 있는 글로벌미디어 그룹이다. 비방디의 출발은 미디어 통신 그룹과는 거리가 멀었다. 비방디의 모체라고 할 수 있는 제네랄 데조(CGE)는 1853년 설립된 프랑스 건설회사이다. 리옹 지방에 물을 공급하기 위해 황제 칙령에 의해 설립된 CGE는 사기업보다는 공공기업에 가까웠다.

CGE가 미디어 통신과 같은 기존 사업과 전혀 다른 분야로 눈을 돌리기 시작한 것은 1980년대부터였다. 1983년 프랑스 최초의 유료 TV 카날플뤼스 설립에 참여한 CGE는 1987년 통신업체 SFR를 설립하는 대신 건설 부문의 사업체를 매각하기 시작했다. CGE는 1996년 통신 서비스 시장에 진출하기 위한 초석으로 세제텔(Cegetel)을 설립했고 1997년 스페인과 이탈리아, 1998년 폴란드와 스칸디나비아, 1999년에는 벨기에까지 진출하며 유럽 지역의 대표적인 유료방송이 된다.

2000년부터 비방디는 캐나다 음료 및 글로벌 엔터테인먼트 그룹 시그램과의 인수 합병을 통해 시그램이 갖고 있던 유니버설스튜디오와 유니버설뮤직 등을 합병하며 세계적인 미디어그룹으로 탄생한다. 합병 이전 물 공급과 건설의 비중이 전체 매출액의 49.3%를 차지했던 비방디 그룹은 합병을 통해 커뮤니케이션 관련 사업이 총 매출액의 46.3%가 되면서 기업의 성격이 완전히 뒤바뀌었다.

비방디는 2003년 제너럴일렉트릭(GE)과의 협의를 거쳐 비방디엔터테인먼트와 미국 지상파 방송사인 NBC를 합병해 NBC유니버설을 설립하기도 했다. 비방디는 NBC유니버설 지분의 20%를 소유하고 있다.

그동안 비방디 그룹은 핵심 분야인 텔레비전, 영화, 음악, 게임, 모바일, 전화 등 다양한 사업 분야에 진출하며 미디어 시장에서 수익을 올려 왔다. 여기서 비방디가 추구해 온 사업 통합의 기본 방향은 한마디로 '디지털 컨버전스'라고 할 수 있다. 디지털 컨버전스 전략의 기반은 통신사업 부문 기업인 SFR와 뇌프 세제텔(Neuf Cegetel)을 들 수 있다. SFR는 프랑스 제2의 통신사업자로 1930만 명의 이동통신 가입자와 380만 명의 초고속인터넷 가입자를 갖고 연간 120억 유로의 매출을 올리고 있다.

통신사업 부문에서의 성공은 앞으로 콘텐츠의 주된 창구가 될 모바일과 인터넷 시장에서도 꾸준히 성장할 수 있는 환경을 마련해줬다. 비방디는 콘텐츠와 배급 네트워크의 결합을 인터넷과 이동통신 네트워크를 통해 추진하고 있다. 토로 씨의 사례처럼 카날플뤼스나 유니버설뮤직의 콘텐츠를 SFR의 모바일과 초고속인터넷에 실어 VOD 등의 형태로 받아 보게 하는 것이다.

2008년 7월 9일 비방디와 미국 비디오게임 제작업체 액티비전은 합병을 위한 협상을 최종적으로 마무리했다. 이를 통해 비방디 산하 게임 제작업체인 '비방디 게임스'의 자회사인 블리자드와 액티비전이 합쳐져 '액티비전블리자드'라는 새로운 합작 법인이 탄생했다. 2007년 기준 연간 매출액 3조 7000억 원에 이르는 글로벌 게임산업체로 거듭난 것이다. 이는 한국 게임업체 엔씨소프트 매출의 10배 이상에 해당하는 수치다. 두 기업의 인수합병을 통해 콘솔 게임과 온라인 게임 간의 영역 파괴가 일어나자 게임 시장의 판도도 요동치고 있다. 비방디의 액티비전 인수는 글로벌 게임업계의 지형을 바꿀 만한 '빅딜'이었다.

### 라. 기타

케이블 TV SO와 프로그램 제작사가 결합한 대표적인 사례로는 Comcast와 NBC Universal을 들 수 있다. Comcast는 미국 1위의 케이블 사업자였지만 콘텐츠 역량을 강화하는 것이 필요했기 때문에 NBC Universal을 인수했다.

NBC Universal은 미국 4위의 TV 네트워크사인 NBC와 영화 스튜디오 Universal Pictures 및 관련 테마 파크, Bravo와 'E! & USA' 등 케이블 TV 채널 등을 소유하고 있는 미디어 기업이다. NBC Universal과의 결합으로 Comcast는 기존에 보유하고 있던 케이블 네트워크뿐만 아니라 지상파 네트워크를 소유하게 되었으며, 방송, 영화 등의 콘텐츠까지 확보하게 되었다. 이 통합으로 Comcast는 미국 미디어 산업에서 막대한 영향력을 휘두를 수 있게 된 것이다.

한편, 복합 미디어 그룹은 지상파 방송국, 케이블 MSO, 위성 SO 등 다양한 미디어 플랫폼을 확보하는 동시에 프로그램 제작사에서 미디어까지 수직 계열화하는 것으로 시장지배력 강화를 도모하였다. 특히 복합 미디어 그룹은 지상파 플랫폼과의 결합한 경우가 많은데, 그 대표적 사례로는 Time-Warner의 Tuner Broadcasting 합병(1966), Viacom의 CBS 인수(1999) 등이 있다(원종필, 2004).

2008년 7월 미국의 두 위성 라디오 방송사인 〈XM〉과 〈Sirus〉의 결합사례를 들수 있다. XM(170개 채널 보유)과 시리우스(120개 채널 보유)는 미국 라디오 부문 역사상 최대 규모의 합병으로, 지난 1년 반 동안 미국 FCC의 합병 심사를 받아왔다.

합병 승인의 조건으로 미국 FCC는 가입자 선택형 채널 묶음 서비스(a la carte or tired pricing choices), 두 위성 라디오의 통합 서비스에 대한 향후 3년 요금 동결, 비상업적, 교육용 정보 프로그래밍을 위해 수익의 5% 책정, 그리고 두 위성 방송사의 라디오 수신기가 기술적 개방성을 유지하여 소비자가 제한 없이 수신기기를 선택할 수 있도록 할 것 등을 조건으로 내세웠다(The Washington Post, 2008.7.7).

〈NBC 유니버설〉은 미국 최대 기상안내 케이블 채널인 〈날씨 채널(Weather Channel)〉을 인수하면서 35억 달러를 지불하였다.

〈법정 TV(Court TV)〉, 〈푸드 네트워크(Food Network)〉 등과 더불어 케이블 시장에서 틈새 콘텐츠 발굴 사례로 손꼽히고 있는 〈날씨 채널(Weather Channel)〉은 미국의 케이블 가입 가구의 97퍼센트에 전송되며, 8,500만여 명의 시청자를 보유하고 있고, 웹사이트 역시 월 평균 4,000만 명의 방문객을 보이고 있는 주요 미디어 기업이다(박남기, 2008a).

이 밖에 미디어 기업 간의 결합은 기존 사업부문의 전 단계 또는 다음 단계에 대한 영향력을 확대하거나, 콘텐츠의 제작 및 판매과정에 대한 전 과정을 통제하기 위한 목표에서도 이루어진다. 인수와 합병 현상 중 IT기업에 의한 미디어 기업 인수가 가장 빈번하게 일어나고 있다. 〈마이크로소프트(Microsoft)〉는 온라인광고회사 〈에이퀀티브(aQuantive)〉와 음성인식 기술업체 〈텔미 네트웍스(Tellme Networks)〉를 인수하였고, 〈구글(Google)〉은 온라인 광고회사 〈더블클릭(Double Click)〉과 동영상 공유사이트 〈유튜브(Youtube)〉를 인수하였다. 또한 광고영역을 위해 〈구글(Google)〉은 〈마이스페이스(MySpace)〉와 〈Fox 인터랙티브 미디어(Fox Interactive Media)〉에 웹진검색결과 및 스폰서링크 제공 독점권을 조건으로 〈뉴스코퍼레이션(News Corporations)〉에게 2007년에서 2010년까지 최소 9억 달러를 지불하는 계약을 완료했다(이양환, 2008).


### 3 시사점

해외 미디어 기업의 경우 1990년대 중반 이후 전략적 제휴의 파트너를 찾는 과정에서 제한을 두지 않고 광범위하고 동시다발적으로 추진해왔음을 알 수 있다. 특히 자사의 핵심 역량인 콘텐츠 사업 부문 역시 정체된 상태로 두는 것이 아니라 다양한 브랜드와 제작사를 개발하고 다각화하는 과정에서 보다 많은 콘텐츠를 생산해왔음을 확인하였다. 이러한 다채로운 콘텐츠를 유통하기 위해 지상파, 케이블 네트워크, 온라인 사이트, 모바일 인터넷 등 여러 네트워크와 플랫폼을 병합하면서 다각도로 접근했음을 발견할 수 있다. 그 과정에서 생겨난 시행착오의 경우 다단계적인 승인과 재평가의 과정을 거쳐서 시간이 지난 뒤 새로운 사업 부문으로 전이되거나 통합되었다는 점도 알 수 있다. 따라서 미디어 기업의 전략적 제휴란 한 번에 끝나는 것이 아니라 보다 역동적으로 가지를 치며 뻗어나가는 것임을 확인했다.

국내 미디어 기업의 경우, 콘텐츠와 통신망의 융합 현상은 비교적 역사가 일천한 편이다. 케이블 TV의 도입 이후 국내 몇몇 대기업들이 수직적 통합 과정을 거쳐 콘텐츠 투자 제작 생산과 유통을 일원화하고 있는 상태이며, 보다 적극적인 전략적 제휴의 움직임은 보이지 않는다. 또한, 지난 몇 년간 융합 현상에 따른 우리 미디어 기업들의 진화 과정은 해외 미디어 기업의 전략적 제휴 과정에 비해 다소 소극적인 양상으로 나타났다. 해외 미디어 기업들이 콘텐츠 다양화를 위해 광범위한 영역에서 다양한 기업을 새로 설립하거나 전략적 제휴를 추구해왔던 반면, SKT와 KT는 모두 특정 회사와 일대일 파트너십을 이루어 콘텐츠 수급을 도모해왔다. 다만, 국내기업들은 제휴관계를 통해 익힌 콘텐츠 사업의 노하우를 기반으로 직접 사업을 추진하는 모습을 보이고 있다. 전략적 제휴를 맺는 기업의 범위를 한정짓는 것은 통신 플랫폼이 제공할 수 있는 프로그램의 양과 질을 제한하게 만들며, 이는 소비자들의 선택 폭도 그만큼 좁아지게 만들어 소비자들의 흥미와 구매 의사를 반감시킬 위험이 있다.

본 연구의 전략적 시사점을 정리하면 다음과 같다(박영은·한성희, 2011: 223-224). 첫째, 방송통신·콘텐츠의 융합시대 속에서 업종 간 사업영역의 경계가 사라지고, 세계적으로 개별 기업 간 경쟁체제에서 기업 네트워크 간 경쟁체제로 전환되고 있는 만큼 기업들의 협력은 어느 때보다도 절실한 실정이다. 이에 전략적 제휴와 같은 전략을 사용하는 것이 더욱 중요해지고 있다.

둘째, 해외 미디어 기업과 국내 미디어 기업의 전략적 제휴 진화 과정에는 큰 차이가 발생했다. 해외 기업은 콘텐츠에 대한 핵심역량을 보유하고 있는 상황에서 이 콘텐츠를 내보낼 수 있는 다양한 방식의 플랫폼을 장악하기 위해 전략적 제휴 방법을 사용했고, 사업을 다각화했다. 특히 여러 네트워크와 플랫폼을 병합시켜 다각적인 접근을 시도했고, 사업에 대한 시행착오 후에는 과감하고 신속한 의사결정으로 사업을 축소, 매각하거나 학습에 기반한 또 다른 제휴 관계를 모색했다. 그러나 국내 미디어 기업의 경우, 통신시장의 성숙에 따른 신사업 검토 과정에서 콘텐츠 기업과의 제휴를 추진하게 되었다. 그리고 제휴를 통해 얻게 된 신사업의 경험과 노하우를 이용하여 직접 사업을 추진하는 모습도 보이고 있다. 그러나 역동적인 가지치기를 통해 제휴 관계를 넓혀 나가는 해외 기업에 비해 국내 기업들은 일대일 파트너와의 관계 속에서 사업을 모색해나가는 소극적인 양상을 보이고 있다. 따라서 향후 국내 미디어 기업들은 시장변화에 따른 수동적인 상황대처로만 끝내지 말고, 적극적으로 자사의 핵심역량을 활용하고 넓힐 수 있는 전략을 모색해야 한다. 특히, 단편적인 기존 제휴 관계 내에서 모든 것을 시도하려 하기보다는 다양한 플레이어와의 협력과 가지치기를 통해 사업을 추진할 수 있는 역량을 길러야 할 것이다.

■ 표 7-1 해외 vs 국내 미디어 기업 간 진화과정의 차이점

| | 해외 미디어 기업 | 국내 미디어 기업 |
|---|---|---|
| 동태적 진화1과정의 차이 | – 핵심역량 콘텐츠 → 플랫폼 장악<br>– 탄탄한 핵심역량에 기반한 사업다각화<br>– 성과에 따른 다단계 제휴 관계 검토<br>– 검토 후 과감한 선택과 집중, 또 다른 제휴<br>(역동적인 가지치기) | – 핵심역량 콘텐츠 → 플랫폼 장악<br>– 시장성숙에 따른 신사업 검토, 시장환경 변화 감지에 따른 제휴 추진<br>– 제휴를 통해 익힌 노하우로 직접사업 추진<br>– 제휴를 통해 글로벌 시장 진출 및 사업 세분화 |

출처: 박영은·한선희(2011: 223), 재구성.

---

1 생물학의 진화이론이 모집단의 어떤 특성이 시간경과에 따라 변하는 것으로 정의되는 것처럼 (Krebs, 2001), 진화적 기업이론은 기업의 특성이 변하는 것을 설명하고 예측하는 기업이론으로 볼 수 있다.

# 제3절 // 공공과 민간부문의 미디어 콘텐츠 융합사례

정부는 2011년도 7월부터 수도권 버스운행정보, 공공취업 정보 등 13종의 공공정보를 시험 공개했으며, 그 이용률은 매우 높았다. 2011년 말까지 공유자원포털의 이용현황은 애플리케이션 등을 개발하기 위해 실시간 정보제공 방식을 신청한 건수만 5580건에 달했고, 이렇게 만들어진 애플리케이션 등을 일반 시민들이 사용하며 조회한 건수는 1억 2043만 건을 넘어섰다. 행안부 정보화전략실장은 "1인 창조기업들이 소비자 기호에 부합하는 아이템을 사업화할 수 있는 기반이 조성된다는 측면에서 향후 일자리 창출에도 기여할 것으로 본다."면서 "2015년까지 민간 활용도가 높은 100여 종의 공공정보를 스마트폰으로 개방하도록 하겠다."고 말했다.

단순한 정보는 그 자체로 지식이 될 수 없다. 또한 공공부문의 정보는 정부만의 것이 아니다. 산재된 정보의 심도 있는 융합과 공공정보의 민간개방이 절실한 이유다.

정부가 공공과 민간의 정보를 융합해서 새로운 지식형 데이터 구축에 나선다. 행정안전부는 2012년 3일 "행정기관이 보유하고 있는 공공정보를 민간정보와 융합하고, 이를 다시 민간에 효율적으로 개방하기 위해 '시맨틱 검색 서비스'를 실시할 계획"이라고 밝혔다(서울신문, 2012).

행안부는 많은 공공정보 가운데 관광 및 재해 분야에 대해 2012년 7월부터 시맨틱 검색 서비스를 시범 실시할 계획이다.

연말까지 시범사업을 마친 뒤 한국정보통신기술협회 차원의 '시맨틱 관련 공공정보 연계 표준'을 제정, 적용 범위를 확대할 방침이다.

관광 분야에서는 한국학중앙연구원, 문화재청, 한국관광공사, 국사편찬위 등 여러 행정기관이 갖고 있는 공공 데이터베이스(DB)와 네이버, 다음, 여행사 등의 민간 자료를 융합해 새로 정리되고 가공된 유적과 인물 DB를 만든다.

재해 분야에서는 소방방재청, 환경부, 행안부, 국토지리정보원, 기상청, 산림청

등의 재난 재해 관련 DB를 민간 보험회사, 네이버·다음의 지도정보 등과 융합시켜
낸다. 이제는 스마트폰에 내려받은 애플리케이션으로 등산로 정보를 실시간으로 검색
하고, 산에서 만난 야생화의 종류를 구분하며, 산 근처 관광명소, 먹을거리까지 한번
에 해결할 수 있게 됐기 때문이다.

국립공원관리공단, 국립수목원, 한국관광공사가 각각 갖고 있는 자료들을 애플리
케이션 개발업자가 적절하게 활용해서 서비스한 덕분이다. 이렇듯 공공기관이 갖고
있는 정보를 민간이 함께 활용하도록 하는 정책이 본격화된다.

정부의 공유자원포털(Data.go.kr)을 통해 일반 시민들도 시맨틱 검색 서비스를 이용해
여러 가지 용도로 활용할 수 있다. 공유자원포털에 공개되는 22종의 데이터베이스(DB)는
통계청의 국가통계정보, 한국관광공사의 국내 관광정보, 기상청의 생활기상정보 등으로
국민의 생활 편의를 높이는 한편, 일자리 창출 등과도 밀접한 관련이 있는 것들이다.

공공정보는 민간 애플리케이션 개발업자의 재가공, 자료 융합 등을 거쳐 수백여
건의 신규 서비스로 제공될 전망이다.

정부는 개발업자가 아니라 일반인들도 손쉽게 활용할 수 있도록 정보별 이용 가이
드, 국내외 우수 활용 사례 등을 함께 제공할 계획이다.

예컨대 '최근 5년 서해 해상의 기상 재해'라는 검색어를 입력한다면, 단순 키워드
검색으로는 파편적인 정보 자료밖에 볼 수 없다.

하지만 시맨틱 검색 서비스[2]를 이용하면 국립해양조사원의 '연도별 조위관측 정
보'와 국토지리정보원의 '해안선 위성사진', 기상청의 강수량·태풍 등 기상정보, 네이
버 등의 지도 정보를 한꺼번에 볼 수 있게 된다. 그에 따라 민간개발자라면 이를 기반
으로 '바다 낚시 가이드'를 애플리케이션으로 개발하고, 행정기관이라면 해안 방재 정
책 수립의 기초 자료로 활용할 수도 있게 된다.

행안부 정보기반정책관은 "최근의 정보통신기술 흐름상 공공정보의 민간개방에서 가
장 핵심적인 부분은 분석·활용이 쉬운 형태로 정보 제공을 확대하는 것이며, 민간 서비

---

2 시맨틱 검색 서비스는 단순한 키워드 검색 수준을 뛰어넘는 지능형 검색 서비스다. 흩어져 있
는 개별 정보 사이를 꿰뚫고 있는 공통된 지점을 포착해서 이것을 컴퓨터가 이해하고 처리할
수 있는 형태인 '링크드 데이터'로 바꿔내는 기술에 의해 가능하다. 단순 나열형 정보가 아닌,
훨씬 더 깊이 있고, 체계적인 지식 콘텐츠를 찾아내는 한 단계 높은 검색 기술이다.

스 개발자들의 융·복합 촉진 등 효과를 기대할 수 있다."면서 "이번 시범사업을 통해 공공부문의 시맨틱 기술 도입을 위한 기술적, 제도적 기반을 마련하겠다."고 말했다.

# 바람직한 미디어 콘텐츠 산업 육성을 위한 융합정책의 방향

CPND 생태계와 콘텐츠 융복합

# 바람직한 미디어 콘텐츠 산업 육성을 위한 융합정책의 방향

>>>

---

제1절 // 미디어 콘텐츠 융합정책의 대안

### 1 융합을 위한 미디어 콘텐츠 연계성 강화안

첫째, 미디어시장의 수평적 규제체계로의 전환이다. 디지털기술의 발달로 다양한 전송기술이 등장하고 있고, 이러한 기술들이 서로 자유롭게 경쟁하는 가운데 다양하고 질 높은 서비스가 제공될 것이다. 다시 말해서, 영화·뉴스·홈쇼핑·TPS 등을 방송사업자, 통신사업자, 기기사업자, 포털사업자가 모두 제공할 수 있는 환경이 조성되었다. 이것은 수용자(User)의 입장에서 보다 질 높은 서비스 또는 콘텐츠(드라마·영화·음악·게임·Commerce, Banking·Shopping, 이메일)를 전송수단(방송망·통신망·인터넷망)의 구분 없이 다양한 단말기(PDF·DMB폰·핸드폰·노트북·PC·DTV 등)를 통하여 언제, 어디서나 자유롭게 이용할 수 있는 환경이 형성되었음을 의미한다. 그러나 현행의 미디어규제체계는 특정 네트워크, 플랫폼, 서비스를 일치시킴으로써 네트워크에 기반을 둔 각 산업부문에 따라 수직적으로 분리·규율하는 체계를 채택하고 있다. 이로 인하여 동일 네트워크에서 전송되는 각기 다른 종류의 서비스 또는 콘텐츠에 대한 규제의 일관성 상실로 규제의 차별성 문제가 발생하고 있다. 더 나아가 현행 수직적 규제체계는 다양한 결합서비스의 등장 및 경쟁을 제한하고, 콘텐츠의 유통 활성화를 저해하고 있다.

현행의 미디어규제체계는 특정 네트워크, 플랫폼, 서비스를 일치시킴으로써 네트워크에 기반을 둔 각 산업부문에 따라 수직적으로 분리·규율하는 체계를 채택하고 있다. 이로 인하여 동일 네트워크에서 전송되는 각기 다른 종류의 서비스 또는 콘텐츠에 대한 규제의 일관성 상실로 규제의 차별성 문제가 발생하고 있다. 더 나아가 현행 수직적 규제체계는 다양한 결합서비스의 등장 및 경쟁을 제한하고, 콘텐츠의 유통 활성화를 저해하고 있다.

따라서 방송통신융합시대에 부응한 미디어시장의 경쟁 촉진 및 콘텐츠의 유통 활성화를 도모하기 위해서는 현행 수직적 규제체계를 수평적 규제체계로 전환하는 것이 필요하다.

둘째, 콘텐츠 지원체계의 정립이다. 콘텐츠 장르별 지원체계의 한계를 극복하고 가치사슬별 수평적 지원체계의 도입을 위해서는 제도개선이 필요하다. 콘텐츠에 대한 통합적인 지원과 동시에 장르와 기능을 적절하게 유목화하여 지원정책을 수립하여 집행해야 한다. 미디어융합 시대가 도래했다 하더라도 개별 콘텐츠에 대한 근본적인 이해가 없으면 콘텐츠산업별 효율성 제고가 어려워진다. 따라서 콘텐츠의 창구화 및 OSMU(One Source Multi Use) 활용에 초점을 두면서 개별산업별 특수성을 고려하여 지원정책을 추진하는 체계구축이 필요하다.

콘텐츠 산업의 진흥을 위해서는 개별 사업이 아닌 모든 콘텐츠를 아우를 수 있는 기초적인 사업에 초점을 두고, 장르 간 단순 제작 지원에서 벗어나 기능 위주의 유기적 연계 지원을 확대하고, 시장환경, 사업단계, 사업내용에 따라 각기 다른 맞춤형 지원방식을 채택해야 한다. 더불어 콘텐츠 지원사업의 원활한 추진을 위해서는 콘텐츠 지원 기관 간의 연계지원을 넓히고, 특정 업체 및 프로젝트에만 혜택이 가는 직접지원은 단계적으로 축소하는 대신 산업 전반에 혜택이 가고 민간의 자생력을 유도하는 간접지원을 확대하는 체제를 구축해야 한다(한국언론재단, 2009: 84).

셋째, 콘텐츠 관련 법률의 통합 및 조정이다. 현재 매체별로 다양하게 산재되어 있는 콘텐츠 관련 법률들을 미디어 융합시대에 적합하게 체계화할 필요가 있다. 콘텐츠 관련법을 하나의 단일 법안으로 묶어서 통합하는 방안이 있을 수 있고, 몇 개의 카테고리를 설정하여 그에 따라 관련법규를 재정리할 수도 있다. 디지털 미디어 시대 콘텐츠 산업의 발전을 도모하기 위해서는 관계 법률의 통합과 조정이 필요하다. 이는 향후 미디어 융합상황과 콘텐츠 기술추이의 반영, 그리고 관련 매체들의 속성을 고려한 정책추진이 필요하다.

넷째, 콘텐츠 유통 관련 법제 정비이다. 디지털화와 방송통신융합 환경 하에서 콘텐츠는 방송·통신·인터넷망의 구분 없이 유통이 가능하다. 대표적으로 인터넷의 확장으로 온라인상에서 콘텐츠 제작과 유통이 활발하게 진행되고 있다. 따라서 디지털화와 방송통신 융합에 따라 콘텐츠 유통의 활성화가 요구되고 있는 시점에서 디지털 콘텐츠의 저작권을 보장하고, 제작된 디지털 콘텐츠가 모든 영역에서 자유롭게 이용 가능하도록 콘텐츠의 공유 및 접근성을 제고할 필요가 있다. 콘텐츠의 자유로운 유통을 보장하여 산업을 활성화하기 위해서는 관련 법제의 정비가 필요하다.

미디어 융합시대에 콘텐츠 제작자들은 콘텐츠를 제작하여 온라인 상에서만 유통하는 경우도 있고, 콘텐츠를 보유한 사업자, 콘텐츠를 제공하는 기기와 온라인을 연결하여 콘텐츠를 유통하는 경우도 있다. 특히 온라인상에서 유통되는 콘텐츠의 경우 그 성격과 경계를 구분하기가 쉽지 않다. 현실적으로 온라인 콘텐츠의 경우 사전규제가 불가능하므로 사후규제가 강화되어야 하는 것이 마땅하며, 내용규제보다는 이용규제 쪽으로 규제 방향이 설정되어야 한다. 이러한 차원에서 전문가들은 온라인 콘텐츠를 방송처럼 독과점적인 폐쇄체제로 운영하기보다는 개방체제로 운영하도록 해야 한다고 보고 있다(주정민, 2010: 100).

다섯째, 수출형 미디어 콘텐츠의 발굴과 육성이다. 방송통신 융합에 따른 디지털 교역과 수출기회가 증대되는 것은 수출 여건 측면의 기회이다. 미디어 콘텐츠를 해외 시장에 수출하기 위해서는 무엇보다 콘텐츠 자체로서의 경쟁력을 갖추어야만 한다. 디지털기술이 아무리 높다고 할지라도 소프트웨어로서 콘텐츠가 글로벌 경쟁력을 갖추고 있지 못할 경우에는 수출에 지장이 있다. 따라서 기술의 고도화, 디지털화, 콘텐츠 원천 개발로 전 세계시장이 하나로 연동되는 디지털 기회를 활용하기 위해서는 우수한 콘텐츠 발굴과 기술융합이 뒤따라야 할 것이다.

## 2 융합을 위한 미디어 콘텐츠 정책역량 강화안

최근 차세대 콘텐츠의 개념은 단순 미디어＋콘텐츠의 기본적 개념에서 벗어나, 제조업, 서비스업, 하드웨어, 소프트웨어, 미디어 등 기획부터 소비에 이르는 전 가치사슬에 참여하는 콘텐츠 생태계와 관련이 있는 분야로, 창조적 행위와 관련된 모든 연관 산업의 영역까지 확장되고 있다(이병민, 2011: 113).

첫째, SNS를 기반으로 폭발적으로 성장하고, 앞으로도 성장이 기대되는 K-POP 등의 사례에서 보았을 때, 융복합 미디어 콘텐츠의 활용을 통해 문화정체성과 이미지를 바탕으로 한 브랜드의 창출이 더욱 중요해 질 것으로 보인다. 이때, 융복합 미디어 콘텐츠는 경제적 효용성보다는 미감, 상징성, 브랜드나 신뢰 등에서 더욱 빛을 발하기 때문에, 국가 정책의 기조는 융복합시대, 한류와 같은 국가브랜드 창출 전략에 주목해야 할 것으로 보인다. 유튜브와 페이스북으로 대변되는 SNS의 폭발적인 발전은 융복합 콘텐츠가 브랜드를 덧입혔을 때, 어떠한 성과가 창출되는가를 여실히 보여준 사례이다.

둘째, 콘텐츠는 기본적으로 비배제성과 비경합성을 지닌 공공재(내구성을 지님)로서 융복합 콘텐츠를 생산할 때, 중요한 것은 다양한 융복합 콘텐츠의 증가와 함께, 공공성을 어떻게 유지할까 하는 것이다. 특히, 디지털 콘텐츠 산업은 콘텐츠의 생산, 유통, 소비를 유기적으로 다각적으로 고려해야 하는 특성 때문에 거버넌스와 규제, 활용, 표준화 등에 있어 빛과 그림자를 동시에 갖고 있는 성질이 있다. 많은 악플과 표준화 기준 부재, 지나친 몰입 등은 부작용에 대한 관리 지침이 부재할 시 어떠한 방향으로 튈지 모르는 콘텐츠의 미래를 예견하게 한다. 따라서, 지금까지의 콘텐츠정책이

다분히 디지털지향, 멀티미디어지향, 그리고 테크놀로지와 생산 중심이었다면, 유통과 소비, 활용, 파급력을 전제로 하여, 사용자의 영향력을 충분히 염두에 둔 공공성 정책으로 자리매김하여야 할 것이다. 아무리 좋은 콘텐츠를 생산하더라도 이를 소비할 수 있는 사회문화적 자정 능력이 전제되지 않으면 산업으로서 실패하기 마련이기 때문이다.

셋째, 융복합시대의 미디어 콘텐츠는 내용적으로 대부분 경험재, 기호재로 이를 보호, 진흥하기 위한 정책적 노력이 더욱 중요해진다. 새로운 시대의 변환기에도 콘텐츠가 진정으로 중요한 의미를 갖는 것은 창작성을 기반으로 새로운 가치를 계속해서 창출할 수 있다는 이유 때문이다. 이에 창작성을 기반으로 가치를 갖는 것은 지적 재산권(intellectual property right)의 문제, 저작권과 관련된 산업이라는 점 때문이다. 이에 다른 산업과 달리 아이디어와 노하우를 기반으로 하는 저작권에 대해 새로운 매체와 하드웨어에 대한 준비와 제시가 적절하게 이루어져야만, 충분한 미디어 콘텐츠의 가치에 대해 인정과 보호막이 형성될 것이다. 특히, 1인 창조기업 등 콘텐츠 생산의 저변이 확대되면서, 지적 재산권 보호를 위한 새로운 기술과 매체변화에 따른 법제도의 제정 등이 더욱 중요시 되고 있다.

넷째, 콘텐츠의 기본적인 개념에서 규정하고 있는바 융복합시대에도 가장 중요한 요소는 부가가치를 창출해내는 창의력과 인문학적인 사고이기 때문에, 이를 육성, 발전시키기 위한 정책적 지원이 매우 필요하다. 경제적인 투자대비 효율성을 논하기에 앞서, 인문학적 감성과 문화원형, 아이디어 등 미디어 콘텐츠 창작산업의 발전을 위한 미디어 콘텐츠 발전 지원정책이 필수적이다.

다섯째, 콘텐츠는 다양한 융복합 환경에서 다양한 미디어와 플랫폼을 기반으로 하고 있지만, 사용자의 의도와 기호에 따라 변화하는 기호상품으로서 수요의 불확실성이 높으며, 시장 변동에 대한 예측 불가능한 측면이 당연히 많이 나타나게 된다. 이에 대한 시장보호와 진흥을 위해서는 초기단계부터 산업의 안정화 단계까지는 정부의 지원과 시스템 구축이 반드시 필요하다. 특히, 새로운 기기와 플랫폼이 출현했을 경우에는 더욱 그러하다. 새로운 환경에 따른 기술개발에 따른 인터페이스, 단말기 하드웨어의 규약들은 급변하며, 다양하게 바뀌기 때문에 융복합과 유비쿼터스의 실제적인 방향을 결정짓는 핵심으로서의 부가가치 창출을 위해 초기 단계의 인큐베이티 정책지원 등 단계적 맞춤형 정책이 이루어져야 할 것이다.

이러한 다양한 특징들과 관련하여, 정부의 역할과 융복합 콘텐츠의 진흥방향도 변화해야 한다. 지금까지 정부가 콘텐츠의 산업화시대를 주도하기 위해 직접 기술개발을 주도하는 선봉장 역할을 자임하고, 하드웨어 확장에 치중했다면, 앞으로는 시장에서 이러한 개발이 자발적으로 이루어질 수 있도록 환경을 조성하고, 창의적인 인력이 양성될 수 있도록 재교육 및 산학협력 시스템을 더욱 공고히 구축해 나가는 것이 중요하다. 이러한 정부의 역할이 불균형을 이루고 있는 미디어, 플랫폼, 또는 유통부문과 콘텐츠의 국제경쟁력 평준화에도 기여를 할 수 있을 것이다. 이를 위해 융복합시대 대기업 중심의 플랫폼, 유통, 기술과 콘텐츠가 함께 동반할 수 있는 동반 정책이 필요한 시점이다.

## 제2절 // 미디어 융합 콘텐츠 산업의 육성방안

### 1 미디어 콘텐츠 제작 인프라 지원

콘텐츠 제작 시스템을 개선·지원하여야 한다. 기존 매체 산업들이 스마트 융합 환경으로의 변화에 대응하기 위해서는 낙후된 제작 인프라의 교체가 우선적으로 이뤄져야 한다.

미디어 형태의 융합 환경화는 유통 인프라의 변혁이라고 할 수 있지만 아무리 유통시스템이 변한다 하더라도 실제로 콘텐츠가 원활하게 공급되지 않는다면 그만큼 의미가 반감된다. 그러나 실제 새로운 매체에 적합한 신규 콘텐츠의 제작에 대한 고민은 부족한 편이다.

방송통신 융합에 따른 미디어 산업의 활성화를 위해서는 유비쿼터스 전송수단(vehicle)에 적합한 전용 콘텐츠 제작 활성화가 함께 이루어져야 한다. 다시 말해 새로운 매체에 적합한 콘텐츠가 개발되어야 하고 이를 활성화하기 위한 지원 정책이 확대될 필요가 있다.

새로운 콘텐츠의 생산도 중요하지만 기존 아날로그 형식으로 생산된 많은 콘텐츠들이 다시 디지털화되어 유통되어야 미디어 콘텐츠가 더욱 풍부해질 수 있다. 이미 방송의 디지털화는 진행되고 있으나 앞으로도 지속적으로 추진해 나가야 한다. 신문, 출판과 같은 분야의 아날로그형 콘텐츠는 다양한 매체에서의 활용을 위해서라도 콘텐츠의 디지털화는 필수적이며, 이는 미디어 콘텐츠의 주요 원천이다.

## 2 미디어 콘텐츠 산업의 유통 인프라 지원

미디어 콘텐츠 산업은 산업의 특성상 경제적 가치 이외에 공공재(public goods)로서 공적인 성격도 지닌다. 유비쿼터스 미디어 환경 조성에서 미디어 간 경쟁만을 지나치게 강조하는 경제 논리 중심의 사고는 미디어 산업의 공적 가치를 훼손할 우려가 있다. 유비쿼터스 미디어 산업의 활성화는 경제 논리와 함께 수용자 복지 향상에도 초점을 맞춰 진행되어야 한다. 또한 네트워크 중립성에 대한 정책적 합의 도출이 필요하고 네트워크는 수용자뿐 아니라 다양한 사업자들 사이에 복잡한 이해관계가 발생할 지점이다. 이러한 이해관계를 해결하기 위해선, '네트워크 중립성'에 대해 일정한 합의가 선행될 필요가 있다. 부처 간 또는 기업 간의 집단적 이해관계를 떠나 네트워크 중립성에 대한 원칙적인 합의를 우선적으로 이뤄내는 작업이 필요하다.

미디어 콘텐츠 시장은 창구의 확대로 인해 새로운 콘텐츠들이 제작되기도 하지만 기존 콘텐츠들이 창구를 달리해서 유통되기도 한다. 이러한 상황에서 사업자들 간 관계가 복잡해지면서 콘텐츠 유통의 공정 거래의 원칙 마련이 필요하다. 특히 콘텐츠 업체의 경우 방송과 같은 지상파 프로그램을 제외하고는 대부분 영세하여 기간망 사업자와의 협상력이 약화되어 수익 구조가 불합리하게 이뤄지는 경우가 많다. 이는 콘텐츠 사업자들의 투자를 저해하는 주요 요인으로서 앞으로 질 좋은 콘텐츠를 만들기 힘든 구조가 될 수 있다. 그러므로 우수한 콘텐츠의 육성을 위하여서는 수익 배분과 관련한 합리적 구조가 마련되어야 한다.

### 3 미디어 콘텐츠 산업 전문 인력 양성

유비쿼터스 환경으로의 변화는 필연적으로 기존 미디어 업계 종사자들의 기술적·문화적 지체 현상을 야기할 수 있다. 이는 기존 미디어 사업자들이 변화하는 미디어 환경에 적응하지 못하여 탈락하게 되는 문제가 발생할 수 있다. 이에 기존 미디어 종사자들이 새로운 유비쿼터스 환경에 적응할 수 있도록 하는 교육 프로그램이 개발되어야 한다. 또한 교육 프로그램의 체계화 작업 이후 구체적인 커리큘럼을 완성한 후 신규 종사자들에게 전문 인력 개발 교육 지원 혜택의 기회를 넓힐 수 있는 방안이 함께 마련되어야 한다.

### 4 미디어 수용자 복지 증진

유비쿼터스 미디어 환경은 다채널 다매체 시대 환경으로 미디어 콘텐츠가 다양화될 것이다. 특히 미디어 환경의 다변화는 실제 다양한 미디어를 소비자들이 이용할 수 있는 최소한의 시장 구축이 우선적으로 고려되어야 한다. 또한 생산자 겸 소비자로서 수용자의 창작 역할이 강화되기 때문에 보다 적극적으로 개인 생산자들의 콘텐츠 생산 참여를 유도할 필요가 있다. 또한 유비쿼터스 미디어는 사업자와 소비자의 간격을 축소시키며, 여러 기술적인 문제들을 야기할 수 있다. 실제 소비자들의 개인 정보가 침해될 수 있는 가능성이 있으며, 또한 저작권에 대한 인식이 부족한 개인 생산자들의 침해가 있을 수 있어 이에 대한 교육 및 보호가 필요하다. 미디어 환경의 다변화로 인해 다양한 미디어의 등장으로 현재의 콘텐츠 감시 체제에서는 유해 콘텐츠 감시가 불가능하기 때문에 보다 통합적인 기구를 통한 미디어 감시가 필요하다.

## 5 미디어 콘텐츠 산업 진흥을 위한 민·관의 역할 분담

유비쿼터스 미디어 콘텐츠 산업에서 정부의 역할 중 가장 중요한 것은 민간 차원의 경쟁력을 뒷받침함과 동시에 그러한 경쟁력이 공공성의 실현으로 연결될 수 있도록 하는 데 있다. 공공성의 원칙은 융합의 시대를 너머 유비쿼터스 시대에도 여전히 중요한 덕목이 될 수밖에 없다. 그러기 위해서는 법 제도 정비는 정부와 규제 기관이 기술진보에 상응하여 합리적으로 수행되어야 할 첫 번째 과제이다. 이와 더불어 일관된 규제 철학을 명확하게 수립함으로써 이해당사자 간의 불협화음을 최소화해야 한다. 이러한 정책방안은 궁극적으로 사회적 불평등의 해소를 통한 수용자 복지의 실현으로 이어져야 한다. 미래 비전과 실제 실행 행위 간의 연관성을 구현해내는 것이다 (박조원 외, 2006: 56).

　　최근 들어 미디어 콘텐츠의 장르 변환이 그 어느 때보다 활발하게 진행되고 있다. TV 프로그램, 영화, 뮤지컬, 애니메이션 등 다양한 형태의 콘텐츠들이 같은 장르 또는 다른 장르로 리메이크되면서 원소스 멀티유즈(One source Multi-use)를 실현해 가고 있다. 대장금 등 드라마가 선도한 한류 1.0, K-Pop 등이 이끌어온 한류 2.0, 그리고 드라마와 K-Pop 등을 넘어 영화, 뮤지컬, 애니메이션, 웹툰, 한식, 한복 등의 보다 다양한 컨텐츠로 확산하려는 한류 3.0을 넘어 각종 컨텐츠를 융복합하여 새로운 유형의 컨텐츠를 창조해 내는 한류 4.0으로 발전할 필요가 있다.

　　이는 동종 매체 또는 전혀 다른 매체와의 상호작용을 통해 콘텐츠가 공유되는 규모의 경제를 달성하려는 것이다. 또한 디지털 컨버전스는 유선과 무선의 융합, 방송과 통신의 융합, 온라인과 오프라인의 통합, 단말기의 통합을 이끌면서 콘텐츠의 장르 간, 영역 간 통합을 가시화시키고 있다.

　　방송통신 융합시대의 현실세계가 복잡계와 매우 유사한 특징을 가지고 있으며, 미디어 콘텐츠의 환경변화는 시간에 흐름에 따라 빠르게 변화하고 있다. 이러한 변화의 역동성과 융합성에 주목해 그 흐름의 근본원인을 이해하고 이를 토대로 융합시대의 미디어 콘텐츠 융합변화의 방향과 폭을 체계적으로 설명하기 위해 복잡계 이론을 적용하였다.

　　미디어 콘텐츠 생태계를 복잡적응계의 개념을 재개념화하면, 곧 미디어 환경을 구성하는 각 주체, 즉 행위자가 공진화하는 상호작용 과정을 통해 동반 성장함으로써 결과적으로 전체 미디어 콘텐츠 생태계의 번영을 가져올 수 있게 된다. 또한 미디어 콘텐츠 생태계는 복잡성을 내포하고 있다. 최근 소비자의 역할의 변화, 기업 간 관계의 변화, 기술 진화 및 혁신, 시장 여건 변화 등으로 인해 미디어 콘텐츠 생태계 내·외부의 환경 변화가 심화되면서 이해관계자들의 전략적인 상호작용의 복잡성이 날로 증대되고 있다.

방송통신 융합시대의 미디어 콘텐츠는 그 요소들이 서로에게 영향을 주다보면 어떤 일정한 패턴이 형성되거나 전혀 예상하지 못했던 일정한 산업구조를 형성하게 된다. 따라서 복잡계이론은 과거의 분석적, 환원주의적 사고방식과 구분되는 구성요소들의 끊임없는 상호작용과 되먹임에 의해 구현되는 전체를 강조하는 이론이다. 특히 미디어 융합은 요소 자체가 순환고리로 피드백되며, 시간의 흐름에 따라 끊임없이 공진화하고 상호 영향을 주고 받는 과정을 거치고 있다.

지금까지 고찰한 복잡계 관점과 시스템 사고는 급변하는 미디어 콘텐츠 환경의 이해와 이에 대한 대응방안을 모색하는 데 유용하다. 현재의 미디어 콘텐츠 환경은 미디어 2.0을 심화시키면서 3.0의 개념까지 들먹이고 있다.

복잡계 관점에서 미디어 2.0 콘텐츠 생태계의 특징은 다음과 같다. 첫째, 미디어 2.0 콘텐츠 생태계의 발전적 진화를 위해서는 지속적인 혁신을 추구하면서 열린 구조를 요구한다. 그래서 시스템 요소 간에 비선형적 순환고리의 상호작용이 활발하도록 새로운 콘텐츠, 서비스를 끊임없이 개발하는 체제의 강화작용이 이루어질 것이다. 이러한 열린 구조는 생태학적으로 편차증폭 순환고리가 활성화될 수 있는 행태를 지향하며, 결국 융복합화의 단계로 접어들고 발전한다. 둘째, 문화적 다양성을 창의적으로 촉발하는 생태학적 가능성을 보장토록 한다. 즉, 미디어 콘텐츠 서비스가 산업적, 상업적, 사회문화적 동력을 조화롭게 결합시키도록 해야 한다는 것이다. 미디어 2.0 생태계는 정치, 경제, 사회, 문화 등 다방면에 걸쳐 중층적인 활용 가능성을 보장해야 하기 때문이다. 이러한 결과로 미디어 콘텐츠의 장르 간 융복합화와 수용자 중심의 제작 환경이 마련되어 개인 중심의 콘텐츠 소비형태가 나타났다. 셋째, 미디어 2.0 콘텐츠 생태계는 미디어 시장 자체가 열린 네트워크 속성을 가지고 있다. 인터넷과 아이폰, 페이스북, 유튜브에서 이 같은 속성을 알 수 있다.

이를 종합하면, 첫째, 방송통신 융합을 통하여 창출되는 다중 매체, 다중 채널, 다중 콘텐츠의 보급은 사회 네트워크 서비스(SNS)와 스마트 네트워크의 확산을 통하여 예상보다 급격히 확산되고 있다.

둘째, 디지털 기술의 지속적인 발전은 새로운 미디어 라이프를 새롭게 구성하고 있다. 이를 통해 디지털 컨버전스를 가속화시켰고, 콘텐츠의 개념을 폭넓게 확장시키고 있다.

셋째, 디지털 컨버넌스는 유선과 무선의 융합, 방송과 통신의 융합, 온라인과 오프라인의 통합, 단말기의 융합을 이끌면서 콘텐츠의 장르 간, 영역 간 통합을 가시화시키고 있다.

넷째, 기술의 융합에서 미디어 콘텐츠 융합은 사회문화적 융합으로 확대되어 거대한 복합문화사회를 형성하는 계기가 되고 있다. 이와 같은 융합화는 탈장르화로 이어지고 있다.

상술한 바와 같이, 미디어 콘텐츠 생태계는 역동성이 높은데, 기존 정부의 규제는 변화에 민감하게 반응하지 못해 생태계를 위축시키는 위험을 항시적으로 갖고 있다. 이러한 위험이슈를 해결하고, 바람직한 미디어 콘텐츠 산업 육성을 위해서 정부는 균형자로서 그 역할을 다해야 한다. 이러한 논의를 융합 환경에 적응해 미디어 콘텐츠 컨버전스의 추세를 뒷받침하도록 해야 하며, 이를 통해 미디어 콘텐츠 이용자와 관련 산업, 그리고 신기술 간의 동반 성장을 견인하는 미디어 콘텐츠 생태계를 만들어내야 한다.

융합을 위한 미디어 콘텐츠 정책역량을 강화하기 위한 과제는 다음과 같다.

첫째, SNS를 기반으로 폭발적으로 성장하고 앞으로도 성장이 기대되는 K-POP 등의 사례에서 보았을 때, 융복합 미디어 콘텐츠의 활용을 통해 문화정체성과 이미지를 바탕으로 한 브랜드의 창출이 더욱 중요해 질 것으로 보인다.

둘째, 콘텐츠는 기본적으로 비배제성과 비경합성을 지닌 내구성을 지닌 공공재로서 융복합 콘텐츠를 생산할 때, 중요한 것은 다양한 융복합 콘텐츠의 증가와 함께, 공공성을 어떻게 유지할까 하는 것이다.

셋째, 융복합시대의 미디어 콘텐츠는 내용적으로 대부분 경험재나 기호재로 이를 보호, 진흥하기 위한 정책적 노력이 더욱 중요해진다. 창작성을 기반으로 가치를 갖는 것은 지적 재산권(intellectual property right)의 문제, 저작권과 관련된 산업이라는 점 때문이다. 이에 다른 산업과 달리 아이디어와 노하우를 기반으로 하는 저작권에 대해 새로운 매체와 하드웨어에 대한 준비와 제시가 적절하게 이루어져야만, 충분한 미디어 콘텐츠의 가치에 대해 인정과 보호막이 형성될 것이다.

넷째, 콘텐츠의 기본적인 개념에서 규정하고 있는바 융복합시대에도 가장 중요한 요소는 부가가치를 창출해내는 창의력과 인문학적인 사고이기 때문에, 이를 육성, 발전시키기 위한 정책적 지원이 매우 필요하다.

다섯째, 콘텐츠는 사용자의 의도와 기호에 따라 변화하는 기호상품으로서 수요의 불확실성이 높으며, 시장 변동에 대한 예측 불가능한 측면이 당연히 많이 나타나게 된다. 이에 대한 시장보호와 진흥을 위해서는 초기단계부터 산업의 안정화 단계까지는 정부의 지원과 시스템 구축이 반드시 필요하다.

이러한 다양한 정책과제와 관련하여, 정부의 역할과 융복합 콘텐츠의 진흥방향도 변화해야 한다. 지금까지 정부가 콘텐츠의 산업화 시대를 주도하기 위해 직접 기술개발을 주도하는 선봉장 역할을 자임하고, 하드웨어 확장에 치중했다면, 앞으로는 시장에서 이러한 개발이 자발적으로 이루어질 수 있도록 환경을 조성하고, 창의적인 인력이 양성될 수 있도록 재교육 및 산학협력 시스템을 더욱 공고히 구축해 나가는 것이 중요하다.

이러한 정부의 역할이 불균형을 이루고 있는 미디어, 플랫폼, 또는 유통부문과 콘텐츠의 국제경쟁력 평준화에도 기여를 할 수 있을 것이다. 이를 위해 융복합시대 기업 중심의 플랫폼, 유통, 기술과 콘텐츠가 함께 동반할 수 있는 동반 정책이 필요한 시점이다.

참고문헌

권상희. (2011). 융복합 콘텐츠 확산으로 인한 환경 변화와 콘텐츠산업에 대한 시사점. 2011년 한국문화관광연구원·한국문화경제학회 공동세미나 발표논문.

김경환·문성철. (2011). 스마트 미디어 시대의 방송콘텐츠 규제 개선 방안. 언론학회 가을철 정기학술대회발표문.

김관현 외. (2013). 모바일 애플리케이션 풍부성, 브랜드 인지도, 이용자 습관, 이용자 충성도 및 지속적 이용의도간의 구조적. 한국컴퓨터정보학회논문지 18(3) 141-152.

김동환. (2010). 복잡계 시스템으로써 글로벌 미디어 환경과 시스템 전략. Telecoommunications Review. 20(1).

_____. (2000). 김대중 대통령의 인과지도. 한국시스템다이내믹스 연구. 1(1).

_____. (1997). 복잡체계로서의 행정연구에 관한 시론. 중앙행정논집. 11.

김동환·이문희·최영출·홍민기. (1998). 지역개발과 환경보전의 균형화를 위한 동태적 모델링. 한국정책학회보. 7(1).

김미현. (2006). 융합학 문화 변화에 따른 패션 패러다임 특성 연구. 중앙대학교 박사학위논문.

김영평·김동환. (1990). 복잡성의 단순화와 오차수정의 전략. 사회과학논집.16. 고려대학교.

김인경. (2010). 다매체와 콘텐츠 소비에 따른 통합충족과 레퍼토리에 대한 연구. 중앙대 박사학위논문.

김정수. (2007). 21세기를 위한 문화와 문화정책. 서울: 한국학술정보(주).

김희수 외. (2006). 방송서비스 다매체화 및 통신방송 융합에 따른 공정경쟁 이슈 연구(Ⅰ). 정보통신정책연구원.

도준호. (2008). 방송통신 융합과 콘텐츠 접근권 정책. 방송통신연구. 66.

문정모 외. (2013). 5G망을 위한 유무선 융합 네트워크 기술, 한국전자통신연구원, 전자통신동향분석 제28권 제6호.

민경배·박수호. (2009). 융합사회의 인간, 인간관계: 온라인 자아정체성과 사회화를 중심으로. 방송통신위원회.

박수철. (2011). 미디어 콘텐츠의 매체전환 유형에 관한 연구. 한국외국어대학교 대학원 석사학 위논문.

박재문. (2010). 디지털 융합시대 방송통신 정책방향. 정보와 통신. 28(1).

박조원·노준석·임종수. (2006). 미디어경쟁에 따른 콘텐츠산업의 육성방안 연구. 문화산업연구. 6(2).

박창희·나낙균. (2005). 매체융합시대 방송영상산업정책의 방향과 원칙에 관한 연구. 한국방송학 보, 19(4): 253-306.

방석호. (2004). 컨버전스 시대의 규제 패러다임 변화방안을 위한 시론, 디지털컨버전스. 서울: 커뮤니케이션북스.

방송통신위원회. (2011). 2012년도 방송통신발전기금 세부계획. 내부자료.

변시우·허문행. (2005). 디지털 미디어 방송(DMB)을 위한 효율적인 콘텐츠 서비스에 대한 연구. 인터넷비즈니스연구. 6(1).

손상영. (2008). 플랫폼 경쟁이론의 정책적 시사점. KISDI 이슈리포트. (08-06). 정보통신정책 연구원.

송경재. (2010). IT기반 소통의 진화: SNS와 스마트폰이 결합된 소셜 미디어, 한국지역정보개발 원, vol. 64.

송해룡. (2010). 미디어비즈니스 시장과 생태계. 서울: 성균관대학교 출판부.

_____. (2009). 미디어 2.0과 콘텐츠생태계 패러다임. 서울: 성균관대학교 출판부.

송해룡·김원재. (2007). 융합환경의 미디어 콘텐츠생태계 진단 및 생태학적 정책대안. 방송위원 회 자유 2007-26.

송해룡 외. (2009). 위험인지와 위험. 서울: 커뮤니케이션북스.

신동희. (2010). 스마트 융합과 통섭 3.0. 서울: 성균관대학교 출판부.

안재현·김미경·민병현. (2009). 온라인 VOD 영상콘텐츠 흥행요인 분석. 한국콘텐츠학회논문지. 10(3).

안치득. (2009). '방송통신 융합과 융합미디어의 미래 2020' 발표 슬라이드 p. 6.

_____. (2009). 디지털 컨버전스와 기술발전 전망. 3개 학회 공동 개최 컨퍼런스 Beyond Convergence: 디지털 컨버전스의 미래 발제자료.

윤호진·최세경. (2007). 디지털 융합 환경에서 방송영상 콘텐츠의 공정접근과 보편서비스 연구. 자유 2007-12. 방송위원회.

이기현 등. (2010). 디지털융합시대 콘텐츠산업 미래정책 연구. 문화부정책과제.

이데일리. (2009). 2009 업계지도. 서울: 랜덤하우스.

이민제. (2008). 방송영상산업 미래비전 2112. 한국방송영상산업진흥원.

이병민. (2011). 융합 패러다임 속에서의 문화콘텐츠의 역할과 정책방안. 2011년 한국문화관광연구원·한국문화경제학회 공동세미나 발표논문 토론문.

이상우 외. (2007). 통합통신방송 융합 환경 하의 수평적 규제체계 정립방안에 관한 연구. (연구보고 07-06. 정보통신정책연구원.

이성욱·박병주. (2010). Mobile IPTV의 개요 및 이동성개선방안. 한국인터넷방송통신학회지 논문지. 10(3).

이성웅. (1987). Delphi 기술예측기법의 유용성에 관한 연구. 전북대학교 경영학과 박사학위논문.

이원태·유지연 외. (2009) 방송통신의 사회적 이슈와 정책과제 연구. KISDI. 협동연구총서 09-16-02.

이지은. (2006). 방송과 통신의 컨버전스 데이터 서비스 비즈니스 모델-지상파 DMB BWS 서비스 모델을 중심으로. 서울벤처정보대학원대학교. 7-15.

정국환·김희연·박수호. 융합미디어를 활용한 공공-민간 상호작용 확대 방안 연구. 정보통신정책연구원.

정윤경·김미선. (2012). 융합시대 국내 콘텐츠 산업의 진흥정책 방향성 연구. 한국언론정보학회보. 57.

정윤경. (2006). 국내 독립제작사 지원정책에 대한 평가-독립제작사의 만족도를 중심으로. 한국방송학보, 20(5): 345-382.

주정민. (2010). 미디어 융합에 따른 콘텐츠 산업 활성화 체계 연구. 커뮤니케이션 과학. 27(2).

_____. (2009). 방송통신 융합과 미디어 경쟁, 그리고 효율적 시장구조. 방송통신연구, 겨울호: 69-92.

천채정 역. (2011) 플랫폼 전략, 히라노 칼, 안드레이 학주 지음, 더숲.

최병선. (1992). 정부규제론, 서울: 법문사.

최세경. (2006). 융합 환경에서 방송콘텐츠의 공정 접근성 논의. KBI 포커스. (06-19). 한국방송영상산업진흥원.

_____. (2007). 통합플랫폼 환경에서의 방송서비스 개념정립과 시장획정 방안. 자유2007-13. 방송위원회.

_____. (2008). 멀티플랫폼 경쟁시대에 수평규제체계의 도입방안: 시장획정과 공정경쟁을 중심으로. 멀티플랫폼 경쟁시대의 시장규제와 사업자 전략. 한국언론학회 학술세미나 발제집.

2008. 2. 29. 프레스센터.

최세경·황주성·유승호. (2008). 방송통신융합 시대에 비즈니스의 분화 현상과 수용자 복지정책. 방송통신연구. 67.

최창현. (2012). 콘텐츠산업 생태계 구축을 위한 콘텐츠정책 진흥체제 개선방안 연구, 경기연구원, GRI 연구논총, 14, 3.

_____. (2011). 콘텐츠산업 환경변화에 따른 관련기관의 효율적 개편방안, 한국조직학회보, 8, 2.

_____. (2010a). 제도혁신과 경로의 조성: Chaoplexity 이론적 관점. GRI연구논총. 12, 3.

_____. (2010b). 신과학 복잡계 이야기, 종이거울.

_____. (2005). 복잡계로 바라본 조직관리, 삼성경제연구소.

_____. (2000). 복잡사회체제의 모형화 및 시뮬레이션, 한국행정학보, 34, 3.

_____. (1999). 복잡성이론의 조직관리적 적용가능성 탐색, 한국행정학보, 33, 3.

최창현·유승동. (1994). Chaos이론에 입각한 자기조직화 조직의 특성과 조직성과의 분석. 한국행정학보. 28(4).

최혜실. (2008). 방송·융합시대 문화예술의 진화, 인문콘텐츠, 11.

카카오. (2016). 2016년 1분기 실적발표.

플랫폼전문가그룹(Platform Advisory Group). (2013). 플랫폼을 말하다 v 1.5, 클라우드북스.

한국과학재단. (2009). 국가융합기술 발전 기본계획 수립에 관한 연구.

한국소프트웨어진흥원. (2007). 디지털 콘텐츠산업백서(2006-2007). 서울: 진한 M&B.

한국시스템다이내믹스학회. (2010). 방송통신융합을 넘어서: 녹색지구를 향한 도전과 융합 응전. 서울: 선학사.

한국콘텐츠진흥원. (2015). 콘텐츠산업전망, 문화체육관광부.

_____. (2014). 콘텐츠산업백서, 문화체육관광부.

_____. (2014). 콘텐츠산업통계, 문화체육관광부.

_____. (2012). KOCCA 통계브리핑 제12-11(국내편).

한국언론재단. (2009). 미디어 콘텐츠 진흥을 통한 미디어산업 활성화 방안 연구, 서울: 한국언론학회.

황 근. (2005). 디지털 방송 시대로의 전환점에서 절감한 후진적 대응, 동향과 분석. 통권 228호.

황주성. (2009). 디지털 컨버전스 기반 미래 연구(Ⅰ). 정보통신정책연구원.

히라노 아쓰시·칼안드레이 학주. (2010). 플랫폼 전략: 장을 가진 자가 미래의 부를 지배한다, 더숲.

Accenture. (2008). The Accenture Global Content Study 2008,The Challenge of Change: Perspectives on the future for content provider, Accenture web site.

_____. (2007). Beyond the Hype: How New Content and Technology are Redefinging the Future of Media . Accenture's Global Content Study 2007.

Adler, R. P.(2007). Next-Generation Media: The Global Shift . A Report of the Forum on Communication and Society, The Aspen Institute.

Ashby, W. R. (1956). An Introduction to Cybernetics, Chapman & Hall, London.

Axerlord, R. (1976). Structure of Decision: The Cognitive Map of Political Elites, Princeton University Press.

Bar, F. & Sandvig, C. (2008). US communication policy after convergency, Media Culture and Society, 30(4): 531-550.

Baumol, William. (1966). Performing Arts: the Economic Dilemma, New York: Twentieth Century Fund.

Choi, ChangHyeon (2010), C-P-N-D Ecological System & ICCT, The Society of Digital Policy & Management International Conference.

Dijk, J. (1999). The network society, London: Sage Publication.

Doyle, Gillian (2002). Media Ownership: The Economics and Politics of Convergence and Concentration in the UK and European Media, London: SAGE Publications. 정윤경 역, 미디어 소유와 집중. 서울: 커뮤니케이션북스.

Eden, C. (1988). "Cognitive mapping," European Journal of Operational Research, Vol. 36.

Eden, C., F. Ackermann. (1992). "The Analysis of Cause Maps," Journal of Management Studies, Vol. 29 No. 3,

Future Exploration Network. (2006). Future of Media Report 2006, Sydney: Future Exploration Network.

_____. (2007). Future of Media 2007, Sydney: Future Exploration Network.

_____. (2008). Future of Media 2008, Sydney: Future Exploration Network.

EC. (2011). Communication from the commission to the European parliament, the council, the European Economic and social committee and the committee of the regions. (http://ec.europa.eu/commission.../creative-europe_en.htm, accessed in Dec/29/2011).

Hesmondhalgh, D. (2002). The Cultural Industries, London: Sage Publication.

Hope, E. (2007). Competition policy and sector-specific economic media regulation: and never the twain shall meet? In P. Seabright, & J. von Hagen(eds.), The Economic Regulation of Broadcasting Markets: Evolving Technology and Challenge for Policy (pp. 310~343). Cambridge University Press. Devoteam Siticom & Cullen International, 2003)

IBM. (2002). Vying for attention: The future of competing in media and entertainment. IBM.

____. (2005). Beyond access: Raising the value of information in a cluttered environment. IBM.

____. (2006). The end of television as we know it. IBM.

____. (2007). Navigating the media divide: Innovating and enabling new business models. IBM.

McChesney. (1999). "The New Global Media: It's a small world of big conglomerates," The Nations, Nov. 29.

OECD. (2006). Information Technology Outlook.

Owen, B. M. (1999). The internet challenge to television. Cambridge, MA: Harvard University.

Pool, I. (1983). Technologies of freedom, Cambridge, MA: Belknap Press.

Sawyer, R. K. (2005). Social Emergence: Societies as Complex Systems, Cambridge University Press.

Seabright P., & Weeds H. (2007). Competition and market power in broadcasting: where are the rents? In P. Seabright, & J. von Hagen (eds.), The Economic Regulation of Broadcasting Markets: Evolving Technology and Challenge for Policy (pp.47~80). Cambridge University Press.

Simon, H. (1981). The Science of Artificial, The MIT Press.

Stober, R. (2004). What media evolution is, European Journal of Communication,

19(4): 483-505.

Thomas R. Eisenmann, Geoffrey Parker, Marshall Van Alstyne. (2008). Opening Platforms: How, When and Why?. Working Paper. Harvard Business School.

Venturini Francesco. (2008). The future of broadcasting: sustaining shareholder value and high performance in a changing industry, Accenture web site.

Verhulst, S. (2002). About scarcities and intermediaries: the regulatory paradigm shift of digital content reviewed, in Lievrousw, L. & Livingston, S. (eds.), pp. 432~447. The handbook of new media, London: Sage Publication.

Vietor, R. (1994). Contrived competition: regulation and deregulation in America. MA: Belknap Press.

Vogel, S. K. (1996). Freer markets, more rules: Regulatory reform in advanced industrial countries, Ithaca, NY: Cornell Univ. Press.

Wolf, C. (1988). Markets or governments: choosing between imperfect alternatives, Cambridge, Mass: MIT Press.


NEW 경제용어사전, 미래와경영연구소, 2006.4.7, 미래와경영

[네이버 지식백과] (산업안전대사전, 2004.5.10, 도서출판 골드)

[네이버 지식백과] (IT용어사전, 한국정보통신기술협회)

[네이버 지식백과] (매일경제, 매경닷컴)

[네이버 지식백과] (시사상식사전, 박문각)

[네이버 지식백과] 네트워크 [network, −階層] (IT용어사전, 한국정보통신기술협회)

[네이버 지식백과] 네트워크 [networks] (사회학사전, 2000.10.30, 사회문화연구소)

[네이버 지식백과] 소셜 네트워크 서비스 (뉴스 미디어 역사, 2012, 커뮤니케이션북스)

[네이버 지식백과] 디바이스 [device] (NEW 경제용어사전, 2006.4.7, 미래와경영)

청와대 정책소식 vol.57(2010.5.3).

마이데일리[최지예 기자] 싸이의 '강남스타일'이 유튜브 문화를 3가지 변화시켰다!

KT경제경영연구소 보고서…"웹툰이 만화시장 35% 차지할 것"

[스마트폰] ④10명 중 7명 "운영체제, 쓰던 그대로~", 최호섭, 2013.9.6

플랫폼으로 진화하는 카카오의 사례 분석과 시사점

http://lucy7599.tistory.com/311

http://cafe.naver.com/antplus/13964

http://media.daum.net/entertain/enews/view?cateid=1033&newsid=2013071617551379
　　　3&p=mydaily

http://news.inews24.com/php/news_view.php?g_serial=500942&g_menu=020300

http://news.sportsseoul.com/read/economy/1287110.htm

http://infides.tistory.com/entry/%EB%AA%A8%EB%B0%94%EC%9D%BC%EC%9D%B4%E
　　　B%8F%99%ED%86%B5%EC%8B%A0-%EC%82%B0%EC%97%85%EC%9D%98-%EC
　　　%A0%95%EC%9D%98%E5%AE%9A%E7%BE%A9-%EB%B3%80%ED%99%94

찾아보기

저자 약력

최 창 현

뉴욕주립대 록펠러행정대학원 행정학 및 정책학 박사, 전 문광부 콘텐츠 미래전략 포럼 연구위원, 한국조직학회 회장, 가톨릭관동대학교 교수, RPI 테크노 경영대학원 초빙교수, UNESCO 백과사전 집필위원, 뉴욕주립대 객원교수

주요 저서로는 《새조직론》, 《복잡계로 바라본 조직관리》, 《조직사회학》, 《국력이란 무엇인가》, 《영화로 보는 관광, 호텔영어》, 《Introducing Public Administration》, 《복잡계와 동양사상: 자기조직화와 조직관리》, 《복잡계이야기》 외 저서 및 역서 40여 권과 콘텐츠산업 환경변화에 따른 관련기관의 효율적 개편방안, C−P−N−D 생태계 와 ICCT, 콘텐츠 산업 생태계 구축을 위한 콘텐츠정책 진흥체제 개선방안, 국력요소 중 소프트파워로서의 문화경쟁력 비교분석 연구 등 40여 편의 논문이 있다.

CPND 생태계와 콘텐츠 융복합

초판발행          2017년 7월 3일


지은이           최창현
펴낸이           안종만

편 집            배근하
기획/마케팅       송병민
표지디자인        권효진
제 작            우인도·고철민

펴낸곳           (주)**박영사**
               서울특별시 종로구 새문안로3길 36, 1601
               등록  1959. 3. 11. 제300-1959-1호(倫)
전 화            02)733-6771
f a x           02)736-4818
e-mail          pys@pybook.co.kr
homepage        www.pybook.co.kr
ISBN            979-11-303-0432-8    93350

정 가            22,000원